Counterparty Risk and Funding: A Tale of Two Puzzles

交易对手与融资：两个谜团的故事

(法)斯特凡·克雷佩(Stéphane Crépey)
(美)托马斯·比莱斯基(Tomasz R. Bielecki) ◎ 著
(英)达米亚诺·布里戈(Damiano Brigo)

张朝洋 ◎ 译

中国金融出版社

责任编辑：黄海清
责任校对：李俊英
责任印制：张也男

图书在版编目（CIP）数据

交易对手与融资：两个谜团的故事/（法）斯特凡·克雷佩，（美）托马斯·比莱斯基，（英）达米亚诺·布里戈著；张朝洋译．—北京：中国金融出版社，2022.1
ISBN 978－7－5220－1409－8

Ⅰ.①交… Ⅱ.①斯…②托…③达…④张… Ⅲ.①市场交易—风险管理—研究 Ⅳ.①F713.50

中国版本图书馆 CIP 数据核字（2021）第 261108 号

交易对手与融资：两个谜团的故事
JIAOYI DUISHOU YU RONGZI：LIANG GE MITUAN DE GUSHI
出版发行 中国金融出版社
社址 北京市丰台区益泽路 2 号
市场开发部 (010)66024766，63805472，63439533（传真）
网 上 书 店 www.cfph.cn
(010)66024766，63372837（传真）
读者服务部 (010)66070833，62568380
邮编 100071
经销 新华书店
印刷 河北松源印刷有限公司
尺寸 169 毫米×239 毫米
印张 22.5
字数 370 千
版次 2022 年 2 月第 1 版
印次 2022 年 2 月第 1 次印刷
定价 90.00 元
ISBN 978－7－5220－1409－8
如出现印装错误本社负责调换 联系电话（010)63263947

目　　录

序言 …………………………………………………………………… Ⅶ

第一部分　金融环境

1　关于交易对手风险、CVA、DVA、多曲线、抵押品和融资的伽利略对话 …………………………………………………………… 3

1.1　致有眼光的读者 ……………………………………………… 4
1.2　第一天 ………………………………………………………… 5
1.3　第二天 ………………………………………………………… 14
1.4　第三天 ………………………………………………………… 28
1.5　第四天 ………………………………………………………… 36

2　为什么是 LOIS …………………………………………………… 44

2.1　财务设置 ……………………………………………………… 45
2.2　无差异估值模型 ……………………………………………… 47
2.3　LOIS 公式 ……………………………………………………… 50
2.4　数值研究 ……………………………………………………… 52

第二部分　无模型方法的发展

3　纯交易对手风险 …………………………………………………… 59

3.1　现金流 ………………………………………………………… 59

3.2 估值和对冲 …… 63
3.3 CSA 设置 …… 71

4 融资约束下的双边交易对手风险 …… 78

4.1 介绍 …… 78
4.2 市场模型 …… 79
4.3 交易策略 …… 84
4.4 鞅定价法 …… 89
4.5 TVA …… 96
4.6 示例 …… 99

第三部分 简化形式 BSDE 建模

5 融资约束下交易对手风险的简化 TVA－BSDE 方法 …… 109

5.1 介绍 …… 109
5.2 违约前 BSDE 建模 …… 110
5.3 马尔科夫情形 …… 118

6 TVA 的四个支柱 …… 130

6.1 介绍 …… 130
6.2 TVA 表达式 …… 130
6.3 CSA 设置 …… 135
6.4 净估值 …… 138
6.5 TVA 计算 …… 148

第四部分 动态 Copula 模型

7 动态高斯 Copula 模型 …… 162

7.1 介绍 …… 162
7.2 模型 …… 163

7.3 信用衍生品的净估值和对冲 …… 171
7.4 交易对手风险 …… 179

8 共振模型 …… 185

8.1 介绍 …… 185
8.2 违约时间模型 …… 186
8.3 净定价、校准和对冲 …… 196
8.4 数值化结果 …… 207
8.5 CVA 定价和对冲 …… 224

9 共振模型中 CDS 的 CVA 计算 …… 228

9.1 介绍 …… 228
9.2 概述 …… 229
9.3 具有确定强度的共振模型 …… 232
9.4 具有确定强度的数值结果 …… 237
9.5 具有随机强度的共振模型 …… 241
9.6 数值化 …… 244

10 共振模型下信贷组合的 CVA 计算 …… 257

10.1 CDS 投资组合 …… 257
10.2 CDO 合约 …… 263

第五部分 进一步发展

11 评级触发因素和信用迁移 …… 269

11.1 介绍 …… 269
11.2 评级触发下的信用价值调整与担保 …… 270
11.3 基于马尔科夫 Copula 的评级定价方法 …… 275
11.4 应用 …… 276

12 统一的观点 …… 285

12.1 介绍 …… 285
12.2 典型的违约时间简化模型 …… 287
12.3 动态高斯 Copula – TVA 模型 …… 290
12.4 动态 Marshall – Olkin – Copula – TVA 模型 …… 293

第六部分 数学附录

13 随机分析前提条件 …… 301

13.1 随机积分 …… 302
13.2 伊藤过程 …… 306
13.3 跳跃扩散 …… 312
13.4 费曼卡（Feynman – Kac）公式 …… 314
13.5 逆向随机微分方程（BSDE） …… 317
13.6 测量跳跃的变化和随机强度 …… 318
13.7 减少过滤和风险强度的违约前信用风险建模 …… 320

14 马尔科夫一致性与马尔科夫 Copulas …… 324

14.1 介绍 …… 324
14.2 一致的马尔科夫过程 …… 325
14.3 马尔科夫 Copulas …… 326
14.4 实例 …… 327

参考文献 …… 331

序　言

介绍

本书主要研究银行及其交易对手双方之间的金融风险，银行本身在与交易对手的交易中也是交易对手，故而交易对手风险一词适用于交易双方，银行及其交易对手的表述贯穿全文，本书将从该角度进行分析。

美国次贷危机和欧洲主权债务危机凸显信贷风险的固有形式，即交易对手风险。这是由于场外衍生品交易中一方违约而导致承诺现金流无法支付的风险。因此，这是一方在场外交易中所承担的风险，即其交易对手因未能履行承诺付款义务而出现了违约。这种风险的价值（价格）最初被称为信用估值调整（Credit Valuation Adjustment，CVA），而这种价值的波动性值得关注。与此相关的一个关键问题，尤其是与信贷衍生品相关的问题，也就是错向风险（Wrong - Way Risk）。例如，当交易对手的风险头寸与其自身信贷质量负相关时，就会发生错向风险。此外，由于银行本身已经存在风险，故而必须从交易双方角度同时分析交易对手风险，不仅要考虑信用估值调整（CVA），还要考虑债务估值调整（Debt Valuation Adjustment，DVA），进而在建模中综合考虑场外交易合同中双方的交易对手风险。在这种情况下，对于根据借贷需要而用于融资目的的本地无风险资产的经典假设不再具有可持续性，这就带来了适当核算头寸融资成本的附带问题，即融资估值调整（Funding Valuation Adjustment，FVA），在本书中，当考虑净信贷利差时，也称流动性估值调整（Liquidity Valuation Adjustment，LVA）。另一相关问题是重置成本（Replacement Cost，RC），这与以下事实相对应：在一方当事人违约时，清算人对合同的估价可能与之前合同的经济价值（对冲成本）不同。此外，2007 年 8 月以来金融市场出现了系统性的交易对手风险，指的是以前各种重要利差在数量上非常相似，比如 OIS 利率与 Libor 等。通过贴现关系，这构成了影响交易对手系统性风险的重要组成部分，并会影响所有衍生品市场。由于公众现在谈论的资本估值调整（KVA）或额外估值调整（Additional Valuation Adjustment，AVA），其中 KVA 涉及 CVA 波动的资本成本，AVA 是与巴塞尔协议中公允价值相对立的“审慎价值”概念，整合了模型风险和信贷利差，故而有关内容仍在不断更新。在本书中，我们还考虑了评级估值调整（Rating Valuation Adjustment，RVA，用于解释评级触发因素），甚至还基于 Carver（2013）的做法引入 XVA（X－Valuation Adjustment）来泛指不断增加的价值调整列表。

所有这些相互依存且须共同计算的价值调整，如今都与投资银行的主要损益息息相关，处理这些价值调整涉及建模、计算、定价、风险管理、监管、经济、法律、游说、政治等许多领域，而这些领域所关注的目标往往并不一致。目前的监管趋势是，推动参与者通过清算所进行集中谈判，并通过抵押对其违约损失进行担保，追加保证金的情况比比皆是，对市场造成严重的流动性约束。

缓解交易对手风险的基本工具是信贷支持附件（Credit Support Annex，CSA），具体给出了清算人在一方于某个期限 T 之前违约情况下所实施的估值方案，包括评估双方场外衍生品价值的净额结算规则等。这种“CSA 估值过程”，如对受 CSA 设置约束的 OTC 合同进行估值，也用于定义交易双方之间的担保方案，类似于期货合同中的保证金程序。然而，缺口风险，即在以抵押品冻结为标志的违约时间和资产组合清算时间之间，资产组合价值出现下滑的风险，加上错向风险的存在，说明抵押并非万能药，也会带来流动性问题。因此，我们并不能简单地通过抵押来减轻交易对手风险，还需要对冲违约风险和市场风险。最后，抵押和对冲投资组合需要融资，这就引出了相关的融资问题，其中自身违约获利和债务价值评估（DVA）与融资价值评估（FVA）重叠或重复计算的问题备受争议。

本书提供了动态估值评估以及融资约束下场外衍生品合约的双边交易对手风险对冲的定量分析基础。我们从 CVA、DVA、FVA、LVA、RC、RVA、错向风险、多重融资曲线和抵押品等不同方面对交易对手风险进行评估。本书主要面向金融数学领域的研究人员和研究生以及银行、CVA 服务和监管机构的财务人员和管理者。

概述

在银行内部，每个特定的商业交易服务台都只对自身活动进行准确描述。它通常没有全面刻画银行活动，缺乏正确评估交易对手风险和融资现金流所需的整体数据。因此，在主要的投资银行中，发展趋势是设立中央服务台，负责收集全球信息，评估和对冲交易对手风险，并核算相关的超额融资成本。我们将总估值调整（Total Valuation Adjustment，TVA）定义为所有调整的总价值，这些调整旨在考虑融资约束下双方的交易对手风险。因此，我们通常将 TVA 交易台称为负责相应风险的中央服务台，通常分为负责交易对手风险调整的 CVA 服务台和负责融资问题的 ALM（Asset Liability Management）服务台。“清洁”的价格（净价）和对冲分别表示对冲的成本和承诺现金流的对冲，其忽略交易对手风险，并假设交易策略是以 OIS 利率提供资金。其中，OIS 利率是抵押品的一般报酬率，也是无风险利率的最佳代理变量。合同约定的价格和对冲是由相关业务交易台提供的净价和对冲与 TVA 交易台提供的价格和对冲调整之间的差额获得。值得注意的是，由于市场报价通常反映了完全抵押交易的价格，所以可视作净价，净价也是模型校准阶段的相关估值概念。

投资银行的不同业务交易台和中央 TVA 交易台之间的任务分配促使人们采用数学 TVA 方法来解决交易对手风险评估和对冲以及为遭受融资约束的交易对手提供资金等问题。事实上，数学分析表明，TVA 过程 Θ 可以解释为一个期权在净价格 P 处的定价过程。该期权被称为或有信用违约互换（Contingent Credit Default Swap，CCDS），用来支付所谓的违约风险头寸和融资股息。

本书第一部分从“伽利略对话”开始，介绍了金融环境，内容覆盖了本书的大部分主题。然后，我们对金融市场的后危机多元曲线事实进行了经济学分析，这种金融市场的后危机多元曲线是对交易对手风险和融资成本进行财务和和数学分析得到的其中一个重要特征。

在第二部分，我们用不依赖模型的数学术语描述了定价和对冲框架下的所有基本要素。虽然在理论上可行，但这些并不能立即用于任何具体计算。因此，为了使其更加具有可操作性，我们在第三部分详细说明了关于简化形式参考过滤（Reference Filtration）的设置，其中双方的违约风险仅通过其违约强度表现出来。上述简化形式的建模方法虽然具有良好的操作性，但却以参考过滤和全模型过滤之间的标准浸没假设为代价，即参考过滤随着双方违约次数的增加而逐渐扩大。从财务角度看，这种标准的浸入式设置意味着交易对手风险和潜在合同风险之间存在微弱或间接的依赖关系。特别是，它排除了在一方当事人违约时获得合同约定股息的可能。这在一般情况下是可以接受的，如利率衍生品的交易对手风险，但对于存在严重错向风险的情况而言，约束就显得太强，比如信用衍生品的交易对手风险，在本书第四部分，利用动态 Copula 模型对其进行了单独处理。然而，由于信贷组合模型的高维特性，这部分只处理了交易对手风险，忽略了非线性融资问题。此外，该部分的信用组合模型只允许每个债务人有两种状态：违约和非违约。在第五部分，本书首先提出了一个信用迁移模型，允许考虑信用评级相关的 CSA 条款。最后一章对本书中使用的不同类型的模型（除了上述的信用迁移模型）给出了统一观点，展示了如何在第四部分的模型中发展出简化方法，这也为信贷组合模型中的非线性 FVA 计算打开了大门。第六部分是一个数学附录，涵盖了随机分析的经典工具和马尔科夫 Copulas 理论的简要介绍。

关于书名

书中提到的两个“谜团”并非一般的交易对手风险和融资，而是专指两个方面：一是 DVA/FVA 之谜，主要涉及 DVA（自有信贷）和 FVA（融资）之间的相互作用和可能的重叠。二是自上而下与自下而上组合信用模型之谜。CDO（Collateralized Debt Obligation）行业长期以来一直试图解决的问题基本都以失败告终，为了妥善处理信用衍生品的交易对手风险，该问题也需要得到解决。关于第一个谜团，本书将在第三部分进行详细阐述，一旦理解了问题的依赖结构并且根据违约前的 BSDE 模型适当进行公式化，DVA/FVA 重叠问题就能得到解决。关于第二个谜团，本书在第四部分提出了组合信用风险的动态 Copula 模型，特别是第 8 章到第 10 章的 Markov - copula 共振模型。这是本书的两大贡献。第五部分的最后一章在第三部分和第四部分的方法之间起到了桥梁作用，在所谓的条件（A）下，以标记的违约时间给出了统一观点。

标准符号、术语和假设

当时间依赖性确定时，用 (t) 表示其函数形式，对于随机过程，用 t 表示下标。不同的是，对于随机过程 $(X_t)_{t\geqslant 0}$，我们将经常使用符号 X_t，而不仅仅是 X 或 $X_\cdot$。关于算符，下标（如果有）表示作用发生的变量，例如 ∂_t 表示时间导数，A_x 表示作用于 x 方向的运算①。违约情况下，实数参数的实值函数被假定为波雷尔可测（Borel Measurable）；所有价格过程被假定为特殊半鞅，所有半鞅（包括有限变分过程）被假定为 cádlág 形式；“鞅”表示局部鞅，但在必要时假设严格鞅性质；假设所有现金流都是可积的；所有市场报价（校准数据）都用星号表示，其模型刻画的对应物则用同一个不带星的字母表示。

符号 τ_b 和 τ_c 分别代表银行和交易对手的违约时间；$\mathbb{H}^b=(H_t^b)_{t\in[0,T]}$、$\mathbb{H}^c=(H_t^c)_{t\in[0,T]}$ 分别表示 τ_b 和 τ_c 的自然过滤，即相应的指标过程产生的过滤，比如对于任何时间 T 和 $i=b$ 或 c，$H_t^i=\sigma(\tau_i\wedge t)\vee\sigma(\tau_i>t)$；$|S|$ 是有限集 S 的基数；R_+ 表示非负区域 $[0,+\infty)$；$\int_a^b$ 可被理解为 $\int_{(a,b]}$（所以，尤其是当 $a\geqslant b$ 时，$\int_a^b=0$）；$x^+=\max(x,0)$ 和 $x^-=\max(-x,0)=(-x)^+$ 分别是实值 x 的正、负部分（有时，如果在 x^e 中有上标，写作 $e^{e,\pm}$，而不是 $(x^e)^\pm$）；δ 表示狄拉克测度（Dirac Measure）；T 表示转置矩阵。

书目指南

这本书的主要来源如下：

第一部分：Crépey 和 Douady（2013a、2013b）（第 2 章）；第一章的伽利略对话基本上是原始材料，更新了 Brigo、Morini 和 Pallavicini（2013）的柏拉图对话。

第二部分：Bielecki 和 Crepey（2013）（第 3 章）；Crepey（2012a）（第 4 章）。

---

① 这里，我们脱离了标准的算符理论符号，其中下标 t 通常强调算符 A 的时间不均匀性。因此，在本书的例子中，任何这样的时间不均匀性都隐含在 A 或 A_x 中。

第三部分：Crepey（2012b）（第5章）；Crepey、Gerboud、Grbac和Ngor（2013）（第6章）。

第四部分：Crepey、JeanBlanc和Wu（2013）（第7章）；Bielecki、Cousin、Crepey和Herbertsson（2013c，2013a，2013b）以及Bielecki和Crepey（2013）（第8章）；Crepey、JeanBlanc和Zargari（2010）以及Bielecki、Crepey、Jean Blanc和Zargari（2012）（第9章）；Assefa、Bielecki、Crepey和JeanBlanc（2011）以及Crepey和Rahal（2013）（第10章）。

第五部分：Bielecki、Cialenco和Iyigunler（2013）（第11章）；Crépey（2014）（第12章）。

第六部分：Crépey（2013）中的3.5、4.2和4.3.2（第13章）；Bielecki、Jakubowski和Nieweglowski（2013，2012）以及Bielecki、Jakubowski、Vidozzi和Vidozzi（2008）（第14章）。

所有的数值计算都基于Matlab。

致谢

我们要衷心感谢上述参考文献中的所有合著者。感谢2012年4月在巴塞罗那举办的全球衍生品研讨会、2012年6月在巴塞罗那举办的Bachelier世界大会会前的“交易对手风险量化”实践研讨会、2013年2月举办的AIMS金融数学暑期班以及在世界各地不同的量化金融硕士课程和不同的WBS课程（最近一次是2013年10月在慕尼黑）的所有学员和课程参与者。感谢我们的母校以及哥德堡大学，在2012年7月我们开始写这本书的时候接待了我们，特别感谢哥德堡大学经济系亚历克斯·赫伯特松（Alex Herbertsson）博士的帮助和热情款待。感谢一些重要资助项目，S. Crépey的研究得益于Louis Bachelier实验室赞助下的“转型期主席市场”的支持，这是爱科尔理工大学、埃松大学和法国联邦储备银行的联合倡议，同时Tomasz R. Bielecki的研究得到了NSF资助的DMS－0908099和DMS－1211256的支持。感谢对本书主题提出宝贵建议的专家学者，特别是Claudio Albanese（环球估值有限公司和伦敦国王学院）、Antonio Castagna（Iason咨询公司）、Giovanni Cesari（瑞银伦敦）、Nicole El Karoui（巴黎第六大学）、Jean－Pierre Lardy（JPLC信用风险咨询）、Jean－Paul Laurent（巴黎大学索邦分校和巴黎银行伦敦分校），Alex Lipton（美银美林）、Marek Musiela（牛津曼定量金融学院）、Andrea Pallavicini（米兰国际银行和伦敦帝国理工学院）和 Marek Rutkowski（悉尼大学）。感谢 Gary Wong（伦敦 Ipotecs 有限公司），他允许我们使用他最初的想法和设计作为本书的封面。

第一部分

金融环境

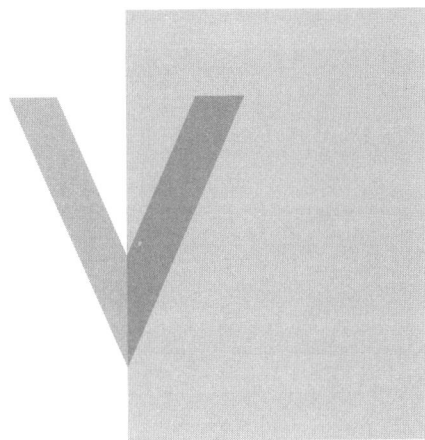

1

关于交易对手风险、CVA、DVA、多曲线、抵押品和融资的伽利略对话

本章以伽利略对话形式更新了 Brigo、Morini 和 Pallavicini（2013）的柏拉图对话，介绍了本书的金融环境，主要涉及信用风险值（Credit VaR）、潜在未来风险头寸（Potential Future Exposure，PFE）、预期风险头寸（Expected Exposure，EE）、预期正风险头寸（Expected Positive Exposure，EPE）、信用估值调整（Credit Valuation Adjustment，CVA）、债务估值调整（Debt Valuation Adjustment，DVA）、CVA 与 DVA 对冲、清算约定、净额结算条款、抵押品建模、缺口风险、再抵押、错向风险、巴塞尔协议Ⅲ，包含融资成本、首次违约风险、或有信用违约互换（Contingent Credit Default Swaps，CCDS）、通过融资进行 CVA 重组的可能性，逆向随机微分方程（Backward Stochastic Differential Equations，BSDEs）和动态 Copula（特别是马尔科夫 Copula）。

对话形式是三个朋友之间的对话，他们分别表示股市分析师（Salva）、交易者（Sage）和监管者（Simeone），对话的方式是伽利略对话。引用维基百科的话："这本书是由两位哲学家和一位外行在长达四天的时间里展开的一系列讨论：来自佛罗伦萨的萨尔维亚蒂（Salviati）主张哥白尼的立场，并直接提出了伽利略的一些观点。萨格雷多（Sagredo）来自威尼斯，是一个聪明的外行，一开始是中立的。辛普里西奥（Simplicio）是托勒密和亚里士多德的忠实追随者，

他提出了反对哥白尼立场的传统观点和论据。"

在我们的案例中：

塞奇（Sage - Sagredo）的职业生涯中，大部分时间都是交易员，最近成为一家一级投行的最高管理层。他对数学有着广泛而实用的认识，相信全球经济增长和发达经济，本质上是个资本家同时也是一个市场狂热者。他有芝加哥的硕士学位，住在伦敦。

西蒙尼（Simeone - Simplicio）是美联储的雇员，他非常关注监管，对金融创新持非常谨慎的立场。他很符合芝加哥商学院的要求，之前曾在那里短暂担任过模型验证员。他精通经济学和金融学的学术文献，获得过巴黎的硕士学位，在一个大教堂接受教育。对话期间，他暂时驻扎在巴黎，但经常乘火车去伦敦。

萨尔瓦（Salva - Salviati）是一个从事多种工作的人，从投资银行的前台（利率、信贷）到商业银行的风险管理。她思想开放，有点固执己见。她试图调解其他两人的极端立场，但却是个怀疑论者。她在一个边缘国家（从企业中心的观点或盎格鲁 - 撒克逊中心的观点来看）的大学获得博士学位。她也住在伦敦。

这三个人物在读本科时是有联系的。

在这一点上，应该强调的是，这些人物与伽利略的角色并不完全对应。这本书是由两位哲学家和一位外行在长达四天的时间里展开的一系列讨论：来自佛罗伦萨的萨尔瓦（Slbva - Salviati）主张哥白尼的立场并直接提出了伽利略的一些观点。塞奇（Sage - Sagredo）来自威尼斯，是一个聪明的外行，一开始是中立的。西蒙尼（Simeone - Simplicio）是托勒密和亚里士多德的忠实追随者，他提出了反对哥白尼立场的传统观点和论据。在这里，我们的情况更复杂，虽然我们保留了三人方案和正式的名称映射，但我们不鼓励完全标识。例如，你会注意到我们的西蒙尼比伽利略的西蒙尼好得多，而我们的塞奇则比伽利略的塞奇差得多。下面的一节"致有眼光的读者"也有类似的评论，这不应该从字面上解释。

1.1 致有眼光的读者

几年前，巴塞尔协议颁布了一项强有力的法令，为了消除当今时代的危险趋势，该法令适时地对毕达哥拉斯（Pythagorean）的观点保持沉默，即交易对手风险、抵押品和融资定价不能标准化。有人断言，这一法令的起源不是出于明智的调查，而是不同专业的一腔热情。有人抱怨说，那些在金融洞悉方面完全不娴熟的顾问们不应该通过草率的标准化和监管来扼杀智慧的羽翼。作为对毕达哥拉斯观点的回应，巴塞尔协议的支持者厚颜无耻地指责标准化批评者缺乏全球视野。

一听到这种无礼的吹毛求疵，我的热情就抑制不住了。我在深入了解了巴塞尔协议这一谨慎决定后，我决定公开出现在世界舞台上，作为清醒真理的见证人表达我的看法。

我经常被人发现在伦敦这座神奇的城市里，与一位富有而聪明的塞奇（Sage）先生交谈。萨尔瓦（Signora Salva）夫人也从伦敦来了，她是一位高尚的智者，相比喝美酒而言，她更热衷于思考。我经常在西蒙尼（Signor Simeone）面前谈论这两个问题，他是一位央行行长，对巴塞尔协议Ⅰ、巴塞尔协议Ⅱ和巴塞尔协议Ⅲ的解读总是让我印象深刻。

由于命运的分歧使伦敦失去了这三位伟大的智者，我决定在我力所能及的范围内，通过他们的本次辩论再次介绍他们，使他们的名声得以延续。

碰巧他们在不同的时间随意地进行了几次讨论，与其说这满足了他们的求知欲，倒不如说激起他们的求知欲。因此，他们非常明智地决定在某一天聚一聚，在此期间，抛开所有其他事务，他们可能会更加有条不紊地思考市场的经济奇迹。他们在伦敦的一家酒馆里碰面，在按惯例简短地互相致意后，萨尔瓦（Salva）开始了如下的谈话。

1.2 第一天

一般介绍、衍生品市场规模、风险头寸、信用风险值、巴塞尔协议

萨尔瓦：很高兴见到你，塞奇。很高兴再次见到你，西蒙尼。好久没见面了。

塞奇：确实已经有一段时间没见面了。我发现你很好，你依然那么聪明、美丽和具有魅力。

萨尔瓦：赞美使你处处受欢迎。[微笑]

西蒙尼：你们看起来都很好。

塞奇：你大学毕业后一直在做什么？我在芝加哥硕士毕业后，开始了一个新的职业生涯，在一个交易部门做初级的股市分析师，从事利率和外汇方面的工作。然后我开始转做交易业务，先是担任初级职务，后来是越来越高的职务。我在顶级银行（Top Bank）的 CDO 相关部门进行交易，然后转到超级银行（Super Bank），在过去四年，我负责了普拉廷曼银行（Platinman Bank）的 CVA 交易部门。

萨尔瓦：你一定赚了不少钱。

塞奇：没有我想得那么多［微笑］，我也失去了很多……有句话说得好，如果你还需要工作，那就意味着你没有赚到足够的钱。

萨尔瓦：好吧，过去几年对很多人来说都很艰难。我开始也是一个股市分析师，但比你晚了四年，因为我必须完成博士学位。我一直从事股市分析工作，因为我一直致力于信用风险以及衍生品定价和对冲的建模，先是在投资银行的前台，后来到了商业银行的风险部门。现在我在各部门之间协调工作，旨在为银行建立统一的 CVA 建模平台。

塞奇：不错。我听说你有两个孩子了，顺便说一句恭喜你。我想风险部门非常适合股市分析师的发展，听说许多人尤其是年轻人都非常想去交易前台。

西蒙尼：这些股市分析师会从事衍生品业务。2011 年，这项业务的规模达到了 700 万亿美元吧？

塞奇：是啊。但那是国际清算银行的官方口径。

萨尔瓦：但你必须承认 700 万亿美元这个数字已经远远超出了你的想象力。

塞奇：不过，我从来没有用这些概念交易过，虽然我也想。[微笑]

西蒙尼：你一点也不好笑。你知道 2011 年美国的名义 GDP 是多少吗？大约 15 万亿美元。而欧洲略高一些，达到 17 万亿美元。世界 GDP 约为 70 万亿美元。记住这一点，700 万亿美元的衍生品听起来像是疯狂的，即使在考虑贴现重复计算等情况下依然是疯狂的。也许我们政府机构有时着眼于大局，而不是我们的个人财富。

塞奇：现在你不能这么说。我是自食其力！但你不是。

西蒙尼：严格地说，你是将本不属于你的东西据为己有……

萨尔瓦：现在，你们两个都慢下来！无论如何，你们都过于偏颇了。我仍然认为衍生品是有用的，好吗？它们本身并不坏。与许多其他物品一样，它们也可以被很好地使用或滥用，并不能因为其是衍生品就影响其正常使用。

塞奇：说得好。

西蒙尼：我不相信。你认为衍生品市场增长到全球 GDP 的 10 倍是明智的吗？我觉得这很疯狂。

塞奇：为什么？没有人举枪强迫银行进行衍生品交易。

萨尔瓦：我不知道。这貌似一场失控的比赛，没有人能阻止……

塞奇：你不能停止进步，你需要不断地成长和加速，回头也无济于事。

萨尔瓦：你知道，放慢脚步有时会有帮助。我不赞同“永久性经济增长”的想法。另外，你在芝加哥读书，而我最近成了一个负责任的妈妈。

西蒙尼：当然，经济周期也存在；它并不是持续性增长，而只是长期性增长。你不能否认工业革命、技术进步和自由贸易导致了经济增长。

萨尔瓦：……以及自然资源枯竭、污染、全球变暖和许多发达经济体濒临违约，如果你看看这些数据。

塞奇：我认为现在的人比 100 年前生活得更好、更健康。

萨尔瓦：真正的问题是这能持续多久？所有发达经济体都因这场“危机”而陷入困境。真的是危机吗？危机有一个转折点，它开始看起来更像一种慢性综合征。

西蒙尼：这不是史无前例的，看看大萧条。

塞奇：你看看！听到这些坏消息已经够糟糕的了……

萨尔瓦：好了，够了，你们两个！西蒙尼，你在忙什么？你似乎很了解全局。

西蒙尼：在伦敦完成硕士学位后，我在一家银行从事模型验证工作，然后转入监管部门。五年前，我加入了位于美国首都的中央储备银行，研究交易对手风险。

塞奇：那绝对是你现在能去的最安全的地方之一。有趣的是，现在我们都与交易对手风险有关。

萨尔瓦：我想这并没有让你受到其他交易平台的交易员的欢迎！

塞奇：你还不知道一半。这些……对我们承保的风险一无所知，也不想收取一分钱的费用。

西蒙尼：他们可能觉得你并没有真正帮助他们。你向他们收取一笔费用，然后用来对冲交易对手风险、融资成本等，但你真的能有效对冲这些风险吗？我认为你做不到，所以也许你的这些同事觉得他们在浪费自己的钱，如果糟糕的一天到来，他们的交易对手违约，你将不能真正为他们提供保证。

萨尔瓦：这有点苛刻。我也看到了同样的态度，但这可能更多的是不愿放弃部分损益，而不是缺乏对 CVA 部门的信任。毕竟，哪个交易者愿意被收取额外费用？

塞奇：是的，没错。

萨尔瓦：但这不是全部。事实上，对冲 CVA 和 DVA 的困难是客观存在的。你是个有经验的交易者。你认为 CVA 可以对冲吗？那 DVA 呢？你能用敏感性对冲 CVA 和 DVA 吗？仅仅因为你能像那样对冲 Black - Scholes 期权？你如何对冲错向风险（Wrong - Way Risk）、回收风险以及跳转到违约风险？对于那些没有流动性交易 CDS 的交易对手来说，哪怕是信用风险呢？你真的无法正确对冲这些风险。如果你对经济复苏有 20% 的不确定性，实施交叉伽玛对冲（Cross - Gamma Hedging）有什么意义？有趣的是代理对冲。谁提到的？我想是高盛。

塞奇：你站在哪一边？高盛是最好的，所以如果他们这么说……

萨尔瓦：对，对。作为当地反建制派的疯子，我需要提醒你希腊债务伪装行动，做多或做空加州债券取决于何种方式更便利（而不总是取决于客户），格雷格·史密斯的辞职信，以及亨利·保尔森（Henry Paulson）、马里奥·德拉吉（Mario Draghi）、马里奥·蒙蒂（Mario Draghi）、马克·帕特森（Mark Patterson）之间持续的利益冲突和公共/政府立场。你是个大男孩，所以你看报纸，是吗？[微笑]

塞奇：[摇头] 让我休息一下，接下来你将开始阴谋论。你需要知道更多可靠的消息来源。

萨尔瓦：你知道，我在一些不知名的改革杂志上没有找到这个。正如我所说，这是在主流报纸（如《纽约时报》）甚至在维基百科上看到的。[微笑]

塞奇：啊，那一定是对的。[大笑]

萨尔瓦：我只是想在理智上诚实一点！[假装被冒犯]

塞奇：[假装冒犯] 你确定吗？

西蒙尼：如果你们两个已经看完了歌舞表演，我也想说点什么。回到 CVA 的估值和对冲，特别是代理对冲，你们都应该下定决心：CVA 是不是一个合适的概念？该不该追究？它能被对冲吗？如果不是，作为价格有意义吗？我个人认为这是没有意义的，它不应该交易，也不能对冲。

塞奇：[自信] 当然是。

萨尔瓦：你不能总是假装有简单明了的答案。CVA – DVA – FVA 是一个非常复杂的概念，需要非常复杂的计算技术来正确处理，甚至正确地定义它也是一个令人头痛的问题。[顺着明亮的浅棕色头发]

西蒙尼：[训教地] 不能适当和负责任地管理的数量和产品应该被禁止。想象一下，如果你甚至不能正确地定义它们……

塞奇：[翻白眼] 伙计们，CVA 相对简单，如果你当时是债权人，你的交易对手可能违约，从而给你造成损失。

萨尔瓦：在单边还是双边（DVA 有意义吗?）、结算公式、如何说明抵押和再抵押、是否包括首次违约以及如何说明融资成本等方面都有选择。正如 Watt（2011）在文章中指出的那样，由于 CVA 的不同定义和模型选择的多样性，各金融机构的 CVA 估值似乎存在重大差异。你觉得这很简单吗？我没有西蒙尼走得那么远，但我绝对没有你那么乐观。

塞奇：[耸耸肩] 如果你让复杂性麻痹了你，你将永远不会做任何事情。我们必须在合理的时间内尽可能地进行分析，但随后我们应该采取行动。这就是 CVA 交易台的意义所在。

萨尔瓦：我认为我们在看不同的时间范围。你的哲学在很短的时间内可能是好的，但从长期来看，它可能是完全不同的。

西蒙尼：萨尔瓦是对的。甚至你作为交易者的绩效每年都会以奖金来衡量，然后你可能会离开。然而，你交易的后果可能会在未来 10 年或 20 年影响银行。

塞奇：你太清楚了，如果我交易不好，我的名誉就毁了，我很难再找到一个好工作。[用手指模仿枪] 所以不可能一下子就忘记糟糕的绩效。

萨尔瓦：我不确定。[大笑]

西蒙尼：作为监管者，我看到了所有案例，但市场上确实有记忆。

萨尔瓦：我认识的大多数交易者都是八卦型的，当然现在的公司除外，所以你可能是对的。然而，流言蜚语并不是最可靠的信息来源。

塞奇：作为交易者，你的损益表代表了你，我认为女人更喜欢八卦。[咧嘴笑]

西蒙尼：好比按市值计价一样，这是一门精确的科学。

萨尔瓦：[高声调]“用平缓的波动预订这个，用出价预订这个，用询问预订这个，用微笑预订那个……”

塞奇：是的，我打赌你在维基百科上也读到过。[摇头]

萨尔瓦：不，我是从我们的交易员那里听说的。[笑]

西蒙尼：你介意严肃一点吗？

塞奇：你为什么不和我们谈谈你的监管工作？你认为巴塞尔协议Ⅰ、巴塞尔协议Ⅱ、巴塞尔协议Ⅲ的风险头寸、违约概率（Probability of Default，PD）、LGD（Loss Given Default，违约损失率）、ED（Exposure at Default，违约风险头寸）和信用风险值（Credit VaR）这些东西真的有帮助吗？

西蒙尼：[教诲地]让我们在这里小心点，因为我们混淆了许多不同的概念。让我引用我的研究生课程中的 Canabarro 和 Duffie（2004）的研究。这篇文章包含了一些风险头寸的基本原型定义，这些风险头寸并不总是与市场一致，但可以作为参考。首先，未来任何时候的交易对手风险头寸都是零与当时投资组合市值之间的较大值。当前风险头寸（Current Exposure，CE）是交易对手风险头寸的当前值，如果为正，则为投资组合的当前值，否则为零。它是在定价度量 Q 下对未来现金流的预期，逐一折现到时间 0（现在），如果为正，则相加，否则为零。[松口气]给定时间的潜在未来风险头寸是在高置信度下该时间的最大风险头寸。例如，99% 的 PFE 是仅以 1% 概率超过的潜在头寸。根据时间绘制的 PFE 是交易对手的交易组合从当前时间到最终到期日潜在的风险头寸概况。我认为我们的朋友萨尔瓦可以解释这个度量问题（P 和 Q）。在我攻读硕士期间，我从风险溢价角度对其进行了研究，但数学家设法做得更复杂。[喝饮料]

萨尔瓦：[调整裙子]是这样吗？即使在“定量”中也有很多里程数。有人认为只有 Q，有人认为只有 P。但让我先评论一下，潜在未来风险头寸通常是通过模拟获得的。对于未来的每一段时间，对给定交易对手的净交易（相关投资组合）价格进行了模拟。选择头寸分布的 P 百分位，这是未来的 PFE。在投资组合的整个生命周期内，PFE 的最大值称为最大潜在未来风险头寸。

塞奇：呜呜呜呜。我们真的需要这些技术泡沫吗？

萨尔瓦：［露出讽刺的表情］当然，这取决于你想要达到的目标。

西蒙尼：作为监管者，我可以告诉你，银行关心这样的数量，因为在决定是否允许交易的过程中，PFE 和 MPFE 通常与信贷限额进行比较。我相信你知道这件事。我们还有预期风险头寸［EE（t）］，即在时间 t 首次发生违约的 P 测度条件下的预期风险头寸。EE（t）与时间 t 的关系曲线是预期风险头寸曲线。预期正风险头寸（EPE）是指未来一定时间预期风险头寸（EE）的平均值。最后，我们有违约风险头寸（ED）。这被定义为交易对手随机违约时间的风险头寸价值。

塞奇：好吧，但是我们在这里讨论违约风险，我还没有听说任何关于违约的事情，虽然你提到了 20 种不同的定义，当然……［忍住打哈欠］为什么我们不提任何违约概率、回收率等？

西蒙尼：实际上，在风险头寸中不涉及违约模拟。未来的投资组合价值是模拟的，但交易对手的违约不是。对于风险头寸，我们处理这个问题：如果发生违约，我们将因违约而蒙受什么损失？所以在某种程度上，假设违约发生，我们检查在这种情况下会有什么损失。

塞奇：但这不是信用风险，是吗？

萨尔瓦：不，真的。利用信用风险价值，我们解决了一个问题：在给定的时间范围内，在不超过给定的概率 P 下，损失水平是多少？这确实包括交易对手的违约事件，因为我们产生了交易对手的损失和违约概率，而且回收率也是关键。但我想让我们的监管部门同事谈谈信用风险值（Credit VaR）。

西蒙尼：［用说教的口吻说，脱掉外套，然后掐下巴］信用风险值（Credit VaR）是指由于交易对手违约而导致损失的可能性。它试图衡量一家银行面临的风险，以便能够向违约概率相关的交易对手放贷或投资。银行必须通过储备资本来抵消这一风险，并在衡量风险后确定资本金数额。一种流行的度量方法就是风险值（VaR），它是在给定的时间内，与银行持有的头寸相关的损失分布的分位数。更准确地说，它是风险范围内头寸初始值与头寸未来值之差的百分位数（如 99.9 百分位）。当应用于违约风险，信用风险值的期限通常是一年。如果选择第 99.9 百分位数，我们就有超过 1000 个百分之一的损失。更确切地说，有几个不同的定义。例如，信用风险值可以是百分位数与平均值的差值，也可

以是百分位数本身。有多种可能的定义。［微微出汗，喝酒，看着萨尔瓦］

萨尔瓦：［用左手调整长发］我们还可以提到，一般来说，VaR 并不是一个通用的好方法。它经常被批评为不具有次可加性（Sub – Additive）。在某种程度上，它并不总是承认多样化的好处。在某些特殊情况下，总投资组合的风险可能大于单个头寸的总风险。另一种衡量方法是首选的，即期望损失值（Expected Shortfall），也称为尾部风险值、条件风险值等。这是超出估计 VaR 百分位数的损失的预期值。然而，正如 Ziegel（2013）所讨论的那样，期望损失值是不可得的，而 VaR 却是可得的。还有其他一些很好的理由可以解释为什么预期的资金缺口不起作用，也可以解释为什么十年后一致的风险措施最终不是一个好主意，所以选择不是那么明确［停顿一分钟，啜饮一口］。然而，该行业的很大一部分仍然使用信用风险值（Credit VaR）。这是通过模拟影响投资组合的基本金融变量和一年前交易对手违约而获得的。模拟是在风险范围内历史概率测度（我们前面提到的 P）下进行的。这种模拟包括交易对手的违约。在风险范围内，投资组合在每一个模拟场景中都被重新定价。例如，如果风险期限是一年，那么我们就有一年内投资组合价值的多种情况。在每种情况下，如果交易对手违约，我们会检查投资组合的价值。如果是正值，除了剩余回收价值外，一切都没有了，这将成为我们的损失。如果是负数或零，则不会有任何损失。如果在这种情况下一年内没有违约，那么同样不会因为违约风险而出现损失。在我们分析了一年内每种情况下的损失后，根据这些情况下的投资组合价值和违约情况，得出了投资组合损失的分布。［向前倾］请注意，通过上面的“定价”，我们说明了投资组合在风险期后的未来贴现现金流是以风险期本身的每个场景为条件的平均值。然而，这种平均值发生在定价概率测度 Q 下，而不是在历史测度下。［停顿，啜饮］

塞奇：概率度量的混淆是怎么回事？

西蒙尼：我提醒过你……

萨尔瓦：［叹气，坐下］好吧，假设你的投资组合是一个与客户交易的股票远期，最终期限为 5 年。要获得信用风险值，您可以模拟 P 测度下长达一年的权益，获得几个这样的年度权益情景。您还可以在 P 测度下模拟交易对手一年的违约，以便在每个场景中知道交易对手是否违约。将交易对手违约与权益之间的“相关性”包括在内可能很重要，这会导致错向风险（WWR，Wrong –

Way Risk)。[向前倾] 总结而言，在第一部分中，我在 P 测度下模拟，因为我们需要物理概率度量下的现实世界中的风险统计。之后，在第二部分中，在每个一年期情景中，如果交易对手违约，那么就有一个回收价值，其余的都会损失；否则，我们将对剩余年份的股票进行远期定价。然而，这个价格就像是五年后远期的预期值，取决于一年内的每种股票情况。由于我们正在进行估值，这些最后的预期值将在定价测度 Q 而不是在 P 下进行。[暂停，啜饮饮料，检查手机] 对不起，只是查看保姆信息。

塞奇：[同情地] 慢慢来。

萨尔瓦：好吧。在第一部分，可能很难获得模拟所需的统计数据。例如，对于违约概率，通常使用通过聚合方法或代理获得的概率，例如与交易对手评级相关的概率。这是不准确的。但是根据定义，一个名称的违约值只发生一次，所以它的 P 概率不能用任何直接方法来估计。关于 P 和 Q，通常 Q 下的违约概率（通常从 CDS 或公司债券价格获得）大于 P 下的违约概率。例如，Torresetti、Brigo 和 Pallavicini（2009）中债务抵押债券（CDO）的 P 和 Q 的损失分布比较就证明了这一观点。

塞奇：我需要进修，我在芝加哥学过风险值（VaR），但我还赶不上。

萨尔瓦：一个基本的介绍是 Jorion（2006）一书，而对于更高的技术水平，有 McNeil、Frey 和 Embrechts（2005）这样的书，然而，这些书对你来说可能太高级了，没有冒犯的意思。[微笑]

塞奇：[被吸引住了] 没有，我美丽的教授!

萨尔瓦：[微笑] 从历史的角度来看，在 Gupton、Finger 和 Bathia（1997）的《信用度量技术文档》中，我们可以看到最初的信用 VaR 框架。我相信你们都在某个时候遇到过。

塞奇：我突然意识到我们没有谈论 CVA，只讨论信用 VaR。为什么我们不讨论 CVA 呢，即使从不同的角度来看，这似乎也是我们的主要活动。我们何不在喝几杯酒前，从不同角度开诚布公地讨论一下这个问题呢? 如果你同意的话，我们可以在明天晚上做，我想会很有趣的。

萨尔瓦：是啊，为什么不呢?

西蒙尼：我会去的，我可以准备议程。

塞奇：又是那么官方。我们为什么不随便点儿呢?

萨尔瓦：我想通过一个议程可以帮助我们集中精力，避免更个性化的冲突（看看今天!）。

塞奇：你认为我们一直在对抗？你说你和交易员一起工作？伙计，你还不知道一半。

萨尔瓦：你已经说过了。[微笑假装无聊]

塞奇：[宽宏大量地]“重复”。

西蒙尼：你明白为什么我们需要议程了吗？一方面，这么多年后我想拥抱你们两个，另一方面，我想把塞奇踢出这家酒吧，把他推下楼梯，再踢他一次，然后一起去喝啤酒。

萨尔瓦：好吧，好吧。谢谢你们，明天见。同一时间，好吗？[调整裙子，把椅子往后推，站起来拿钱包]。

塞奇：对我有好处。[查看手机，更新日历，站起来，亲吻萨尔瓦的脸颊，和西蒙尼握手]明天见。

西蒙尼：好极了。[站起来，和塞奇握手，亲吻萨尔瓦的脸颊]

1.3 第二天

CVA、DVA、定价、无套利理论、清算及数据和评级问题

萨尔瓦：你好，塞奇，我们坐在外面吧。这个春天阳光明媚，天气很宜人。

塞奇：嗨，好主意，萨尔瓦。我们等西蒙尼的时候，让我喝两杯。你要什么？

萨尔瓦：请给我一杯瓦波利切拉（Valpolicella）。

塞奇：给你，萨尔瓦。

萨尔瓦：非常感谢。今天的交易怎么样？

塞奇：今天我和财政部与风险管理部门的会议都很艰难。他们都在推动建立不同的系统来计算和收取资金成本。这是一个政治噩梦。

萨尔瓦：我想，你在处理一件对损益很敏感的事情。[左手摇酒杯]

西蒙尼：伙伴们好，让我喝一杯，我和你们一起去。

塞奇：嗨，西蒙尼，太好了，在拯救世界之前我们会等你的。[笑]

萨尔瓦：是的，我们有大计划。

西蒙尼：哦……

塞奇：首先让我庆祝我们的团聚，干杯！［举起酒杯］

西蒙尼：干杯！

萨尔瓦：敬礼！（啜着酒）塞奇告诉我 CVA 对他的银行来说是一场政治噩梦。我工作的地方也一样，但我作为一个股市分析师受影响较小。然而，让我们先检验一下我们是否一致同意什么是 CVA。

塞奇：好吧，最好的解释就是这样。假设您可以与无违约交易对手或可违约交易对手进行产品交易，如果你有选择的话，你总是选择无违约的。这就是说，为了与有风险的人进行交易，你需要额外的补偿。换句话说，你要求降低产品价格。这种价格降低正是信用价值调整或 CVA。

西蒙尼：换言之，我们可以将其定义为无违约风险产品的价格与包含对方违约风险产品的价格之差。

塞奇：我就是这么说的！

萨尔瓦：一开始就足够了。所以这里的关键点是，这是降价，或者说，这本身就是一种价格。作为一种价格，它是一种风险中性或预期未来贴现现金流的定价措施。这是在估值时（通常是现在）的预期值，即与特定投资组合的违约风险有关的未来现金流的贴现。虽然信用风险值是风险期内交易对手违约造成的损失的 P 度量百分位数，但这是当前的价格，即当前信息下的 Q 预期。

塞奇：再说一遍 P 和 Q，我们不能再让你逍遥法外了。请解释一下。［点燃雪茄］

萨尔瓦：你现在开始抽雪茄了？

塞奇：［天真地］在你有了第一个百万美元之后，像雪茄这样的东西也就变成标配了，你知道的。这在业界再正常不过了。［笑］我真希望你不是个健康狂！

西蒙尼：你想抽多少就抽多少，只要你把那难闻的烟从我身边抽走。如果你想伤害自己，那不关我的事。

塞奇：随便。

萨尔瓦：……还有我的头发和衣服。我相信你知道烟味有多难闻。

塞奇：［假装冒犯，把椅子往后推一点］随便。这是香味，不是臭味。而且，我们在户外。为什么一个人在辛苦工作了一天后不能安静地抽雪茄？

萨尔瓦：好吧，原谅我们没有加入不健康的百万美元富翁俱乐部……

塞奇：啊哈，你知道你是我仅有的收入在 100 万美元以下的朋友吗？［继续抽雪茄］

萨尔瓦：如果这段对话被记者截取并发表，那会很有趣。

西蒙尼：停止歌舞表演，专注于眼前的话题。

塞奇："关注眼前的话题"？那是什么可笑的废话？别那样跟我说话。我认识你太久了。［喘息声］

萨尔瓦：好吧，好吧。然后是 P 和 Q。我从哪里开始？好的，随机对象的统计数据，比如未来时间损失，取决于所使用的概率测度。显然，在两种不同的概率测度下，同一个随机变量通常会有两个不同的期望值、方差、百分位数等。概率 P、历史或物理概率测度（也称为现实世界测度），是我们用来对金融变量、计量经济学、历史波动率计算、历史相关性、自相关、最大似然估计等进行历史估计的概率测度。例如，当我们计算 VaR 时，我们是在 P 下把金融变量模拟到风险水平的。同样，当我们试图通过经济预测、技术分析等手段来预测未来市场变量时，我们也是隐含着在 P 下进行的。这是因为在可观测世界的统计数据下，风险度量和预测是有趣的。然而，如果我们试图在无套利框架下对期权或结构性产品进行定价，则无套利理论认为，未来贴现现金流的预期值将采用不同的概率测度，即 Q。这两个概率测度通过一个取决于风险规避或风险价格的数学关系联系起来。在简单模型中，实际测度 P 下的预期收益率由无风险利率加上风险市场价格乘以波动率给出。在 P 下，资产收益率的期望值很难估计，而在 Q 下，人们知道收益率是无风险的。无套利理论认为，对 P 下收益率的依赖关系可以通过复制技术来对冲。仔细想想，这就是衍生品市场爆炸的原因。衍生品的价格并不取决于你对 P 下实际预期未来回报的看法。资产的实际预期收益很难估计或预测，这是正确的，否则我们都会非常富有。但要根据这些资产的增长来定价衍生品，原则上你不需要知道 P 下的这些回报。

西蒙尼：你似乎暗示，衍生品市场的建立是一个良好的发展。

塞奇：又是这个故事？衍生品在这里，也将继续存在。如果没有石油互换，航空公司如何对冲燃油风险？放弃这种呆子的态度，记下来，继续前进！［喘息声］

西蒙尼：［愤怒］如果你停下来想了超过 3 秒钟的事情怎么办？

萨尔瓦：［挥手］好了，好了，你们冷静点，让我们回到 CVA。［调整头发］但在此之前，我们需要绕到瑞士的一个城市。

塞奇：我打赌不是苏黎世，而是以“B”开头的。［大笑，喘息］

萨尔瓦：也不是伯尔尼（期待西蒙尼的抗议）好吗？而是跟业界的事情有关。好吧，说真的。巴塞尔协议是巴塞尔银行监管委员会发布的一套关于银行监管的建议。我们最感兴趣的是第二套关键的建议，称为巴塞尔协议Ⅱ，以及第三套建议——巴塞尔协议Ⅲ。巴塞尔协议Ⅱ于2004年首次发布，随后更新，它制定了一个标准，监管机构可以用这个标准来确定一家银行必须保留多少资本，以应对与其贷款和投资活动相关的金融和运营风险。通常，银行在承担风险时往往愿意储备尽可能少的资本，以便能够将剩余资金用于其经营活动，并获得更多的流动性。资本要求总体上涉及三个领域：信贷风险或交易对手风险、市场风险和运营风险。资本需求的交易对手风险按照测度的复杂性，可以从三个层次进行测度，即标准化方法、基础的内部评级法（IRBA）和高级的内部评级法。标准化方法更为保守，基于简单的计算和数量，因此，如果一家银行采用这种方法，它可能会发现所需的资本要求比采用IRBA更高。显然，这是促使银行开发交易对手风险和信用评级内部模型的重要因素。尽管如此，持续的信贷危机仍在引发许多关于巴塞尔协议Ⅱ和更广泛的银行监管有效性的质疑和辩论。鉴于一套通常称为巴塞尔协议Ⅲ（后文）的新规则，巴塞尔规则目前正在修订中。巴塞尔协议Ⅰ、巴塞尔协议Ⅱ和巴塞尔协议Ⅲ也从方法论的角度受到了严厉批评，例如，见Blundell Wignall和Atkinson（2010）。

西蒙尼：综上所述，我们提到了上述两个主要方面：（1）根据巴塞尔协议Ⅱ，对资本要求进行交易对手风险度量，以及相关的信用VaR风险度量，或者（2）从定价角度对交易对手风险进行度量。巴塞尔协议Ⅱ主要涉及（1），因此涉及信用风险等概念。我对此以及改进框架的努力感到非常满意。我有问题的地方是（2）。在（2）中，我们通过改变向交易对手收取的价格来调整与交易对手交易的特定工具或投资组合的价值。这种价格的降低解释了交易对手的违约风险。正如塞奇早些时候所说，在所有条件相同的情况下，我们总是倾向于与无违约对手进行交易，而不是与违约风险对手进行交易。因此，除了合约的无违约成本外，我方还向违约风险方收取一笔追加费用，该金额正好抵消我方承担的额外信用风险。这通常被称为信用估值调整，或CVA。正如萨尔瓦之前解释的，由于它是一个价格，所以它完全是根据Q概率度量，即定价度量来计算的。P 在这里不起作用。我们是在计算价格，而不是衡量风险统计数据。正如我前面提到的，［怀疑地环顾四周］我怀疑这个概念是否有用甚至合适。尽管如此，它已经存在了一段时间，例如，Duffie 和 Huang（1996）、Bielecki 和 Rutkowski（2001）、Brigo 和 Masetti（2005）。

萨尔瓦：然而，在 2008 年违约之后，它变得越来越重要。我记得在 2002 年没有多少人关心这个。

西蒙尼：现在，也许萨尔瓦可以从建模的角度总结 CVA 这个术语，这样我们就可以讨论它的缺点了?

塞奇：我的老朋友，你知道，杯子也可以是半满的。［喘息和喝酒］

西蒙尼：你的酒杯快空了。如果你继续以这种速度喝酒，讨论就不可能了。

萨尔瓦：或者更有趣。回到 CVA，伙伴们。CVA 看起来像是一种对交易组合的剩余价值的期权，其到期日由交易对手的违约时间决定。你可能会问，为什么是一种期权？要回答这个问题，你需要看看现金流。如果交易对手在最终到期日之前违约，并且违约时投资组合的现值为正，那么幸存的一方只能得到回收价值。但是，如果现值为负数，则存续方必须将其全额支付给违约实体的清算人。一旦我们通过对这些现金流进行净额结算来完成所有计算，我们就可以得出交易对手风险下的交易价值是没有交易对手风险的价值减去一个称为 CVA 的正调整。这种调整就是上述意义上的期权价格。有关详细信息和讨论，请参见 Brigo 和 Masetti（2005）。当然，随机到期的期权是一个复杂对象。［看着塞奇和西蒙尼，叹气］这很复杂，因为它产生了模型依赖性，即使在没有交易对手风险的模型独立产品中也是如此。

塞奇：让我们举个例子，这样我们就不会迷失在技术话题中。［再点一杯酒］

西蒙尼：让我们举一个普通香草掉期投资组合的例子。

萨尔瓦：［检查手表，调整裙子］在交易对手违约时，你必须对掉期投资组合的剩余价值进行期权定价。你需要一个利率期权模型，然后通过增加交易对手风险，使你的估值依赖于模型。然而，短时间内很难快速获得定价库。当然，模型依赖性意味着波动性和相关性会影响这种计算，更普遍地说，动力学特性也是如此。

西蒙尼：然后我的问题就开始了。例如，在 Q 而不是 P 下，很难测量隐含波动率和隐含相关性。

塞奇：你做你必须做的，走一些捷径，如代理等。

萨尔瓦：但无论如何，它们不容易测量。我们正在Q下进行定价。我们需要从依赖于这些参数的产品的交易价格中提取波动率和相关性。但哪些市场产品中暗示了特定公司交易对手违约与交易标的（如黄金）或特定汇率之间的相关性信息？我从哪里提取信贷息差波动？与单一资产挂钩的传统CDS（Single-name CDS）期权是不能流动的。

西蒙尼：我同意，但事实上比这更糟。对于一些中小型交易对手，有时甚至是大型交易对手，甚至很难得到违约概率，更不用说预期回收率了。据我所知［看着萨尔瓦］，Q违约概率可以从信用违约掉期或公司债券交易对手数据中推断出来。但有多少中小企业没有可靠的CDS或债券报价？许多交易对手没有流动的CDS，甚至没有已发行的可交易债券。如果交易对手比较隐蔽怎么办？撇开信贷波动性和潜在信贷的相关性不谈，哪里可以隐含违约概率？更不用说经常被忽视的回收率了（不要告诉我回收率可以在40%以下）。

塞奇：［喘息］你在无缘无故地大惊小怪。违约概率，如你所说，在Q下不可用时，可以在P下考虑。然后，您可以根据从信用指数数据中获得的信用风险溢价的总估值对它们进行调整。例如，如果我们有一个针对中小企业的评级系统（可由信贷机构获得），利用评级信息可以为穆斯顿港（the port of Mouseton）算出粗略的总违约概率。我们还可以考虑P统计量，如历史信贷利差波动率和基础投资组合与交易对手信贷利差之间的历史相关性。这在一定程度上允许你对错向风险进行建模。

萨尔瓦：［好笑/讽刺］我不得不承认我对你解决所有问题的惊人速度感到吃惊。他们真的应该考虑让你获得诺贝尔经济学奖。［身体前倾，喃喃自语］但你意识到在你上面的回答中有一些非常基本的问题吗？你信任评级机构吗？你认为它们对所有中小企业的评级都可靠吗？你认为大多数金融机构都有合适的内部评级系统吗？你认为你能很容易地通过历史估计的统计数据来对冲价格吗？你……

塞奇：等等，你的Girsanov定理不是说瞬时波动率和扩散的相关性在这两种度量下是相同的吗？

萨尔瓦：［仔细看着塞奇］像往常一样，你假装是个混蛋，但你很聪明。是的，你是对的。但没那么简单。参考 Radon－Nikodym 定理……

塞奇：［喝完第二杯］拜托，萨尔瓦，停下来。我告诉过你，一切都是为了行动。你不应该被太多的分析和问题所麻痹。［点了第三杯］

萨尔瓦：这看起来就像“先开枪，然后再问问题”。你意识到我们只是仅仅在表面上触及了 CVA 问题吗？

西蒙尼：我再次同意。我们是在进行一场诚实的辩论，还是在这里假装一切都很简单可行，然后喝醉？

塞奇：你们两个联合起来对付我。二对一不公平。［假装无助］我被这位迷人的女士迷住了。

萨尔瓦：［讽刺］真的，可怜的孩子，看看我们是怎么把你逼到致命的境地的。你已经被妖艳的宽容和权谋的拜占庭监管者打败了。彻底失败了。［大笑］

塞奇：哈哈，你太棒了，我们得多出去走走。［多喝点酒］好吧，我承认数据可能有问题。但这并非不可能。让我转述一下儒勒·凡尔纳的话：我是无知的，没错，但我如此无知，以至于我甚至忽视了困难。他们阻止不了我。［眨眼］

西蒙尼：你应该当喜剧演员，而不是商人。我们能严肃一点吗？让我们谈谈错向风险。监管机构对这一点非常关注，我们在这方面做得并不好。巴塞尔正面临着一个关于错向风险的特别困难的时期。

塞奇：我看不出所有这些关于错向风险的大惊小怪。这只是当基础投资组合和交易对手的违约以最坏的方式“相关”时，我们所面临的额外风险。例如，假设您正在与一家公司进行股票远期交易，您将在到期时收到固定（收入）和支付（可变）浮动股票。假设远期合约的权益与交易对手的权益正相关，例如交易对手是诺基亚，标的是沃达丰。诺基亚违约可能性与沃达丰股权之间可能存在负相关，因为沃达丰股份上涨将导致诺基亚股价上升，这反过来意味着诺基亚违约可能性降低。另外，沃达丰股票的价值越低，诺基亚违约的概率就越高。当沃达丰的股权大幅减少时，由于错向风险，诺基亚的违约概率将大大增加，剩余接管人权益的远期价值也将增加。这意味着，在交易对手违约概率较大的情况下，嵌入的 CVA 期权条款将更准确地体现在货币中，因此造成的损失将远大于相关性较低的情况。这是一个错向风险的例子。相反的情况是，诺基亚和沃达丰股票之间的负相关性将是确方风险（Right－Way Risk）。

西蒙尼：这是一个很好的例子。

萨尔瓦：真是个好主意。更普遍地说，错向风险已经被研究过。例如，下列参考文献对不同资产类别进行了研究：Redon（2006），Brigo 和 Masetti（2005），Brigo，Morini，和 Tarenghi（2011），Brigo 和 Tarenghi（2004），Brigo 和 Tarenghi（2005）研究了股票的错向风险；Brigo 和 Pallavicini（2007），Brigo 和 Pallavicini（2008）研究了利率的错向风险；Brigo，Chourdakis 和 Bakkar（2008）研究商品（石油）的错向风险；Brigo 和 Chourdakis（2008）研究了信贷（CDS）的错向风险。

塞奇：给我们的常驻图书管理员！［鞠躬，举起酒杯，喝酒］谁需要看这些文件？就像我告诉你的。

萨尔瓦：［微笑］“查拉图斯特拉如是说（Sprach Zarathustra）。”

西蒙尼：看……

萨尔瓦：好吧，好吧。我认为另一个相当困难的问题是如何正确设定债务估值调整（DVA）。这与交易双方就交易对手风险收费达成一致的可能性有关。也许这位善于举例的贤哲可以先做些介绍？

塞奇：我会告诉你我明白了什么。［啜饮葡萄酒］假设我们是无违约的，所有人都认识到这一点。我们对交易对手在交易最终到期日之前违约的风险进行定价。这是我们的 CVA，正如我们所看到的，从我们的无违约风险价格中减去的正调整。同样，正如我们上面所说的，在所有条件相同的情况下，我们有选择权，我们更喜欢与无违约风险的交易对手进行交易，而不是与有违约风险的交易对手进行交易。因此，我们明白，我们的无风险价格需要通过减去一个称为 CVA 的正数来降低，以补偿我们额外的违约风险。现在扪心自问：从对方的角度看会发生什么？

西蒙尼：你是说另一方会考虑我们在交易中的违约概率？

塞奇：不，或者至少还没有。我指的是与上面相同的设置，我们仍然没有违约，交易对手保留违约概率，但现在是交易对手作分析，而不是我们。

萨尔瓦：［仰望塞奇］很聪明。

塞奇：交易对手将对无风险价格进行相应正调整（与我们的负调整相反）。这样，双方就可以就价格达成一致，因为我们同意我们必须为合同支付较少的费用（给我们的价格已经减去了 CVA），而交易对手同意它必须支付更多的费用

（给它的价格已经增加了相同的金额，即 CVA）。这是有道理的。对交易对手客户的调整数额是正的，因为交易对手需要补偿我们的违约风险。最后我们得到了 DVA：从交易对手角度看，这种调整数额是正的，称为债务估值调整（DVA）。调整数额之所以为正，是因为交易对手本身的早期违约将意味着对其自身付款义务进行了打折，进而也就意味着其获得了正的收益。因此，交易对手在无风险价格上加上称为 DVA 的正数，标志着正调整。在这种情况下，如果我们没有违约，交易对手计算的 DVA 也被称为单边 DVA（UDVA，Unilateral DVA），因为这其中只包括交易对手的违约风险。同样，我们用减法标记的调整称为单边 CVA（UCVA，Unilateral CVA）。在这种情况下，美国的单边 CVA 就等于交易对手的单边 DVA，即对无风险价格的调整是相同的，但交易对手是增加，而我们则是减少。另外值得注意的是，由于我们没有违约，所以美国的单边 DVA 和交易对手的单边 CVA 都等于 0。

西蒙尼：非常清楚。但这还不是一个真正的双边案例，因为只有交易对手可能违约。所以这个 DVA 不具有普遍代表性。

塞奇：一般情况下，两个公司不同意其中一家不违约。假设在你的例子中，交易对手不接受我们是无过失的（这是一个合理的反对理由，在 2008 年某个月金融机构发生八次信贷事件后）。

萨尔瓦：[喝完第一杯酒] 请允许我补充进来。在这种情况下，双方就价格达成一致的唯一可能性是双方一致地将其违约纳入估值。现在，双方将在交易的无违约风险价格（MtM）中减去正的（双边）CVA 和正的（双边）DVA。一方的 CVA 将是另一方的 DVA，反之则相反。双方将按以下方式计算最终价格：MtM - CVA + DVA。在塞奇的例子中，对美价格 = 对美 MtM + 美国 DVA - 美国 CVA。而在交易对手进行计算时，他得到了一个完全类似的公式：对交易对手的价格 = 对交易对手的 MtM + 交易对手 DVA - 交易对手 CVA。回想起来，对我们的 MtM 等于对交易对手的 MtM 的相反数，美国 DVA 等于交易对手 CVA，交易对手 DVA 等于美国 CVA。我们终于明白了，对我们的价格等于对交易对手的价格的相反数，以便双方就价格达成一致。我们可以将一方的总（双边）估值调整（TVA）称为该方 CVA 与 DVA 的差额，即 TVA = CVA - DVA。显然，我们的 TVA 与交易对手的 TVA 互为相反数。我们需要注意术语。通过“双边 CVA”，市场指的是 TVA 和 TVA 的 CVA 部分。大多数行业使用这个术语来表示

TVA，我们也会这样做，除非另有明确规定[①]。

西蒙尼：关于双边 CVA 和 DVA 的技术文献有哪些?

塞奇：哈欠。

萨尔瓦：［忽略塞奇］最初的计算可能是 Duffie 和 Huang（1996），但是错向风险很难在他们的框架中建模。此外，该文献主要涉及互换。同样，Bielecki 和 Rutkowski（2001）讨论了具有双边违约风险的掉期，但详细研究了双边风险并衍生出 DVA 的论文是 Brigo 和 Capponi（2008a）。此文首先对双边风险进行了概述，然后对 CDS 进行了分析。Brigo、Pallavicini 和 Papatheodorou（2011），Brigo、Capponi 和 Pallavicini（2014）以及 Brigo、Capponi、Pallavicini 和 Papatheodorou（2011）的论文仔细研究了双边风险的其他方面以及与错向风险、抵押品、极端传染和缺口风险的关系。这些研究分析了当违约发生在保证金日和相关的市价变动发生时会发生什么。Brigo、Capponi 和 Pallavicini（2014）考虑了一种潜在 CDS 的案例，这种 CDS 具有强烈的违约传染，即使是频繁的贴现保证金对此也非常无效。

西蒙尼：好的，谢谢你，萨尔瓦。因此，我们可以这样总结，双边估值调整总额是指进行计算的一方所看到的 CVA 和 DVA 之间的差额。

萨尔瓦：是的，但要小心。在一个只有一方可以违约的世界里，TVA 不仅仅是 CVA 和 DVA 的区别。在计算 DVA 和 CVA 的差异时，您需要考虑这两个术语中的两个违约值。因此，有一个先违约（first - to - default）检查：如果我们进行计算，在我们先违约的情况下，DVA 条款将被激活，CVA 条款消失，而在交易对手先违约的情况下，我们的 DVA 消失，我们的 CVA 会被激活。所以我们需要先检查谁违约。然而，一些从业者实现了一个版本的 TVA，它忽略了先违约时间。如果我们计算美国 TVA = 美国 CVA – 美国 DVA［例如见 Picoult（2005）］，那么我们在一个只有我们可能违约的世界里计算美国 DVA，然后在一个只有交易对手可能违约的世界里计算美国 CVA。但我们不会在先违约时就取消另一项条款。所以在某种意义上我们是在重复计算。适当的 TVA 包含了先违约检查。Brigo、Buescu 和 Morini（2012）考虑了两种近似值之间的差异。即

① 这在交易对手风险文献中很常见，不同的作者和用户使用相同的术语，含义也不同。TVA 也是如此。

使在看似无害的例子中，忽略先违约条款的错误也可能相当大。

西蒙尼：理解。从我与我们受监管实体的对话看，行业似乎更倾向于将先违约实体排除在外，因为这避免了需要对参与交易的各方之间的违约相关性进行建模。

塞奇：这不是很重要，因为如果基础净额结算集对信用是敏感的（如包含信用违约掉期），那么无论如何你都需要对违约相关性进行建模，否则你就没有错向风险。

西蒙尼：但据我所知，绝大多数交易都是利率互换，因此对于那些不含先违约的简化公式而言，你确实可以使用你的单边 CVA 库来计算双边调整，而不必考虑违约相关性。

塞奇：当然。但我还是不明白为什么大家对 DVA 这么大惊小怪。

西蒙尼：嗯，不难理解为什么。DVA 使我的债务减少，因为我可能违约，因此没有支付我所有的债务资金，漏损的债务支付就等同于收益，但如果我违约，只能以现金流形式实现这个收益。你觉得这是自然的还是直截了当的？

塞奇：是的，其实很自然。

西蒙尼：还有更多，如果你的信用质量恶化，重新计算你的 DVA，将标志着收益增加。

塞奇：这也是很自然的。怎么了？每个人都在想这个故事。

西蒙尼：你开玩笑吧？让我们看一些数字。花旗集团在 2009 年第一季度收入新闻稿中称："收入还包括［……］衍生工具头寸净增值 25 亿美元，不包括单一债券，主要是由于花旗 CDS 利差扩大。"来自《华尔街日报》的内容："2011 年 10 月 18 日，美国东部时间下午 3：59，高盛对冲其收益波动较小。高盛第三季度的 DVA 收益总额为 4.5 亿美元，其中约 3 亿美元计入固定收益、货币和大宗商品交易板块，另有 1.5 亿美元计入股票交易板块。与摩根大通（J. P. Morgan Chase）和花旗集团（Citigroup）第三季度的 19 亿美元 DVA 收益相比，这一数字相对较小。美国银行（Bank of America）公布，其投资银行的 DVA 收益为 17 亿美元。分析人士估计，摩根士丹利周三公布财报时，DVA 净收益达到了 15 亿美元。"因此，这是一个相当大的影响。现在你觉得这无关紧要？那我问你个问题，如何对冲 DVA？因为，你会同意我的观点，一个没有对冲策略支持的价格很难实施，也很难随着时间推移而获胜。为了使 DVA 成为现实，应该有对冲策略，也就是说，应该自己为自己提供保证措施，这是非常困难的做法，除非回购它早些时候发行的债券。这可能很难实现。

塞奇：拜托，代理对冲并不难。大多数时候，DVA 是通过代理来对冲的。与其自我保护，不如让许多与自身高度相关的人来为自己提供保证措施。

西蒙尼：我听说了。《华尔街日报》的文章报道说："[……] 高盛（Goldman Sachs）首席财务官维尼亚尔（David Viniar）周二表示，该公司试图利用一篮子不同的金融资产来对冲（DVA）。高盛发言人证实，该公司是通过向一系列金融公司出售 CDS 来实现这一目标的。[……] 高盛不愿透露篮子里有哪些具体的财务数据，但 Viniar 证实 [……]。篮子里有'一个同龄人'。大多数人会认为高盛的同行是其他拥有大型投资银行部门的大型银行，包括摩根士丹利、摩根大通、美国银行、花旗集团等。这些公司债券的表现将与高盛的表现高度相关。"现在让我们来反驳这个说法。代理可能会产生误导。在利差相关性较强的情况下，可以近似对冲 DVA 的利差风险，但不能对冲违约风险。摩根大通通过雷曼兄弟来对冲 DVA 风险并不是一个好主意。事实上，当你看到跳转至违约风险时，可能会恶化系统性风险。如果我通过与我相关的公司提供保证金，如果该公司出现信用质量恶化（这将对冲由于利差变动导致我的 DVA 变化），而且已经构成违约，那么我必须支付保证金，这可能会使我违约。你认为这种情况不现实吗？

塞奇：保证代理不是与单家机构进行交易，而是与一篮子机构进行交易，所以是多样化的。

萨尔瓦：让我再插一句。这里有一个矛盾。一方面，你希望这些机构尽可能地与你自己相关，否则对冲就不会有效。另一方面，为了避免系统性风险，你希望通过多样化来降低这种相关性。

塞奇：我并不是说多样化降低了所有的相关性，只是降低了系统性风险相关性。

萨尔瓦：还有什么其他的关联呢？你在考虑一个要素结构吗？我对此表示怀疑。想想 2008 年一个月内发生的 8 起金融业信贷事件。

西蒙尼：是的，我的看法完全正确。

塞奇：好吧，我要再次承认，这可能不像我想的那么简单。我没有仔细考虑大局，我需要多考虑一下。

萨尔瓦：这将是第一次。［微笑着，点了一瓶水，有点神秘地看着塞奇］现在不要感到孤独。监管者在决定如何处理 DVA 时遇到了非常困难的问题。［向后倾，调整裙子］西蒙尼，你为什么不告诉我们 DVA 在监管领域发生了什么？

西蒙尼：［说教地］巴塞尔协议Ⅲ承认 CVA 风险，但不承认 DVA 风险。这造成了资本充足率的 CVA 计算与会计和市值计价的 CVA 计算之间的差异。例如（我也可以当一 个图书管理员），巴塞尔协议Ⅲ中指出，计算这一 CVA 损失时没有考虑到根据第 75 段中从资本中扣除的任何抵消债务估值调整（巴塞尔协议Ⅲ，第 37 页，2011 年 7 月发布）。因为不履行风险（Nonperformance Risk，无法履行义务的风险）包括报告实体的信用风险，在其他会计公告以公允价值计量负债的所有期间，报告实体应考虑其信用风险（信用状况）对负债公允价值的影响（财务会计准则 157）。

塞奇：［卷起袖子］我看到监管机构有明确的想法。

西蒙尼：［不理塞奇，捏着下巴］巴塞尔银行监管委员会前主席是这么说的：巴塞尔银行监管委员会秘书长 Stefan Walter 说过，由于利润与信用度下降有关，可能会产生不正当的激励，这意味着资本要求不能识别这一点。不承认 DVA 作为补偿的主要原因是，这不符合总体监管审慎原则，根据该原则，我们不对因公司自身信用质量恶化导致的监管资本增加给予褒扬。

萨尔瓦：看到了吗？你不是唯一陷入迷茫的人。［交叉双腿，调整裙子］

西蒙尼：［皱眉，手牵手］另一个我们试图从国际掉期与衍生品协会（International Swaps and Derivatives Association，ISDA）获得一些清晰信息的问题是清算。

萨尔瓦：是的，那很有趣。我做了一点，让我总结一下。（对双方都微笑）清算是指交易双方中的第一方违约时发生的情况。因此，假设在我们的例子中，交易对手违约，然后根据法规和 ISDA 文件启动清算程序。清算程序确定了合同给我们的剩余价值，并确定了将支付给我们的金额。但是，如果是负数，那么我们将不得不向交易对手支付全部金额。到目前为止，这似乎是我们在上面看到的标准定义。但仔细想想，在交易对手违约时，我们是通过考虑我们自己的剩余信用风险［即包括我们现在的单边 DVA，置换清算（Replacement Closeout）］还是仅仅通过使用无违约风险估值（“无风险清算”）来评估剩余合同？置换清算坚持认为，如果我们现在要与无风险方重新展开交易，无风险方将向我们收取单边 CVA，从我们的角度看，这就是我们的单边 DVA。因此，在计算重置价值时，应包括我们的 DVA，以避免估值的不连续性。如果我们总是在违约前加入 DVA 来评估交易，我们就不应该在违约时停止这样做。所以我们应该使用置换清算。另外，既然我们现在正在清算，为什么还要担心剩余信用风险呢？所以我们应该使用无风险清算。

塞奇：［赞赏地看着萨尔瓦］有趣的是，估值变化很大吗？

萨尔瓦：在 Brigo 和 Morini（2011）、Brigo 和 Morini（2010a）以及 Brigo 和 Morini（2010b）的研究中，无风险清算的含义与我们习惯于在债券或贷款市场等标准化市场违约的情况下预期的含义截然不同。让我们以 TVA 为例，它的估值总是在同一个方向，如贷款或债券。假设我们拥有在时间 0 从交易对手那里购买的债券。我们在等待最后的名义上的付款，我们在一开始就付款了，所以我们就像贷款的贷款人。如果我们违约，即贷款人违约，这应该意味着对债券发行人或借款人（我们例子中的交易对手）没有损失。相反，如果采用无违约风险清算，在我们违约的情况下，交易对手的负债价值将突然飙升。事实上，在违约发生前，交易对手（净债务人）的债务有一个按市值计价的方法，考虑到了交易对手本身的违约风险。换句话说，从交易对手角度看，它有一个 DVA 术语。作为一种负现金流，它的绝对值要比 DVA 不存在时小。在我们违约后，如果采用无风险清算，这种按市值计价的方式将转变为无风险方式，其绝对值肯定大于违约前按市值计价，因为 DVA 已经不存在了。信贷利差越大，增幅就越大。对于交易对手来说，这是一个巨大惊喜，他们很快将不得不向我们的清算人支付这一增加的金额（不再被 DVA 抵消）。这种效应在债券或贷款市场并不存在。显然，违约时的净债务人（我们例子中的交易对手）不喜欢无风险清算。他们倾向于置换清算，这并不意味着债务的必要增加，因为这继续考虑到债权人违约后债务人的信用状况。

塞奇：我没想过这个。但这确实有道理。

萨尔瓦：然后可以决定使用置换清算。然而，置换清算有着与无风险清算相反的缺点。债权人将倾向于无风险的清算。债务人支付的资金越多，经济复苏的速度就越快。置换清算在保护债务人的同时，在某些情况下，可能会通过减少追偿而令人担忧地惩罚债权人。例如，当违约实体是一家具有高度系统性影响的公司时，就会发生这种情况，因此当它违约时，其交易对手的信贷利差预计会调高。

塞奇：令人难以置信的是，在这个问题上没有明确规定。你在等什么，西蒙尼？

西蒙尼：还有其他问题，问题清单还没有结束。清算是我们最不担心的事。

塞奇：那么，还有哪些问题让你们监管者忙得不可开交呢？

西蒙尼：抵押，尤其是再抵押；巴塞尔协议Ⅲ对 CVA 的资本要求；决定我们应该允许什么类型的 CVA 重组；始终包含融资成本；对缺口风险进行适当保守核算；中央结算。但我想我们今天已经谈够了。我不得不说我比想象中更喜欢它。明天同一时间？

萨尔瓦：［站起来，拉直裙子，拿起钱包］当然。

塞奇：你太棒了，萨尔瓦。

西蒙尼：萨尔瓦，这一定类似于亲吻流浪汉。［依次亲吻萨尔瓦的脸颊，与塞奇握手］

塞奇：哈哈，真有趣。明天见，伙计们。

1.4 第三天

FVA、CVA、VaR、巴塞尔协议Ⅲ问题及抵押品和缺口风险

塞奇：嗨，西蒙尼，让我们坐在外面。今年天气很好。

西蒙尼：嗨，塞奇。今年的天气确实很好。萨尔瓦也加入了我们。

萨尔瓦：嗨，孩子们。你今天好吗？为什么，桌上这束玫瑰是什么？［微笑，开心］

塞奇：我不知道。它就在那里。看，有一个标签。

萨尔瓦："给坐在外面桌子上的美丽、迷人、聪慧的女士，来自一位真诚的崇拜者"。［微微低头，透着眼睛看了看塞奇，然后又看了看西蒙尼］嗯。不管怎样，轮到我买饮料了。也许我会在酒吧里找到一个秘密的崇拜者。你想要什么？［……］

萨尔瓦：今天过得怎么样？

塞奇：越来越多的会议。我花了好几天时间去见那些大多是官僚主义者的

人。不是很刺激。我渴望采取行动。

西蒙尼：有趣的是，尽管在不同的机构，我们最终做了非常相似的活动。我也一直这么做。

萨尔瓦：那就是我们三个人。今天我打破了“无用会议”的记录。好了，先生们，让我们从昨天结束的地方重新开始。[用左手笔划着长发] 头两天我们讨论了很多问题，我相信头脑风暴会很有帮助。[向前倾，数着手指] 我们试图澄清信用风险价值等风险度量和 CVA 等定价之间的区别，我们试图解释 P 和 Q，我们试图对 CVA 和 DVA 对冲进行推理，对 DVA 的冲突性规定进行推理，然后我们讨论了清算，分析了无风险和复制清算（replication closeouts），我们讨论了先违约风险。我们还评论了计算 CVA 数据的困难。

西蒙尼：我们从这次辩论中看到了一幅有趣的画面。CVA 和 DVA 似乎充满了选择。我最近在一个行业委员会上听到了一个有趣的评论，五家银行可能正在用 15 种不同的方式计算 CVA。这也就不足为奇了，从你列出的所有选择中，人们甚至不确定 CVA 应该用哪种支付方式，更不用说模型了。那么，一家银行如何在确保其他银行定价一致的情况下为其定价呢？这是一个需要监管的问题。

塞奇：[卷起衬衫袖子] 没关系。我只是给它定价，然后向其他交易平台收费。如果他们不高兴，我们可以讨论。当市场开放时，他们可能会通过 CCDS 或类似结构在其他地方购买 CVA 保证，然后这将是一个简单的买卖过程。

西蒙尼：[捏下巴] 如果银行 B 成功地向银行 A 出售保证，不是因为它比银行 C 做得更好，而是因为它对 CVA 的定价过于草率，从而获得了较低的价格，是基于不反映现实的假设，那该怎么办？我们已经评论了 Watt（2011）的文章，似乎暗示了这可能发生。

塞奇：[挥手] 看，如果一家银行的程序马虎，这是该银行的问题，而不是 CVA 的问题。

西蒙尼：[举手] 但问题恰恰源于对 CVA 定义和习惯做法的怀疑。因此，这并不完全是银行的责任。

萨尔瓦：[前倾] 西蒙尼，我认为这在某种程度上是我们对监管者的期望。ISDA 尤其致力于这方面的工作，尽管我必须说，我对他们在 Beumee、Brigo、Schiemet 和 Stoyle（2010）讲述的 CDS“大爆炸”中的工作印象不深。但我们不要离题。

西蒙尼：严格地说，不像国际清算银行，ISDA 不是一个监管者，它基本上是场外衍生品市场参与者的贸易组织。

萨尔瓦：你说得对，我用的是广义上的监管者这个词。不管怎样，我认为监管是相当棘手的。尤其是因为它需要最好的人，有点像政治和警察工作。然而，薪酬水平往往会促使最具活力和才华的专业人士进入业界，而不是监管机构。当然，在场的人除外。

塞奇：[点燃雪茄，笑] 也许我能说服你为我们工作，西蒙尼。如果你找到银行可以降低资本要求的方法，我想你会得到非常大的奖金，你可以停止开那辆老式丰田车。[眨眼]

西蒙尼：[折叠手臂] 丰田是一辆很棒的车，它 15 年来从未让我失望过。我听说不像你的顶级车。

萨尔瓦：好吧，别碰玩具。让我们来谈谈融资成本建模，这是业内另一个非常有争议的话题。

西蒙尼：正如你所说，这是今天“无用会议”的主题。

萨尔瓦：[举起一只平静的手] 是的，这是一个很受欢迎的话题。如果你参加一个业界会议，很多会谈都会涉及资金成本的一致性，主要是通过非常陈旧（patched）的解决方案。只有少数作品试图建立一个一致情景，其中包括融资成本以及我们之前讨论的方面，如 CVA、DVA、抵押品、清算等。例如，工作论文 Crépey（2011），然后发表在 Crépey（2012a）和 Crépey（2012b）上，讲述一个综合的处理方法。唯一的限制是，它不允许在投资组合中使用基础信贷工具，并且可能存在外汇问题，但这一点已在 Crépey 和 Song（2014）中得到修正。Crépey（2011、2012a、2012b、2014）是基于一个称为逆向随机微分方程（BSDE）的数学工具的技术论文。Pallavicini、Perini 和 Brigo（2011、2012）提出了一个相关框架，将最新文献作为特例纳入其中，但他们并未明确诉诸 BSDE，而是从对无风险利率和风险中性度量的不同假设出发。另一个研究融资问题相关的好例子是 Bielecki 和 Rutkowski（2013），他们在鞅定价和对冲框架中研究了融资问题，必要时也参考了 BSDE。早期的工作是局部的，但仍然相当重要。

塞奇：[喘气] 呵呵，略过了对有关教授的介绍。让我们走吧，像昨天一样。[啜饮葡萄酒]

西蒙尼：[恼怒的，张开双臂，手掌放在桌子上] 如果你不介意的话，我对文献回顾很感兴趣。

萨尔瓦：[对塞奇不屑一顾地挥手] Piterberg（2010）在纯粹经典的 Black - Scholes 框架下，考虑了在抵押但没有违约风险的情况下，衍生品交易的复制问题，然后考虑了两个相对一般的特殊情况。当你以这种方式得出第一个基础结果时，你必须非常小心你制定自筹资金条件的方式。那篇论文很有影响，但自筹资金的情况在那里没有得到很好的阐述。关于自筹资金条件的类似问题也发生在其他一些行业论文中。幸运的是，这似乎不会破坏最终结果，但当你写关于资金方面的论文时，必须特别注意自筹资金的情况。这只是想让你了解这方面的困难。即使是最顶尖的股市分析师也不可能把所有事情都做到 100% 正确。

塞奇：[喘气] 很吸引人，但让我们把从业者的行业奖项、技术交流和与学术界互动的社会学撇开。你在上面的参考资料中提到，没有违约风险的抵押有什么意义？那么抵押是用来做什么的呢？

萨尔瓦：[苦笑着，侧着头看着塞奇] 如果你让我展开一个论述，我可以试着更全面。抵押不仅存在违约风险，还有流动性风险、交易成本。你可能仍然在为信贷利差风险建模，但不会跳转到违约风险，这种差异在强度模型再自然不过了。顺便说一句，这涉及过滤问题，但我不会用这样的技术细节吓唬你。

塞奇：[喘气] 噢，拜托，吓我一跳。我受你的摆布，我的好女人。[饮料]

萨尔瓦：[忽视塞奇] 然而，抵押的主要原因确实是违约风险。否则一开始就没有抵押。把所有这些特征综合起来考虑不太容易，这也许可以解释像 Piterberg（2010）这样的论文中违约风险呈现一定波幅。例如，通过查看 Crépey（2011）和 Crépey（2012a，2012b），就可以很容易地掌握这个事实。继 Piterbarg（2010）之后，Morini 和 Prampolini（2011）首先在简单的设定条件下考虑了违约风险对基本融资的影响，也可以参见 Castagna（2011）。这些前期工作主要集中在零息债券或贷款方面。Morini 和 Prampolini（2011）的一个重要观点是，在债券或贷款等简单支付中，DVA 必须被解释为融资，以避免重复计算。然而，该结果不具有普遍性，也不能扩展到更一般的支付中。在一般情况下，不同方面以更复杂的方式相互作用，需要用到 Crépey（2011、2012a、2012b）或者 Pallavicini 等（2011、2012）所提及的一般方法。为了完成文献回顾，Fujii

和 Takahashi（2011a）分析了货币风险对抵押品建模的影响，而上述 Burgard 和 Kjaer（2011b）则采用 PDE 方法来计算融资成本。如上所述，Crépey（2011，2012a，2012b）或 Pallavicini、Perini 和 Brigo（2011，2012）以及 Bielecki 和 Rutkowski（2013）仍然是迄今为止最普遍的融资成本处理方法。然后……

塞奇：［把雪茄放在烟灰缸边缘，举起酒杯］好吧，我不管谁对这个感兴趣，我已经有足够的参考资料了。你能总结一下融资难问题吗？在我看来，资金似乎简化为贴现，不同的曲线取决于我们所处理的对象，我不明白为什么这是一个如此可怕的问题。请解释一下，但要用通俗易懂的语言。或者我只是看看你，这是一个愉快的活动，但没有听你说什么。

萨尔瓦：［交叉双腿，调整裙子，用苦笑掩饰愤怒］好吧，我来逗你，假装你对建模的细节不感兴趣。一言以蔽之，当一个人需要管理交易头寸时，他必须获得资金以对冲头寸、过账抵押品、支付息票和掉期重置等。这些资金可以从财务部门或市场上获得。一个人也可能收到资金，不是来自财务部门，而是由于处于这样的地位：一张息票，一笔名义上的偿还，一笔按市值计价的正向调整，收回一些抵押品，一笔清算付款，等等。所有资金流都需要得到回报：如果一个人借入资金，这将产生成本；如果一个人贷出资金，这将以利息形式获得收入。将融资成本纳入估值意味着需要适当考虑这些特征。

塞奇：［啜饮葡萄酒］就像我说的，可以通过不同曲线的贴现来实现。那么这里有什么困难呢？

萨尔瓦：［叹息］关键是这样做需要与其他方面保持一致，尤其是交易对手风险。我想你听说过这种“融资估值调整”，或 FVA，它是累积的，所以净值组合的总价格会是：MtM - DVA - CVA - FVA = MtM - TVA。然而，这是奢望。适当包含资金成本会导致隐含的（或者递归的，比如在定点方程中）定价问题。这可以表示成逆向随机微分方程（BSDE），如 Crépey（2011、2012a、2012b）或者 Bielecki a 和 Rutkowski（2013），也可以表示成离散时间逆向诱导方程或非线性偏微分方程，如 Pallavicini、Perini 和 Brigo（2011、2012）。此外，DVA 和 FVA 之间存在一些重叠（或重复计算）。Crépey（2012b）中使用的一种可能的避免重复计算的方法是，将上述最终公式 FVA 术语替换为 LVA，一个用于融资流动性估值调整的术语（还有最后一个术语，称为 RC，用于重置成本，反映了违约前合同权利的价值与其清算人在破产程序中的估价之间的不匹配）。这是一个可能选择，但不是唯一选择。例如，Pallavicini、Perini 和 Brigo（2012）放弃分离调整的不同数量，因为它们被认为本质上是不可分离的。［见塞奇微动，举起一只平手］我快到了，耐心点。当我提到递归时，我看见你眨着眼睛，我很幸运你没有热视觉（heat vision）。为什么问题本质上是递归的？现金和抵押过程的价值取决于衍生工具的价格和未来现金流，而衍生工具的未来现金流又取决于这些过程的选择，将定价方程转化为递归（和非线性）方程！因此，融资和投资成本不能被视为一个简单的附加条款，通过忽略他们来得到价格。重要的是，将 DVA 与资金联系起来通常是错误的，除了 Morini 和 Prampolini（2011）中的简单案例，但也可以参见 Castagna（2011）中的讨论。

塞奇：［抽雪茄］你在上面说过 BSDE 做得很好？

西蒙尼：的确。我也在想这个。萨尔瓦，你更精通数学。你能给我们总结一下什么是 BSDE 吗？

萨尔瓦：［微笑着，侧着头看着塞奇，然后看着西蒙尼］既然你问得这么好。［啜饮葡萄酒］你知道定价问题通常表示为期望值或价格的（积分）偏微分方程。

塞奇：我们知道，这两个表达式是由费曼 - 卡茨（Feynman - Kac）连接起来的。

萨尔瓦：对于简单的定价问题，定价可以表示为一个直接的期望，在这种情况下，我们可以粗略地说，定价问题是线性的。例如，美国看跌期权的情况并非如此，因为早期练习（early exercise）会引入非线性。

西蒙尼：事实上，我记得这是主人节（Master's Days）的事。

萨尔瓦：然而，如果你有一种类似于我们在资金问题上得到的递归关系，或者如果你有早期练习和路径依赖，你需要结合逆向归纳和正向模拟。如果投资组合的规模非常大，就像 CVA 的典型情况一样，如果你使用偏微分方程，你将遭受维度诅咒。另一种方法是使用 BSDEs。这些方程需要一个终端条件，然后允许一个人实现一种逆向归纳，类似于你在最小二乘蒙特卡罗中看到的早期练习选项。实际上，Brigo 和 Pallavicini（2007）首先将该思想应用到 CVA 中，但是定价问题仍然是线性的。这个想法现在被称为美国蒙特卡罗，是瑞银建立的 CVA 系统的核心，并在 Cesari 等（2010）的书中得到了推广。一般来说，通过 BSDEs 实现的总体思路是这样的：基本上，在每一个逆向归纳步骤中，在基础资产的向前模拟轨迹上，一种方法是使用多元线性回归，根据下一次的基础价格和价格情景，提前一步估计交易价值，这是众所周知的，因为我们要回到过去。因为这是基于模拟和回归的，所以它也适用于高维情况，至少比 PDE 方法更适合。如果问题是非线性的，就不能用经典的费曼 - 卡茨（Feynman - Kac）定理把偏微分方程转化为期望，这样 BSDEs 的使用就变得有意义了。要了解这些技术问题和 CVA，我推荐参考 Crépey（2013）这本书。

塞奇：这听起来可能会让很多人信服，但我怀疑银行是否愿意实施 BSDEs，我也怀疑监管机构是否会规定这一点。我们需要一些简单的东西。

西蒙尼：作为一个监管者，我认为你最后的评论非常重要。它提出了一个问题：如果我们意识到一个项目需要的数学或方法论工具太先进了，我们会放弃相关的项目和活动，还是应该继续满足于使用完全不充分的方法论？

塞奇：［喘息］我希望你不是建议我停止我的生意，因为我不想实施 BSDEs。你知道这有多可笑吗？

西蒙尼：也许这对你来说很烦人，但并不可笑。如果制药公司像你一样推理呢？

塞奇：谁说它们没有？［大笑］

萨尔瓦：听着，我并不是说你一定要实现一个 BSDE，但是你一定要开始沿着这些思路思考，认真考虑上面的递归。

西蒙尼：我仍然认为，由于回收率存在不确定性，偶尔也存在违约概率、波动率和相关性非常大的情况，坚持对二阶效应进行严格和精确的数学处理可能毫无意义。是这样吗？

萨尔瓦：我不这么认为。事实上，你不能准确地估计回收率并不意味着你应该放弃正确理解其余方面。而且，资金落实上的一个失误，会造成相当大的分歧。当然，如果你是在衡量 CVA 的风险，那么也许你可以接受比定价更不精确的结果。然而，我认为巴塞尔协议Ⅲ真的简化了太多。

西蒙尼：CVA VaR 似乎把所有的东西都混在一起了。你能帮我总结一下 CVA VaR 吗？

萨尔瓦：我们可以说，信贷风险值衡量的是由于与你有业务往来的某些交易对手可能违约而导致你面临的损失风险。CVA 衡量这种风险的定价成分，即由于这种风险对产品价格的调整。好的。但现在假设你及时重估并按市值计价

CVA。如果 CVA 随着时间推移而变化，对你不利，则你必须记下损失，这不是因为交易对手实际上违约了，而是因为这种风险的定价对你来说变得更糟了。因此，从这个意义上说，你正在受到 CVA 波动性的影响，你正在为 CVA 按市值计价的损失买单。引用巴塞尔协议Ⅲ，即使我还没有发现他们是如何计算三分之二这个数字："在新巴塞尔协议下，交易对手违约风险和信贷转移风险得到了调整，但信贷估值调整（CVA）造成的按市值计价的损失没有得到调整。然而，在金融危机期间，由于交易对手风险造成的损失中，约三分之二是由于 CVA 损失，只有约三分之一是由于实际违约造成的。"换句话说，这种风险的价格随时间变化所造成的损失比风险本身更大。这就是为什么巴塞尔正在考虑对 CVA 设立相当严格的资本费用。

西蒙尼：这是一个很好的总结。［赞许地看着萨尔瓦］为了衡量 CVA 按市值计价的风险，我们必须计算 CVA 的风险值。你能总结一下这是怎么计算的吗？

萨尔瓦：你在 P 分布下模拟基本的市场变量和风险因素。然后，在风险范围内的每个场景中，使用 Q 期望值对剩余 CVA 进行定价，直到最终到期（但是在完整方法中，这可能是一个递归，正如我们上面所讨论的）。你把所有的价格置于同一时间一个柱状图，并获得风险范围内 CVA 的利润和损失分布。在 P 分布下，你在所选的置信水平上选择分位数。现在您将计算 CVA 的风险值。如果你取这个柱状图的尾部预期，你已经预期了 CVA 的缺陷。我再次强调，这并不能直接衡量违约风险。它衡量由于违约或 CVA 价值随时间的不利变化而产生按市值计价损失的风险。

塞奇：［喘息］让我们进入有趣的部分。巴塞尔协议Ⅲ对此 CVA 风险值有何规定？

萨尔瓦：好吧，框架已经改变了好几次，如债券等价公式、乘数、表格。其中一个主要问题与错向风险（Wrong Way Risk，WWR）有关。在巴塞尔监管的某些部分，有人提出，你可以在没有错向风险的情况下计算 CVA，然后使用普通的乘数、一览表及校准机制来解释错向风险。换言之，你应该假设交易对手违约和基础投资组合违约之间相互独立，计算 CVA，然后乘以一定的数字来计算相关风险，或者类似的东西。然而，这是行不通的。根据基础金融变量的具体动态、波动性和相关性以及所选模型，假设乘数非常不稳定。参见 Brigo 等（2011）、Brigo 和 Pallavicini（2007）、Brigo 等（2008）以及 Brigo 和 Chourdakis

(2008)，了解几个资产类别的示例。即使人们仅将这一想法用于设定多元化投资组合的资本要求，但在系统性风险情况下，这可能会导致惨痛的意外情况。[向后坐，交叉伸展双腿，喝完一杯酒，点一杯软饮料]

塞奇：看起来像是一个非常密集的数值过程。在每个风险范围场景中为CVA定价都需要模拟，因此您有子路径。而且，如果投资组合的净现值不以清算形式被告知，那么即使是CVA期限内的剩余违约净现值也需要进行模拟，因此您需要三个级别的模拟，即使对于当前技术也是不可能的。假设每一步需要 $10000=10^4$ 个场景。那么路径总数将是 $10000^3=10^{12}$，1万亿个场景。所以很明显，你还不能用暴力。

萨尔瓦：非常敏锐。[微笑]

西蒙尼：那么，要想摆脱资本消耗的CVA风险值费用，唯一的办法就是抵押？

萨尔瓦：[拉直裙子] 正如我之前所说，抵押并不能完全抵消CVA，这是民间传说。息差风险是真实存在的。当在保证金日之间发生违约时，息差风险就会显现出来，相关的负市值变动发生得非常快。Brigo等（2014）展示了一个潜在CDS案例，这种CDS具有强烈的违约传染，即使是频繁的抵押担保也相当无效。但人们认识到，在没有严重违约蔓延的情况下，抵押可能相当有效。

塞奇：[把雪茄滴在烟灰缸上] 你知道，这很有教育意义，但比我想象得还要累。我们今天能在这里停一下，明天再结束吗？

萨尔瓦：我很好。今天我进行了大量谈话，所以我会很高兴地停下来。[微笑]

西蒙尼：我也累了。[习惯性地握手和亲吻]

1.5 第四天

交易对手风险重组。信用违约掉期、Papillon、浮动利率CVA和融资融券。全局校准。全球估值。可用的CVA书籍和即将出版的CVA书籍。

西蒙尼：我今天的第一个问题是。从我们昨天所说的情况看，巴塞尔协议

Ⅲ最终可能会对 CVA 提出严格的资本要求。抵押是一种可能的出路，但对一些公司来说，抵押可能会变得昂贵，并可能导致流动性紧张，而没有组织好抵押物过账的公司将无法首先求助于抵押物。Watt（2011）的文章报道了汉莎航空的案例，该航空公司总部位于科隆，其财务总监罗兰·克恩（Roland Kern）预计，该公司的盈利将变得更加不稳定，“这不是因为不可预测的乘客数量、利率或飞机燃油价格，而是因为该公司在衍生品交易中不提供抵押品。”对于银行来说，选择是为所有资产提供抵押，还是受制于 CVA 的严格资本要求。有第三条路吗？我了解到一些试图以不同方式重组交易对手风险的尝试。

塞奇：我可以告诉你。已经有人提议使用工具来对冲 CVA，或者原则上降低其资本要求。或有信用违约互换（CCDS）有人使用吗？

西蒙尼：是的，经过很长一段时间后，最近由 ISDA 对或有信用违约互换（CCDS）进行了标准化。

萨尔瓦：是的，我记得 CCDS。或有信用违约互换（CCDS）类似于信用违约互换，但当参考信贷违约时，对卖方支付的保证金是名义上的，而非固定的，如果是正值的话，则是由当时设定的投资组合净额的剩余价值的系数（1 – 回收率）部分给出的。如果或有信用违约互换（CCDS）的参考信贷是交易对手方，则这与给定投资组合的信用违约率完全匹配。早在 2008 年，《金融时报》就评论说，“［……］这些所谓央票的雏形和特殊版本已经存在了 5 年，但由于成本高、流动性低和交易范围有限，它们很少交易。［……］在利率、货币和商品互换市场上，交易对手风险备受关注，因为这些交易并不总是有抵押品作后盾。［……］许多这样的机构——比如对冲基金和不发行债券的公司——已经超出了普通 CDS 等更廉价、流动性更强的对冲工具的范围。新的或有信用违约互换（CCDS）是针对这些机构制定的。”（英国《金融时报》，2008 年 4 月 10 日）。2011—2012 年，由于 CVA 资本费用变得具有惩罚性，人们对或有信用违约互换（CCDS）的兴趣又回来了。ISDA 推出了指数投资组合（即标准化投资组合）的或有信用违约互换（CCDS），被认为代表了银行面临的典型净额结算组合。这是一种提高标准化程度的尝试。然而，或有信用违约互换（CCDS）并不能完全解决信用估值调整（CVA）资本要求的问题。首先，没有一家无违约银行可以从中购买或有信用违约互换（CCDS）保证，因此或有信用违约互换（CCDS）本身就面临交易对手风险。其次，我怀疑 ISDA 标准投资组合是否能与现实的银行投资组合相匹配。因此，只有部分对冲会忽略跨资产类别的相关性，特别是真实净额结算集的结构。这总比没有任何对冲要好，只是比较片面罢了。

塞奇：是的，这促使业界寻找其他解决方案，这些解决方案可能同时在多个交易对手之间以及在复杂的净额结算集上也有效。

西蒙尼：信用估值调整（CVA）证券化可以考虑，尽管“证券化”这个词现在不太流行。

萨尔瓦：是否有信用估值调整（CVA）重组或证券化的建议？

塞奇：[专注，看起来很累] 我需要一杯饮料，但可能要一杯咖啡。有一些结构。我熟悉一些我不能透露的交易。不过，媒体和一些人也讨论了一些交易，特别是 Pollack（2012a）指出，“简而言之，巴克莱（Barclays）已经将一批贷款证券化，但除了风险最大的部分外，其余都保留了下来。在这最高风险的 3 亿欧元上，巴克莱已经从对冲基金等外部投资者那里购买了保证措施。随着时间推移，该投资者将得到付息票，但也将受到贷款损失的打击，最高可达其投资总额。为了确保投资者能够真正消化这些损失，巴克莱银行提供了抵押品。”

萨尔瓦：看起来像担保债务凭证（Collateralized Debt Obligation，CDO）？

塞奇：是的，抵押是关键。博客继续写道：“关于抵押的这一点意味着，至少在理论上，巴克莱没有面临对冲基金的交易对手风险。这一点尤其重要，因为对冲基金不在正常监管范围内，即它们不需要像银行那样持有风险加权资产的资本。[……] 此外，还有一个过度设计的因素，即一些交易过去和现在可能仍在进行，而随着时间推移，向对冲基金支付的溢价实际上等于或高于交易的预期损失。值得注意的是，美联储（Fed）和巴塞尔委员会（Basel Committee）对此高度关注，并就此发布了指导意见。防止‘过度工程’将取决于各个国家的监管机构，有些监管机构比其他监管机构更为亲力亲为。”

西蒙尼：另外一笔交易，叫作“得分”，不是也讨论过吗？

塞奇：是的，但效果不好，Pollack（2012c）认为：“苏格兰皇家银行在将这些风险证券化方面做得很好，但这笔交易并没有圆满完成。然而，《欧洲周刊》报道称，银行仍在调查‘苏格兰皇家银行（Royal Bank of Scotland）的交易对手风险证券化（Score，2011）在今年早些时候被取消，但据说其他银行并未被这一资产类别的困境所吓倒，仍在关注市场。然而，自去年年底以来，针对交易对手风险的其他对冲选择可能已经削弱了将这种风险证券化的经济性’。”

西蒙尼：最有效的可能是瑞士信贷，Pollack（2012b）：“上周，瑞士信贷（Credit Suisse）宣布，已为其不同寻常的员工薪酬计划中的高管部分购买了保证措施。这家瑞士银行用一种参考交易对手风险的债券支付部分高级银行家的报酬，这也涉及将一些交易对手风险从银行转移到员工身上”。这就像是向自己的员工购买保证。如果你从监管者角度来考虑，这个概念很有趣。这样一来，理论上，员工在改善公司的风险状况时就会受到激励。

塞奇：［疯狂地］你在开玩笑吧？如果我得到那种奖金，我不会太高兴的。我的决定不能影响团队的整体表现。这对 CEO 和公司来说更重要。所以，让首席执行官的奖金那样吧，但不是我。

西蒙尼：为了你的利益，实际上还有更多创新的想法。关于 CVA 证券化，请参见 Albanese、Bellaj、Gimonet 和 Pietronero（2011），他们提倡全球估值模型。更多的模型——不可知论者 Albanese、Brigo 和 Oertel（2013）解释了通过涉及清算所的四方或五方结构进行的融资融券如何有效建立第三种方式。请允许我借用 Albanese、Bellaj、Gimonet 和 Pietronero（2011）以及 Albanese、Brigo 和 Oertel（2013）的资料，我将详细介绍这些资料。如果我理解正确，结构就像图 1.1。传统上，CVA 由结构化银行 B 预先收取，或作为固定息票流嵌入结构中。

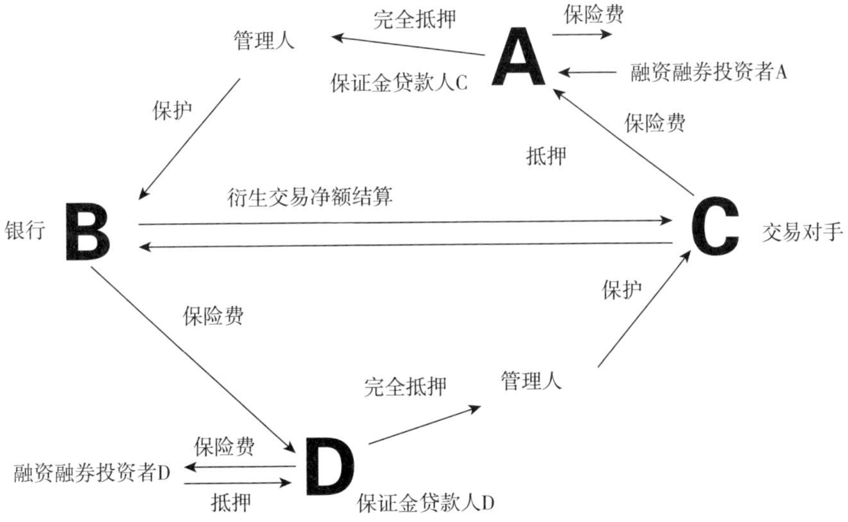

图 1.1　一般交易对手方案，包括四方结构

我们上面讨论的另一个“得分”交易（还有 Papillon）可能也是这种类型。相反，融资融券是基于定期重置的浮动利率 CVA 支付的概念。

萨尔瓦：让我猜猜浮动利率 CVA 是什么。为简单起见，假设无违约银行 B 和违约交易对手 C 之间的双边交易。银行可能要求在时间 0 支付 CVA，对长达 6 个月的风险头寸提供保证，而不是在时间 0 对投资组合的整个到期日提前收取 CVA。然后，在 6 个月内，银行将要求 CVA 支付 6 个月的保证金，该保证金将是一年内的风险头寸，并一直持续到交易的最终到期日。这样的 CVA 就是浮动利率 CVA 的一个例子。

塞奇：是的，有道理。

西蒙尼：很好。我的意思是，融资融券是基于浮动利率定期重置的 CVA 支付的概念，其设计方式是将有条件的信用息差波动风险和按市值计价的波动风险从银行转移到交易对手。我们可以按照图 1.1 中的箭头进行更详细的解释。交易对手 C 为与银行 B 进行衍生品交易而定期过账抵押品存在问题。为避免过账抵押品，C 进行了一项融资融券交易。C 定期向融资融券人 A 支付浮动 CVA，融资融券人 A 向投资者支付浮动 CVA。这种最新的付款可以具有类似于现金 CDO 的资历结构（Seniority Structure）。[举手] 等待。作为这一溢价的互换，在 6 个月内，投资者每天向保证金贷款人 A 提供抵押品过账，A 将抵押品交给托管人。这样，如果 C 在半年期内违约，抵押品将支付给 B 以提供保证措施，并由提供抵押品的投资者承担损失。在 6 个月期限结束时，融资融券人可以决定是继续交易还是放弃交易。在这种机制下，C 承担 CVA 波动风险，而 B 不承担 CVA 波动风险，这与传统的预付 CVA 费用相反。

塞奇：这个想法很有趣，但我可以看到一些问题。首先，对向贷款人提供抵押品的投资者进行适当的估值和对冲将是困难的。我记得，即使是简单的合成 CDO 份额，也没有令人满意的标准。我们需要改进方法。

萨尔瓦：事实上，我听说最近有人提出了一篇关于动态 Copula 函数和同时违约的论文，通过展示真实的累积损失动态（CDO 份额的良好校准）和单名信息，解决了 CDO 自下而上/自上而下的困境。参见 Bielecki、Cousin、Crépey 和 Herbertsson（2013a），他们概括了早期的文献，如 Brigo、Pallavicini 和 Torresetti（2007），另见 Brigo、Pallavicini 和 Torresetti（2010）的总结。

塞奇：但还是……我确信，西蒙尼还没有解决的另一个问题是：如果所有的保证金贷款机构在某个时候由于系统性危机而撤出怎么办？

西蒙尼：那会是个问题。Albanese、Brigo 和 Oertel（2013）认为，如果停止对违约公司的错误激励，并实施相反的结构（如图 1.1 中的结构），市场首先不太可能出现这种情况。我还要指出，这种结构可能也有助于解决资金问题。

萨尔瓦：我们还没有谈到中央对手方清算所（CCPC）和初始保证金。你知道，通常人们反对一旦 CCP 介入交易，所有这些 CVA 和融资问题就会消失的观点。

塞奇：好吧，只要你对 CCP 了解你交易的细节感到满意，除了变动保证金，你也很乐意支付每天的初始保证金。

西蒙尼：初始保证金是为了保护您免受错向风险和缺口风险，所以应该是件好事。

塞奇：但它们不是转移给客户，而是由 CCP 自己保管。那么，如果中央对手方违约，你的初始保证金会是多少呢？它在过去确实发生过。

萨尔瓦：你看，要分析初始保证金是公平的还是适当的，你需要的正是最近在 Crépey（2011、2012a、2012b）和 Pallavicini、Perini 和 Brigo（2011、2012）等论文中开发的信贷和融资分析方法。

塞奇：我想我们已经到达这片新大陆的边界了。我们需要庆祝一下。嘿，大师，普罗赛克（Prosecco），拜托！

西蒙尼：在我们等瓶子的时候，我会向萨尔瓦征求进一步阅读的建议。

塞奇：你真是个扫兴的人。现在谁在乎书？

萨尔瓦：[大笑] 你为什么不取消独奏会？你读的书比我多，唯一的区别是你在晚上读（我不知道你是如何保持如此充沛的精力的）。

塞奇：噢，到现在为止我主要是和人见面、握手和发邮件。我现在是个大老板了。[大笑]

西蒙尼：好吧，好吧。应该只需要 5 分钟？

萨尔瓦：好吧，不用担心。因此，让我们列出交易对手风险/CVA 账簿。

- 我们能提到的第一本书是 Pykhtin（2005）。这是一个关于 CVA 的论文集，非常有趣，尽管它现在有点过时了。
- Cesari 等（2010）的书是最近出版的。从建模角度来看，它是相当基础的，但它也着眼于构建 CVA 系统的 IT 含义。依靠 Brigo 和 Pallavicini（2007、

2008）中引入的用于计算 CVA 的所谓美国（或最小二乘）蒙特卡罗技术，它解决了许多实际大型投资组合 CVA 的实际问题。

- Gregory（2009，2012）的书在技术上非常简单，但以一种清晰方式解释了基本的 CVA 概念，特别是对于那些需要对 CVA 基本原理有一个总体把握的经理和财务人员来说是很好的，其中包括一些关于融资/贴现的要素，而且不太技术化。它很受欢迎，而且很成功。

- Kenyon 和 Stamm（2012）的这本书虽然在技术上很基础，但它的原创性在于它解决了当前和相关的问题，如多曲线建模和信用估值调整（CVA）以及破产和商誉等，据我所知，这在其他任何地方都找不到。此外，这本书还考虑了融资成本、系统性风险暗示、监管和巴塞尔协议Ⅲ。

- Brigo、Morini 和 Pallavicini（2013）的这本书主要基于 Brigo 在 2002—2012 年期间与几位合著者合作的作品，在技术先进的情况下，该书被广泛使用。它以柏拉图对话的形式给出了一个非常可读的介绍部分。这本书涉及复杂的问题，如 CVA 和 DVA，以及与跨资产类别的错向风险相关的几个例子。它还展示了如何建模缺口风险、一般抵押品、破产、再抵押和融资成本。融资部分基于 Pallavicini、Perini 和 Brigo（2011、2012）。一些数值研究阐述了错向风险的详细结构。本书的最后一部分提供了通过或有信用违约互换（CCDS）、CDO 类型结构、浮动利率 CVA 和融资融券进行 CVA 重组的前沿研究。

- Crépey、Bielecki 和 Brigo（2014）的书可能是最先进的。它也以一个长期和有趣的伽利略对话形式给出了非常可读的介绍部分……，我有一种奇怪的感觉，被吸进一个不同的现实……实际上被吸进了书中。奇怪……好吧，我是说这是一本关于 CVA、DVA 和融资、抵押品及错向风险的高级书籍。融资部分基于 Crépey（2011、2012a、2012b），处于当前研究的前沿，与 Pallavicini、Perini 和 Brigo（2011、2012）在一般性方面相似。与 Brigo、Morini 和 Pallavicini（2013）的书相比，这本书与 Crépey（2013）一致，重点在于问题的数学依赖结构，使用主流随机分析，特别是 BSDEs，以更系统的方式解决融资问题的非线性递归性质，以及用动态 Copula 函数来协调信贷模型中自下而上和自上而下的观点。这是书名中提到的两个难题，使这本书非常独特。顺便说一句，这两者之间可能存在联系，动态 Copula 模型也可以根据 BSDEs 进行分析，如最后一章所示，另见 Crépey 和 Song（2014）。这本书还包含了一些数值研究。

这些是我听说过的书，但可能还有其他的。但你有没有感觉到我在谈论 Crépey、Bielecki 和 Brigo（2014）时所感受到的那种奇怪的吸引力？

塞奇：事实上是的，我感觉到一种奇怪的情况，被监视，然后被嵌入一个递归，我无法解释它……

西蒙尼：哦，你解释得太好了，我也有同感！

塞奇：哦，普罗赛克（Prosecco）来了。太好了，让我们喝一杯，这样我们就能忘记这些奇怪的感觉。

西蒙尼：但是瓶子上的标签写着泰勒和弗朗西斯？[雷声]

塞奇：什么？[天空突然变黑]

萨尔瓦：[睁大眼睛，长发迎风飘] 哦，天哪，你说得对。别给我这个。我不是元叙事实验（meta - narrative experiment）的一部分。我已经受够了格兰特·莫里森（Grant Morrison）、约斯坦·加德（Jostein Gaarder）和贾斯珀·福德（Jasper Fforde），甚至受够了 Brigo、Morini 和 Pallavicini（2013）的最后部分。我是真实的，别管我。

塞奇：什么？这不可能是真的……

2

为什么是 LOIS

在本章中，我们对金融市场的后危机多元曲线事实进行了经济分析，这是本书研究的几个方面的一个重要特征。2007 年的美国次贷危机导致不同期限的 Libor 衍生市场和 OIS 市场之间的持续不和谐。通常对相应利差的解释是指信用风险和流动性风险的综合效应。然而，在文献中，流动性的含义往往没有得到准确表述，或者被简单定义为剔除信贷成分后的剩余利差。在本章中，我们开发了一个个性化的无差异估值模型，其中 Libor - OIS 利差（彭博称为 LOIS）的出现是由于：一方面，由具有代表性的 Libor 小组成员（在银行间贷款中扮演“借款人”的角色）CDS 曲线的倾斜度决定的信贷成分；另一方面，与代表性伦敦银行同业拆借利率小组成员（扮演“贷款人”角色）的融资利率与隔夜银行同业拆借利率之间利差的波动性相对应的流动性成分。

因此，信贷成分实际上是信贷偏度成分，而流动性的相关概念是一种可选性，可以通过时间来动态调整滚动隔夜贷款的数量，与在伦敦银行同业拆借利率（Libor）期限内提供固定金额的贷款不同（正如我们将看到的，这种期权性是通过上述波动性来估价的）。在“平值”（at - the - money）的情况下，即当贷款人的融资利率和隔夜银行同业拆借利率大致匹配时，扩散特征将导致 LOIS 的平方根期限结构，平方根系数由上述波动率给出。经验观察揭示了 LOIS 的平方根项结构与理论分析相一致。具体而言，在我们研究的 2007 年年中至 2012 年年中的欧元市场上，信用和流动性部分在 2009 年初以相同方式解释了 LOIS，然后主要由流动性部分解释。

2.1　财务设置

各种固定收益衍生品的主要参考利率是美元市场的 Libor 和欧元市场的 Euribor。Libor（Euribor）是指指定银行（一家主要银行）认为可以获得无担保融资的平均利率，期限最长为一年。从现在起，我们使用术语 Libor 和字母 L 来表示这两种利率。美国次贷危机严重影响了金融机构之间的信任，次贷危机之后，隔夜利率互换（OIS）变得越来越流行。在这些金融工具中，浮动利率是通过隔夜银行同业拆借利率 $(O/N)_{rt}$，即根据银行间市场上获得隔夜无担保贷款的利率（美元固定收益市场上的联邦基金利率和欧元市场上的 EONIA 利率）得到。因此，OIS 利率 R 可以解释 r 的合适平均值[①]。

理论上，套利关系意味着 L = R。然而，自 2007 年次贷危机和随之而来的流动性紧缩以来，银行间贷款市场受到了严重影响。尽管如此，银行间参考利率仍然是伦敦银行同业拆借利率，它仍然是大多数利率衍生品的基础，如掉期、远期利率协议（FRA）、利率掉期（IRS）、上限/下限和掉期期权。由此产生的情况是，在某种意义上，金融衍生品的基础已经被衍生品市场的一组关键参与者固定，这就构成了内幕问题，最近的伦敦银行同业拆借利率管理事务就说明了这一点（Wheatley，2012）。但最重要的是，它提出了一个重要的融资问题，因为一方面，在银行间贷款市场枯竭的同时，伦敦银行同业拆借利率（Libor）与 OIS 利率脱节（见图 2.1）；另一方面，随着越来越多的交易被抵押，其有效融资利率就是相应的抵押利率，通常与 O/N_{rt} 挂钩。这就造成了一种情况，即利率产品的价格，即使是最简单的流动工具，如远期利率协议，也包括（至少）两条曲线，即一条伦敦银行同业拆借利率固定曲线和一条 OIS 贴现曲线，以及相关的凸度调整，在可选产品的情况下，这可能是重要的，参见 Mercurio（2010b）。鉴于交易对手风险和融资之间的关系，这也有一些重要的 CVA 影响（见第三部分）。

---

① 参见 Crépey、Grbac 和 Nguyen（2012）第 4.3 小节中的公式（62）了解“OIS 利率”的确切定义。

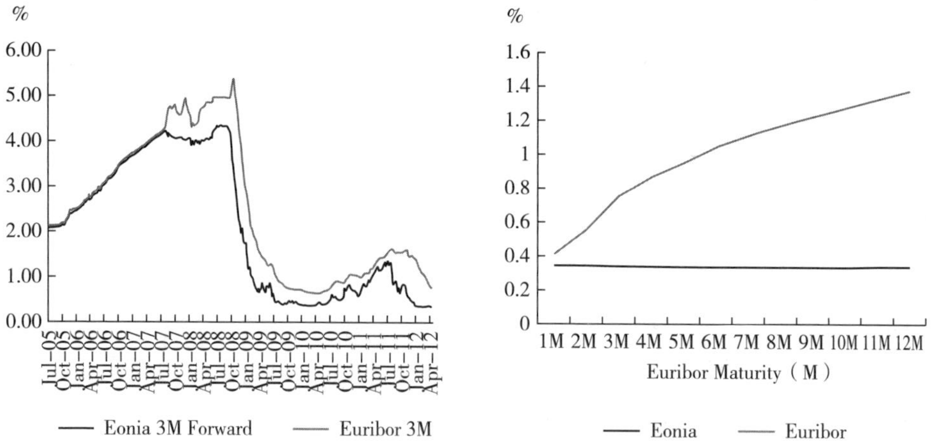

注：左图：2007 年 8 月 6 日，3 个月 Euribor 和 3 个月 Eonia 利率之间突然出现背离。右图：2012 年 4 月 16 日 Euribor 对 Eonia 掉期利率的期限结构。

图 2.1　Euribor（"L"）/Eonia 掉期（"R"）利率的差异

对于 Libor－OIS 利差的常见高级解释，在市场上通常称为 LOIS，是指信用风险和/或流动性风险的综合影响（见 Bean，2007；Brunnermeier 和 Pedersen，2009；Smith，2010；Crépey、Grbac 和 Nguyen，2012；Eisenschmidt 和 Tapking，2009；Filipovic 和 Trolle，2013；Morini，2009）。然而，在这些解释中，流动性的含义要么没有得到准确说明，要么只是被定义为剔除信贷成分后的剩余部分。在本章中，我们提出了一个程式化的经济模型，用于评估银行在给定期限内感兴趣的贷款利率，而不是银行可以随时取消的隔夜贷款。在这种情况下，LOIS 是由于代表性 Libor 小组成员（在银行间贷款中扮演借款人的角色）信贷偏度（通过以下 λ_t 测量），以及代表性 Libor 小组成员（扮演贷款人的角色）的再融资利率 α_t 和 O/N_n之间的利差波动率 $c_t = \alpha_t - r_t$ 而产生的。

我们利用 2005 年 7 月 7 日至 2012 年 4 月 16 日欧元市场 Euribor/Eonia－swap 的彭博数据来说明我们的研究，包括危机外和危机内的数据（2007—2009 年信贷危机和正在进行的欧元区主权债务危机）。请注意，欧元市场甚至比美元市场更大；此外，Euribor 和 Eonia 银行面板是相同的，而 FF 利率面板比美元 Libor 面板更大。在相关主题上（Filipovic 和 Trolle，2013），对欧元和美元市场进行了实证研究，并在这两种情况下得到了非常相似的结果。

2.2 无差异估值模型

我们假设有短期债务 D（“可立即收回的债务”，如短期存款凭证，更广泛地说是期限在 1 年内的债务）的银行贷款利率（或再融资利率、资本成本、流动性成本……）由随机函数 $\rho_t(D)$ 给出。特别是，用 D_t 表示银行在时间 t 的短期债务，$\alpha_t = \rho_t(D)$ 是银行为贷款融资而借入的最后 1 欧元的年化利率（银行当前再融资或融资利率）。值得注意的是，时间 t 的融资利率 α_t 是一个复杂的变量，可能受到各种因素的影响，包括 O/N_{rt}、银行的 CDS 利差以及其他全球宏观经济变量，这些因素取决于银行在时间 t 的短期债务 D_t 的水平（与其可立即收回的资本 C_t 相比），还取决于银行的财务管理水平。更广泛地说，$\rho_t(D_t+x)$ 是银行为贷款而借入的总额 €(D_t+x) 中最后 1 欧元的年化利率。这里，变量 x 代表银行为偿还贷款而借入的额外资本（隔夜滚动或在 Libor 市场滚动）。出于流动性原因，$\rho_t(D)$ 随着债务 D 的增加而增加或 $\rho_t(D_t+x)$ 随着 x 的增加而增加，参见式（2.4）中的线性设置，因此“下一个欧元借入成本高于上一个欧元”。由于边际成本 $\rho_t(D_t+x)$ 需要在 x 上从 0 到 N 进行积分，以便为贷款银行的全球融资成本提供给定的全球金额 N（请注意，银行首先需要借款，以便为其贷款策略提供资金），由此可知，该全球再融资成本相对 N 的关系是凸的（作为递增函数的积分）。这种凸性反映了融资流动性问题的期权特征。

我们用 P 和 $\hat{E}$ 表示精算概率测度和相关期望。由于我们处理的是 1 年期的短期债务，因此我们不引入任何贴现因子。贴现因素在这个时间范围内不会产生重大影响，只会模糊本章从定性财务视角的分析。将模型扩展到长期债务可能需要在这方面进行修正。让 n_t 代表银行愿意以 t 和 $t+\mathrm{d}t$ 之间的 O/N 利率 r_t 贷款的名义金额。我们需要在整个随机过程 n 中使银行的期望利润最大化，我们把银行隔夜拆借问题的模型以数学形式表示为：

$$u(r;n)=\frac{1}{T}\hat{E}\left(\int_0^T n_t r_t \mathrm{d}t-\int_0^T\int_0^{n_t}\rho_t\left(D_t+x\right)\mathrm{d}x\mathrm{d}t\right)\leftarrow \max \quad n \qquad (2.1)$$

与此相反，当以 Libor 在整个期限 T 内放贷时，银行不能修改锁定在 0 和 T 之间的名义金额 N。由于 Libor 小组的组成在 Libor 贷款有效期内定期更新，与同期滚动的隔夜贷款中的信用风险相比，Libor 贷款中的信用风险可能会增加。

事实上，随着时间的推移，专家组的更新机制保证了滚动隔夜贷款的持续信用质量，而Libor贷款则是一次性签订的，保留了所有最初的专家组成员；详细分析见Filipovi'c和Trolle（2013），并见下文的进一步发展［式（2.6）］。因此，借款人的程式化违约时间 τ 反映了在有效期内Libor贡献者平均信用质量的恶化。这种恶化只会在以Libor放贷时影响贷款人，换句话说，如果贷款是在一夜之间滚动的话，程式化的违约时间 τ 只对应于那些本可以避免的违约事件。它代表了隔夜贷款受益的"生存偏差"（Survivorship Bias）。设常数 N 表示银行在 $[0,T]$ 期间愿意以Libor贷款利率 L 放贷的名义金额。对银行的相关优化问题进行建模，使银行的预期利润最大化，我们用数学形式表示为：

$$v(L;N)=\frac{1}{T}\hat{E}\left(NL(T\wedge\tau)-\int_0^{T\wedge\tau}\int_0^N \rho_t(D_t+x)\,\mathrm{d}x\mathrm{d}t-I_\tau|_{<T}\,N\right)\leftarrow \max\ N \quad (2.2)$$

由于我们处理的是短期债务，我们假设在违约情况下无法收回。我们强调式（2.1）中的 r 和 n 代表随机过程，而在式（2.2）中 L 和 N 是常数。我们坚持用个性化的式（2.1）至式（2.2）来处理可处理的问题，同时也强调出现在式（2.12）中的波动性项是凸性调整，反映了LOIS的固有可选性，即使没有任何风险溢价。

假设 $U(r)=\sup_n U(r;N)$ 和 $V(L)=\sup_N V(L;N)$ 分别代表银行通过贷款OIS或Libor可以实现的最佳效用，我们解释LOIS的方法包括，给定 O/N 过程 r，求解 L 的以下方程：

$$V(L)=U(r) \quad (2.3)$$

该方程表示了参与这两个市场的银行的隔夜滚动贷款与Libor之间效用的无差异性（在相应优化问题的解决方案所规定的最佳金额下的无差异性）。值得注意的是，这里 r 被假定为一个内生给定过程。第二个问题，我们撇开不谈，是根据流动性的供给/需求和中央银行的基准利率来确定 O/N 过程的 r。

总而言之，区分这两种贷款策略的关键特征是，一方面，代表性Libor"借款人"的信用状况恶化，另一方面，代表性Libor"贷款人"的融资流动性恶化。值得注意的是其他问题，如中央银行的政策或可能的操作利率，没有在分析中明确说明。然而，在某种程度上，这些可以在我们现在指定的模型参数化中反映出来（特别是，见2.2.1的最后一段以及图2.2的讨论）。另外值得注意的是，在我们的无差异效用分析中，我们只考虑给定期限 T 的滚动隔夜贷款和伦敦银行同业拆借利率贷款，在式（2.3）中等于每种情况下最佳贷款的预期利润，以便最终得出我们的 LOIS 公式（2.12）。看来这个公式确实表明了期限 T（平方根）的依赖性。这种关系不需要考虑在不同期限 T 内以 Libor 放贷的可能性，但只对给定期限 T 的固定 Libor 进行隔夜滚动。

信贷和融资成本设置

对于可跟踪性，我们假设融资利率 ρ 在 x 中是线性的，即

$$\rho_t\left(D_t+x\right)=\alpha_t+\beta_t x \tag{2.4}$$

其中，$\alpha_t=\rho_t(D_t)$ 是贷款银行在时间 t 的资本成本，系数 β_t（原则上为正）表示贷款银行在 D_t 水平负债一个或多个名义单位的边际成本。例如，$\alpha_t=2\%$ 和 $\beta_t=$ 50 个基点意味着银行最后一次借入的欧元的年化利息为 2 美分，而如果银行负债超过 100 欧元，那么银行下一次借入欧元的年化利息为 2.5 美分。

鉴于式（2.4），我们有：

$$u\left(r;n\right)=\frac{1}{T}\hat{E}\int_0^T\left(\left(r_t-\alpha_t\right)n_t-\frac{1}{2}\beta_t n_t^2\right)\mathrm{d}t \tag{2.5}$$

通过 λ_t 表示 τ 的强度，并假设 $\gamma_t=\alpha_t+\lambda_t$ 和 $\ell_t=e^{-\int_0^t\lambda_s ds}$，然后通过引理 13.7.5，我们得到：

$$v\left(L;N\right)=\frac{1}{T}\hat{E}\int_0^T\left(\left(L-\gamma_t\right)N-\frac{1}{2}\beta_t N^2\right)\ell_t\mathrm{d}t \tag{2.6}$$

正如式（2.2）所解释的，程式化的违约时间 τ 反映了 Libor 代表性借款人在期限内平均信贷质量的恶化。与此解释一致，λ_t 的强度 τ 可以解释为 Libor 代表性借款人的信贷曲线斜率［借款人的 1 年期定期存单利差与其短期存款凭证利差之间的差值，目前主要银行为十到几十个基点，另见 Filipovi'c 和 Trolle（2013）中关于 λ_t 的统计估计］。因此，我们称 λ_t 为 Libor 代表性借款人的信贷偏差（Credit Skew）。

值得注意的是，中央银行的流动性政策可以反映在式（2.4）中流动性成本 ρ 的组成部分 α_t 和 β_t 中。一种可能的操纵效应，或者说 Libor 参与者偏向其借款利率估计，以使其处于比实际情况更好状态（Wheatley，2012）的动机，可以作

为借款人信用风险偏差成分 λ 的利差计入。

2.3 LOIS 公式

对于给定的 r 和 L，式（2.1）、式（2.5）和式（2.2）、式（2.6）分别得到了如下求解方案。写入 $c_t := \alpha_t - r$，OIS 公式（2.1）、式（2.5）在每个日期 t 根据以下式子分别得到解决。

$$u_t(r_t;n_t)=c_t n_t-\frac{1}{2}\beta_t n_t^2 \leftarrow \max\ n_t$$

因此，$n_t^* = \dfrac{c_t}{\beta_t}$和 $u_t(r_t;n_t^*) = \dfrac{c_t^2}{2\beta_t}$。

银行在 $[0,T]$ 期间的期望利润为：

$$U(r)=u(r;n^*)=\hat{E}\left(\frac{1}{T}\int_0^T\frac{c_t^2}{2\beta_t}\mathrm{d}t\right)$$

在 Libor 式（2.2）、式（2.6）中，我们必须求解：

$$TV(L;N)=N\hat{E}\int_0^T(L-\gamma_t)\ell_t\mathrm{d}t-\frac{1}{2}N^2\hat{E}\int_0^T\beta_t\ell_t\mathrm{d}t \ \leftarrow\ \max\ N$$

因此：

$$N^*=\frac{\hat{E}\frac{1}{T}\int_0^T(L-\gamma_t)\ell_t\mathrm{d}t}{\hat{E}\frac{1}{T}\int_0^T\beta_t\ell_t\mathrm{d}t}\ ;\ V(L)=v(L;N^*)=\frac{\left(\hat{E}\frac{1}{T}\int_0^T(L-\gamma_t)\ell_t\mathrm{d}t\right)^2}{2\hat{E}\frac{1}{T}\int_0^T\beta_t\ell_t\mathrm{d}t} \quad (2.7)$$

我们记得 O/N 过程 r 是内生给定的。我们要计算一个定义为 LOIS 的程式化 LOIS。$LOIS := L^* - R$，其中，$R = \hat{E}\dfrac{1}{T}\displaystyle\int_0^T r_t\mathrm{d}t$，$L^*$ 是式（2.3）的求解（假设存在的话）。值得注意的是，函数 V 是连续的，相对 L 递增，所以如果式（2.3）的求解 L^* 存在的话，那么便是唯一的。

现在我们要说的是，$LOIS\geqslant 0$，也即 $L^*\geqslant R$。首先应注意的是，如果 $\lambda=0$，也即没有违约风险［具体而言，$P(\tau=\infty)=1$］，于是必然有 $U(r)\geqslant V(R)$，因为在 OIS 最大化问题式（2.1）中，求解 Libor 最大化问题的常数 N 是一种特殊策略（常数过程 $n_t = N^*$）。因为 V 是一个递增函数，无差异定价方程（2.3）反过来得到 $L^*\geqslant R$。

接下来，我们考虑 $\lambda>0$ 的情况。为了方便起见，在 $\lambda=0$ 的情况下，我们用 $v_0(\cdot;N)$ 表示借出 Libor 的效用。对于每个给定的数量 N，有一个中介变量 λ，代入式（2.6）中的 γ，得到 $v(R;N)\leqslant V_0(R;N)$（直到贴现系数 ℓ 的二阶影响）。于是 $V(R)\leqslant V_0(r)\leqslant U(r)$，后一个不等式已经在 $\lambda=0$ 以及 τ 不出现在 $u(r;n)$ 中的事实得到证明。我们在 $\lambda=0$ 的情况下得出结论 $L^*\geqslant R$。

为了便于说明，让我们介绍以下关于 $\Omega\times[0,T]$ 的时空概率测度以及过程 $f=f_t(\omega)$ 的相应时空平均值：

$$\bar{P}=P\otimes\frac{\mathrm{d}t}{T},\ \bar{f}=\bar{E}f=\bar{E}\frac{1}{T}\int_0^T f t\mathrm{d}t$$

$$\mathrm{d}\tilde{P}(t,w)=\ell_t(\omega)\mathrm{d}\bar{P}(t,w)/\bar{l},\ \tilde{f}=\tilde{E}f=\bar{E}\left[f\ell/\bar{\ell}\right]$$

（在这个符号中，$R=\bar{r}$）。类似地，对于任何过程 f 和 g，令：

$$\overline{Cov}(f,g)=\bar{E}(fg)-\bar{E}f\bar{E}g,\ \bar{\sigma}_f^2=\bar{E}\left(f-\bar{f}\right)^2,\ \tilde{\sigma}_f^2=\bar{E}\left(f-\tilde{f}\right)^2 \tag{2.8}$$

因为，$U(r)=\bar{E}\left[\frac{c^2}{2\beta}\right]$ 和 $V(L)=\dfrac{\ell^2(L-\tilde{\gamma})^2}{2\bar{E}[\beta\ell]}$

那么使 $V(L^*)=U(r)$ 得到：

$$\bar{\ell}^2\left(L^*-\tilde{\gamma}\right)^2=\bar{E}[\beta\ell]\bar{E}\left[\frac{c^2}{\beta}\right] \tag{2.9}$$

其中，$\bar{E}[\beta\ell]\bar{E}\left[\frac{c^2}{\beta}\right]=\bar{E}[c^2\ell]-\overline{Cov}\left[\beta\ell,\frac{c^2}{\beta}\right]$

所以，

$$\bar{\ell}^2\left(L^*-\tilde{\gamma}\right)^2=\overline{\ell E}\left[c^2\right]-\overline{Cov}\left[\beta\ell,\frac{c^2}{\beta}\right] \tag{2.10}$$

一个特别有趣的公式出现在我们称之为"等价期权"的例子中。

当 $R=\tilde{\alpha}=\tilde{\gamma}-\tilde{\lambda}$，即贷款人的融资利率与隔夜银行同业拆借利率总体匹配时，则（回想 $R=\bar{r}$），$\tilde{c}=\tilde{\alpha}-\tilde{r}=\bar{r}-\tilde{r}$。然后式（2.10）可以写作［参见式（2.8）］：

$$\bar{\ell}\left(L^*-R-\tilde{\lambda}\right)^2=\tilde{\sigma}_c^2+\bar{\ell}^{-1}\left(\bar{r}-\tilde{r}\right)^2-\overline{Cov}\left[\beta\ell/\bar{\ell},c^2/\beta\right] \tag{2.11}$$

一个合理的猜测是 $\bar{\ell}^{-1}(\bar{r}-\tilde{r})^2$ 和右边的协方差可以忽略不计（特别是当信用风险恶化强度为零，资本边际成本系数为常数时，这些项会消失）。更准确地说，为了论证，让我们假设瞬时资金利差过程的扩散行为是 $c_t = \alpha_t - r_t$，即对于某些“参考波动率” σ^* 和布朗运动 W 而言，有 $dc_t = \sigma^* dW_t$。让我们假设常数 $\lambda_t = \lambda^*$（借款者的参考信贷偏差）和借款的边际固定成本 β。在式（2.11）中 t 极小的情况下，忽略贴现因子 $\ell_t = e^{-\lambda^* t} \approx 1 - \lambda^* t$ 的影响（所以$\widetilde{P} \approx \overline{P}$），由此得出结论：

$$\widetilde{\sigma}_c^2 \approx \overline{c}_c^2 = \left(\sigma^*\right)^2 \widehat{E} \frac{1}{T} \int_0^T W_t^2 dt = \left(\sigma^*\right)^2 T/2$$

我们的“LOIS 公式”如下①：

$$LOIS \approx \lambda^* + \sigma^* \sqrt{T/2} \tag{2.12}$$

从更广泛的角度看，根据式（2.11），LOIS 的两个关键驱动因素是：

- 借款人信贷偏差 λ 的合适平均值 λ^*，可视为 LOIS 的“内在价值”成分，是借款人的信贷成分；
- 瞬时融资利差过程 c_t 的适当波动率 σ^*，可视为 LOIS 的“时间价值”成分，并解释为贷款人的流动性组成部分。

LOIS 公式（2.12）的一个可能应用是市场根据观察到的 LOIS 和借款人 CDS 斜率“定价”的价值 σ^* 作为 λ^* 的代理。银行可将式（2.12）中所隐含的 σ^* 值与其“已实现”融资利差波动性的内部估计值进行比较，以便银行决定是否应发放 Libor 或 LOIS，就像做多或做空股票期权一样，取决于标的股票隐含波动率和已实现波动率的相对大小。

此外，有关融资成本建模的 LOIS 公式的潜在含义见第 6 章。

2.4 数值研究

LOIS 公式（2.12）表示 LOIS 相对于 T/2 的平方根期限结构，斜率和截距系数分别与融资利差的波动性和信贷曲线的斜率（代表 Libor 小组成员的融资利差和信贷曲线）有关。在本节中，我们将这些理论预测与 LOIS 期限结构时间序列的平方根回归结果进行对比，重点是 T = 3 个月或 6 个月（我们记得 3 个月是

---

① 承认 $LOIS - \bar{\lambda} \geq 0$，Libor 贷款的自然假设应至少补偿有效期内的信用风险；参见等式（2.7）后面的注释。

Libor 市场上流动性最强的期限，6 个月期限的流动性强度次之）。值得注意的是，通过式（2.12），我们将到期日作为 LOIS 的一个显式参数：

$$LOIS(3m) \approx \lambda^* + \sigma^* \sqrt{3m/2}\ ,\ LOIS(6m) - R \approx \lambda^* + \sigma^* \sqrt{6m/2}$$

所以，3 个月期和 6 个月期 LOIS 的流动性组成部分分别由 $\sigma^* \sqrt{3m/2}$和 $\sigma^* \sqrt{6m/2}$给出（两种情况下 LOIS 的信贷组成部分都是 λ^*）。此外，鉴于式（2.12），$\sigma^* \sqrt{3m/2}$和 $\sigma^* \sqrt{6m/2}$，如刚才所述系 3 个月期和 6 个月期 LOIS 的流动性组成部分，分别对应于 LOIS 的斜率，视为 $\sqrt{3m/2}$和 $\sqrt{6m/2}$的函数。

图 2.2 显示了 2007 年 8 月 15 日至 2012 年 4 月 16 日欧元市场时间序列的截距、p 斜率和 R^2 系数，该截距、斜率和 R^2 系数是 LOIS 期限结构对 $\sqrt{T/3m}$和 $\sqrt{T/6m}$的线性回归结果，T 从 1 个月到 1 年（当然选择 $\sqrt{T/3m}$或 $\sqrt{T/6m}$作为回归元只影响回归的斜率系数，乘以$\sqrt{2}$）。如果我们相信我们的 LOIS 理论公式（2.12），那么这些回归中的截距可以与 LOIS 的信贷成分 λ^* 匹配（独立于有效期 T），而斜率系数可以与 $\sigma^* \sqrt{3m/2}$和 $\sigma^* \sqrt{6m/2}$（即 3 个月期和 6 个月期LOIS 的流动性组成部分）匹配。因此，根据我们的模型，图中的最淡色实线条和最

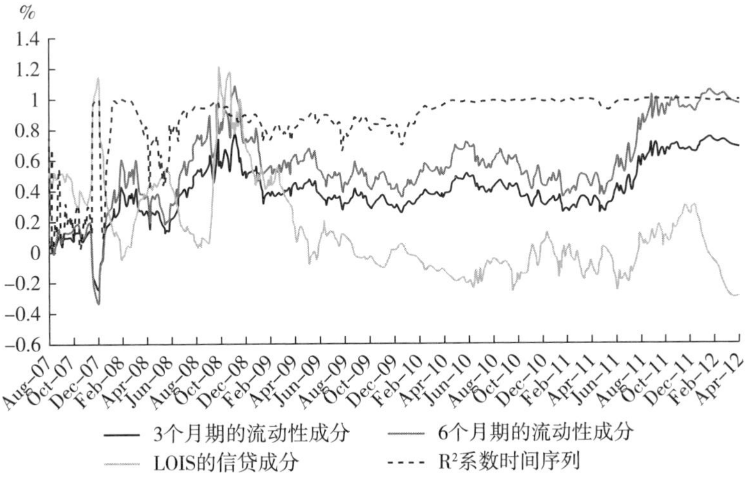

图 2.2 2007 年 8 月 15 日至 2012 年 4 月 16 日期间 1 个月到 1 年 LOIS 对 $\sqrt{T/3m}$或 $\sqrt{T/6m}$回归得到"最淡色实线条"截距（%；LOIS 的信贷成分）、"最深色实线条"和"中间色实线条"斜率（%，3 个月期和 6 个月期的流动性成分）、"虚线条" R^2 系数时间序列

深色实线条曲线分别表示 3 个月期和 6 个月期 Libor 的信贷和流动性部分的市场隐含值。2007 年 8 月前，LOIS 可忽略不计，因此回归（图中未显示）不重要。从 2007 年 8 月中旬开始，我们可以区分三种市场制度。在第一阶段，从 2007 年 8 月至 2009 年第一季度（次贷危机动荡），市场似乎“试图理解”正在发生的事情，R^2 变得重要，信贷和流动性非常大且不稳定。特别值得注意的是，在 2008 年 9 月雷曼兄弟违约后的信贷危机之际，信贷和流动性这两个组成部分都出现了峰值，在这期间，银行间的信任下降造成了信贷危机和流动性危机。2009 年第二季度至 2011 年中期，情况似乎“稳定”了，R^2 接近 1，3 个月期的 LOIS 流动性部分约为 30 个基点，6 个月期的流动性 LOIS 部分约为 45 个基点，而信贷 LOIS 部分小得多。由于美国在 2011 年年中下调了信用评级，欧元区危机仍在继续，这揭示了第三种模式，即 LOIS 流动性成分高得多，在 3 个月期为 60 个基点，在 6 个月期为 90 个基点，显示出监管限制更加严格（如政府债券不再可回购），银行对资金流动性的担忧增加。

为了说明本分析中的三个“市场机制”，图 2.3 展示了理论平方根期限结构与经验 LOIS 期限结构之间的拟合，对应于 2008 年 8 月 14 日、2010 年 4 月 28 日和 2012 年 4 月 16 日的 Euribor/Eonia 互换数据（图 2.1 中右侧面板的数据）。我们在式（2.11）中忽略的最后两项是推断式（2.12）的一种可能解释，即实际 LOIS 扩展曲线与式（2.12）所隐含的理论平方根项结构（微小）之间存在偏差。关于讨论 2.2.1 中 λ_t 和 α_t 的经济决定因素，值得注意的是，对于“信贷偏差”，即 1 年期 CDS 利差与主要银行的短期存款凭证信贷利差之间的差额，截距

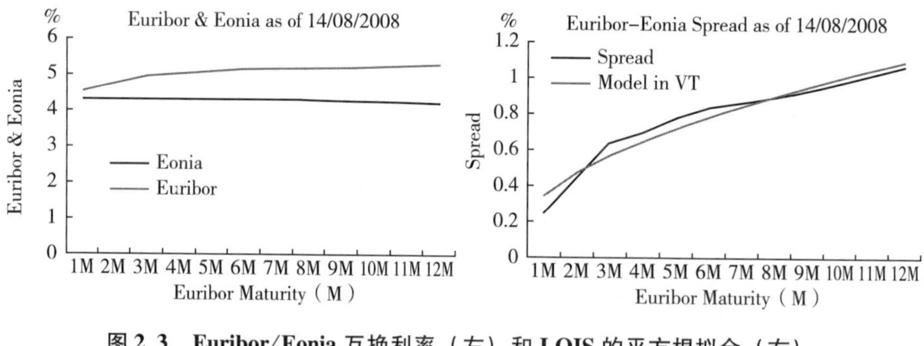

图 2.3　Euribor/Eonia 互换利率（左）和 LOIS 的平方根拟合（右），T =1 个月到 1 年。从上到下分别为 2008 年 8 月 14 日、2010 年 4 月 28 日和 2012 年 4 月 16 日（图 2.1 中右侧面板的数据）

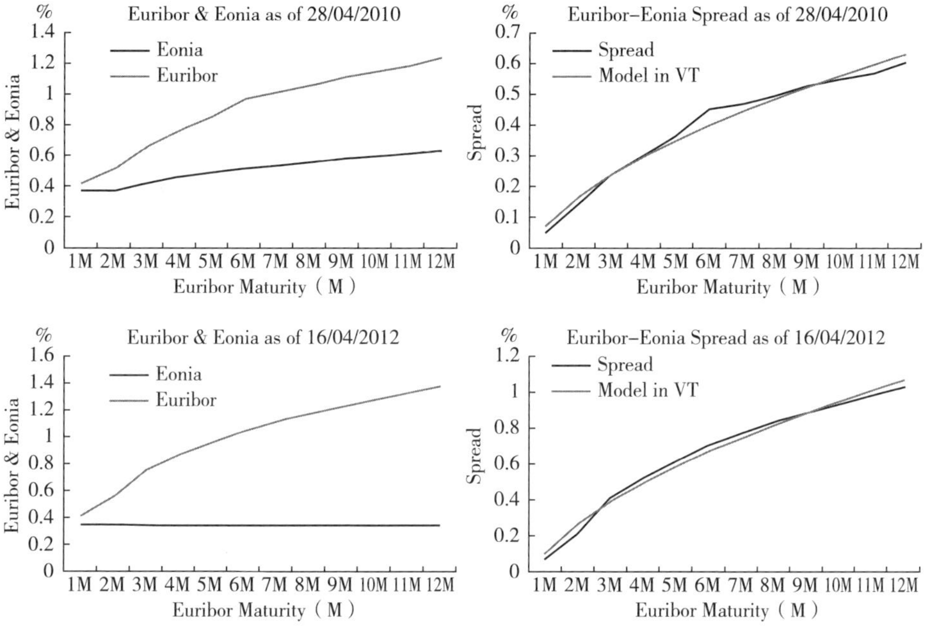

图 2.3 Euribor/Eonia 互换利率（左）和 LOIS 的平方根拟合（右），T =1 个月到 1 年。从上到下分别为 2008 年 8 月 14 日、2010 年 4 月 28 日和 2012 年 4 月 16 日（图 2.1 中右侧面板的数据）（续）

（如 10 个基点）似乎是合理的，而 $\sqrt{T/2}$ 的系数介于每年 100 ~200 个基点（对应于图 2.2 中中间色实线条的系数乘以 2，或对 $\sqrt{T/6m}$ 回归的斜率系数），非常接近各大银行 CDS 利差的波动性——当然是一个合理的下限，因为融资利差很复杂，可能依赖于其他波动性较小的因素。

结论

自 2007 年次贷危机以来，OIS 和 Libor 市场（欧元市场中的 Eonia 和 Euribor）出现了分化。在本章中，我们展示了如何通过优化 Libor 和 OIS 市场之间的贷款，引导银行在以 Libor 贷款时对 OIS 利率应用利差（LOIS）。理论表明，LOIS 由两部分组成：一部分对应于银行间贷款中代表性 Libor 借款人的信贷偏差 λ_t，另一部分对应于代表性 Libor 贷款人的流动性融资利差 $c_t = \alpha_t - r_t$，其中 α_t

和 r_t 分别表示贷款人的瞬时再融资利率和隔夜银行同业拆借利率。假设瞬时融资利差是扩散演化的，上述优化结果是由公式（2.12）给出的 LOIS 的平方根期限结构，其中截距 λ^* 可以由代表性 Libor 信贷曲线的斜率表示，系数 σ^* 是 c_t 的波动率。这些理论发展得到了本章研究的2007 年年中至2012 年年中期欧元市场的经验证据的证实，在2009 年初之前，LOIS 是用信用和流动性以平衡解释的，此后主要是用流动性解释。我们在此提出的方法适用于信贷和融资流动性是银行间风险主要驱动因素的任何市场。理论和数据之间的剩余差异可以通过 Libor 操作等其他特征的存在来解释①。

对于简单拟合市场 OIS 和 Libor 曲线的多元曲线定价方法，本章的无差别效用方法可允许银行通过优先贷款 Libor（OIS）来套利 LOIS，只要通过 LOIS 公式（2.12）从市场中得到证实，无论何时，其内部估计的融资利差波动小于（大于）σ^*。此外，融资成本建模的应用见第 6 章。

① 正如在 2.2.1 结尾部分所解释的，Libor 操纵也可以在目前框架内通过借款人信用风险偏度成分 λ_t 的利差来建模。

第二部分

无模型方法的发展

本书反复出现的主题是双方之间场外衍生品合约（或合约组合）的交易对手风险价格 $\prod_t$ 的分解。一般分解形式如下［详见式（3.12）］：

$$\prod_t - P_t - \Theta_t$$

其中，P_t 是合同的交易对手净价，Θ_t 是总估值调整。在本书中，我们将得出各种更具体的形式分解：

$$\prod_t = P_t - \sum_i A_t^i$$

其中，A^i 代表各种调整，如本书前言中的 CVA、DVA、LVA、RVA 和 RC。因此，本质上，我们将提供 TVA 的各种分解：

$$\Theta_t = \sum_i A_t^i$$

从实际操作看，关键问题是为这些调整提供有用的表达式，以及计算它们对相关数量的敏感度，以便能够动态定价和对冲。

在本部分，我们用数学方法描述上述框架下除无模型项的所有的基本要素，具体的、基于模型的讨论将在后面的部分给出。

3

纯交易对手风险

我们在这里用数学方法描述了所有与交易对手风险相关的定价和对冲框架的基本要点，但这些要素都是无模型的。我们将通过 CVA 和 DVA 组成部分以及交易对手风险头寸的具体措施（如违约风险头寸、预期正风险头寸和预期负风险头寸）来表示 TVA 流程。在本章中，我们重点讨论单一融资曲线的经典设置（单一曲线设置）。也就是说，我们假设所有头寸都使用相同的（无风险）利率进行融资（和贴现）。我们将这种设置称为“经典”设置，因为在 2007—2009 年金融危机前，Libor 利率与 OIS 或 Eonia 等利率之间的基数可以忽略不计，这种设置很普遍。因此，融资问题，即使用各种利率的融资头寸问题，实际上并不重要。如果有多个且显著不同的融资利率，融资问题就变得重要了。这个问题（特别是双边交易对手风险问题）将在下一章进行讨论。

3.1 现金流

设（$\Omega, \partial_T, \Omega$）代表一个具有有限视界 T 的过滤空间，这在本书中被用作包含随机事件的空间，这些随机事件是建立金融市场随机演化模型的基础。过滤 G 以及书中的任何其他过滤都假定满足通常的条件。我们所有的随机变量都是 ∂_T 可测的；我们所有的随机时间都是 $[0,T] \cup \{\infty\}$ 值的 G - 停止时间；我们所有的过程都定义在 $[0,T]$ 上并且是 G - 适应的。

期限 T 代表信贷支持附件（CSA）中有关“合同”的到期日，此类文件的目的是确保所有相关方了解将抵押品或信贷作为场外衍生工具合约。所谓“净额投资组合”，我们的意思是，如果一方在某一时间违约，清算人将根据投资组合所有组成部分的累计价值对任何一方欠另一方的债务进行估值，而不是作为未净额投资情况下不同组成部分的累计债务。值得注意的是，这种设置可以被视作一般设置，因为对于将投资组合划分为净额子投资组合的任何划分，结果可以分别应用于各个子投资组合。投资组合层面的结果可以简单地作为子投资组合结果的总和导出。

我们称双方为银行和交易对手。双方被认为是存在违约倾向的。我们用 τ_b 和 τ_c 表示银行和交易对手的违约时间，也就是说，违约方停止支付承诺的股息和追加保证金的时间。我们还定义了“第一方违约”时间$\tau = \tau_b \wedge \tau_c$，相关的生存指标过程用 $J_t = L_{t<\tau}$表示。需要强调的是，我们并不排除银行及其交易对手同时违约的情况[①]。然而，我们确实假设违约时间不能在固定时间内发生，在所有信用风险强度模型中都满足这一假设；特别是，因为情景 $\{\tau = T\}$ 的概率为零，在任何价格和对冲中都是无关紧要的，因此为了简单起见，我们通常只是忽略它（如 $\{\tau < T\}$ 可与 $\{\tau \leq T\}$ 互换）。我们将从银行的角度研究单边交易对手风险（即 $\tau_b = \infty$ 和 $\tau_c = \infty$，因此$\tau = \tau_c$），以及双边交易对手风险（即 $\tau_b < \infty$ 和$\tau_c < \infty$）。我们表示$\bar{\tau} = \tau \wedge T$，其中$\bar{\tau}$表示问题的有效时间范围，因为其后没有现金流。

备注 3.1.1（单边或双边交易对手风险?） 可以看出，在经典的风险中性衍生工具定价视角下，应考虑对自身违约概率进行适当修正，这实际上是合同价值的一种收益。这种“好处”（如果有的话），即所谓的债务估值调整（DVA），对应于在自己违约时没有偿还的自身债务的价值。然而，无论是在理论层面还是在实务层面，关于通过双边交易对手风险评估将自身信用风险作为一种收益的相关性都存在争议。关键是，在实践中推销自我保证几乎是行不通的（因为没有人会买它，除非它是一种资金充足形式，在这种情况下实际上是一种债券；在 CDS 形式下，它甚至是非法的）。为了对冲自身违约风险，可以尝试回购自己的债券（见 4.6 部分对于玩具模型的研究），但这通常不实用。因此，实际上不可能对冲自己的违约风险。2011 年，高盛宣布通过同业代理对冲

---

① 在信用衍生产品的情况下，我们允许合同双方和标的投资组合中的有关方同时违约。

其 DVA 风险（即所谓的代理对冲）。这可能会部分对冲 DVA 利差风险（人们也可能认为 DVA 与 CVA 一样，是对其他事物的自然对冲，是逆周期的），但这不会对冲 DVA 跳转至违约风险（Jump－to－Default Risk）。鉴于对冲以及双边交易对手风险的货币化都比较困难，因此，双边交易对手风险的风险中性估值原则（尤其是自身跳转至违约风险）值得怀疑。但使用双边交易对手风险模型的实际理由是，交易对手风险的单边估值导致双方计算的价值之间存在显著差异。这意味着，如果双方都有风险，它们将很难仅根据单边交易对手风险估值达成交易。

如果最终不想考虑双边交易对手风险（或者交易对手风险确实是纯粹的单边风险），我们只需考虑单边交易对手风险的模型，在我们的公式中，它对应于在下面所有地方都让 $\tau_b=\infty$（从银行的角度考虑单边交易对手风险）。

3.1.1 承诺股息

我们用有限变分过程 D 表示从银行到交易对手合同承诺（或清洁）的累计分红过程，跳跃过程用 Δ 表示，即 $\Delta_t=D_t-D_{t-}$。所有现金流都是从银行角度考虑的，即 $\Delta_t=1$ 对银行而言意味着 $+1$。承诺的股息只有在时间 t 没有任何一方违约的情况下才在时间 t 有效支付，导致有效股息过程 C 如下所示：

$$\mathrm{d}C_t=L_{t<\tau}\mathrm{d}D_t=J_t\mathrm{d}D_t$$

此外，双方还受到 CSA 的约束，CSA 是一项法律协议，规定了在任何一方违约的情况下的共同化方案和清算现金流，旨在降低交易对手风险。抵押品由现金或各种可能的合格证券组成，通过追加保证金作为双方的违约担保。清算现金流是最后一个（终端）现金流 R，其基于清算人（如雷曼兄弟国际破产案中的普华永道）评估的合同价值 Q_τ，包括在时间 τ 的累计抵押品，该抵押品在 τ 时清算银行头寸（如果 $\tau<T$）。与任何一方违约能力相关的现金流（追加保证金通知和 CSA 清算现金流）称为 CSA 现金流。

3.1.2 抵押品

抵押品包括现金或各种可能的合格证券，通过 CSA 监管的追加保证金通知作为双方的违约担保。非现金抵押物按一定折减比例进行估价，以补偿相应资产在最后一次追加保证金到合同和/或这些资产可以清算的时间之间的期间（称为风险保证金期）可能面临的价值损失。但为了简化陈述，我们忽略了这种实务操作性，假设在本书中，保证金以现金形式过账给另一方，累计保证金金额以某种利率（本章为无风险 OIS 利率 r_t，下一章为可能不同的利率）获得报酬。我们通过在时间$\tau < T$时从交易对手转移给银行的代数保证金金额 Γ_τ来模拟抵押品的价值。因此，在 τ 之前，正的Γ_τ表示交易对手“借给”银行的金额（并由银行以某种利率支付），但在任何一方在 τ 时违约的情况下（如果$\tau < T$），它将成为银行的财产。需要强调的是，根据行业标准，如果银行在时间 τ 违约，该（代数）抵押品也将成为银行财产，除非特殊隔离程序生效（见 3.3.4）。对称备注适用于负的 Γ_τ（在上述描述中互换交易对手和银行角色）。因此，在 τ 之前，一个正数（$-\Gamma_\tau$）表示银行“借给”对方的金额（并由对方支付相应报酬），但在$\tau < T$时任何一方违约的情况下，它将成为对方的财产。我们强调，我们只考虑一个抵押账户，可以是正值也可以是负值。当然，从两个交易对手之一的角度看，负值意味着从另一个交易对手的角度来看，反之则亦然。在这本书中讨论的三个原型抵押方案是裸方案（$\Gamma = 0$），所谓的连续方案（$\Gamma = Q$）和 ISDA 方案（在两个变体中）将在 3.3.2 介绍。

备注 3.1.2 在集中清算交易的情况下，有关抵押品的所有权约定不同，即抵押品一经过账即被接收方所有。特别是，抵押物没有报酬。根据 Cont、Mondescu 和 Yu（2011）的分析，这会导致定价上的一些细微差异。

3.1.3 清算现金流

对于$\tau < \infty$，我们定义了一个 $\mathcal{G}_\tau$ 可测随机变量χ 如下：

$$\chi = Q_\tau + \Delta_\tau - \Gamma_\tau \tag{3.1}$$

其中，Q 和 Γ 分别是 CSA 清算估价过程（见 3.3.1）和抵押过程（见 3.3.2），其中 $\Delta_\tau = D_\tau - D_{\tau-}$代表 D 在 τ 处的跳跃，代表 τ 处的承诺一次性股息。从财务解释的角度看，χ 代表交易对手在第一方违约时间 τ 对银行的（代数）债务，解释了当时投资组合的法律价值，加上交易对手在时间 τ 应向银行支付的一次性股息，减去保证金金额 Γ_τ，其所有权已在时间 τ“瞬间”转移（负值从交易对手转移到银行，如果为正则相反）。

在本章的单曲线设置中，清算现金流 R 如下所示：

$$R=\Gamma_{\tau}+L_{\tau=\tau_c}\left(R_c\chi^{+}-\chi^{-}\right)-L_{\tau=\tau_b}\left(R_b\chi^{-}-\chi^{+}\right)-L_{\tau_b=\tau_c}\chi \tag{3.2}$$

其中，[0,1] 值 R_{τ_c} - 和 $R_{\tau b}$ - 可测量随机变量 R_b 和 R_c 分别表示银行及其交易对手违约时的回收率。所以：

如果银行首先在时间 $\tau_c<\tau_b\wedge T$ 违约，然后在时间$\tau=\tau_b$，清算现金流的金额为 $\Gamma_{\tau}-(R_b\chi^{-}-|\chi^{+})$；

如果银行的交易对手首先在时间 $\tau_c<\tau_b\wedge T$ 违约，则在时间$\tau=\tau_c$，清算现金流的金额为 $\Gamma_{\tau}+R_c\chi^{+}-\chi^{-}$；

如果银行和交易对手在时间 $\tau_c=\tau_b<T$ 同时违约，则在时间$\tau=\tau_b=\tau_c$，清算现金流的金额为 $\Gamma_{\tau}+R_c\chi^{+}-R_b\chi^{-}$。

值得注意的是，CSA 清算现金流 R 的公式（3.2）提供了一个很好的理论范例，但它不是唯一可能的范例；它仍然是一个程式化的回报，并没有涵盖实践中遇到的所有案例。例如，在由第三方分离的抵押品情况下，有时借出的抵押品可以比债务的其余部分以更快的速度收回。因此，Capponi（2013）和 Pallavicini、Perini 和 Brigo（2011、2012）认为 CSA 清算现金流被概括为式（3.2）适用于风险头寸不同组成部分的不同回收水平。

备注 3.1.3 在更基本的层面上，有人可能会反对，在交易对手违约的情况下，清算现金流 R 始终具有相同的函数形式（3.2），而无论参考股息过程发生了什么。例如，在对与标的 CDS 合同相关的交易对手风险进行建模时，我们假设在交易对手违约的情况下，无论交易对手是否与引用 CDS 合同的债务人同时违约，回收结构都是相同的。乍一看，这种默认假设似乎排除了模型中的错向风险，即在对手方违约时，从对方角度看，合同价值特别高的风险问题，这是有关交易对手方风险的一个主要问题。事实上，在交易对手违约的情况下，回收结构是相同的，但结构的成分（特别是χ）可能支持错向风险，例如，χ 中的 Δ_{τ} 很有可能比“典型的” Δ_t 更重要，这在一定程度上与第四部分共振交易对手信用风险模型的情况相同。

3.2 估值和对冲

我们将把重点放在银行“购买”（简单地说，我们的符号惯例是 $\Delta_t=1$ 对银

行来说意味着 +1）交易对手的合同上，剩下的任务是建立对冲、抵押和融资组合。当然，对称性考虑适用于银行的交易对手，但可能存在不对称的对冲头寸和融资条件。在本章经典的单曲线设置中，这是无关紧要的，但在下一章的多元曲线设置中，这种数据不对称是有效的，并导致银行的“买方价格”通常不同于交易对手的“卖方价格”。这就是为什么我们需要关注一个特定的集体，在这本书中被称为“银行”。同样，对称的考虑因素和方法适用于交易对手，但在多元曲线设置中存在非对称数据和由此产生的价格差异（有关“违反货币节约”问题的评论，请参见备注 4.2.2）。

备注 3.2.1 在本书中，我们坚持市场只选择一个风险中性度量 Q 的范式。因此，“买方价格”与“卖方价格”的术语在这里与不完全市场中共存的不同定价措施无关［参见 El Karoui 和 Quenez（1995）的开创性参考，或 Eberlein、Madan、Pistorius 和 Yor（2013）］，它只是反映了不同的对冲和融资政策。我们赋予可测空间 (Ω, ∂_T) 一个固定的概率测度 Q，它在某种意义上被解释为鞅定价测度（应该由市场来选择）。我们特别假设在可测空间 (Ω, ∂_T) 上，Q 等价于历史概率测度 P。我们用 E_t 表示 Q 下给定 ∂_T 的条件期望。在本书中，融资资产是指用于为头寸融资的无风险、有限变化的资产。在本章采用局部无风险利率 r_t 的经典单曲线设置中，只有一种融资资产，即所谓的储蓄账户，以速度 r_t 增长。因此，储蓄账户是无风险贴现系数 $\beta_t = e^{-\int_0^t r_s ds}$ 的倒数。在随后的经典风险中性估值框架中，我们可以继续提出以下定义，这些定义与套利的标准理论一致［参见 Delbaen 和 Schachermayer（2006）］。

3.2.1 合同估值

回想一下，Dt 代表合同在 $[0, T]$ 的累计承诺（或净）现金流（股息过程），忽略交易对手风险。

定义 3.2.2 （1）对于 $t \in [0, T]$，合同的（交易对手）净价格过程 P_t 由下式给出[①]：

① 在市场术语中，它经常被称为按市价计价（Mark – to – Market，MtM）。

$$\beta_t P_t = E_t \int_t^T \beta_s \mathrm{d}D_s \tag{3.3}$$

投资组合的净累积价值过程如下所示：

$$\widehat{P_t} = P_t + p_t \tag{3.4}$$

其中，$\pi_t p_t$ 表示截至时间 t 的贴现累积净股息过程，因此：

$$\beta_t p_t = \int_t^t \beta_s \mathrm{d}D_s \tag{3.5}$$

（2）对于 $t \in [0,\bar{\tau}]$，合同的（对方）风险价格 Π_t 由以下公式给出：

$$\beta_t \Pi_t = E_t\left(\int_t^{\bar{\tau}} \beta_s \mathrm{d}C_s + \beta_{\bar{\tau}} L_{\tau<T} R\right) \tag{3.6}$$

对于 $t \leqslant \bar{\tau}$，组合的风险累积价值过程如下：

$$\widehat{\Pi_t} = \Pi_t + \pi_t \tag{3.7}$$

其中，

$$\beta_t \pi_t = \int_0^t \beta_s \mathrm{d}C_s \tag{3.8}$$

在本书中，如果重点是交易对手风险，则可以方便地区分涉及银行的两类现金流：一是股息，在所有违约前现金流的意义上（或者我们指定“承诺股息”，如果我们想提到 D）；二是清算现金流，即违约时间 $\tau(\tau < T)$ 的现金流。

值得注意的是，根据本惯例，清算现金流 R 不包括在股息中，并在式（3.6）中作为终止条件单独核算。特别是，在时间 $t = \bar{\tau}$，我们从式（3.6）中得出：

$$\Pi_{\bar{\tau}} = L_{\tau<T} R$$

值得注意的是，对于通常的数学金融除息和加息价格约定，我们在本书中的选择（对于风险价格）对应于一种混合约定：“*cum*”表示 R，“*ex* −”表示 D（或 C）。因此，将交易对手风险累积现金流过程定义为 D_t：

$$D_t = C_t + (1 - J_t) R \tag{3.9}$$

（股息表示在我们限制意义上的 C，连同清算现金流 R），我们有（参见 3.7）：

$$\Pi_t^{cum} = \widehat{\Pi_t} - \pi_t^{cum}, \quad \Pi_t^{ex} = \widehat{\Pi_t} - \pi_t^{ex} \tag{3.10}$$

其中，Π_t^{cum} 和 Π_t^{ex} 由以下公式给出：

$$\beta_t \pi_t^{cum} = \int_{(0,t)} \beta_s \mathrm{d}D_s, \quad \beta_t \pi_t^{ex} = \int_0^t \beta_s \mathrm{d}D_s = \int_{(0,t]} \beta_s \mathrm{d}D_s \tag{3.11}$$

（关于第二个积分，根据本书序言中规定的符号约定）。在式（3.10）至式（3.11）中给出的经典分解对于我们的目的来说不太方便，所以我们不使用它们，而是使用式（3.7）。

备注 3.2.3 原则上，在处理交易对手风险估值时，可以考虑两种过滤后的风险中性定价模型：(Ω, G, Q) 和 (Ω, F, Q)。这里，过滤 $F = (F_t)_{t\in[0,T]}$ 表示交易对手的无风险过滤，不包含任何关于违约时间 τ_b 和 τ_c 的直接信息，也不包含任何可能与交易对手信用标准（“评级”）演变有关的因素。这是一种适当的过滤方法，通常用于对无风险合约进行定价，作为评估被定价和对冲的实际合约的交易对手风险的参考。从数学上讲，把 $H^b = (H_t^b)_{t\in[0,T]}$ 和 $H^c = (H_t^c)_{t\in[0,T]}$ 写成 τ_b 和 τ_c 的指示过程的自然过滤，我们得到 $H_t^b \not\subset F_t$ 和 $H_t^c \not\subset F_t$。过滤 $G = (\partial_t)_{t\in[0,T]}$ 表示交易对手风险过滤，使得 $F_t \vee H_t^b \vee : H_t^c \subseteq \partial_t$。因此，贴现因子 β、净累计股息过程 D 和抵押品过程 Γ 通常被假定为 F – 适应，而投资组合的交易对手净价格过程为①：

$$\beta_t P_t = \widetilde{E}_t \int_t^T \beta_s \mathrm{d}D_s$$

其中，我们用$\widetilde{E}_t$ 表示 Q 给定 F_t 下的条件期望。有关这方面的更多发展，请参见本书的以下部分和 Crépey 和 Song（2014）。

备注 3.2.4 对交易对手风险的实际评估和评价对清算公式的选择相当敏感。在上文中可以理解，CSA 清算价格过程 Q 是一个外生过程，如标准的净 CSA 清算定价方案 Q = P。从这个角度看，一种先验的不寻常情况是所谓的违约前 CSA 清算定价方案 $Q = \Pi$。备选的清算现金流的影响将在 3.3.1 讨论。

3.2.2 交易对手风险评估

我们首先将 TVA 定义为交易对手风险（总）估值调整过程。然后，在命题 3.2.8 中，我们将证明 TVA 是所谓的或有信用违约互换（CCDS）的价格过程，它支付违约风险。出于实际目的，我们需要的实际上是时间间隔 $[0, \bar{\tau}]$ 上的

① 我们再次强调，上述清洁价格过程 P 是“清洁合同”的过程，即不考虑任何交易对手风险（以及“超额融资成本”，在下一章中与 r_t 形成利差）的合同。

“累积”TVA 过程（见备注 3.2.7），我们现在定义 TVA 过程如下。

定义 3.2.5 TVA 过程表示为 Θ，对于 $t \in [0, \bar{\tau}]$，表示为：

$$\Theta_t = \widehat{P}_t - \widehat{\Pi}_t = P_t - \Pi_t + L_{t=\tau<T}\Delta_\tau \tag{3.12}$$

备注 3.2.6 在本章的单曲线设置中，左等式是（累计）交易对手风险估值调整的自然定义。右等式如下，因为根据定义 3.2.2，对于 $t \leqslant \bar{\tau}$，我们有：

$$p_t - \pi_t = L_{t=\tau<T}\Delta_\tau$$

值得注意的是，在下一章的多元曲线设置中，TVA 仍将在式（3.12）的右侧给出，而累积价格的相应概念将不那么简单。

备注 3.2.7 在式（3.12）的右边需要一个术语 $L_{t=\tau<T}\Delta_\tau$，这样我们就得到了累积 TVA。如果 τ 没有承诺的现金流，那么 $\Delta_\tau = 0$，这个项当然消失了。读者可能会问，在这一点上，为什么我们对一个累积 TVA 感兴趣。原因是累积 TVA 是一个（局部）鞅（Q 下），从动态对冲交易对手风险的角度看，这是一个重要特征。

在本节的其余部分中，我们将讨论 TVA 的各种表示。

3.2.3 违约风险头寸

我们用如下 $\partial_{\tau-}$ 测度的随机变量 ξ 来定义违约风险头寸：

$$\begin{aligned}
\xi &:= P_\tau + \Delta_\tau - R \\
&= P_\tau - Q_\tau + \chi - L_{\tau=\tau_c}\left(R_c\chi^+ - \chi^-\right) + L_{\tau=\tau b}\left(R_b\chi^- - \chi^+\right) + L_{\tau b=\tau c}\chi \\
&= P_\tau - Q_\tau + L_{\tau=\tau_c}\left(1 - R_c\right)\chi^+ - L_{\tau=\tau b}\left(1 - R_b\right)\chi^-
\end{aligned} \tag{3.13}$$

其中，第二个等式由 R 的定义（3.2）表示，第三个等式由 χ 的定义（3.1）表示。

命题 3.2.8 对于 $t \in [0, \bar{\tau}]$，我们有：

$$\beta_t\Theta_t = E_t\left[\beta_\tau L_{\tau<T}\xi\right] \tag{3.14}$$

证明： 这源于 $\beta_t\Theta_t$ 的鞅性质，在式（3.12）的左侧很明显，而在右侧我们有：

$$\Theta_{\bar{\tau}} = P_{\bar{\tau}} - \Pi_{\bar{\tau}} + L_{\tau<T}\Delta_\tau = L_{\tau<T}(P_\tau + \Delta_\tau - R) = L_{\tau<T}\xi$$

正如 Brigo 和 Pallavicini（2008）首次观察到的以及 Brigo 和 Capponi

（2008a）的双边案例，我们将 TVA 解释为或有信用违约掉期（CCDS）的价格，这是交易对手在 τ 时间对银行债务 χ（即 ξ 中存在的）的期权。

备注 3.2.9（1） 由于我们考虑了双边交易对手风险的一般情况，TVA 过程可能为负值。在单边交易对手风险的情况下（从银行角度看），该过程始终为非负值（见 3.2.4.2）。

（2）一般来说，公式（3.14）的表达式并不唯一地定义 ξ。在什么样的假设下，特别是在模型 G 上，表示公式（3.14）唯一地定义了 ξ，这是一个悬而未决的问题。

关于交易对手信用风险的一个主要问题是所谓的错向风险。从银行角度看，这是当交易对手的风险头寸与其信贷质量负相关时，交易对手违约时合同价值特别高的风险。正如第 8 章至第 10 章信贷组合共振模型的情况一样，一种极端形式的错向风险（“瞬时违约传染”）也可以通过 χ 中的 Δ_τ［见式（3.1）］出现。

3.2.4 TVA 和 CVA/DVA/RC

从式（3.14）中，我们可以看出，对于 $t \in [0, \bar{\tau}]$，TVA 过程 Θ 分解如下：

$$\Theta_t = CVA_t + DVA_t + RC_t \tag{3.15}$$

$$CVA_t = \beta_t^{-1} E_t \left[\beta_\tau L_{\tau<T} (1-R_c) L_{\tau=\tau c} \chi^+ \right] \tag{3.16}$$

式（3.16）表示所谓的信贷估值调整（交易对手违约对银行造成的成本），

$$DVA_t = -\beta_t^{-1} E_t \left[\beta_\tau L_{\tau<T} (1-R_b) L_{\tau=\tau b}\, \chi^- \right] \tag{3.17}$$

式（3.17）代表所谓的债务估值调整（银行自身的意外收益未向交易对手全额偿还的违约）。

$$RC_t = -\beta_t^{-1} E_t \left[\beta_\tau L_{\tau<T} (P_\tau - Q_\tau) \right] \tag{3.18}$$

式（3.18）表示所谓的重置成本（除非 Q = P，否则清算人在违约时评估的合同的净价格 P 和 CSA 价值 Q 之间不匹配）。

式（3.15）显示，我们通常选择使用正的 CVA 和负的 DVA，再加上 RC 和 TVA。通常人们使用正的 DVA，然后从 CVA 中减去。在本书的第三部分，TVA 还将包括超过无风险利率的任何流动性融资成本。由此产生的额外 LVA（流动性估值调整）的符号通常不确定（这也适用于重置成本），因此我们倾向于用“+”来记录所有调整。

备注3.2.10 虽然银行在其盈利报告中报告了动态增值税，但在确定资本水平时不包括动态增值税。巴塞尔银行监管委员会（2011a）第75段中也规定了这一点：“在计算普通股一级资本时，由于银行自身信用风险的变化而导致负债公允价值变动而产生的所有未实现损益均不予以确认。”

因此，巴塞尔协议Ⅲ框架不允许银行在其监管资本计算中考虑DVA，有关详细讨论可参见巴塞尔银行监管委员会（2012）。巴塞尔协议Ⅲ中对DVA的这种处理方式的主要原因是不允许银行在其信用风险增加的同时降低其负债价值。

值得注意的是，上述分解只是文献中发现的许多可能衍生形式中的一种。事实上，本书中最全面的分解将在后面进行，如式（6.16）在沉浸式假设下进行了分解，但该假设也可以放松，如Crépey和Song（2014）所示。

3.2.4.1 预期正/负风险头寸

如果β是确定的，则CVA的以下表示式可从式（3.14）中得出：

$$\begin{aligned}CVA_0&=E\left(\beta_\tau\left(1-R_c\right)L_{\tau=\tau_c<T}\chi^+\right)\\&=\int_0^T\beta_sE\left(\left(1-R_c\right)L_{\tau=\tau_c\in\mathrm{d}s}\chi^+\right)\\&=\int_0^T\beta_sE\left(\left(1-R_c\right)\chi^+\mid\tau_c=s\leqslant\tau_b\right)Q\left(\tau_c\in\mathrm{d}s,\tau_b\geqslant s\right)\\&=\int_0^T\beta_sEPE\left(s\right)Q\left(\tau_c\in\mathrm{d}s,\tau_b\geqslant s\right)\end{aligned}\tag{3.19}$$

其中，预期正风险头寸EPE，也称为资产费用，是时间的函数。对于$t\in[0,t]$，可定义为：

$$EPE\left(t\right)=E\left[\left(1-R_c\right)\chi^+\mid\tau_c=t\leqslant\tau_b\right]\tag{3.20}$$

$$DVA_0=-\int_0^T\beta_sENE\left(s\right)Q\left(\tau_b\in\mathrm{d}s,\tau_c\geqslant s\right)\tag{3.21}$$

其中，预期负风险头寸ENE，也称为责任收益，是时间的函数。对于$t\in[0,t]$，可定义为：

$$ENE\left(t\right)=E\left[\left(1-R_b\right)\chi^-\mid\tau_b=t\leqslant\tau_c\right]\tag{3.22}$$

3.2.4.2 单边交易对手风险

在单边交易对手风险的情况下，即$\tau_b=\infty$，假设$Q=P$，那么，通过应用命题3.2.8，TVA Θ简化为一个（单边）CVA，由下式给出：

$$\beta_t\Theta_t = E_t\left[\beta_\tau L_{\tau<T}\xi\right] \tag{3.23}$$

其中，$\tau=\tau_c$，且

$$\xi = (1-R_c)\chi^+,\ \chi = Q_\tau + \Delta_\tau - \Gamma_\tau \tag{3.24}$$

类似地，式（3.19）简化为：

$$CVA_0 = \int_0^T \beta_s EPE(s) Q(\tau \in \mathrm{d}s) \tag{3.25}$$

其中，对于 $t\in[0,t]$，预期正风险头寸（EPE）是时间的函数，由以下公式定义：

$$EPE(t) = E[\xi \mid \tau = t] = E\left[(1-R_c)\chi^+ \mid \tau_c = t\right] \tag{3.26}$$

备注 3.2.11 交易对手风险文献中使用的术语非常灵活。例如，我们所称的预期正风险头寸，以及我们所称的 *EPE*（*t*），通常被称为预期（条件）风险头寸，并被记为 *EE*（*t*）。然后，在投资组合的名义存续期内，即在区间 $[0,T]$ 内，预期的正风险头寸被定义为平均值：$\frac{1}{T}\int_0^T EE(t)\mathrm{d}t$。事实上，在交易对手风险文献中，EE 和相应的预期正风险头寸通常都是在统计概率下计算的，而不是在定价度量 Q 下计算的。

备注 3.2.12 通常，在单边交易对手风险情况下，EPE 是在 $R_c=0$ 的假设下计算的，然后在基于“零回收 EPE”（Zero Recovery EPE）的 CVA 计算阶段引入给定损失的违约因子。

3.2.5 交易对手风险的动态对冲

由于 TVA 是相应 CCDS 的价格过程，因此原则上可以根据金融衍生品对冲的惯例进行对冲。在这里，我们给出了一些无模型设置下动态对冲的问题。具体地，基于模型的讨论将在本书后面给出。TVA 动态对冲的出发点是基于以下通用公式推导 TVA 动态。

引理 3.2.13 对于任何 $t\in[0,\bar{\tau}]$，我们有：

$$\mathrm{d}\Theta_t = J_t(\mathrm{d}P_t - \mathrm{d}\Pi_t) - \xi\mathrm{d}J_t \tag{3.27}$$

证明：在 τ 之前，我们在式（3.12）中从右侧看到，$\mathrm{d}\Theta t = \mathrm{d}Pt - \mathrm{d}\Pi t$。在 $\tau<t$ 上，式（3.14）意味着 $\Delta\Theta\ \tau = \xi - \Theta_{\tau-}$。Θ 的动力学分为“第一方违约前”

分量 $Jt(\mathrm{d}Pt-\mathrm{d}\Pi t)$ 和“第一方违约时”分量 $-(\xi-\Theta_{t-})\mathrm{d}J_t$。这种分割对于对冲交易对手风险非常重要。

最小方差对冲

在本章经典的单曲线融资模型中，给定一组以累积价格向量过程表示的对冲工具，时间 t 的跟踪误差 e_t 定义为：

$$\beta_t e_t(\varsigma)=\beta_t\Theta_t-\int_0^t \varsigma_u \mathrm{d}\left(\beta_u \widehat{P}_u\right) \tag{3.28}$$

其中，ς是对冲策略（行向量形式）。鉴于有足够的对冲工具可用于跨越 TVA 过程中嵌入的所有风险，故而可以使用基于这些工具的自筹资金投资组合来复制后者。我们参考 Bielecki、Jeanblanc 和 Rutkowski（2009）对可违约债权复制的综合研究，该研究也与交易对手风险相关。但是，通常情况下，TVA 过程无法复制，因此我们需要恢复到近似对冲状态。我们向读者介绍 Schweizer（2001）关于各种二次对冲方法的调查，这些方法可以在不完全市场中使用。从实践角度看，在统计测度 P 下对冲当然更可取，但最小化 P 下的对冲误差存在一些棘手的技术性问题。因此，为了便于处理，我们在本书中只考虑鞅定价测度 Q 下的最小化，这是一个相当简单的练习，使用式（13.28）中第二行的条件协方差尖括号公式，以及标准最小方差对冲回归公式，参见 Crépey（2013）中的 4.2.3.1。为了强调这一区别，我们在本书中写了 Q 下的最小方差对冲（与 P 下的均值方差对冲相反）。

备注 3.2.14 De Franco、Tankov 和 Warin（2013）的数值结果表明，至少在一些报告的案例中，P 或 Q 下的最小化在实践中不会产生这样的差异。

3.3 CSA 设置

3.3.1 清算估值方案

设置 $Q_\tau=P_\tau$（或，如本书后面将讨论的，$Q_\tau=P_{\tau-}$）将被视为当前市场标准。但这不是唯一的可能性。另一个是 $Q_\tau=\Pi_{\tau-}$，对于 CSA 清算估值过程 Q，它代表了处于“主导”地位的银行情况（诚然有点做作，主要是为了争论），能够从自身角度实施价值（“自身对冲成本”），即 Π。我们在 Crépey、Jeanblanc

和 Zargari（2010）中观察到，在本文简单的简化设置中，采用这两种约定方法在实践中几乎没有区别。但是，在其他（如结构）设置中可能不是这种情况。

Brigo 和 Morini（2010a）中讨论的另一种选择是：

$$Q_\tau = P_\tau + UDVA_\tau$$

其中，UDVA 代表存续方的单变量债务估值调整。后一种选择似乎得到了 ISDA（2009）清算金额协议的支持，其中规定："在确定清算金额时，确定方可考虑相关信息，包括但不限于下列一种或多种类型的信息：由一个或多个第三方提供的替代交易报价（实盘或指示性报价），可考虑报价提供时确定方的信誉"。上述做法背后的理由是，它使估值更具连续性：违约时，我们仍按违约前的做法对包括 DVA 在内的资产进行定价。另请参见 Brigo、Buescu 和 Morini（2012）中关于替代清算约定方法影响的讨论。

3.3.2 担保计划

保证金过程的建模是交易对手风险建模的关键。例如，2008 年对美国国际集团（AIG）的救助，主要是因为其无法面对因卖出为 CDS 头寸提供保证（尤其是陷入困境的雷曼兄弟）而增加的保证金要求。"连续计划" $\Gamma_\tau = Q_{\tau-}$ 可以说是抵押品的极端情况（抵押品不断更新，以跟踪合同的 CSA 价值的左极限，$Q_{\tau-}$ 中的左极限反映了一个"无限小"的补救期，即清算人清算违约方所有头寸所需的时间，见 3.3.3）。在这种情况下，我们从式（3.1）和式（3.13）中得到：

$$\xi = (P_\tau - Q_\tau) + (1-R_c)L_{\tau=\tau}((D+Q)_\tau - (D+Q)_{\tau-})^+ - (1-R_b)L_{\tau=\tau_b}((D+Q)_\tau - (D+Q_{\tau-}))^-$$

备注 3.3.1 这与双边交易对手风险的情况相对应。在单边情况下，连续计划读取 $\Gamma_\tau = Q^+_{\tau-}$，相应的 ED 由下式给出：

$$\xi = (P_\tau - Q_\tau) + (1-R_c)L_{\tau=\tau}\left((Q^+ + D)_\tau - (Q^+ + D)_{\tau-} - Q^-_\tau\right)^+ \qquad (3.29)$$

除了明显的"裸"方案 $\Gamma = 0$ 和上述连续方案 $\Gamma = Q_-$，其他参考方案是现在要描述的 ISDA（国际掉期和衍生品协会）方案。根据 ISDA（2010）第 57 页，抵押品金额水平的范例如下："抵押品价值 =（i）抵押品接受者的风险头寸加上（ii）抵押品提供者适用的所有独立金额的总和（如有），减去（iii）适用于抵押品接受人的所有独立金额的总和（如有），减去（iv）抵押品提供方的阈值。"

上述术语中的“风险头寸”是指参考投资组合的 CSA 价值过程。在这里，我们提出了一个算法，旨在得到抵押品过程，即在每次保证金赎回后，符合上述范例。也就是说，由于在我们的设置中没有第（ii）项和第（iii）项的“独立金额”，故而“抵押品价值 = CSA 价值减去阈值”，其中阈值是指双方间“债务”χ 容许值的界限。因此，如果式（3.1）中的 χ 脱离这些界限，双方就需要调整抵押品 Γ。

备注 3.3.2 在集中清算交易的情况下，除了上述“变动保证金”外，双方还公布了一个独立金额（也称为初始保证金，即使它也可能每天调整），以减轻缺口风险。这可能很快会在双边交易中实施（见第三节）。为此，我们用 $t_0 = 0 < t_1 < \cdots < t_n < T$ 表示追加保证金日期。因此，我们假设，正如在实践中所做的那样，保证金催缴是按照离散的日期期限执行的。

备注 3.3.3 违约时间 τ 与其前期最后一次追加保证金日期之间的时间间隔构成所谓的风险保证金期的第一部分，第二部分是补救期 δ，将在 3.3.3 讨论。

为了模拟现实的抵押品流程，我们需要引入：

- 银行和交易对手的名义门槛（“自由信贷额度”），$\eta_b \leqslant 0$ 和 $\eta_c \geqslant 0$，
- 银行和交易对手的最低转账金额，$\in_b \leqslant$ 和 $\in_c \geqslant 0$。然后我们将银行和交

易对手的有效阈值定义为 $\hat{\eta}_b = \eta_b + \in_b$ 和 $\hat{\eta}_c = \eta_c + \in_c$。

我们定义：

$$\widetilde{\chi}_t = Q_t + \Delta_t - \Gamma_t \tag{3.30}$$

所以 $\chi = \chi_\tau$［见式（3.1）］。在 ISDA 担保计划中，我们通过设置 Γ_{0-}，并假设 $t_i < \tau$，构建一个连续的、分段恒定的抵押过程 Γ：

$$\begin{aligned}\Delta = \Gamma_{t_i} - \Gamma_{t_i -} &= L_{\widetilde{\chi}_{t_i -} > \widehat{\eta_c}} \left(\widetilde{\chi}_{t_i -} - \eta_c\right)^+ - L_{\widetilde{\chi}_{t_i -} < \widehat{\eta_b}} \left(\widetilde{\chi}_{t_i -} - \eta_b\right)^- \\ &= L_{\widetilde{\chi}_{t_i -} > \widehat{\eta_c}} \left(\widetilde{\chi}_{t_i -} - \eta_c\right) + L_{\widetilde{\chi}_{t_i -} < \widehat{\eta_b}} \left(\widetilde{\chi}_{t_i -} - \eta_b\right)^-\end{aligned} \tag{3.31}$$

则 Γ 在每个间隔 (t_i, t_{i+1}) 上保持不变。值得注意的是，根据上述方案在赎回时间转让的抵押品金额［式（3.31）］满足以下特征：

如果 t_i 之前的债务 χ 超过交易对手的阈值 η_c，则 $\Delta\Gamma_{t_i} > 0$。这意味着在 t_i，银行发出追加保证金通知，交易对手交付保证金 $\Delta\Gamma_{t_i}$ 达到抵押品价值。直观地说，如果交易对手在 t_i 前就超过了 $\hat{\eta}_c$，那么交易对手就会在 t_i 时将 $\tilde{\chi}$ 降至 η_c。

如果$\widetilde{\chi}_{t_i-}$小于银行阈值$\widehat{\eta}_b$，则$\Delta\Gamma_{t_i}<0$，这意味着在t_i，交易对手发出追加保证金通知，银行交付保证金$-\Delta\Gamma_{t_i}$达到抵押品价值。直观地说，如果银行在t_i前就低于$\widehat{\eta}_b$，那么银行就会将其调高至在t_i时的η_b。

如果$\widetilde{\chi}_{t_i-}$介于$[\widehat{\eta}_b,\widehat{\eta}_c]$，则$\Delta\Gamma_{t_i}=0$。这意味着在$t_i$，没有发出任何追加保证金通知，没有任何抵押品从一方转到另一方，债务未发生任何调整。

下面的式（3.32）表明，在追加保证金时，ISDA 担保计划符合 ISDA 的要求。

命题 3.3.4 在每个t_i，有：

$$\Gamma_{t_i}=Q_{t_i-}-\left(L_{\widetilde{\chi}_{t_i-}>\widehat{\eta}_c}\eta_c+L_{\widetilde{\chi}_{t_i-}<\widehat{\eta}_b}\eta_b+L_{\widehat{\eta}_b\leqslant\widetilde{\chi}_{t_i-}\leqslant\widehat{\eta}_c}\widetilde{\chi}_{t_i-}\right)\tag{3.32}$$

所以，$Q_{t_i-}-\Gamma_{t_i}\in[\widehat{\eta}_b,\widehat{\eta}_c]$。如果$\widetilde{\chi}_{t_i-}>\widehat{\eta}_c$，则$Q_{t_i-}-\Gamma_{t_i}=\widehat{\eta}_c$。如果$\widetilde{X}_{t_i-}<\widehat{\eta}_b$，则$Q_{t_i-}-\Gamma_{t_i}=\widehat{\eta}_b$。

证明 从式（3.31）开始，在每个t_i，我们有：

$$\Gamma_{t_i}=\Gamma_{t_i-}-\left(L_{\widetilde{\chi}_{t_i-}>\widehat{\eta}_c}\eta_c+L_{\widetilde{\chi}_{t_i-}<\widehat{\eta}_b}\eta_b+L_{\widehat{\eta}_b\leqslant\widetilde{\chi}_{t_i-}\leqslant\widehat{\eta}_c}\widetilde{\chi}_{t_i-}\right)+\widetilde{\chi}_{t_i-}$$

从式（3.30）来看式（3.32），这里应该注意的是Δ_t的左极限过程（本身就是 cádlág 过程 D 的跳跃过程）是0。

上述 ISDA 方案并非唯一的可能性。将阈值的风险头寸定义为：

$$\widehat{Q}_t=(Q_t-\eta_b)^+-(Q_t-\eta_c)^-\tag{3.33}$$

一个密切相关的方案令$\Gamma_{0-}=0$，在每一个$t_i<\tau$，有：

$$\Gamma_{t_i}-\Gamma_{t_i-}=L_{\widehat{Q}_{t_i}-\Gamma_{t_i-}\notin[\in_b,\in_c]}\left(\widehat{Q}_{t_i-}-\Gamma_{t_i-}\right)\tag{3.34}$$

命题 3.3.5 在替代 ISDA 计划式（3.33）至式（3.34）下，在每个t_i，假如$Q_{t_i-}-\Gamma_{t_i}\notin[\in_b,\in_c]$，则有：$Q_{t_i-}-\Gamma_{t_i}\in[\widehat{\eta}_b,\widehat{\eta}_c]$，$Q_{t_i-}-\Gamma_{t_i}\in[\eta_b,\eta_c]$。

证明 如果$Q_{t_i-}-\Gamma_{t_i}\in[\in_b,\in_c]$，那么$\Gamma_{t_i}=\Gamma_{t_i-}$，因此：

$$Q_{t_i-}-\Gamma_{t_i}=Q_{t_i-}-\widehat{Q}_{t_i-}+\widehat{Q}_{t_i-}\Gamma_{t_i}\in[\eta_b+\in_b,\widehat{\eta}_c+\in_c]=[\widehat{\eta}_b+\widehat{\eta}_c]。$$

否则$\Gamma_{t_i}=\widehat{Q}_{t_i-}$，所以：$Q_{t_i-}-\Gamma_{t_i}=Q_{t_i-}-\widehat{Q}_{t_i-}+\widehat{Q}_{t_i-}\Gamma_{t_i}=Q_{t_i-}-\widehat{Q}_{t_i-}\in[\eta_b,\eta_c]$。

备注 3.3.6 从本书中的现金抵押转换为资产抵押需要通过折减进行。也就是说，如果在时间t_i转移的抵押品在不同于现金的资产中过账，则需要过账的

资产总值为 $(1+h_{t_i})\Delta\Gamma_{t_i}$，其中 h_{t_i} 是在时间 t_i 应用的适当折减。对于抵押资产组合，在资产之间分配 $\Delta\Gamma_{t_i}$，并对每个部分进行适当的折减。此外，在这种情况下，价值 Γ_t 在 t_i 之间不再是常数，而是作为抵押资产之一而波动。

3.3.3 补救期

实际上，在违约时间 τ 和清算现金流之间有一个 $\delta>0$，称为补救期，通常（至少）$\delta=$两周，清算现金流因此发生在时间 $\tau+\delta$。保证金风险期指的是在 τ 之前的最后一次保证金通知与清算现金流的时间 $\tau+\delta$ 之间的时间差。因此，补救期构成了风险保证金期的第二部分，第一部分是违约时间 τ 与之前最后一次追加保证金通知之间的时间差。风险保证金期限的这两个组成部分在模型中起着非常明显的作用。第一部分的作用已在第 3.3 节进行了分析。第二部分（补救期）表示“有效”违约时间 τ（即受影响方停止支付承诺股息和追加保证金的时间）与清算现金流的“法定”违约时间 $\tau+\delta$ 之间的时间段 δ。考虑到正的补救期 δ，清算现金流 R 仍然由式（3.2）给出，但对于式（3.2）中的 χ，现在由式（3.1）给出：

$$\beta_\tau+\delta\chi^\delta=\beta_\tau+\delta Q_{\tau+\delta}+\int_{[\tau,\tau+\delta]}\beta_t\mathrm{d}D_t-\beta_{\tau+\delta}\Gamma_\tau \tag{3.35}$$

对于 $\partial_{\tau+\delta-}$ 可测 CSA 值 $Q_{\tau+\delta}$。此外回收率 R_c 和 R_b 现在表示为 $\partial_{\tau c+\delta-}$ 和 $\partial_{\tau_b+\delta-}$（而不是以前的 $\partial_{\tau c-}$ 和 $\partial_{\tau b-}$ 可测度随机变量）。例如，如果交易对手在时间 $\tau=\tau_c<\tau_b$ 时停止付款，则在时间 $\tau+\delta$ 时，清算现金流的金额为 $\Gamma_\tau+(R_c\chi^{\delta,+}-\chi^{\delta,-})$。当然，在 $\delta=0$ 的情况下，这将简化到上述无补救期的情况。在正补救期 δ 的情况下，直接修改命题 3.2.8 的证明：

$$\beta_t\Theta_t=E_t\left[\beta_{\tau+\delta}L_{\tau<T}\xi^\delta\right] \tag{3.36}$$

得到：

$$\xi^\delta=P_{\tau+\delta}-Q_{\tau+\delta}+(1-R_c)L_{\tau=\tau_c}\chi^{\delta,+}-(1-R_b)L_{\tau=\tau_b}\chi^{\delta,-}$$

风险的边际期导致缺口风险，即在风险保证金期内由于合同价值的变化，导致头寸和抵押品的（清算 CSA）价值之间错配的风险。缺口风险促使以所谓的初始保证金的形式增加一些减少对手方风险的措施，初始保证金由双方各自保留，并由第三方隔离（见备注 3.3.2）。初始保证金的确定最近成为银行和监管机构之间密集讨论和辩论的话题（见巴塞尔银行监管委员会和国际证券委员会组织理事会，2012、2013）。为简单起见，在本书中，我们假设 $\delta=0$；有关这方面的更多信息，请参见 Crépey 和 Song（2014）。

3.3.4 再抵押风险与隔离

在讨论存在抵押的场外交易合同的现金流时，重点是指出一个重要的风险因素，即再抵押，有时可以通过分离来降低存在的风险。再抵押是指在与第三方进行另一项交易的情况下，交易对手（后者对银行的对称性问题）将其以前从银行收到的作为抵押品的资产（因此在违约发生之前仍然属于银行）作为抵押品过账的可能性。为了降低这种风险，抵押品有时会存放在一个单独的第三方账户。在违约的情况下，隔离抵押品比债务的其他组成部分具有更高的优先级，这可以在我们的公式中通过对程序 R 的适当修正来进行调整。

3.3.5 折减

根据巴塞尔银行监管委员会（2004）第 31 页，可以使用不同形式的抵押品，例如：

- 黄金。
- 由认可的外部信用评估机构评级的债券，其中：
  - 至少 BB－由主权国家或被国家监管机构视为主权国家的 PSE 发行时；
  - 或至少 BBB－由其他实体（包括银行和证券公司）发行时；
  - 或短期债务工具至少为 A－3/P－3。
- 未经认可的外部信用评估机构评级的债券，其中包括：
  - 由银行发行；
  - 在公认交易所上市；
  - 分类为优先债务；
  - 所有由开证行评定的具有相同资历的债券评级至少为 BBB－或 A－3/P－3；

– 持有这些证券作为抵押品的银行没有任何信息表明发行该证券有理由获得低于 BBB – 或 a – 3/P – 3（如适用）的评级。

- 监管者对证券的市场流动性有足够的信心。
- 主要指数中的股票（包括可转换债券）、集体投资可转让证券（UCITS）和共同基金的承诺。

然而，在实践中，主要是现金作为抵押品，有些情况下是主权债券。目前尚不清楚信用衍生品是否曾被用作抵押品，尽管欧洲央行表示，CDS 合同可用于此目的（见欧洲央行，2009）。

3.3.6 集中清算交易

目前的监管趋势是通过清算行（或 CCPs，即中央对手方）与交易商进行集中谈判，并要求提供日内变动保证金和每日初始保证金（见备注 3.3.2）。此外，原则上讲，从 2015 年 1 月开始，两个交易商之间发起的场外衍生品交易（与涉及终端客户的交易相反，这将造成过度的流动性压力）必须进行抵押，就目前 CSA 中的变动利润率而言，也包括初始利润率（见巴塞尔银行监管委员会和国际证券委员会组织理事会，2012、2013）。例外情况包括外汇衍生品，就其相对较低的交易对手风险而言，抵押品的运营成本是不合理的。此外，这将只考虑新发生的交易。尽管我们在本书中没有直接涉及集中清算交易，但我们进行的大多数交易对手风险和融资分析可以通过引入初始保证金来适应这种情况，正如 Pallavicini 和 Brigo（2013）所做的那样。CCPs 和抵押的普遍化也对市场造成了严重的流动性约束以及系统性和集中风险问题（Duffie，2010；Cont 和 Kokholm，2012；Cont、Mondescu 和 Yu，2011；Cont、Santos 和 Moussa，2013；Singh 和 Aitken，2009；Singh，2010；Levels 和 Capel，2012）。

4

融资约束下的双边交易对手风险

4.1 介绍

在当前的市场条件下，银行不再是无违约的，人们应该从双边交易对手风险的角度来看待。既然假设违约风险高的银行可以以一个共同且无风险的利率借贷现金是毫无意义的，那么随之而来的一个问题就是正确评估银行为其头寸融资的成本。这个问题已经成为行业的一个主要关注点，例如 Piterberg（2010）、Morini 和 Prampolini（2011）、Burgard 和 Kjaer（2011a、2011b、2012）、Hull 和 White（2013b、2013a、2013c、2013d）或 Castagna（2011）。

在上一章中，我们主要基于经典假设，即存在一个本地无风险资产，以单一利率 r_t 计提，可用于融资目的。本章的目的是将先前的工作扩展到多重融资成本的情况。为了实现这一目标，我们在本章仍采用无模型定价方法，对经典的“乘法（即贴现）、单曲线”风险中性定价方法进行“加法、多曲线”扩展。

概述

在 4.2 节中，我们将回顾多曲线设置中涉及的所有现金流。在 4.3 节中，我们对给定的合同定价和对冲方案产生的对冲误差进行了描述。考虑到融资现金流的潜在非线性，我们不能采用通常的贴现方法（以无风险利率甚至信用利差）。在4.4节中，现金流在经典的“单曲线、乘法、贴现”风险中性假设的“多曲线、加法、平坦”延伸框架下定价。我们还推导了这种“附加风险中性”价格的动态对冲解释。在4.5节中，我们针对交易对手风险和融资TVA进行了首次无模型尝试。在4.6节中，我们提供了一个说明性的例子，从本章的附加鞅定价角度讨论了Burgard和Kjaer（2011a、2011b）中考虑的完全Black－Scholes市场的情况。

4.2 市场模型

本节规定了合同的“多曲线”市场模型（此处理解为银行和交易对手间时间范围为T的场外衍生品交易的通用CSA组合）以及相应的对冲资产和融资资产。

我们将外部出资人（以下简称出资人）称为通用的第三方，可能由多个实体和/或机构组成，以确保为银行的头寸提供资金。“外部”（与合同相关）与投资组合的“内部”资金来源形成对比，后者通过对冲和抵押品的报酬提供给银行，将在4.2.1和4.2.2中讨论。在本书中，我们只考虑银行的交易对手风险与单一CSA有关的情况，因此我们只关注单一交易对手的分析，尤其是单一合同（即单一净额投资组合）。“与合同有关的外部”可解释为与银行有关的外部。在这种理解下，外部资金（通常）由银行的财务部门反映到合同中，但它来自银行之外。从某种意义上说，在把通过对冲的股息和融资收益和/或通过保证金金额获得的报酬向银行提供的内部资金来源用尽后，外部资金就来扮演“最后贷款人/借款人的角色”。简单起见，我们假设出资人是无违约的（考虑出资人的违约风险对于系统性风险的研究很重要）。

根据我们在本书中的通俗做法，我们将现金流分为两类，其中第一类下面的每个项目已经在上一章中出现并讨论过，其余是新引入的，以便进一步讨论与融资有关的问题：

在涉及银行的所有违约前现金流的意义上，股息分解为：

- 交易对手净（或承诺）合同红利；

- 在时间 τ 之前对冲工具的收益/损失；
- 在时间 τ 之前为该头寸提供资金/投资的成本/收益，其中包括抵押品的报酬；
- 清算现金流，即在违约时间 τ（如果 $<T$）发生的现金流，包括：
- CSA 结算现金流，即当一方违约时，交易对手向银行支付的约定追偿，其中包括抵押品的交付；
- 在银行违约的情况下，切断从出资人到银行的资金现金流。

备注 4.2.1 回顾一下，在本书中，我们从银行角度考虑了所有现金流，例如 $\Delta_t=1$ 表示向银行承诺的现金流为 +1。在 Crépey（2012a、2012b），Crépey、Gerboud、Grbac 和 Ngor（2013），以及 Crépey、Grbac、Ngor 和 Skovmand（2013）中，符号约定是相反的，它稍微简化了数学解释，但从财务角度看，它不够直观。

值得注意的是，除了合同约定的承诺股息和抵押品的报酬（在双方之间互换）外（并且是对称的），在多曲线设置中，所有其他现金流相对于双方通常是不对称的。双方之间的这种现金流不对称导致了估值不对称：双方看到的合同价值将不相同（符号差异除外）。即使不考虑不同的定价方法，也可以在估价中共同考虑（见备注 3.2.1）。这就是为什么我们需要关注一个特定集体，即本书中的银行。当然，类似的考虑也适用于银行的交易对手，但对冲头寸和融资条件不对称。

备注 4.2.2 合同的经济价值（在对冲成本的意义上，我们将在下文看到）对双方而言是不同的，这一事实构成了双方商定价格的实际问题。合同经济价值的不对称是事实，例如，现实世界中的市场不完全性。人们只需接受它，并在这种情况下找到贸易协议（知道它比忽略它更好）。有人可能会说，不对称只考虑资金方面，而忽略了（双边）交易对手的风险方面，因此或许一阶不对称不是一个如此重要的问题。然而，不对称程度和对合同估价的影响取决于合同所依据的 CSA①。此外，正如我们将在下一章看到的，交易对手风险和融资是紧密联系在一起的，我们无法真正将它们分开。因此，需要认真对待估值的不对称性。在这种情况下，我们参考了 Castagna（2011），Pallavicini、Perini 和 Brigo

---

① 见本书 3.3 节和 6.3 节。

（2011、2012）或 Hull 和 White（2013a、2013c、2013d）关于价格定律或价格与价值概念的不同观点的讨论。

4.2.1 对冲资产

设 P 表示一类对冲资产的 R^d－值半鞅价格过程，设有限变分过程 C 表示相应的 R^d－值累积承诺股利过程（对于每个对冲资产集中的单位买入和持有头寸）。值得注意的是，我们忽略了与银行进行对冲资产交易的第三方的交易对手风险。我们将以互换形式交易的对冲资产（无须预先付款）与在一级市场上预先交易的对冲资产区分开来。以互换形式交易的对冲资产尤其包括双方的（交易对手净风险）CDS 合同，通常用于对冲交易对手跳转至合同违约的风险头寸。

备注 4.2.3 固定 CDS 合约，特别是具有给定（固定）合约价差的合约，不能像股票交易那样在市场上进行动态交易。只有新发行的 CDS 合同才能在给定的时间内以相关的公平市场价差免费签订。实践中用于对冲的是滚动 CDS 的概念，在 Bielecki、Jeanblanc 和 Rutkowski（2008）中正式引入①，这基本上是市场 CDS 中的一种自筹资金交易策略。因此，就像期货合约一样，滚动 CDS 的价值在任何时间点都为零，但由于策略的交易收益，累积价值过程不是零。

值得注意的是，以互换形式交易的对冲资产的情况也包括通过回购市场交易的实物对冲资产的情况。因此，我们可以有把握地假设，每一种对冲资产都可以以互换形式进行交易，要么作为随时间滚动的本地互换工具，要么通过相应的回购市场进行实物资产交易。从数学上讲，以交换形式交易价格为 P_t^i 的对冲资产，实际上是指使用一种价格过程 $S_t^i=0$（见下文）形式为 q_t^i 的收益过程的合成资产，而不是原始的（实物或固定互换）资产。

$$dP_t^i-\left(r_tP_t^i+q_t^i\right)dt+dC_t^i \tag{4.1}$$

其中，如果是通过回购市场交易的资产，q_t^i 对应于回购基础；式（4.1）中所有其他术语的含义很明确，规定 $P_t^i\neq S_t^i=0$（即"回购掉期"的价值参考市场价格

① 另见 Brigo（2005）中浮动利率 CDS 的相关概念。

为 P_t^i 的第 i 项资产）；对于本地交换资产在一段时间内滚动的情况下[①]，式（4.1）中的不同条款应理解为[②]：

$$\mathrm{d}P_t^i = \mathrm{d}\overline{P}_t^{i,t_0}\big|_{t_0=t},\ P_t^i = \overline{P}_t^{i,t} = S_t^i = 0,\ q_t^i = 0,\ \mathrm{d}C_t^i = \mathrm{d}\overline{C}_t^{i,t_0}\big|_{t_0=t} \tag{4.2}$$

其中，$(\overline{P}_t^{i,t_0})_{t \geqslant t_0}$ 是在 $t_0 \leqslant t$ 时发出的相应固定（相对于滚动）掉期在 t 时的价格过程，$(\overline{C}_t^{i,t_0})_{t \geqslant t_0}$ 代表股息过程，这里引入符号 S_t^i 以供将来使用（参见 4.3.1）。

4.2.2 融资资产

本小节提供了融资资产的可能配置。自筹资金交易策略的相应概念将在 4.3.1 中推导，抽象融资条件下定价和对冲问题的一般公式将在 4.3.2 给出。在第一次违约发生前，所有融资成本均表示为相对无风险成本的利差，利率为 r_t，例如，在上述 P^i 的情况下，回购基础是式（4.1）中的 q^i[③]。我们假设银行可以以高于无风险利率 r_t［由资金（信贷和流动性）价差 λ（或 $\overline{\lambda}$）所决定］的额外成本向其外部资助者放贷，或向其借款。如果银行在时间 $\tau = \tau_b < T$ 时对其出资人负债，原则上银行将无法偿还全部外债，而只能偿还其中的一部分 $\overline{R}_b$，其中［0，1］值的 $\mathcal{F}_{\tau_b -}$ 可测量的随机变量表示银行对其外部出资人的回收率。如下文所示，如果 $\tau = \tau_b < T$，这将导致从外部出资人到银行的清算融资现金流与 $(1 - \overline{R}_b)$ 成比例。该现金流对应于“从自身违约中受益的银行”的融资方。在 $\overline{E}_b < 1$ 的情况下，银行在时间 τ_b 不仅对合同中对交易对手的承诺违约，而且对相关融资债务违约。$\overline{R}_b = 1$ 的情况可被视为部分违约，在时间 τ_b 时，银行仅对其交易对手的合同承诺违约，而不对其出资人的融资债务违约。这可用于模拟银行在短期贷款头寸中的（相当不寻常的）情况，所以它实际上不需要任何外部贷款机构（如果需要现金为头寸融资，银行只需使用自己的现金储备）。另外值得注意的是，在单边交易对手风险情况下（从银行角度看，即 τ_b 设置为∞），$\overline{R}_b$ 的

---

① 例如滚动 CD（见备注 4.2.3）。

② 更多详情请参见 Bielecki、Jeanblanc 和 Rutkowski（2008）以及 Bielecki、Crépey、Jeanblanc 和 Rutkowski（2011）。

③ 这里有一些术语的滥用：典型的“基础”是指两个利率之间的差额。为方便起见，根据我们的陈述，我们冒昧地称“q^i”为基础。

值无关紧要。

备注 4.2.4 在本章中，我们不再假设储蓄账户的存在。无风险利率 r_t 仅仅对应于货币的时间价值，我们只能将 β_t^{-1} 视为一个“虚拟”储蓄账户。取而代之的是经济中各种不同增长率的融资资产并存。这就带来了在这些利率之间进行交易可能产生的套利问题。这些可以简单反映不同水平的信用风险，因此相关的套利机会只是违约前的观点，而不考虑违约时的损失。即使没有信用风险，不同的融资利率也可能在一个经济体中持续共存，反映出交易约束，或者换言之，是流动性融资成本。这里的理由是，给定的融资利率可能只能用于确定的概念和特定目的的集团，因此“融资套利策略”要么不可能，要么不受各方欢迎。在交易对手风险的情况下出现的一个例子是抵押品，其中双方必须在任何时间点拥有合同规定的金额（以下表示为 $\Gamma_t^{\pm}$）。

关于抵押品（为简单起见，本书仅考虑现金抵押品），我们遵循最常见的 CSA 契约，根据该契约，获得抵押品的一方可以在其交易中使用抵押品，而不是由第三方隔离抵押品以避免相关再抵押风险的契约（见 3.3.4）。特定的 CSA 利率 $(r_t + b_t)$ 和 $(r_t + \bar{b}_t)$ 通常用于补偿任何一方拥有的抵押品。回顾一下，根据我们的符号约定，$\Gamma_t > 0$ 是指交易对手过账的抵押品，这将导致（在第一次违约之前）对银行（以及交易对手的对立面）有价值的保证金金额的报酬。

$$-(r_t + \bar{b}_t)\Gamma_t^+ \mathrm{d}t + (r_t + b_t)\Gamma_t^- \mathrm{d}t = -r_t\Gamma_t \mathrm{d}t + \left(b_t\Gamma_t^- - \bar{b}_t\Gamma_t^+\right)\mathrm{d}t$$

关于对冲组合的融资，我们假设给定工具中的对冲要么是完全交换的（例如，在回购市场上以有担保的方式交易），要么是由外部贷款人作为无担保交易提供全部资金；我们假设，对于每种对冲资产，这种选择是在整个合同期内作出并确定的。我们定义上标 s 为以交换形式交易的对冲工具的子集，$\bar{s}$ 指直接在一级市场上交易的（实物）对冲工具的子集（补充）（因此与外部出资人的合同一起提供资金）。

备注 4.2.5 在上述设置中，为简单起见，假设融资成本不因特定交易而不同，但在给定合同内的所有交易中始终相同，仅区分流动方向（融资或投资）。另一种财务模式（更多的是微观规模）将为具有不同特征的交易分配不同资金，详见 Pallavicini、Perini 和 Brigo（2011、2012）。

为了解释自筹资金交易策略的经典形式主义中的上述融资设置，我们在［0，

$\bar{\tau}$］上引入了以下融资资产：

两项抵押融资资产，B^0 和 $\bar{B}^0$，演变为

$$dB_t^0 = (r_t + b_t)B_t^0 dt,\ d\bar{B}_t^0 = (r_t + \bar{b}_t)\bar{B}_t^0 dt \tag{4.3}$$

它们专门为保证金账户的负部分和正部分提供资金（即当 $\Gamma > 0$ 时，银行按利率 $r + \bar{b}$ 对交易对手过账的抵押品进行偿付；反之，当 $\Gamma < 0$ 时，银行按利率 $r + b$对其过账给交易对手的抵押品进行偿付）；

两个外部融资资产，B^f 和 $\bar{B}^f$，演变为

$$dB_t^f = (r_t + \lambda_t)B_t^f dt,\ d\bar{B}_t^f = (r_t + \bar{\lambda}_t)\bar{B}_t^f dt - (1 - \bar{R}_b)\bar{B}_{t-}^f \delta_{\tau_b}(dt) \tag{4.4}$$

式中，$\delta_{\tau b}$表示时间 τ_b 的狄拉克度量（Dirac Measure）；这些是银行分别用于外部投资和融资目的的资产。

4.3 交易策略

在本节中，我们描述了由银行给定的定价、抵押、对冲和融资方案产生的对冲误差，特别是详细说明了融资现金流。

对冲被定义为［$0,\bar{\tau}$］上的左连续①和局部有界 R^d - 值行向量过程 ς，其中 $-\zeta$表示对冲投资组合中所持有的对冲资产单位数。选择对冲头寸的这种“空头头寸”符号（带“”）是为了与银行“买入”合同的想法（只是为了修正心态）保持一致（这同样只是简单反映了符号惯例，即 $\Delta t = 1$ 对银行来说意味着 +1）。

对于银行合同的价格和对冲，我们指的是［$0,\bar{\tau}$］上的任何配对过程（$\bar{\Pi},\varsigma$），其中 ς是对冲，Π 是实半鞅，使得 $\bar{\Pi}_{\bar{\tau}} = L_{\tau<T}R^c$，其中 CSA 清算现金流 R^c 将在后面指定。通过价格和对冲的对冲误差过程（$\bar{\Pi},\varsigma$），我们有 $\rho = \bar{\Pi} + \bar{W}$，其中过程 $\bar{W}$ 是抵押、对冲和融资组合的价值过程。与合同被银行“购买”的想法一致，银行的初始财富被建模为：

$$w = \bar{W}_0 = \bar{\Pi}_0$$

而且银行必须找到一种策略（价格和对冲），使 $\bar{W}$ 尽可能“跟踪”（$-\bar{\Pi}$），

---

① 这将在备注 4.3.2 中解释。

特别是 $\rho_{\bar{\tau}}$ “尽可能小”。复制几乎可以肯定地对应于 $\rho_{\bar{\tau}}=0$（从 4.4.3 可以看出）。

4.3.1 自筹资金情况

我们从一个注释开始：对于任何向量 $V\in R^d$，我们用 V^s 和 $V^{\bar{s}}$ 表示子向量，给出 V^s =（$V^i,i\in s$）和 $V^{\bar{s}}$ =（$V^i,i\in \bar{s}$）。此外，我们假设 $V^{\phi}=0$。考虑到 4.2.2 所述的被资助银行的状况，对于 $t\in[0,\bar{\tau}]$，有：

$$\overline{W}_t=-\Gamma_t-\varsigma_t P_t+\left(\overline{W}_t+\Gamma_t+\varsigma_t^{\bar{s}}P_t^{\bar{s}}\right) \tag{4.5}$$

其中，Γ_t 是银行收到的抵押品的价值，$\varsigma_t^{\bar{s}}P_t^{\bar{s}}=\varsigma_t P_t$ 来自对冲资产缩减的收益，代表银行投资于融资资产的金额。

备注 4.3.1 更准确地说，$(-\zeta^s)$ 和 $(-\zeta^{\bar{s}})$ 代表对冲头寸的互换和非互换成分。在 4.2.1 的符号中，我们有：

$$\zeta_t P_t=\zeta_t^s S_t^s+\zeta_t^{\bar{s}}P_t^{\bar{s}}$$

其中，$S_t^s=0$。特别是，以互换形式交易的对冲工具不会直接影响 $\overline{W}_t$ 的价值，但它们通过其收益过程（4.1）影响了 $\overline{W}_t$ 的动态性。

式（4.5）可以等价写作：

$$\overline{W}_t=\eta_t^0 B_t^0+\bar{\eta}_t^0\bar{B}_t^0-\zeta_t^s S_t^s-\zeta_t^{\bar{s}}P_t^{\bar{s}}+\eta_t^f B_t^f+\bar{\eta}_t^f\bar{B}_t^f \tag{4.6}$$

其中，

$$\eta_t^0=\frac{\Gamma_t^-}{B_t^0},\ \bar{\eta}_t^0=\frac{\Gamma_t^+}{\bar{B}_t^0},\ \eta_t^f=\frac{\left(\overline{W}_t+\Gamma_t+\zeta_t^{\bar{s}}P_t^{\bar{s}}\right)^+}{B_t^f},\ \bar{\eta}_t^f=\frac{\left(\overline{W}_t+\Gamma_t+\zeta_t^{\bar{s}}P_t^{\bar{s}}\right)^-}{\bar{B}_t^f}$$

然后，我们根据式（4.6）的观点说，银行的价格和对冲（Π,ζ）是自筹经费的，当且仅当 $\overline{W}_0=-\overline{\Pi}_0$ 且成立时，对于 $t\in[0,\bar{\tau}]$：

$$\mathrm{d}\overline{W}_t=\mathrm{d}C_t+\eta_t^0\mathrm{d}B_t^0+\bar{\eta}_t^0\mathrm{d}\bar{B}_t^0-\zeta_t^s\left(\mathrm{d}P_t^s-\left(r_tP_t^s+q_t^s\right)\mathrm{d}t+\mathrm{d}C_t^s\right)-\zeta_t^{\bar{s}}\left(\mathrm{d}P_t^{\bar{s}}+\mathrm{d}C_t^{\bar{s}}\right)+\eta_t^f\mathrm{d}B_t^f+\bar{\eta}_{t-}^f\mathrm{d}\bar{B}_t^f \tag{4.7}$$

其中，需要取 $\bar{\eta}_{t-}^f$ 中的左极限（下标 t 中的“负”）①，因为 $\bar{B}_t^f$ 在时间 τ_b 跳跃，

① 我们感谢 Marek Rutkowski 指出这一点，以及对本节的重要澄清。

过程 $\overline{\eta}^f$ 是不可预测的。

备注 4.3.2 在 $\overline{\eta}^f_{t-}$ 中取左极限的可能性是我们将自己限制为左连续对冲 ζ 的原因，而不是（更一般的）可预测对冲，通常在数学金融文献中使用。这种限制在实践中并没有坏处；例如，见 4.6 节、5.3 节、7.3.3 目或 8.3.2 目中对冲的例子。

图 4.1 提供了 $[0,\bar{\tau}]$ 上所有现金流的图形表示。对于每个实数 w 和 R^d - 值行向量 ς，我们定义：

$$
\begin{aligned}
&\overline{\chi}_t(w,\varsigma)=-\left(w+\Gamma_t+\varsigma^{\bar{s}}P_t^{\bar{s}}\right)\\
&\overline{g}_t(w,\varsigma)=b_t\Gamma_t^- - \bar{b}\Gamma_t^+ + \lambda_t\left(w+\Gamma_t+\varsigma^{\bar{s}}P_t^{\bar{s}}\right)^+ - \overline{\lambda}_t\left(w+\Gamma_t+\varsigma^{\bar{s}}P_t^{\bar{s}}\right)+\varsigma^s q_t^s
\end{aligned}
\tag{4.8}
$$

式中，$\overline{\chi}_t(\overline{W}_{t-1},\varsigma_{t-})$ 为银行在时间 t 对其外部出资人的（代数）债务，$\overline{g}_t(W_t,\varsigma_t)$ 为银行在首次违约前的超额融资收益。最后，为了避免在几个方程中出现不必要的狄拉克测度（Dirac Measure），对于 $t\in[0,\bar{\tau}]$，我们引入：

$$
W_t=\overline{W}_t-L_{t\geqslant\tau_b}\overline{R}^f,\quad \Pi_t^*=\overline{\Pi}_t+L_{t\geqslant\tau_b}\overline{R}^f \tag{4.9}
$$

式中，$\overline{R}^f=(1-\overline{R}_b)\overline{\chi}^+_{\tau_b-}(W_{\tau b-},\varsigma_{\tau b-})$ 为在 $\tau=\tau_b<T$ 时，外部出资人向银行的清算现金流。

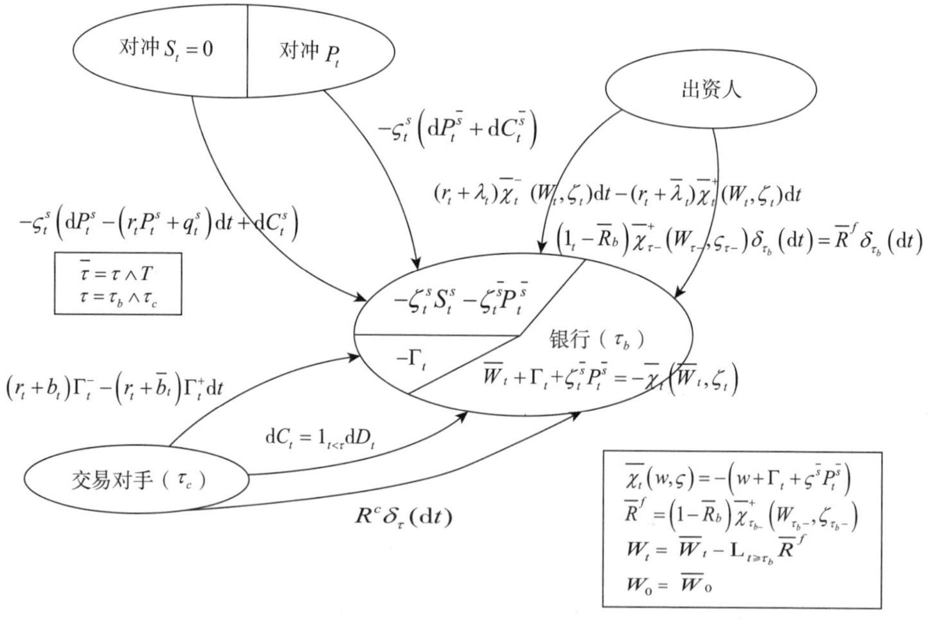

图 4.1　银行在 [0, τ] 的现金流

命题 4.3.3 根据 4.2.2 的资金规格，当且仅当 $W_0 = -\Pi_0^*$ 且其成立时，价格和对冲 $(\overline{\Pi},\varsigma)$ 是自筹资金的，对于 $t \in [0,\bar{\tau}]$：

$$dW_t = dC_t + \left(r_t W_t + \bar{g}_t(W_t,\zeta_t)\right)dt - \zeta_t(dP_t - r_t P_t dt + dC_t) \tag{4.10}$$

证明 将式（4.3）和式（4.4）代入式（4.7）中，并利用当前关于对冲资产的融资政策设置，我们得出当且仅当 $\overline{W}_0 = -\Pi_0$ 且其成立时，该策略是自筹资金的，对于 $t \in [0,\bar{\tau}]$：

$$\begin{aligned}
d\overline{W}_t &= dC_t + \left(r_t + b_t\right)\Gamma_t^- dt - \left(r_t + \bar{b}_t\right)\Gamma_t^+ dt - \zeta_t\left(dP_t + dC_t\right) + \zeta_t^s\left(r_t P_t^s + q_t^s\right)dt \\
&\quad + \left(r_t + \lambda_t\right)\left(\overline{W}_t + \Gamma_t + \zeta_t^{\bar{s}} P_t^{\bar{s}}\right)^+ dt - \left(r_t + \bar{\lambda}_t\right)\left(\overline{W}_t + \Gamma_t + \zeta_t^{\bar{s}} P_t^{\bar{s}}\right)^- dt \\
&\quad - \bar{\eta}_{\tau-}^f\left(1 - \overline{R}_b\right)\overline{B}_{\tau-}^f \delta_{\tau_b}\left(dt\right) \\
&= dC_t + r_t\left(\overline{W}_t + \zeta_t P_t\right) dt - \zeta_t\left(dP_t + dC_t\right) + b_t\Gamma_t^- dt - \bar{b}_t\Gamma_t^+ dt + \zeta_t^s q_t^s dt \\
&\quad + \lambda_t\left(\overline{W}_t + \Gamma_t + \zeta_t^{\bar{s}} P_t^{\bar{s}}\right)^+ dt - \bar{\lambda}_t\left(\overline{W}_t + \Gamma_t + \zeta_t^{\bar{s}} P_t^{\bar{s}}\right)^- dt \\
&\quad + \left(1 - \overline{R}_b\right)\left(\overline{W}_{\tau-} + \Gamma_{\tau-} + \zeta_{\tau-}^{\bar{s}} P_{\tau-}^{\bar{s}}\right)^- \delta_{\tau_b}\left(dt\right) \\
&= dC_t + r_t\overline{W}_t dt - \zeta_t\left(dP_t - r_t P_t dt + dC_t\right) + \bar{g}_t\left(\overline{W}_t,\zeta_t\right)dt + \overline{R}^f \delta_{\tau_b}\left(dt\right)
\end{aligned} \tag{4.11}$$

鉴于式（4.9），这证明了结果。

4.3.2 一般价格和对冲

如 4.2.2 所示，一旦合同及其对冲策略被指定，融资现金流的确切性质取决于根据相关融资资产定义的融资政策设置。为了清晰和概括性，我们今后将使用（自筹资金）价格和对冲的以下抽象定义，其中资金通过抽象超额收益资金系数 $\bar{g}(w,\varsigma)$、$t<\bar{\tau}$和资金结算现金流（$-\overline{R}_b)\bar{\chi}_-^+(w,\varsigma)$ 表示，没有明确提及具体的融资资产①。这里，$\partial_{\tau b-}$ 可测量的随机变量 $\overline{R}_b$ 如前所述，表示银行对外部出资人的回收率（假定无风险），情况 $\overline{R}_b=1$ 也按惯例涵盖单边交易对手风险的情况，其中 τ_b 设置为∞处处相等；“$\bar{\chi}$”代表银行对外部出资人的抽象债务函数。

① 也有内部资金来源，由数据 b、$\bar{b}$ 和 c 指定，通过抵押品的报酬和对冲的交换部分提供给银行。

以下一般价格和对冲的定义是以变量（W,Π^*,ζ,ρ）的正逆向随机微分方程［FBSDE；见 Ma 和 Yong（2007）］形式提出的，其中对冲误差 ρ 等于（4.12）的 Π^*+W。求解这个 FBSDE 将意味着解决相关的约束问题，即找到一个一般价格和对冲 $(\overline{\Pi},\zeta)$，使得相关过程 ρ 在套利（"ρ 在某些等价概率测度下是鞅"）和复制（"ρ 在某些适当范数下很小"）方面具有"好"的性质。但考虑到耦合（"向前－向后"）的初始条件 $W_0=-\Pi_0^*$，这是一个相当不标准的 FBSDE；有关技术问题，请参见 Horst、Hu、Imkeller、Reveillac 和 Zhang（2011）。事实上，我们将不试图求解这个 FBSDE，但在下一节中将介绍一个更易于处理的逆向随机微分方程（BSDE）。

定义 4.3.4　（一般价格和对冲）设实半鞅 W 和 Π^*，ρ 和对冲 ζ 满足初始条件 $W_0=-\overline{\Pi}_0^*$，$\rho_0=0$，对于 $t\in[0,\bar{\tau}]$

$$\begin{aligned}\mathrm{d}W_t&=\mathrm{d}C_t+\left[r_tW_t+\overline{g}_t\left(W_t,\zeta_t\right)\right]\mathrm{d}t-\zeta_t\left(\mathrm{d}P_t-r_tP_t\mathrm{d}t+\mathrm{d}C_t\right)\\ \mathrm{d}\Pi_t^*&=-\mathrm{d}C_t-\left[r_tW_t+\overline{g}_t\left(W_t,\zeta_t\right)\right]\mathrm{d}t+\zeta_t\left(\mathrm{d}P_t-r_tP_t\mathrm{d}t+\mathrm{d}C_t\right)+\mathrm{d}\rho_t\end{aligned}\tag{4.12}$$

伴随着终端条件 $\Pi_{\bar{t}}^*=L_{\tau<T}\overline{R}$，其中

$$\overline{R}=R^c+L_{\tau=\tau_b}\overline{R}^f\tag{4.13}$$

其中，$\overline{R}^f=(1-\overline{R}_b)\overline{\chi}_{\tau-}^{+}(W_{\tau-},\zeta_{\tau-})$

然后，我们将一般价格和对冲误差 ρ 称为配对过程 $(\overline{\Pi},\zeta)$，其中，对于 $t\in[0,\bar{\tau}]$，$\overline{\Pi}_t=\Pi_t^*-L_{t\geq t_b}\overline{R}^f$。

如果 $\rho_{\bar{\tau}}=0$，则 $(\overline{\Pi},\zeta)$ 是一个复制策略。

值得注意的是，$\overline{R}$ 表示银行在时间 τ 收到的总清算现金流，如果 $\tau<T$，来自对手方的 CSA 清算现金流 R^c，加上来自外部出资方清算资金现金流 $L_{\tau=\tau_b}\overline{R}^f$。另外值得注意的是，根据4.2.2，第4.3.4 节的定义与第 4.3.1 节的发展一致。在抽象定义 4.3.4 中，我们关注的是过程 Π^* 和 W，而不是在 4.2.2 节和 4.3.1 节的具体设置中出现过程 $\overline{\Pi}$ 和 $\overline{W}$，因为 Π^*（以及最终在下面的定义 4.4.5 中引入 Π）和 W 导致了更好的表达式（关于狄拉克度量的处理）。通过滥用术语，我们称 W 为对冲组合的价值（准确地说是过程 $\overline{W}$，它与应准确称为抵押、对冲和融资组合的价值相对应）。在 $\overline{R}_b=1$ 和 $\overline{g}=c=0$ 情况下（上一章的经典单曲线融资设置），人们使用了通常的自筹资金对冲策略的概念和相关的财富过程 W。因此，资金清算现金流 $\overline{R}^f$ 和资金基数 $\overline{g}$ 和 c 可解释为对经典单曲线设置的修正。

4.4　鞅定价法

在本节中，我们讨论银行从交易对手处购买的合同的定价，该合同是在银行融资条件下，根据外部回收率 $\overline{R}_b$ 和资金基础确定的。考虑到融资的非线性（除非 $\overline{R}_b=1$，融资系数 $\overline{g}$ 是线性的），融资成本的特殊分析必须在贴现后进行（与上一章相比）①。现金流将在基于经典的“乘法、贴现”风险中性假设的“加性、平坦”扩展框架下定价。我们还推导了这种附加风险中性价格的动态对冲解释，包括在完全市场情况下与复制定价的一致性。

4.4.1　一级市场

我们首先考虑一个市场，其中所有对冲资产的收益形成一个过程，表示为 M，满足 $M_0=0$，对于 $t\in[0,\bar{\tau}]$，有：

$$dM_t = dP_t - (r_t P_t + q_t)dt + dC_t \tag{4.14}$$

鉴于式（4.1），如果所有对冲工具都以互换形式交易，该市场则被视为一级市场。显然，这样的市场不应该允许套利机会（见假设 4.4.1 后的讨论）。因此，我们的长期概率测度 Q 可被解释为对冲工具一级市场中的风险中性定价度量，即

假设 4.4.1　主增益过程 M 是 R^d - 值 Q - 鞅。

值得注意的是，即使某些对冲工具不是以互换形式交易，上述假设也证明了其相应收益在度量 Q 下的概率性质。套利是一种自我融资策略，在历史或任何同等条件下，几乎可以肯定正概率的非负收益。由于我们的长期概率测度 Q 相当于历史概率测度 P，假设 4.4.1 禁止在交易的对冲资产市场中以互换形式存在套利机会。

备注 4.4.2　主要收益过程的表达式（4.14）（以及与以下合同估价相关的类似表达式）不涉及折扣因素。从这个意义上说，这种方法是“乘法”风险中性假设的“加法”版本，在单曲线文献中，以无风险利率 r_t 贴现的表述更常用。

---

① 除非根据合同的价值，我们寻求一个隐含的折扣系数。

例如，在股票 S 上的 Black - Scholes 模型（为了符号简单起见，具有常数无风险利率 r、S 上的零回购和零红利），我们的"加法"鞅 M 和通常的单曲线"乘法"鞅分别被写为：

$$M_t = \int_0^t \mathrm{d}S_S - \int_0^t rS_S \mathrm{d}s\ ,\ N_t = e^{-r_t} S_t$$

因此，$\mathrm{d}N_t = e^{-rt}\mathrm{d}M_t$。更一般地说，在任何经典的"单曲线"设置中，加法和乘法方法是等效的，乘法方法更方便，因为它允许人们摆脱融资问题，融资问题在无风险利率的贴现中"被吸收"。但是，在双边交易对手风险和多曲线设置中，必须明确考虑融资问题，即"附加"。值得注意的是，除非 $\overline{R}_b = 1$，否则融资条款通过 $(1 - \overline{R}_b)\overline{\chi}^+$ 中的正部分，在双边交易对手风险设置中是非线性的。

在假设 4.4.1 下，用鞅形式可以很方便地重写式（4.10）：

$$\mathrm{d}W_t = \left[r_t W_t - g_t\left(-W_t, \zeta_t\right)\right]\mathrm{d}t + \mathrm{d}C_t - \zeta_t \mathrm{d}M_t \tag{4.15}$$

其中，对于任何 $\pi \in R$ 和 $\varsigma \in R^d$，分别代表合同价格①和财务解释中的对冲：

$$g_t\left(\pi, \varsigma\right) = -\overline{g}_t\left(-\pi, \varsigma\right) + \varsigma q_t \tag{4.16}$$

同样，我们假设 $\chi_t(\pi,\varsigma) = \overline{\chi}_t(-\pi,\varsigma)$，因此银行的资金清算现金流以 $(1 - \overline{R}_b)\chi_t^+(\pi,\varsigma)$ 的形式给出（见 4.3.2）。

例 4.4.3 鉴于式（4.8），根据 4.2.2，我们得出：

$$\begin{aligned}
&\chi_t(\pi,\varsigma) = \pi - \Gamma_t - \varsigma^{\bar{s}} P_t^{\bar{s}} \\
&g_t(\pi,\varsigma) = \overline{b}_t \Gamma_t^+ - b_t \Gamma_t^- + \overline{\lambda}_t \left(\pi - \Gamma_t + \varsigma^{\bar{s}} P_{t-}^{\bar{s}}\right)^+ \\
&\qquad - \lambda_t\left(\pi - \Gamma_t + \varsigma^{\bar{s}} \mathcal{P}_{t-}^{\bar{s}}\right)^- + \varsigma^{\bar{s}} q_t^{\bar{s}},
\end{aligned} \tag{4.17}$$

这取决于 ς 到 $\varsigma^{\bar{s}}$，外部资金对冲资产头寸的向量。只有在完全交换的情况下，即当 $\bar{s} = \phi$ 时，$\chi_t(\pi,\varsigma)$ 和 $g_t(\pi,\varsigma)$ 才不依赖 ς［见（4.18）和 4.3.1 的开头］。

备注 4.4.4 在示例 4.4.3 中，乍一看，人们可能想知道为什么 g 中的系数 q^i 正是那些未以互换形式交易的对冲工具的系数。但值得注意的是，所有系数 q^i 通过假设 4.4.1 隐藏在定价度量 Q 中，以增益过程（后者涉及所有 q^i）表示。因此，通过应用 Girsanov 定理，对于未以互换形式交易的资产，系数 q^i 预计为 g，相应 q^i 通过测度 Q 和 g 产生的影响相互抵消（合同价格最终不取决于这些 q^i）。相反，以交换形式交易的对冲资产的系数 q^i 确实影响价格，但它存在于 Q

① 或者更准确地说，与抵押、对冲和融资组合的价值相反［参见（4.15）］。

中而不存在于 g 中。关于备注 4.4.2 中小型 Black - Scholes 模型的具体计算，见示例 4.4.8。

从 BSDE 的观点来看，一个特别简单的情况是 χ_t 和 g_t 独立于 ς，即

$$\chi_t(\pi,\ \varsigma) = \chi_t(\pi,0) = \chi_t(\pi), g_t(\pi,\varsigma) \ = g_t(\pi,0) =: g_t(\pi) \tag{4.18}$$

我们参考 4.2.2 融资设置下的财务解释，将此称为完全互换的对冲案例。否则，我们将谈论外部资金的对冲。

4.4.2 Q - 价格和对冲 BSDE

定义 4.3.4 中引入的一般价格和对冲的类别对于实际目的来说太宽泛了。这导致我们引入以下更严格的定义。给定一个对冲 ζ 和一个半鞅 Π，我们写出 $R = R^c + L_{\tau=\tau_b} R^f$，其中：

$$R^f = \left(1-\overline{R}_b\right)\chi^+_{\tau-}\left(\Pi_{\tau-},\varsigma_{\tau-}\right) \tag{4.19}$$

让我们强调一下，R^f 和 R 隐含地依赖这个符号中的 $(\Pi_{\tau-},\varsigma_{\tau-})$。

定义 4.4.5 （Q - 价格和对冲）让由半鞅 Π 和对冲 ζ 组成的一对 (Π,ς)，在 $[0,\bar{\tau}]$ 上满足以下 BSDE：

$$\begin{aligned} &\Pi_{\bar{\tau}} = L_{\tau<T}R, t\in[0,\bar{\tau}] \\ &\mathrm{d}\Pi_t + \mathrm{d}C_t - \left[r_t\Pi_t + g_t\left(\Pi_t,\varsigma_t\right)\right]\mathrm{d}t = \mathrm{d}v_t \end{aligned} \tag{4.20}$$

对于某些鞅 v 在 0 时为空。对于 $t \in [0,\bar{\tau}]$，设：

$$\overline{\Pi}_t = \Pi_t - \mathrm{L}_{t\geq\tau b} R^f$$

这个过程 $(\overline{\Pi},\varsigma)$ 被称为 Q - 价格对冲。相关的代价过程是鞅 ε，定义 $\varepsilon_0 = 0$，$t \in [0,\bar{\tau}]$：

$$\mathrm{d}\varepsilon_t = \mathrm{d}v_t - \zeta_t \mathrm{d}M_t \tag{4.21}$$

$$\beta_t\Pi_t = E_t\left(\int_t^{\bar{\tau}}\beta_s\mathrm{d}C_s - \int_t^{\bar{\tau}}\beta_s g_s\left(\Pi_s,\zeta_s\right)\mathrm{d}s + \beta_{\bar{\tau}}L_{\tau<T}R\right) \tag{4.22}$$

读者请参阅 13.5 和 Crépey（2013）关于金融领域的 BSDEs［另见 El Karoui、Peng 和 Quenez（1997）的开创性参考，特别是关于不同借贷利率的示例 1.1］。Q - 价格和对冲 BSDE（4.20）是非标准的，总体上受到随机终端时间 $\bar{\tau}$、终端条件 R 在 $(\Pi_{t-},\zeta_{\tau-})$ 中的依赖性、合同有效红利项 $\mathrm{d}C_t$ 以及它不是由一

组显式基本鞅（如布朗运动和/或补偿泊松测度）驱动的事实等因素的影响。在这最后一个方面，表达式（4.21）相反地表明，这个 BSDE 将关于“主鞅”M，直到（典型的正交）鞅 ε 来求解。

备注 4.4.6（BSDEs 模型） 对融资约束下的交易对手风险的分析导致我们采用 Q 价格和对冲 BSDE（4.20），作为 4.3.2 中一般价格和对冲 FBSDE 的简化。在这里，BSDE 建模不应该被视为一种选择，而是我们分析的一种输出。这主要是由于，在双边交易对手风险下融资问题具有内在非线性特征，（除非 $\overline{R}_b=1$；见备注 4.4.2）。正如在数学金融文献中反复观察到的，BSDEs 和 FBSDEs 是在非线性定价问题的背景下自然出现的。在这方面，读者可以参考有关大型交易对手、内部人和定价影响的文献；如 Cvitanic 和 Ma（1996）。关于交易对手风险，BSDE 的另一个优点是，由于它是一种“非线性定价工具”，因此非常适合处理递归（即隐式）特征，这将在下一章介绍。

同样，Q 价格和对冲 BSDE（4.20）是相当不标准的。然而，我们将在后续章节看到，它可以简化为更经典的违约前 TVA BSDE。所有这些也从 BSDEs 本身的角度提出了有趣的问题。首先，在简化为更易于处理的 BSDE（4.20）之前，我们得到的一般价格和对冲 FBSDE 的解决方案似乎是一个开放问题。其次，通过 TVA 计算定价问题的大尺度和高维特性，为数值拟合 BSDEs 的研究提供了一个重要激动和应用领域。最后，它通过路径依赖性抵押，指向了时滞 BSDEs 理论（见备注 5.2.7）。

关于数值计算，值得注意的是，BSDE 建模方法与美国蒙特卡洛技术一致，后者在 Cesari、Aquilina、Charpillon、Filipovic、Lee 和 Manda（2010）中提倡实际 TVA 计算。Brigo 和 Pallavicini（2008）中用于计算模拟网格所有点的净价格 P 的回归方案也具有数值化 BSDEs 的味道。

如引理 4.4.7 所示，Q－价格和对冲（$\overline{\Pi},\zeta$）是定义 4.3.4 意义上的一般价格和对冲。在 4.4.3，我们将从套利、对冲和计算可处理性的角度对 Q 价格和对冲进行评论。为此，我们现在导出 Q－价格对冲的财富 W 和对冲误差 ρ 的方程。

引理 4.4.7 给定一个 Q－价格和对冲（$\overline{\Pi},\zeta$）和相关过程 Π，让一个过程 W 根据（4.12）中的第一行定义，从初始条件 $W_0=-\Pi_0$ 开始。对于 $t\in[0,\bar{\tau}]$，我们表示：

$$\Pi_t^*=\overline{\Pi}_t+L_{\tau=\tau_b}\overline{R}^f$$

其中，$\overline{R}^f=(1-\overline{R}_b)\overline{\chi}^+_{\tau-}(\Pi_{\tau-},\varsigma_{\tau-})$。那么 $\overline{R}^f=(1-\overline{R}_b)\overline{\chi}^+_{\tau-}(\Pi_{\tau-},\varsigma_{\tau-})$ 是一个一般价格和对冲，关于对冲组合的财富 W，对于 $W_t\in[0,\bar{\tau}]$，有：

$$\left[\beta_t\Pi_t-\int_0^t\beta_s g_s(\Pi_s,\zeta_s)\mathrm{d}s\right]+\left[\beta_t W_t-\int_0^t\beta_s\overline{g}_s(W_s,\zeta_s)\mathrm{d}s\right]=\int_0^t\beta_s\mathrm{d}\varepsilon_s \quad (4.23)$$

当对冲误差 $\rho=\Pi^*+W$ 时，对于 $t\in[0,\tau\Pi]$，有：

$$\begin{aligned}\mathrm{d}\vartheta_t&=\mathrm{d}\varepsilon_t+\left[r_t\rho_t+g_t(\Pi_t,\zeta_t)+\overline{g}_t(\mathrm{W}_t,\zeta_t)\right]\mathrm{d}t+L_{\tau=\tau_b}\left(1-\overline{R}_b\right)\left(\overline{R}^f-R^f\right)\delta_\tau(\mathrm{d}t)\\&=\mathrm{d}\varepsilon_t+\left[r_t\rho_t+g_t(\Pi_t,\zeta_t)+\overline{g}_t(\mathrm{W}_t,\zeta_t)\right]\mathrm{d}t+L_{\tau=\tau_b}\left(1-\overline{R}_b\right)\left[\overline{\chi}^+_{\tau-}(W_{\tau-},\zeta_{\tau-})-\chi^+_{\tau-}(\Pi_{\tau-},\zeta_{\tau-})\right]\delta_\tau(\mathrm{d}t)\end{aligned} \quad (4.24)$$

（其中，定义 $\rho_0=\varepsilon_0=0$）

证明 恒等式（4.23）紧跟在式（4.15）、式（4.20）、式（4.21）和$W_0=-\Pi_0$ 之后。根据对冲误差 $\rho=\Pi^*+W$ 重写，方程（4.15）中的对冲组合的值 W 为 $(\overline{\Pi},\zeta)$，对于 $t\in[0,\bar{\tau}]$，得到：

$$\mathrm{d}\Pi_t^*=-\left[r_t+\overline{g}_t(W_t,\zeta_t)\right]\mathrm{d}t-\mathrm{d}C_t+\zeta_t\mathrm{d}M_t+\mathrm{d}\rho_t \quad (4.25)$$

此外，Q－价格和对冲 BSDE（4.20）中的方程部分（第二行）可以用式（4.21）的成本 $\mathrm{d}\varepsilon_t=\mathrm{d}v_t-\zeta_t\mathrm{d}M_t$ 表示为：

$$\mathrm{d}\Pi_t=\left(r_t\Pi_t+g_t(\Pi_t,\ \zeta_t)\right)\mathrm{d}t-\mathrm{d}C_t+\zeta_t\mathrm{d}M_t+\mathrm{d}\varepsilon_t \quad (4.26)$$

由于 $\Pi_t-\Pi_t^*=L_{t\geqslant\tau_b}(R^f-\overline{R}^f)$，从（4.25）中减去（4.26）得到（4.24）。

4.4.3 对冲、复制和计算问题

首先，假设有可能找到一个成本过程 $\varepsilon=0$ 的 Q－价格和对冲过程 $(\overline{\Pi},\zeta)$，其次，对于这个过程 $(\overline{\Pi},\zeta)$ 和相关过程 Π，Y 中的下列正向 SDE 唯一性成立：$Y_0=\Pi_0$，对于 $t\in[0,\bar{\tau}]$，有：

$$\mathrm{d}(\beta_tY_t)-\beta_tg_t(Y_t,\zeta_t)\mathrm{d}t=\mathrm{d}(\beta_t\Pi_t)-\beta_tg_t(\Pi_t,\zeta_t)\mathrm{d}t$$

通过 BSDE 机制［例如，见 El Karoui、Peng 和 Quenez（1997）］，第一个假设通常通过应用鞅性质（只要可用）来满足，而第二个假设是一个技术要求，如果它们解相同的正向 SDE，则保证 Π 和 W 重合。在这些假设下，我们得到式（4.23），$\varepsilon=0$，那么 $W=-\Pi$，由此得出 $R^f=\overline{R}^f$。因此，通过式（4.24），$\rho=\varepsilon=0$。在这种情况下，Q－价格和对冲过程 $(\overline{\Pi},\zeta)$ 是一种复制策略。以下纯流

动性案例（无交易对手风险）是对备注4.4.2和4.4.8的补充。

例4.4.8 在备注4.4.2的Black－Scholes模型中，对某些常数ρ引入比例回购基ρS，Q－鞅ρS变为：

$$dS_t-(r+\rho)S_t dt \tag{4.27}$$

假设一个期权的收益$\phi(S_t)$由S_t对冲，并以无风险利率r_t提供资金，期权的Q－价格和对冲BSDE在(Π,ζ)中写为（在$[0,T]$上，因为这是一个纯流动性融资情况，没有交易对手风险）$\Pi_T=0$，对于$t\in[0,T]$，有：

$$d\Pi_t+\delta_T(dt)\phi(S_T)-\left(r_t\Pi_t+\rho\,\zeta_t S_t\right)dt=\zeta_t dM_t+d\,\varepsilon_t \tag{4.28}$$

分别地，

$$d\Pi_t+\delta_T(dt)\phi(S_T)-r_t\Pi_t dt=\zeta_t dM_t+d\,\varepsilon_t \tag{4.29}$$

其取决于S_t中的对冲是主要融资还是通过回购市场（对于某些成本鞅ε从0开始）。从标准Itô微积分中，可以得到解：$(\Pi_t,\zeta_t,\varepsilon_t)=(u(t,S_t),\partial su(t,S),0)$，其中定价函数$u$满足以下Black－Scholes方程，其中$u(T,S)=\phi(S)$，对于$t<T$，有：

$$\partial_t u+rS\partial su+\frac{\sigma^2S^2}{2}\partial^2s^2u-ru=0 \tag{4.30}$$

分别地：

$$\partial_t u+\left(r+\rho\right)S\partial su+\frac{\sigma^2S^2}{2}\partial^2s^2u-ru=0 \tag{4.31}$$

尽管ρ出现在式（4.28）中而不是式（4.29）中，但式（4.29）的解取决于ρ，因为它是根据u解式（4.31）给出的，而式（4.28）的解不取决于ρ，因为它是根据u解式（4.30）给出的。对这个“悖论”的解释是，S_t本身［或等价地，假设式（4.27）超鞅条件的测度Q］在这两种情况下都依赖于ρ。

4.6节是在Burgard和Kjaer（2011b）的基础上扩展的复制的一个实际例子，也涉及一些交易对手风险。由于复制最终依赖鞅表示属性，因此它通常不仅适用于特定合同，而且适用于任何金融衍生品。此后，我们将把这个案例称为“完全市场”案例。在一个更一般的“不完全”市场中，Q－价格和对冲$(\overline{\Pi},\zeta)$的成本ε及其对冲误差ρ只能降低到与一级市场的“不完全程度”成比例的水平。银行只能对其头寸进行部分对冲，最终得到非零对冲误差$\rho_{\bar{\tau}}$。

备注4.4.9（套利） 在一个完整的市场中（特别是，可以复制到跳跃至违约），或者如果$\overline{R}_b=1$（特别是在单边交易对手风险下），狄拉克驱动项

(Dirac - Driven Term) 在式 (4.24) 中消失。然后，在适当的技术条件下，将测度 Q 转化为等价的测度 $\widetilde{Q}$，使得对冲误差 ρ 是 $\widetilde{Q}$ - 鞅。因此，$\rho_{\bar{\tau}}$不能肯定是非负的或正的。在这种情况下，Q - 价格对冲 $(\overline{\Pi},\zeta)$ 不能是套利。相反，在一个不完全市场中，如果 $\overline{R}_b<1$，Q - 价格对冲 $(\overline{\Pi},\zeta)$ 原则上是可套利的。

一个不可竞争的策略将是一个一般价格和对冲 $(\overline{\Pi},\zeta)$，使得定义 4.3.4 中的四元向量 (W,Π^*,ζ,ρ) 解出相关的 FBSDE，在特定意义上，对冲误差 ρ 将是某个等价概率测度下的鞅。然而，在 $\overline{R}_b<1$ 的不完全市场中，这一问题似乎难以解决［相关技术问题见 Horst、Hu、Imkeller、Reveillac 和 Zhang (2011)］。Q - 价格和对冲 BSDE 可以看作这一理论 FBSDE 的简化版本。这种简化的代价是它为套利打开了大门（除非市场是完全的或 $\overline{R}_b=1$，在这种情况下，Q - 价格和对冲 BSDE 和上述 FBSDE 基本上是等价的）。不过，我们认为，这种套利是相当理论的（“免费午餐”似乎很难获得）。

鉴于上述套利、对冲和计算方面的考虑，我们在后半部分仅限于 Q - 价格和对冲。为简洁起见，当相关配对过程 $(\overline{\Pi},\zeta)$ 是 Q - 价格和对冲时，我们写作“价格和对冲 (Π,ζ)”；通过一个与对冲 ζ 相关的价格，我们指的是任何过程 Π，使 (Π,ζ) 是一个价格和对冲［求解 BSDE (4.20)］；我们称 (4.20) 价格为 BSDE。术语的这种转变是相当无关紧要的，因为没有人关心时间$\bar{\tau}$的合同价格（我们将 $\overline{\Pi}_{\bar{\tau}}=L_{\tau<T}R^c$ 设置为与我们对对冲误差 Q 的定义一致的 $\overline{\Pi}+\overline{W}$）。实际上，重要的是 $t<\bar{\tau}$的价格，其中 $\Pi_t=\overline{\Pi}_t=\Pi_t^*$。

备注 4.4.10（对称性） 与银行的融资收益系数 $g^b=g$ 和外部融资回收率 $\overline{R}_b$ 类似，我们可以为交易对手引入融资成本系数 g^c 和外部融资回收率 $\overline{R}_c$。只有在 $\overline{R}_b=\overline{R}_c=1$ 和 $g^b=g^c=g\ (\pi)$ 的情况下，从双方角度看，所有的现金流才是对称的，银行的买方价格将与交易对手的卖方价格一致。对称融资成本的一个例子是 Fujii 和 Takahashi (2011b) 的设置，其中未表示融资清算现金流（隐含地，$\overline{R}_b=\overline{R}_c=1$）。在他们的模型中，唯一的超额融资成本是抵押品基础，在我们的符号中是 b 和 $\bar{b}$。由于抵押品报酬现金流在合同双方之间（它们不涉及外部实体），故而抵押品基础并不会破坏我们所说的对称性[①]。

① Fujii 和 Takahashi (2011b) 考虑了一种不同的对称性概念，这种对称性在他们的设置中可能会被打破。

值得强调的是，只要 $\bar{R}_b$ 或 $\bar{R}_c$ 小于 1，或 g 系数取决于 ς，或它们虽不取决于 ς，但 $g^b \neq g^c$，融资就会导致双方不对称，导致银行的买方价格不同于交易对手的卖方价格（在后续章节中，反过来又不同于 TVA）。实际“违反存款规定”（violation of money conservation）问题见备注 4.2.2。另一个值得注意的事项是，对应于 Piterberg（2010）中的线性设置，其中 $\bar{R}b-1$ 和 $g=g(\pi)$ 是线性的，银行有一个共同的买方和卖方价格。根据 4.2.2 的资金设置，线性情况对应于 $\bar{R}_b=1$、$b=\bar{b}$ 和 $\lambda=\bar{\lambda}$。最后，单曲线设置对应于 $\bar{R}_b=1$ 和 $g=0$ 的情况。经济体中唯一的融资利率①是无风险利率 r（也有回购基数 q，但这些不会影响设置的线性度）。

4.5 TVA

本节将备注 3.2.8（将 TVA 表示为 CCDS 价格）扩展到非线性融资设置。由此产生的 TVA 不仅要考虑交易对手的风险，还要考虑超额融资成本。CCDS 是一种股息支付选择权，股息与这些成本相对应。

4.5.1 净价格

为了定义 TVA 过程 Θ，首先需要引入合同的清洁价格过程 P。这是一个虚构的价值过程，它将给出合同价格（对冲成本），而不存在交易对手风险或超额融资成本。与定义 3.2.2（1）一致，对于 $t \in [0, T]$，净价格过程 P 的正式定义如下：

$$\beta_t P_t = E_t \int_t^T \beta_s \mathrm{d}D_s \tag{4.32}$$

所以根据塔楼定律，对于 $t \in [0, \tau]$，有：

$$\beta_t P_t = E_t \left[\int_t^{\bar{\tau}} \beta_s \mathrm{d}D_s + \beta_{\bar{\tau}} P_{\bar{\tau}} \right] \tag{4.33}$$

以及贴现的累计净价格是一个鞅：

$$\beta_t P_t + \int_{[0,t]} \beta_s \mathrm{d}D_s \tag{4.34}$$

① 假设存在一个增长率为 r_t 的无风险资产。

4.5.2 CSA 清算现金流

在续篇中，CSA 清算现金流中的 R^c 定义方式与第 3 章中给出的 R 相同，

$$R^c = \Gamma_\tau + L_{\tau=\tau_c}\left(R_c\chi^+ - \chi^-\right) - L_{\tau=\tau_b}\left(R_b\chi^- - \chi^+\right) - L_{\tau_b=\tau_c}\chi \tag{4.35}$$

[请参阅（3.2），我们将向读者提供详细的符号和注释]。

4.5.3 TVA 表达式

在 $R = R^c + L_{\tau=\tau_b}R^f$ 中规定了 R^c，我们现在准备介绍银行的 TVA 过程 Θ。从定义 4.4.5 中回顾，除非 $\overline{R}_b = 1$，否则价格 BSDE（4.20）的解 (Π, ζ) 的终端条件 $R = R^c + L_{\tau=\tau_b}R^f$ 隐含地取决于 (Π_t, ζ_t)，其中 $R^f = (1 - \overline{R}_b)\chi^{*,+}_{\tau b-}$，$\chi^*_t$ 是 $\chi_t(\pi_t, \zeta_t)$ 的简写形式，隐含地取决于 $(\Pi_{\tau-}, \zeta_{\tau-})$。与式（3.13）相比，值得注意的是：

$$\begin{aligned}
\varepsilon &= P_\tau + \Delta_\tau - R \\
&= P_\tau - Q_\tau + \chi - L_{\tau=\tau_c}\left(R_c\chi^+ - \chi^-\right) + L_{\tau=\tau_b}\left(R_b\chi^- - \chi^+\right) + L_{\tau_b=\tau_c}\chi - L_{\tau=\tau_b}\left(1-\overline{R}_b\right)\chi^{*,+}_{\tau_b-} \\
&= P_\tau - Q_\tau + L_{\tau=\tau_c}\left(1-R_c\right)\chi^+ - L_{\tau=\tau_b}\left(\left(1-R_b\right)\chi^- + \left(1-\overline{R}_b\right)\chi^{*,+}_{\tau_b-}\right)
\end{aligned} \tag{4.36}$$

定义 4.5.1 给定价格 BSDE（4.20）的解 (Π, ζ)，相应的（累积）TVA 过程 Θ 定义如下：

$$\Theta_t = P_t - \Pi_t + L_{t\geqslant\tau}L_{\tau<T}\Delta_\tau, t \in [0, \overline{\tau}] \tag{4.37}$$

特别是，$\Theta_{\overline{\tau}} = L_{\tau<T}\zeta$。

如前一章（见备注 3.2.6）所述，TVA 过程是累积的，即在时间 τ，它还包括合同承诺的股息 Δ_τ。以下将命题 3.2.8 的单曲线双边 CVA 表示结果扩展到多曲线设置。值得注意的是，在多曲线设置中，式（4.38）形式的表达式是隐式的，即式（4.38）的右侧通过 $(1 - \overline{R}_b)\chi^{*,+}_{\tau b-}$ 和被积函数 g_t 涉及 Θ 和 ζ。除非 $\overline{R}_b = 1$ 且融资系数 $g_t(\pi, \varsigma) = g_t(\pi)$ 关于 π 是线性的。因此，可以通过适当调整贴现系数（更多信息见备注 6.2.6）来消除这些依赖性。

命题 4.5.2 给出一个对冲 ς 和 G－半鞅 Π 和 Θ，使得在 $[0, \overline{\tau}]$ 上 $\Theta = P -$

Π。对于 $t\in[0,\bar{\tau}]$，当且仅当 Θ 满足式（4.38）时，配对过程（π,ζ）是价格 BSDE（4.20）的解：

$$\beta_t\Theta_t = E_t\left[\beta_{\bar{\tau}}L_{\tau<T}\xi+\int_t^{\bar{\tau}}\beta_s g_s\left(P_s-\Theta_s,\zeta_s\right)\mathrm{d}s\right] \quad (4.38)$$

其中，$\Pi_{\tau-}=P_{\tau-}-\Theta_{\tau-1}$，隐含在 ξ 中。

证明 这是由于 $d(\beta_t\Theta_t)+\beta_t g_t(P_t-\Theta_t,\zeta_t)\mathrm{d}t$ 的鞅性质，其中 $\beta_{\bar{\tau}}\Theta_{\bar{\tau}}=\beta_{\bar{\tau}}L_{\tau<T}\xi$，这是由式（4.22）、式（4.33）和式（4.37）得出的。

在多曲线设置中，我们仍然可以将 TVA 解释为或有信用违约掉期（CCDS）的价格，这是对交易对手在时间 τ 的债务 χ（嵌入 ξ）的期权。然而，该 CCDS 是 α，不仅支付时间 $\tau<T$ 时的金额 ξ，而且支付股息 $g_t(P_t-\Theta_t,\zeta_t)\mathrm{d}t$ 直到 $\bar{\tau}$。

例 4.5.3 在完全互换的对冲案例（4.18）中，根据 4.2.2，我们有：

$$g_t(\pi,\varsigma)=g_t(\pi)=\bar{b}_t\Gamma_t^+-b_t\Gamma_t^-+\bar{\lambda}_t\left(\pi-\Gamma_t\right)^+-\lambda_t\left(\pi-\Gamma_t\right)^- \quad (4.39)$$

方程式（4.38）可改写为：

$$\begin{aligned}
\beta_t\Theta_t &= E_t\left[L_{\tau=\tau_c<T}\beta_\tau\left(1-R_c\right)\left(Q_\tau+\Delta_\tau-\Gamma_\tau\right)^+\right] \\
&-E_t\left[L_{\tau=\tau_b<T}\beta_\tau\left(1-R_b\right)\left(Q_\tau+\Delta_\tau-\Gamma_\tau\right)^-\right] \\
&+E_t[\int_t^{\bar{\tau}}\beta_s(\bar{b}_s\Gamma_s^+-b_s\Gamma_s^-+\bar{\lambda}_s\left(P_s-\Theta_s-\Gamma_s\right)^+ \\
&-\lambda_s(P_s-\Theta_s-\Gamma_s)^-)\mathrm{d}s-L_{\tau=\tau_b<T}\beta_\tau\left(1-\bar{R}_b\right)\left(P_{\tau-}-\Theta_{\tau-}-\Gamma_{\tau-}\right)^+] \\
&+E_t\left[L_{\tau<T}\beta_\tau\left(P_\tau-Q_\tau\right)\right]
\end{aligned} \quad (4.40)$$

从银行的角度看，这一表述中的四个术语（条件预期）可分别解释为代价高昂的信贷价值调整（CVA）、受益债务估值调整（DVA）、流动性估值调整（LVA）和重置成本/收益（取决于 $P_\tau-Q_\tau$ 的符号）。我们将在示例 5.2.6 和第 6 章中详细讨论这种分解。另见 4.6 对于在外部融资对冲的情况下产生的分解［与式（4.39）中 $g(\pi,\varsigma)=g(\pi)$ 的完全互换对冲的最常见情况相反］。让我们将该银行的 TVA BSDE 称为随机时间间隔 $[0,\bar{\tau}]$ 上的 BSDE，终端条件为 $L_{\tau<T}\xi$ 在 $\bar{\tau}$，驱动系数为 $g_t(P_t-\vartheta,\varsigma)-r_t\vartheta$，$\vartheta\in R$，$\varsigma\in R^d$。下面的语句用 BSDE 术语重新表述了命题 4.5.2。

引理 4.5.4 给出一个对冲 ζ 和半鞅 Π 和 Θ 之和 P，（Π,ζ）解价格 BSDE 当且仅当（Θ,ζ）解相应的 TVA BSDE。

从 (Π,ζ) 中的价格 BSDE 到 (Θ,ζ) 中的 TVA BSDE，我们省略了式（4.20）中的合同红利 dC_t。

CCDS 静态对冲解释

为了论证，让我们暂时假设，具有价格过程 P 的净契约和相应的 $CCDS$ 是交易资产。给定价格过程 Π 求解 $\zeta=0$ 时的价格 BSDE（4.20），购买合同的银行向交易对手的静态复制方案包括：

在时间 0 时，通过以 P_0 价格出售净合同，为合同成本 Π_0 和 $CCDS$ 成本 $\Theta_0=P_0-\Pi_0$ 提供资金；

在时间间隔 $(0,\bar{\tau})$，持有 $(-P)$ 和 Θ，将在 $\Pi-$（合约）上感知的股息 dD_t 转移到 $(-P+\Theta)$ 位置，dt 在 $(-P+\Theta)$ 位置上以比率 $r_tP_t+g(\Pi_t,0)-r_t\Theta_t$ 受益，抵消在 Π 位置上以比率 $g_t(\Pi_t,0)-r_t\Pi_t$ 的 dt 成本。

因此，在时间 $\bar{\tau}$：

如果 $\bar{\tau}=\tau<T$，则银行还剩下一笔钱 $-P\ \tau-\Delta\ \tau+\Theta\ \tau=-P_\tau-\Delta_\tau+\xi=-R$，但它也在其 Π 位置得到 R；

综上所述，基于这种静态对冲论点，价格和对冲 (Π,ζ) 的定义 4.4.5 在 $\zeta=0$ 的情况下也有意义。当然，这种静态买入并持有复制策略并不实用，因为净合约和信用违约掉期都不是交易资产。因此，我们可以通过动态对冲来主动管理交易策略的对冲错误。这里出现的一个问题是，是否应该尝试在全球范围内对冲合同，或者，如果银行内部组织在这方面留下了自由，则应将净合同 P 与 Π 的 TVA 分量 Θ 分开对冲。为了解决这些问题，我们需要扩展对价格和对冲 (Π,ζ) 的成本过程 $d\varepsilon=dv-\zeta dM$ 的分析。这将在下一章中完成。

4.6 示例

本节说明了我们对 Burgard – Kjaer – Burgard 和 Kjaer（2011a、2011b）中考虑的 Black – Scholes 案例的方法。然而，这些文献并没有考虑到银行在其融资债务方面的违约能力。所以它们的设置对应于 $\bar{R}_b=1$ 的特殊情况。由于存在双边交易对手风险，银行融资债务的违约能力是一个重要问题。因此，我们处理一般情况，其中 $\bar{R}_b\leqslant 1$。

4.6.1 设置

我们研究了 Black - Scholes 股票 S 的一个带支付 $\phi(S_T)$ 的欧式期权。Burgard和 Kjaer（2011b）考虑了银行在时间 0 向交易对手出售的期权。在我们的符号约定下，我们可以把这看作银行从交易对手手中购买了一个带有收益（$-\phi(S_T)$）的期权。双方都可以违约，但不能同时违约。期权头寸由银行分别用银行和交易对手发行的股票 S 和零恢复风险债券 B^b 和 B^c 对冲。为简单起见，假设 S、B^b 和 B^c 存在回购基数为零的回购市场。假设无风险利率 r 为常数，买入并持有头寸转换为以互换形式交易的对冲资产的收益过程为：

$$\mathrm{d}M_t\begin{pmatrix}\mathrm{d}S_t-rS_t\mathrm{d}t,\\ \mathrm{d}B_t^c-rB_t^c\mathrm{d}t,\\ \mathrm{d}B_t^b-rB_t^b\mathrm{d}t\end{pmatrix}$$

根据上假设 4.4.1 的鞅要求，我们假设（S,B^c,B^b）的模型如下：

$$\begin{cases}\mathrm{d}S_t-rS_t\mathrm{d}t=\sigma S_t\mathrm{d}W_t\\ \mathrm{d}B_t^c-rB_t^c\mathrm{d}t=B_{t-}^c\left(\mathrm{d}J_t^c+\gamma_c\mathrm{d}t\right)\\ \mathrm{d}B_t^b-rB_t^b\mathrm{d}t=B_{t-}^b\left(\mathrm{d}J_{t-}^b+\gamma_b\mathrm{d}t\right)\end{cases}\tag{4.41}$$

其中，W_t 是 Q - 布朗运动，$J_t^b=L_{t<\tau_b}$，$J_t^c=L_{t<\tau_c}$是银行和交易对手的生存指标过程，Q - 违约强度 γ_b 和 γ_c 不变。我们假设银行在回购市场上交易 S 和 B^c，并为 B^b 提供外部资金。银行的对外借款基础是一个常数 $\bar{\lambda}$，其对外借款利率仅为 r。此外，没有抵押（$\Gamma=0$）。在这种情况下，式（4.17）和式（4.35），$\tau<T$ 时，$\Gamma=0$ 和 $\Delta_\tau=0$（因为合同的唯一承诺现金流是期权在 T 时的收益）：

$$\begin{aligned}&\chi_t(\pi,\varsigma)=\pi-\varsigma^bB_t^b,g_t(\pi,\varsigma)=\bar{\lambda}\left(\pi-\varsigma^bB_t^b\right)^+\\ &R^c=L_{\tau=\tau_c}\left(R_c\chi^+-\chi^-\right)-L_{\tau=\tau_b}\left(R_b\chi^--\chi^+\right)\end{aligned}\tag{4.42}$$

设 $\zeta=(\zeta^S,\zeta^c,\zeta^b)$，价格 BSDE（4.20）如下：

$$\begin{aligned}&\Pi_{\bar{\tau}}=L_{\tau<T}R,t\in\left[0,\bar{\tau}\right]:\\ &\mathrm{d}\Pi_t+L_{\tau<T}\delta_T(\mathrm{d}t)\phi(S_T)=\left(r\Pi_t+\bar{\lambda}\left(\Pi_t-\zeta_t^bB_t^b\right)^+\right)\mathrm{d}t+\zeta_t\mathrm{d}M_t+\mathrm{d}\varepsilon_t\end{aligned}\tag{4.43}$$

其中，

$$R = R^c + L_{\tau=\tau_c} R^f = R^c + L_{\tau=\tau_b}\left(1-\overline{R}_b\right)\chi_{\tau-}^{+}\left(\Pi_{\tau-},\zeta_{\tau-}\right)$$
$$= L_{\tau=\tau_c}\left(R_c\chi^+ - \chi^-\right) - L_{\tau=\tau_b}\left(R_b\chi^- - \chi^+ - \left(1-\overline{R}_b\right)\left(\Pi_{\tau-} - \zeta_{\tau-}^b B_{\tau-}^b\right)^+\right) \quad (4.44)$$

对于银行对外部融资者的某些回收率 $\overline{R}_b$（正的常数）。

4.6.2 解决方案分析

在这个简单、完整的市场案例中（注：模型中有三个独立的随机性来源 W，τ_c，τ_b 和三个对冲资产 S，B^c 和 B^b，加上一个外部资金来源），可以直观地猜测 BSDE 价格的解（Π,ζ）。此外，这将是一个成本消失过程 $\varepsilon=0$ 的解，因此 $\rho=0$（见 4.4.3），换言之，银行向交易对手出售期权的复制策略。

该问题的马尔科夫结构使我们寻求式（4.43）的解（Π,ζ），即对于 $t\in[0,\bar{\tau}]$：

$$\begin{aligned}&\Pi_t + L_{t=T<\tau}\phi(S_T) = u(t,S_t,J_t^c,J_t^b)\\&\zeta_t = \delta(t,S_t)\end{aligned} \quad (4.45)$$

对于合适的定价和“Delta”函数 u 和 $\delta=(\delta^S,\delta^c,\delta^b)$。我们表示 $\tilde{u}(t,S) = u(t,S,1,1)$，$\widetilde{B}^c(t) = \widetilde{B}_0^c e^{(r+\gamma_c)t}$ 和 $\widetilde{B}^b(t) = \widetilde{B}_0^b e^{(r+\gamma_b)t}$。式（4.44）可以重写为：

$$R = L_{\tau=\tau_b}\left(R_c Q(\tau,S_\tau)^+ - Q(\tau,S_\tau)^-\right)$$
$$- L_{\tau=\tau_c}\left(R_b Q(\tau,S_\tau)^- - Q(\tau,S_\tau)^+ - \left(1-\overline{R}_b\right)\left(\tilde{u}(\tau,S_\tau) - \delta^b(\tau,S_\tau)\widetilde{B}^b(\tau)\right)^+\right)$$

鉴于式（4.43）和式（4.45）中的第一行，对于 $(t,S)\in[0,T]\times(0,\infty)$，可以得出如下结论：

$$u(t,S,0,1) = R_c Q(t,S)^+ - Q(t,S)^-,$$
$$u(t,S,0,1) = -R_b Q(\tau,S_\tau)^- + Q(\tau,S_\tau)^+ + \left(1-\overline{R}_b\right)\left[\tilde{u}(\tau,S_\tau) - \delta^b(\tau,S_\tau)\widetilde{B}^b(\tau)\right]^+ \quad (4.46)$$

此外，对于 $t\in[0,\bar{\tau}]$，一方面，由式（4.45）中的第一行和式（4.43）中的第二行（假设 $\varepsilon=0$）可得：

$$\mathrm{d}u\left(t,S_t,J_t^c,J_t^b\right) = \left(r\tilde{u}(t,S_t) + \bar{\lambda}\left(\tilde{u}(t,S_t) - \delta^b(t,S_t)\widetilde{B}^b(t)\right)^+\right)\mathrm{d}t + \delta(t,S_t)\mathrm{d}M_t \quad (4.47)$$

另一方面，假设 $\tilde{u}$ 为 $C^{1,2}$类，考虑到（S_t, J_c^t, J_b^t）的模型动力学，我们得到了关于 $[0,\bar{\tau}]$ 的下列公式：

$$\mathrm{d}u\left(t,S_t,J_t^c,J_t^b\right)=\left[\partial_t\tilde{u}\left(t,S_t\right)+A^{bs}\tilde{u}\left(t,S_t\right)\right]\mathrm{d}t+\partial s\tilde{u}\left(t,S_t\right)\sigma S_t\mathrm{d}W_t$$
$$-\left[u\left(t,S_t,0,1\right)-\tilde{u}\left(t,S_t\right)\right]\mathrm{d}J_t^c-\left[u\left(t,S_t,1,0\right)\right)-\tilde{u}\left(t,S_t\right)\right]\mathrm{d}J_t^b$$

其中，$A^{bs}=rS\partial s+\frac{\sigma^2S^2}{2}\partial^2s^2$ 是 Black－Scholes 生成器，右侧可以重写为：

$$\left\{\partial_t\tilde{u}\left(t,S_t\right)+A^{bs}\tilde{u}\left(t,S_t\right)+\gamma_c\left[u\left(t,S_t,0,1\right)-\tilde{u}\left(t,S_t\right)\right]+\gamma_b\left[u\left(t,S_t,1,0\right)-\tilde{u}\left(t,S_t\right)\right]\right\}\mathrm{d}t$$
$$+\partial s\tilde{u}\left(t,S_t\right)\sigma S_t\mathrm{d}W_t-\left[u\left(t,S_t,0,1\right)-\tilde{u}\left(t,S_t\right)\right]\left(\mathrm{d}J_t^c+\gamma_c\mathrm{d}t\right)-\left[u\left(t,S_t,0,1\right)-\tilde{u}\left(t,S_t\right)\right]\left(\mathrm{d}J_t^b+\gamma_b\mathrm{d}t\right)$$

(4.48)

对于 $(t,S)\in[0,T]\times(0,\infty)$，将式（4.47）和式（4.48）中右边的鞅项等价，并利用（4.46），得到：

$$\delta^S\left(t,S\right)=\partial_S\tilde{u}\left(t,S\right)-\delta^c\left(t,S\right)\widetilde{B}^c\left(t\right)$$
$$=R_cQ\left(t,S\right)^+-Q\left(t,S\right)^--\tilde{u}\left(t,S\right)--\delta^b\left(t,S\right)\widetilde{B}^b\left(t\right)$$
$$=-R_bQ\left(\tau,S_\tau\right)^-+Q\left(\tau,S_\tau\right)^++\left(1-\overline{R}_b\right)\left[\tilde{u}\left(\tau,S_\tau\right)-\delta^b\left(\tau,S_\tau\right)\widetilde{B}^b\left(\tau\right)\right]^+-\tilde{u}\left(t,S\right)$$

(4.49)

式（4.49）中的第三行相当于：

$$\overline{R}_b\left(\tilde{u}\left(t,S\right)-\delta^b\left(t,S\right)\widetilde{B}^b\left(t\right)\right)^+-\left[\tilde{u}\left(t,S\right)-\delta^b\left(t,S\right)\widetilde{B}^b\left(t\right)\right]^-=-R_bQ\left(\tau,S_\tau\right)^-+Q\left(\tau,S_\tau\right)^+$$

(4.50)

即

$$-\delta^b\left(t,S\right)\widetilde{B}^b\left(t\right)=\begin{cases}R_bQ\left(t,S\right)-\tilde{u}\left(t,S\right),Q\left(t,S\right)\leqslant 0\\ \frac{1}{\overline{R}_b}Q\left(t,S\right)-\tilde{u}\left(t,S\right),Q\left(t,S\right)\geqslant 0\end{cases}\tag{4.51}$$

这与式（4.49）中的前两行一起明确地产生了 $\delta(t,S)$，表示为 $\tilde{u}(t,S)$。特别是，由式（4.50）得出：

$$\left[\tilde{u}\left(t,S\right)-\delta^b\left(t,S\right)\widetilde{B}^b\left(t\right)\right]^+=\frac{1}{\overline{R}_b}Q\left(t,S\right)^+\tag{4.52}$$

现在将式（4.47）和式（4.48）中右边的 dt 项相等，并考虑式（4.46）、式（4.52）和 $T<\tau$ 时的终端收益 $\phi(S_T)$，得出违约前定价函数 $\tilde{u}(t,S)$ 应满足 $[0,T]\times(0,\infty)$ 上的以下定价方程：

$$\begin{cases}\tilde{u}(T,S)=\phi(S),S\in(0,\infty)\\ (\partial_t+A^{bs})\tilde{u}(t,S)+k[t,S,\tilde{u}(t,S)]=0,t<T,S\in(0,\infty)\end{cases} \tag{4.53}$$

对于任何实数 π，

$$k(t,S,\pi)=-r\pi-\bar{\lambda}\frac{1}{\bar{R}_b}Q(t,S)^{+}+\gamma_c\left[R_cQ(t,S)^{+}-Q(t,S)^{-}-\pi\right]$$
$$+\gamma_b\left(-R_bQ(\tau,S_\tau)^{-}+Q(\tau,S_\tau)^{+}+(1-\bar{R}_b)\frac{1}{\bar{R}_b}Q(t,S)^{+}-\pi\right)$$

或者，等效地，就 $\tilde{\lambda}=\bar{\lambda}-(1-\bar{R}_b)\gamma_b$（相关的“流动性基础”；参见示例 5.2.6）和 $\tilde{r}=r+\gamma_b+\gamma_c$ 而言，有：

$$k=(t,S,\pi)=-\frac{\tilde{\lambda}}{\bar{R}_b}Q(t,S)^{+}+\gamma_c\left[R_cQ(t,S)^{+}-Q(t,S)^{-}\right]+\gamma_b\left[-R_bQ(\tau,S_\tau)^{-}+Q(\tau,S_\tau)^{+}\right]-\tilde{r}\pi$$
$$=-\frac{\tilde{\lambda}}{\bar{R}_b}Q(t,S)^{+}-\gamma_c\left[(1-R_c)Q(t,S)^{+}-Q(t,S)\right]+\gamma_b\left[(1-R_b)Q(\tau,S_\tau)^{-}+Q(\tau,S_\tau)\right]-\tilde{r}\pi \tag{4.54}$$

这提供了对价格 BSDE（4.43）的解决方案的分析，假设以式（4.45）的形式存在，且成本过程 ε 为零。相反，线性偏微分方程（4.53）已知在系数的温和条件下有唯一的经典解 $\tilde{u}(t,S)$。从解 $\tilde{u}(t,S)$ 到偏微分方程（4.53）以及通过式（4.49）与之相关联的函数 $\delta(t,S)$ 开始，以与上述计算相反的方向进行，结果表明，根据 $\tilde{u}(t,S)$ 和 $\delta(t,S)$ 到式（4.45）得到的过程 Π 和 ζ 产生了一个零成本过程 ε 的价格 BSDE（4.43）的解。我们终于得到了一个关于银行的复制的价格－对冲，也考虑到了对任何 $0<\bar{R}_b\leqslant 1$ 情况下，后者对其融资债务的违约能力。

备注 4.6.1 （1）只有当 $\delta^b\geqslant 0$ 对应于银行回购自己的债券时，解的实用性才成立。否则 $\delta^b\leqslant 0$ 意味着银行应该发行更多的债券来对冲其 TVA，这是不实际的［见 Burgard 和 Kjaer（2011a、2011b）］。（2）除非 $\bar{R}_b=0$ 的情况也可以处理，否则式（4.50）会简化为：

$$-\left[\tilde{u}(t,S)-\delta^b(t,S)\tilde{B}^b(t)\right]^{-}=Q(t,S_t)$$

这是无法解决的，因此两边的符号不同，所以复制不成立。

4.6.2.1 TVA

设 $v(t,S)$ 表示期权的 Black - Scholes（净）定价函数（交易对手风险和超额融资成本的净价格），即

$$\begin{cases} v(T,S)=\phi(S), S\in(0,\infty) \\ (\partial_t+A^{bs})v(t,S)-rv(t,S)=0, t<T, S\in(0,\infty) \end{cases} \tag{4.55}$$

定义违约前 TVA 函数 $\widetilde{w}=v-\widetilde{u}$；以下违约前 TVA 定价方程式由式（4.55）减去式（4.53）－（4.54）：

$$\begin{cases} \widetilde{w}(T,S)=0, S\in(0,\infty) \\ (\partial_t+A^{bs})\widetilde{w}(t,S)+f\left[t,S,\widetilde{w}(t,S)\right]=0, t<T, S\in(0,\infty) \end{cases} \tag{4.56}$$

其中，对于任何实数 ϑ；

$$f(t,S,\vartheta)+rv(t,S)=-k\left[t,S,v(t,S)-\vartheta\right]$$
$$=\frac{\widetilde{\lambda}}{\overline{R}_b}Q(t,S)^{+}+\gamma_c\left((1-R_c)Q(t,S)^{+}-Q(t,S)\right)-\gamma_b\left[(1-R_b)Q(t,S_t)^{-}+Q(t,S_t)\right]+\tilde{r}\left[v(t,S)-\vartheta\right]$$

即

$$\begin{aligned} f(t,S,\vartheta)+r\vartheta &= \gamma_c(1-R_c)Q(t,S)^{+}-\gamma_b(1-R_b)Q(t,S_t)^{-} \\ &= \frac{\widetilde{\lambda}}{\overline{R}_b}Q(t,S)^{+}+(\gamma_b+\gamma_c)\left[v(t,S)-\vartheta-Q(t,S_t)\right] \end{aligned} \tag{4.57}$$

4.6.2.2 CSA 清算定价方案

上面隐含的理解是，CSA 清算估价方案 Q 是一个衍生过程，如标准的净 CSA 清算定价方案，其中 $Q(t,S)=v(t,S)$。

然而，通过上述计算中的逆向工程，我们还可以看到，同样可以处理所谓的违约前 CSA 清算定价方案 $Q(t,S)=\widetilde{u}(t,S)$（参见 3.3.1）。在这种“隐式”情况下，数据（原则上）Q 取决于解 $\widetilde{u}$（见备注 3.2.4），违约前价格和 TVA 偏微分方程通过其参数 π 或 ϑ 中 k 或 f 的非线性依赖性而变得半线性。这意味着一些黏性（而不是传统的）解决方案的技术性，但它基本上没有改变论点。

最后值得注意的是，我们在本节的完全市场 Black - Scholes 示例中通过复制获得的解决方案只有在设置的许多特定特征（包括使用零回收债券作为对冲工具）下才可能实现。对于非零回收债券，尽管我们有三个对冲资产 S、B^c

和 B^b，涉及随机性 W、τ_c、τ_b 的三个独立来源，但资金清算现金流的非线性（除非$\bar{R}_b=1$）［我们在式（4.44）中的 X^+ 中取正部分］使得复制方程非线性，因此很难求解［即使是三个未知的三个方程；例如见备注4.6.1（2）清算处的案例］。

4.6.3 与 Burgard 和 Kjaer 结果的比较

在 $\bar{R}_b=1$ 的特殊情况下，Burgard 和 Kjaer（2011a、2011b）的结果与我们刚刚得出的结果一致（在这种情况下，$\tilde{\lambda}=\bar{\lambda}$ 表示流动性基础，因为对于 $\bar{R}_b=1$，$\bar{\lambda}$ 不应包含任何信贷利差）。但是有一个警告。Burgard 和 Kjaer 含蓄地忽略了银行关于其融资债务的违约性（即在我们的符号 $\bar{R}_b=1$ 中）。但在解释其结果时，他们讨论了这样一种情况，即尽管银行在融资债务方面几乎没有风险，但外部借款基础 $\bar{\lambda}$（它们表示 s_F）的形式为 $s_F(1-R_b)\gamma_b$。然而，$\bar{\lambda}=(1-R_b)\gamma_b$ 隐含地指的是一种情况（实际上是一种合理的情况），其中 $\bar{R}_b(R_b)<1$，而在他们的情况下 $\bar{R}_b$ 总是（隐含地）等于1。因此，在这种情况下，他们在式（4.57）中的系数 f 中发现的简化（对于 $Q=v$；参见4.6.2.2）以及他们得出的关于银行管理交易对手风险和融资成本的适当内部组织的结论可能不相关［至少，在这种情况下，$s_F=(1-R_b)\gamma_b$ 和 $Q=v$ 是他们在其他情况下考虑的］。更准确地说，在上述等式（4.53）至式（4.54）中在式（4.54）中 k 的表达式中出现的第一个 $Q(t,S)^+$ 项的系数为$\frac{\tilde{\lambda}}{\bar{R}_b}$，与 Burgard 和 Kjaer 的 s_F 相反[①]。该$\frac{\tilde{\lambda}}{\bar{R}_b}$与 $\gamma_b(1-R_b)$ 没有特殊关系，因此式（4.57）中 f 中的 $\frac{\tilde{\lambda}}{\bar{R}_b}Q(t,S)^+$ 项和 $-\gamma_b(1-R_b)Q(t,S)^-$ 项没有简化[②]。

值得注意的是，在本节中，在存在非线性融资成本的情况下，鞅定价方法在完全市场模型的背景下已经很有用，使我们能够简化 Burgard 和 Kjaer

① 在 $\bar{R}_b=1$ 的情况下，这确实与 Burgard 和 Kjaer 中的 $\bar{\lambda}$ 别称 s_F 一致，但仅限于在本例中。

② 对应于 Burgard 和 Kjaer（2011a）中的 FCA－和 DVA 术语。

（2011a、2011b）的分析。然而，相应的计算非常依赖设置，需要在价格 BSDE（4.43）水平上进行一般性研究，尤其是一旦离开完全市场领域。

在这个例子中，我们注意到，与引理 4.5.4 之后的一般性评论一致，从价格 BSDE 传递到 TVA BSDE 允许我们摆脱息票支付（例子中的期权支付）在价格 BSDE 中模糊的画面。我们还从这个例子中了解到，估值问题本质上是违约前的问题，因此简化方法应该是一种富有成效的方法。第三部分系统地探讨了这些研究途径［另见第 12 章以及 Crépey 和 Song（2014）］。本章的一些附加信息是，为了在反映各种融资成本存在的多曲线设置中正确评估和对冲（尤其是双边）交易对手风险，有必要将重点放在利益方（本书中称为银行），并考虑由银行组成的“系统”，即交易对手和为银行提供资金的第三方（实际上是一组不同的实体）。我们还必须清楚了解银行头寸的三个重要支柱，包括合约本身、对冲组合和融资组合（在经典的单曲线设置中，通过无风险贴现摆脱头寸的融资部分）。

第三部分

简化形式BSDE建模

5

融资约束下交易对手风险的简化 TVA - BSDE 方法

5.1 介绍

在这一章中，我们发展了一种简化的逆向随机微分方程（BSDE）方法来解决融资约束下双边交易对手风险的定价和对冲问题。5.3.3 和 5.3.4 的最终结果根据银行的以下目标给出风险管理合同或其 TVA 的具体方法：受制于跳转至违约风险头寸的各种对冲政策的前提下最小化合同或其 TVA 的成本过程（基本上是对冲误差）的（风险中性）方差。本章的结果还进一步阐明了 TVA 的结构以及关于单边和双边交易对手风险的辩论。

一个附带信息是，考虑到实际原因，在银行中出现的两阶段估值和对冲方法（交易对手风险价格为净价格减去 TVA）也有助于对问题的数学分析。这使得 TVA 不仅是非常重要和合法的金融对象，而且是有价值的数学工具。

概述

在 5.2 节中，我们开发了一种实用的简化 TVA - BSDE 方法来解决融资约束下双边交易对手风险的定价和对冲问题。交易对手风险和资金对合同的净价格和对冲的修正被表示为违约前 TVA－BSDE 的解决方案，该解决方案涉及参考过滤，其中双方的违约能力仅通过其违约强度来表示。这一表述使我们能够在示例5.2.6 中，从信贷成本/收益和流动性融资成本/收益（以及重置成本/收益）的角度，深化对示例4.5.3 中 TVA 的分析。在5.3 节中的马尔科夫设置中，根据半线性违约前 TVA 偏微分方程，给出了明确的 TVA 定价和对冲方案。

5.2 违约前 BSDE 建模

在本节中，我们发展了一种简化的 TVA－BSDE 方法来解决融资约束下交易对手风险的定价和对冲问题。

5.2.1 双边简化形式设置

我们假设模型过滤 G 可以分解为 $G = F \vee H^b \vee H^c$，其中 F 是一些参考过滤，H^b 和 H^c 代表 τ_b 和 τ_c 的自然过滤①。还假设 $G^\tau = F \vee H$，其中 H 是$\bar{\tau}$的自然过滤（或等价地，τ 的自然过滤）。我们把读者引向13.7 有关信用风险建模中简化方法的背景材料。与 τ 相关的 Azéma 超鞅是过程 A，对于 $t \in [0, t]$，由以下公式定义：

$$A_t = Q(\tau > t \mid F_t)$$

如13.7 所述，这是一个经典的，对所谓 F 的浸入或（H）－假设的轻微放松，即 F 变成 G^τ，对应于 τ 是 F－伪停止时间［见 Nikeghbali 和 Yor（2005）］。特别地，

引理 5.2.1（1） 停在τ的 F－鞅是 G^τ－鞅，停在τ的 G^τ－鞅是 G－鞅。

（**2**）对于任何情况，F 适应的 cádlág 过程不能在 τ 处跳跃，即对应任何F－适应 cádlág 过程 X，几乎可以肯定 $\Delta X_\tau = 0$。

证明（1） 第一部分紧跟引理 13.7.3（1）（这里过滤 G 对应于 G^τ），所

① 即相应的指标过程产生的过滤。

以让我们证明第二部分。对于 $0\leqslant s\leqslant t\leqslant t$，重复应用引理 13.7.12①，对于任何 G^{τ} 适应的可积过程 M，得出：

$$E\left(M_{t\wedge\tau}\mid\partial_s\right)=L_{s\geqslant\tau}M_{\tau}+L_{s<\tau}\frac{E\left(M_{t\wedge\tau}L_{s<\tau}\mid F_s\right)}{A_s}=L_{s\geqslant\tau}M_{s\wedge\tau}+L_{s<\tau}E\left(M_{t\wedge\tau}\mid\partial_s^{\tau}\right)$$

在 M 是 G^{τ} 真鞅的情况下，可化简为 $Ms\wedge\tau$。G^{τ} - 真鞅停在 τ 上就是 G - 真鞅。然后，标准的局部化变元得到停在 τ 的 G^{τ} -（局部）鞅是 G -（局部）鞅。

（2）这来自引理 13.7.3（2）。

备注 5.2.2 （浸入法）简化方法的计算效率主要来自参考过滤之间的浸入假设，即“忽略”双方的违约时间，参考过滤被其逐渐扩大。在浸入下，τ 的 Azéma 超鞅 A 没有鞅分量，是可预测的有限变分过程。因此，在大多数建模中，由于鞅风险过程和条件生存概率之间有很好联系，各种概率的计算可以有效进行（事实上，为了更简单，我们很快就会假设 A 是绝对连续的，因此可以根据所谓的 τ 强度进行这些计算）。

本书这一部分的基本沉浸假设（下文将额外假设数据 D、Q 和 Γ 是 F 适应的，因此不会跳到 τ），意味着参考合同和双方违约时间之间存在一种弱的或间接的依赖关系［见 Jeanblanc 和 Le Cam（2007）或 Jamshidian（2002）］。在交易对手风险的术语中，这种基本的沉浸式设置排除了重大确向风险（错向风险）影响，例如观察到的信用衍生品交易对手风险。相反，在合同与当事人违约之间没有很强依赖性的情况下，这种“确向风险的影响”应该在模型中得到提升，而这恰恰是简化方法的目的。此外，对于信用衍生品，交易对手风险的简化方法失去了一些计算吸引力。对于信用衍生品而言，问题的不连续性和高维性使得上述过滤减少带来的可处理性收益并不那么明显。因此，至少在本章的基本形式中，简化形式的方法不足以处理信用衍生品的交易对手风险。我们请读者参阅第四部分或 Brigo 和 Chourdakis（2008）、Brigo 和 Capponi（2008a）、Lipton 和 Sepp（2009a）、Blanchet Scalliet 和 Patras（2008），了解适当处理信用衍生品交易对手风险（或更普遍的强错向风险）的可能方法。经验研究表明，债务人的违约风险与汇率之间可能存在某种相当强的依赖性（另请参见有关抵押品相关方面的备注 5.2.4），因此外汇衍生品也可能存在浸没问题。尽管如此，我们

---

① 参见 13.7 并注意，式（13.63）也适用于 $G=F\vee H^{b}\vee H^{c}$，不仅适用于 G^{τ}，如 13.7。

将在第 12 章中扩展本书这一部分的基本沉浸式设置，在一个统一框架中涵盖第三部分和第四部分的模型。

值得注意的是，理想情况下，不应在特定类别资产的层面考虑交易对手风险，而应在给定 CSA 下两个交易对手之间的所有合同层面考虑交易对手风险。为 CSA 混合衍生工具（包括信用衍生工具）的估值和对冲构建全球模型和方法仍然是一个具有挑战性的建模问题［参见 Albanese、Bellaj、Gimonet 和Pietronero (2011)］。

5.2.2 减少过滤

我们假设无风险短期利率过程 r（或等价于无风险贴现过程 $\beta = e^{-\int_0^\cdot r_t \mathrm{d}t}$）与式（4.32）一致，在本书这一部分的基本浸入式设置中，对应 $t \in [0, t]$，合同的净价格过程 P 可以等价地定义为：

$$\beta_t P_t = E\left(\int_t^T \beta_s \mathrm{d}D_s \mid F_t\right) \tag{5.1}$$

而不是式（4.32）中 ∂_t 给出的期望。实际上，假设式（5.1），贴现累积净价格过程可定义为：

$$\beta P + \int_{[0,\cdot]} \beta_t \mathrm{d}D_t, t \in [0,T] \tag{5.2}$$

这是 F - 鞅。根据引理 5.2.1（1），这个过程在 τ 处停止，然后是 G - 鞅，因此式（4.33）和前面一样。在本部分式（5.1）中对 P 的理解如下，[0，T] 上对应的净F - 鞅 M 与价格 BSDE（4.20）中 Π 的 G - 鞅分量 ν 相比较，对于 $t \in [0, T]$：

$$\mathrm{d}M_t = \mathrm{d}P_t + \mathrm{d}D_t - r_t P_t \mathrm{d}t \tag{5.3}$$

该定义伴随着一个终端条件，即 $P_T = 0$，这与位于式（4.20）中第一行的 Π 的$\bar{\tau}$处的终端条件形成了对比。

引理 5.2.3 在违约时间 τ，即（引用 Δ 是 D 的跳跃过程）$\Delta_\tau = D_\tau - D_{\tau-} = 0$ 和 $P_\tau - P_{\tau-} = 0$ 时，没有承诺的红利或净价过程的跳跃。

证明 由于我们所有的半鞅都采用 cádlág 形式，因此引理 5.2.1（2）证明了 F - 半鞅 D 和 P 不能在 τ 处跳跃。

特别是，由于 $\Delta_\tau = 0$，χ 的表达式（3.1）简化为：

$$\chi = Q_\tau - \Gamma_\tau \tag{5.4}$$

在续篇中，我们假设Γ和 Q 是 F-适应的，因此，根据引理5.2.1（2），它们不能在 τ 处跳跃。此外，我们假设回收率 R_c、R_b 和 $\overline{R}_b$ 可以是表示为 $R^c_{\tau c}$、$R^b_{\tau b}$ 和 $\overline{R}^b_{\tau b}$，对于一些 G-可预测过程 R^c_t、R^b_t 和 $\overline{R}^b_t$。

备注5.2.4 假设 Q_t 和 Γ_t 的 F-适应性有时过于严格。例如，如果抵押物以另一种货币记账，强烈依赖一方违约，人们可能希望在 τ 处建立 Γ_t 跳跃模型。了解货币在违约时间的跳跃，参见 Ehlers 和 Schönbucher（2006）的模型，以及第12章和 Crépey 和 Song（2014）对此话题的更多拓展。

我们现在在［0，T］引入一个等价的违约前 TVA-BSDE，相对于违约前的过滤 F，在 Dellacherie 和 Meyer（1975）的定理67.b 和引理13.7.2中，$\partial_{\tau-}$ 可测随机变量 Q（$\tau=\tau_b$ | $\partial_{\tau-}$）、Q（$\tau=\tau_c$ | $\partial_{\tau-}$）和 Q（$\tau_b=\tau_c$ | $\partial_{\tau-}$）可以表示为 p^b_τ、p^c_τ和 q_τ，对于一些 F-可预测过程，则可以表示为 P^b、p^c 和 q。同样，由于 Q 和 Γ 不能在 τ 处跳跃，因此存在与 τ 处的 Q 和 Γ 具有相同值的 F-可预测过程（取左极限过程 Q_- 和 Γ_- 的引理13.7.2中存在的违约前价值），因此我们可以假设这些过程实际上是 F-可预测的。因此，交易对手对银行的债务 χ 是 F-可预测过程 χ_t 在时间 τ 的值，对于 $t\in$［0，t］，定义为：

$$\chi_t=Q_t-\Gamma_t \tag{5.5}$$

同样，从引理13.7.2中，我们可以假设过程 g_t（$P_t-\vartheta$，ς）对于 $\vartheta\in R$ 和 $\varsigma\in R_d$ 是 F-渐进可测的，并且过程 R^b 和 R^c 是 F-可预测的。此后，我们假设 τ 的 *Azéma* 超鞅 A 是绝对连续的（即路径是时间可微的），我们定义了 τ 的危险强度 $\gamma_t=\dfrac{\mathrm{dln}A_t}{\mathrm{d}t}$，其中 $A_t=e^{-\int_0^t\gamma_s\mathrm{d}s}$，信贷风险调整利率 $\tilde{r}$ 和信贷风险调整贴现因子 α 的定义如下：

$$\tilde{r}_t=r_t+\gamma_t,\alpha_t=\beta_tA_t=\beta_te^{-\int_0^t\gamma_s\mathrm{d}s}=e^{-\int_0^t\tilde{\gamma}_s\mathrm{d}s}$$

对于每个 $\pi\in R$ 和 $\varsigma\in R^d$，设 $\tilde{\xi}_t$（π，ς）表示 F-逐步可测过程，对于 $t\in$［0，T］，有：

$$\tilde{\xi}_t(\pi,\varsigma)=(P_t-Q_t)+p^c_t\left(1-R^c_t\right)\chi^+_t-p^b_t\left[\left(1-R^b_t\right)\chi^-_t+\left(1-\overline{R}^b_t\right)\chi^+_t(\pi,\varsigma)\right] \tag{5.6}$$

我们引用4.4.1，$(1-\overline{R}_b)\chi^+_t(\pi,\varsigma)$ 用于为任何 $\pi\in R$ 和 $\varsigma\in R^{\mathrm{d}}$（分别代表财务解释中的合同价格和对冲）模拟银行的资金结算现金流。

定义 5.2.5 银行的违约前 TVA - BSDE 是 $[0,T]$ 上 $(\widetilde{\Theta},\zeta)$ 中的 F - BSDE，在 T 处有一个零边界条件和驱动系数：

$$f_t(P_t-\vartheta,\varsigma)=g_t(P_t-\vartheta,\varsigma)+\gamma_t\tilde{\xi}_t(P_t-\vartheta,\varsigma)-\tilde{r}_t\vartheta \tag{5.7}$$

即，

$$\begin{cases}\widetilde{\Theta}_T=0,t\in[0,T]\\ -\mathrm{d}\widetilde{\Theta}_t=f_t\left(P_t-\widetilde{\Theta}_t,\zeta_t\right)\mathrm{d}t-\mathrm{d}\tilde{u}_t\end{cases} \tag{5.8}$$

其中，$\widetilde{\Theta}$ 是 F - 特殊半鞅，ζ 是对冲，$\tilde{\mu}$ 是 F - 鞅（$\widetilde{\Theta}$ 的 F - 鞅分量）。

或者，相当于式（5.8）中的第二行：

$$-\mathrm{d}(\alpha_t\widetilde{\Theta}_t)=\alpha_t\left(g_t(P_t-\Theta_t,\zeta_t)+\gamma_t\xi_t(P_t-\Theta_t,\zeta_t)\right)\mathrm{d}t-\alpha_t\mathrm{d}\tilde{u}_t \tag{5.9}$$

或相当于式（5.8），但为积分形式是：

$$\alpha_t\widetilde{\Theta}_t=E\left[\int_t^T\alpha_s\left(g\left(s,P_s-\widetilde{\Theta}_s\right)+\gamma_s\tilde{\xi}\left(s,P_s-\widetilde{\Theta}_s\right)\right)\mathrm{d}s\mid F_t\right],t\in[0,T] \tag{5.10}$$

例 5.2.6 在例 4.5.3 的完全互换对冲融资设定下，当 $g(\pi,\varsigma)=g(x)$ 由式（4.39）给出时，通过将式（4.39）插入式（5.7）并重新排序，可以得出：

$$\begin{aligned}f_t\left(P_t-\vartheta\right)+r_t\vartheta=&\gamma_tP_t^c\left(1-R_t^c\right)\left(Q_t-\Gamma_t\right)^+-\gamma_tP_t^b\left(1-R_t^b\right)\left(Q_t-\Gamma_t\right)^-+\\&\bar{b}_t\Gamma_t^+-b_t\Gamma_t^-+\tilde{\lambda}_t\left(P_t-\varphi-\Gamma_t\right)^+-\lambda_t\left(P_t-\vartheta-\Gamma_t\right)^-+\\&\gamma_t\left(P_t-\varphi-Q_t\right)\end{aligned} \tag{5.11}$$

其中，$(P_t-\vartheta-\Gamma_t)^+$ 的系数 $\tilde{\lambda}_t=\bar{\lambda}_t-\gamma_tp_t^b\ (1-\bar{R}_t^b)$ 可以被解释为扣除信贷风险后的对外借款基数。该基数表示 $\bar{\lambda}$ 的流动性成分。这种分解中的四项可以简单地解释为式（4.40）。

备注 5.2.7（CSA 清算定价和抵押方案） 从数学角度来看，“隐性”（即所谓的违约前）CSA 清算定价方案，即 $Q_\tau=\Pi_{\tau-}$（与“显性”净 CSA 清算定价方案 $Q=P$ 相反，见 3.3.1），可以通过简单地让 $Q=P-\widetilde{Q}$ 在违约前 TVA - BSDE（5.8）的系数 f_t 中的位置来计算或简化 TVA - BSDE 设置［根据式（5.16）的建模假设 $\Pi=P-\Theta$ 得出］。

然而，为了满足 ISDA 的要求，现实生活中的担保方案 Γ 通常是路径依赖的 Q（参见 3.3.2）。在违约前 CSA 清算定价方案和路径依赖抵押的情况下，最终会出现所谓的时间延迟 BSDE，其系数取决于 $\widetilde{\Theta}$ 的过去［见 Delong 和 Imkeller

(2010)]。这就增加了违约前 CSA 结算定价方案的数学难度，因为正如刚刚提到的文献所示，即使对于 Lipschitz 系数，延时 BSDE 也可能只有足够小的 T 的解，这取决于系数的 Lipschitz 常数。

5.2.3 建模假设

在本节中，我们根据以下假设进行工作：

假设 5.2.8 违约前 TVA－BSDE（5.8）允许一个解决方案（$\widetilde{\Theta}$, ζ）。

值得注意的是，在指定了一个具有鞅性质的跳跃扩散设置之后，式（5.8）[或等效 BSDE（5.24）] 的解的存在性和唯一性在非极端正则条件和平方可积条件下成立 [见 Crépey（2013）]。在这一阶段，我们仅仅假设存在，根据本小节中价格 BSDE（4.20）的解（π,ζ）的存在和 5.2.4 中（Π,ζ）的成本过程 ε 的分析来检验其结果。令

$$\zeta_t(\pi,\varsigma)=(P_t-Q_t)+L_{t\geq\tau_c}(1-R_t^b)\chi_t^+-L_{t\geq\tau_b}\left[(1-R_t^b)\chi_t^-+\left(1-\overline{R}_t^b\right)\chi_{t-}^+(\pi,\varsigma)\right] \tag{5.12}$$

我们使用ζ_t^*、$\tilde{\zeta}_t^*$ 和χ_t^* 作为ζ_t（$P_t-\widetilde{\Theta}_t$, ς_t）、$\tilde{\zeta}_t$（$P_t-\widetilde{\Theta}_t$, ς_t）和χ_t（$P_t-\widetilde{\Theta}_t$, ς_t）的简写符号。以下结果 [特别是 u 的分解（5.13)，与单曲线设置中的引理 3.2.13 进行比较] 是续集的关键。

引理 5.2.9 在 $[0,\bar{\tau}]$ 上，$\xi_t^*\,\mathrm{d}J_t$ 的 (G,Q) － 补偿鞅写成：$\xi_t^*\,\mathrm{d}J_t+\gamma_t\tilde{\xi}_t^*\,\mathrm{d}t$。

证明 如果一方在时间$\tau=t$ 发生第一次跳跃，即强度为 γ_t 的事件，则该跳跃表示交易对手的违约概率为 $p_t^{\{c\}}=p_t^c-q_t$，银行的违约概率为 $p_t^{\{b\}}=p_t^b-q_t$，双方的违约概率为 q_t。此外，相应的风险头寸可分别表示为：

$$\xi_t^{\{c\}}=P_t-Q_t+\left(1-R_t^c\right)\chi_t^+$$

$$\xi_t^{\{b\}}=P_t-Q_t-\left(\left(1-R_t^b\right)\chi_t^-+\left(1-\overline{R}_t^b\right)\chi_{t-}^{*,+}\right)$$

$$\xi_t^{\{b,c\}}=P_t-Q_t+\left(1-R_t^c\right)\chi_t^+-\left(\left(1-\overline{R}_t^b\right)\chi_t^-+\left(1-\overline{R}_t^b\right)\chi_{t-}^{*,+}\right)$$

因此 $\zeta_t^*\,\mathrm{d}J_t$ 的补偿器由下式给出：

$$\gamma_t\left(p_t^{\{c\}}\xi_t^{\{c\}}+p_t^{\{b\}}\xi_t^{\{b\}}+q_t\xi_t^{\{b,c\}}\right)\mathrm{d}t=\gamma_t\tilde{\xi}_t^*\mathrm{d}t$$

鉴于式（5.6），

命题 5.2.10（简化形式 TVA 建模） 在假设 5.2.8 下，在 $[0, \bar{\tau}]$ 定义 $\Theta = \widetilde{\Theta}$ 和 $\Theta_{\bar{\tau}} = L_{\tau < T}\xi_{\tau}^{*}$。

则过程 Θ 满足 $[0,\bar{\tau}]$ 上的 TVA－BSDE（4.38）。此外，(G,Q)－鞅分量：

$$du_t = d\Theta_t + (g_t(P_t - \Theta_t, \zeta_t) - r_t\Theta_t)dt$$

对于 $[0,\bar{\tau}]$，Θ 满足：

$$du_t = d\tilde{u}_{t\wedge\tau} - (\xi_t^* - \widetilde{\Theta}_t)dJ_t + \gamma_t(\tilde{\xi}_t^* - \Theta_t)dt \tag{5.13}$$

其中，$d\tilde{u}t = d\widetilde{\Theta}_t + f_t$（$P_t - \widetilde{\Theta}_t$，$\zeta_t$）$dt$ 是 $\widetilde{\Theta}$ 的 (F,Q)－鞅分量。

证明 回想一下，F－适应的 cádlág 过程（尤其包括 F－适应的半鞅 $\widetilde{Q}$）不在 τ 处跳跃，因此在符号中省略了每个不必要的“－”。根据 Θ［一个 (G, Θ) 的定义，对于 $\in [0,\bar{\tau}]$，我们得到：

$$d(\beta_t\Theta_t) = d(J_t\beta_t\widetilde{\Theta}_t) + \beta_t\xi_t^*\delta_\tau(dt) = d\left(\beta_{t\wedge\tau}\widetilde{\Theta}_{t\wedge\tau}\right) + \beta_t\widetilde{\Theta}_t dJ_t - \beta_t\xi_t^* dJ_t \tag{5.14}$$

其中式（5.8）：

$$-d\widetilde{\Theta}_t = f_t\left(P_t - \widetilde{\Theta}_t, \zeta_t\right)dt - d\tilde{u}_t \tag{5.15}$$

因此，对于 $[0, \bar{\tau}]$：

$$-\beta_t^{-1}d\left(\beta_t\Theta_t\right) = \left(f_t\left(P_t - \widetilde{\Theta}_t, \zeta_t\right) + r\widetilde{\Theta}_t\right)dt - d\tilde{u}_{t\wedge\tau} + (\xi_t^* - \widetilde{\Theta}_t)dJ_t$$

$$= g_t\left(P_t - \widetilde{\Theta}_t, \zeta_t\right)dt \ - d\tilde{u}_{t\wedge\tau} + \left((\xi_t^* - \widetilde{\Theta}_t)dJ_t + \gamma_t(\tilde{\xi}_t^* - \Theta_t)dt\right)$$

根据 f 的定义式（5.7）。此外，根据引理 5.2.1，$\tilde{u}_{t\wedge\tau}$ 是 (G,Q) 鞅，如下：

$$(\xi_t^* - \widetilde{\Theta}_t)dJ_t + \gamma_t(\tilde{\xi}_t^* - \widetilde{\Theta}_t)dt$$

即根据引理 5.2.9，产生了 Θ 的 (G,Q)－鞅分量 u 的分解式（5.13）。特别是，过程 Θ 满足 $[0,\bar{\tau}]$ 上的 TVA－BSDE（4.38）。

推论 5.2.11 在假设 5.2.8 下，对 $[\Pi,\zeta]$，其中，

$$\Pi := P - \Theta = J(P - \widetilde{\Theta}) + (1-J)L_{\tau<T}R \tag{5.16}$$

在 $[0,\bar{\tau}]$ 和 $R = P_\tau - \xi_\tau^*$ 上，求解价格 BSDE（4.20）。此外，对于 $t \in [0, \bar{\tau}]$，Π 的 G－鞅分量 v［参见（4.20）］：

$$dv_t = d\tilde{v}_t - \left((R_t - \widetilde{\Pi}_t)dJ_t + \gamma_t(\bar{R}_t - \widetilde{\Pi}_t)dt\right) \tag{5.17}$$

其中，$\widetilde{\Pi}=P-\widetilde{\Theta}$ 是 Π 的违约前值，$\tilde{v}=M-\tilde{u}$ 是 $\widetilde{\Pi}$ 的 F－鞅分量，对于 $t\in[0,t]$，定义了 G－渐进可测过程 R_t 和 F－渐进可测过程 $\widetilde{R}_t$。即

$$R_t=\Gamma_t+L_{t\geqslant\tau_c}\left(R_t^c\chi_t^+-\chi_t^-\right)-L_{t\geqslant\tau_b}\left[\left(R_t^b\chi_t^--\chi_t^+\right)-\left(1-\overline{R}_t^b\right)\chi_{t-}^{*,+}\right]-L_{t\geqslant\tau_b=\tau_c}\chi_t$$
$$\widetilde{R}_t=\Gamma_t+p_t^c\left(R_t^c\chi_t^+-\chi_t^-\right)-p_t^b\left[\left(R_t^b\chi_t^--\chi_t^+\right)-\left(1-\overline{R}_t^b\right)\chi_{t-}^{*,+}\right]-q_t\chi_t$$
(5.18)

证明 (1) 因为 (Θ,ζ) 解出了 TVA－BSDE（4.38），所以引理 4.5.4 得出了 (π,ζ)，其中 $\Pi=P-\Theta$，解出了价格 BSDE（4.20）。再次引用 $P_T=0$，这证明了式（5.16）中的右侧标识是正确的。

（2）根据式（5.13），对于 $t\in[0,\bar{\tau}]$，我们得到［回想一下，由式（5.3）定义的 M 是 P 的 F－鞅分量］：

$$\begin{aligned}\mathrm{d}v_t&=\mathrm{d}M_t-\mathrm{d}\mu_t=\left(\mathrm{d}M_t-\mathrm{d}\widetilde{\mu}_t\right)+\left[\left(\xi_t^*-\widetilde{\Theta}_t\right)\mathrm{d}J_t+\gamma_t\left(\tilde{\xi}_t^*-\widetilde{\Theta}_t\right)\mathrm{d}t\right]\\&=\mathrm{d}\tilde{v}_t-\left[\left(R_t-\widetilde{\Pi}_t\right)\mathrm{d}J_t+\gamma_t\left(\widetilde{R}_t-\widetilde{\Pi}_t\right)\mathrm{d}t\right]\end{aligned}$$

其中，最后一个等式后面是代数运算，类似于式（4.36）中的运算。这证明了式（5.17）。

备注 5.2.12 式（5.13）或式（5.17）中 $\mathrm{d}J$ 项对应的跳转至违约风险头寸可视为一个标记过程，其中标记对应于交易对手单独违约、银行单独违约或共同违约。与此解释一致，式（5.13）或式（5.17）中 $\mathrm{d}J$ 项的补偿由相应的“强度×平均跳跃大小”（intensity × average jump size）给出，而 $\mathrm{d}t$ 项在同一行中给出，其中平均值根据标记的概率得到，条件是在 τ 处发生跳跃。这进一步丰富 τ 的标记空间，概括了本章的基本浸入设置，参见第 12 章和 Crépey 和 Song（2014）。

从现在起，我们处理价格 BSDE（4.20）的方法将包括通过相应的违约前 TVA 过程 $\widetilde{\Theta}$，对式（5.16）中的交易对手风险价格过程 Π 进行建模。

5.2.4 成本过程分析

现在我们假设，对于主要风险资产价格过程 P 的 G－鞅分量 M，违约前价值

过程用 $\widetilde{P}$ 表示，一个类似于式（5.17）中关于 Π 的 G－鞅分量 v 的结构。因此，我们假设在 $[0,\bar{\tau}]$，有：

$$\mathrm{d}M_t = \mathrm{d}\widetilde{M}_t - \left[\left(R_t - \widetilde{P}_t\right)\mathrm{d}J_t + \gamma_t(\widetilde{R}_t - \widetilde{P}_t)\mathrm{d}t\right] \tag{5.19}$$

对于 F－鞅 M，G－逐步可测主回收过程 R_t 和 F－逐步可测过程 R_t，使得在 $[0,\bar{\tau}]$，$\gamma_t(\widetilde{R}_t - \widetilde{P}_t)\mathrm{d}t$ 抵消了 $(R_t - \widetilde{P}_t)\mathrm{d}J_t$。

对于对冲 ϕ 和 ζ，分别理解为合同净价格 P 和价格 Π 的对冲，让 $\eta = \phi - \zeta$ 表示 Π 的 TVA 分量 Θ 的相应对冲。对于 $t \in [0,\bar{\tau}]$，将代价过程 $\varepsilon^{P,\phi}$、$\varepsilon^{\Theta,\eta}$ 和 $\varepsilon^{\Pi\mathrm{d},\zeta}$ 定义为 $\varepsilon_0^{P,\phi}$、$\varepsilon_0^{\Theta,\eta}$ 和 $\varepsilon_0^{\Pi,\zeta} = 0$。即

$$\begin{aligned} \mathrm{d}\varepsilon_t^{P,\phi} &= \mathrm{d}M_t - \phi_t \mathrm{d}M_t \\ \mathrm{d}\varepsilon_t^{\Theta,\eta} &= \mathrm{d}\mu_t - \eta_t \mathrm{d}M_t \\ \mathrm{d}\varepsilon_t^{\Pi,\zeta} &= \mathrm{d}\varepsilon_t^{P,\phi} - \mathrm{d}\varepsilon_t^{\Theta,\eta} = \mathrm{d}v_t - \zeta_t \mathrm{d}M_t \end{aligned} \tag{5.20}$$

特别地，我们检索 $\varepsilon^{\Pi,\zeta} = \varepsilon$，价格和对冲的成本过程 (π,ζ)，见式（4.21）。应用式（5.13）、式（5.17）和式（5.19）得出以下结果：

命题 5.2.13 对于 $t \in [0,\bar{\tau}]$，有：

$$\mathrm{d}\varepsilon_t^{P,\phi} = \left(\mathrm{d}M_t - \phi_t \mathrm{d}\widetilde{M}_t\right) + \phi_t\left(R_t - \widetilde{P}_t\right)\mathrm{d}J_t + \gamma_t\phi_t\left(\widetilde{R}_t - \widetilde{P}_t\right)\mathrm{d}t \tag{5.21}$$

$$\mathrm{d}\varepsilon_t^{\Theta,\eta} = \left(\mathrm{d}\widetilde{\mu}_t - \eta_t \mathrm{d}\widetilde{M}_t\right) - \left[\left(\xi_t^* - \widetilde{\Theta}_t\right) - \eta_t\left(R_t - \widetilde{P}_t\right)\right]\mathrm{d}J_t - \gamma_t\left[\left(\widetilde{\xi}_t^* - \widetilde{\Theta}_t\right) - \eta_t\left(\widetilde{R}_t - \widetilde{P}_t\right)\right]\mathrm{d}t \tag{5.22}$$

$$\mathrm{d}\varepsilon_t^{\Pi,\zeta} = \left(\mathrm{d}\widetilde{v}_t - \zeta_t \mathrm{d}\widetilde{M}_t\right) - \left[\left(R_t - \widetilde{\Pi}_t\right) - \zeta_t\left(R_t - \widetilde{P}_t\right)\right]\mathrm{d}J_t - \gamma_t\left[\left(\widetilde{R}_t - \widetilde{\Pi}_t\right) - \zeta_t\left(\widetilde{R}_t - \widetilde{P}_t\right)\right]\mathrm{d}t \tag{5.23}$$

因此，当 F－鞅停在 τ 时，我们得到了不同成本过程的分解，从而得到 G－鞅，加上 G－补偿跳到违约风险。这些分解可用于设计具体的定价和对冲方案，例如以复制对冲成本定价（只要可能）、仅对冲违约前风险、仅对冲违约跳变风险（dJ 项）、最小方差对冲等。这将在马尔科夫设置中变得实用。

5.3 马尔科夫情形

在马尔科夫模型下，可以用半线性的违约前 TVA 偏微分方程来描述显式的

TVA 定价和对冲方案。更准确地说，在本节中，我们将把违约前 TVA－BSDE 解决方案的合适概念与以下内容联系起来：从财务角度出发，在 5.2.4 中成本过程分析基础上，提出了银行最小方差对冲策略；从数学的观点看，经典的 Markov－BSDEs 是由一组显式的基本鞅（布朗运动和/或一个补偿跳跃计数测度）驱动的。

这些 Markov－BSDE 将在温和条件下适定，产生违约前 TVA－BSDE 的正交解和最小方差对冲的相关概念。该方法将针对三个不同的最小方差对冲目标开发，分别在 5.3.2、5.3.3 和 5.3.4 中考虑。最后，优选标准（我们主要看 5.3.2 相对 5.3.3 和 5.3.4 的分析）可通过求解（如需要，用数值方法）相关的 Markov－BSDE 或等效的半线性抛物线偏微分方程进行优化。该方法适用于整个合同或单独的 TVA 部分的风险管理。但在所有情况下，违约前的 TVA－BSDE 将是数学分析的关键。5.3.3 和 5.3.4 根据银行的以下目标，给出管理整个合同或其 TVA 组成部分的风险的具体方法：受制于跳转至违约风险头寸（分别为跳转至交易对手违约风险头寸）的完美对冲的约束的前提下最小化合同或其 TVA 组成部分成本过程的差异。

如前言所述，净价格和对冲 (P,ϕ) 通常由银行的业务交易台确定。中央 TVA 服务台的任务是设计 TVA 价格和对冲 (Θ,η)。此后，遵循这一逻辑，对于净价格和对冲 (P,ϕ)，违约前的 TVA－BSDE 的解决方案 $(\widetilde{\Theta},\zeta)$ 以 $(\widetilde{\Theta},\phi-\eta)$ 的形式得到，其中 F－适配的 $(\widetilde{\Theta},\eta,\varepsilon)$ 解为：

$$\begin{cases}\widetilde{\Theta}_T=0,t\in[0,T]\\ -\mathrm{d}\widetilde{\Theta}_t=f_t\left(P_t-\widetilde{\Theta}_t,\phi_t-\eta_t\right)\mathrm{d}t-\left(\eta_t\mathrm{d}\widetilde{M}_t+\mathrm{d}\varepsilon_t\right)\end{cases}\tag{5.24}$$

对于 F－可预测的被积函数 η 和 (F,Q)－鞅 $\in$。式（5.24）中的违约前 TVA－BSDE 实际上相当于原始违约前 TVA－BSDE（5.8），$\eta=\phi-\zeta$ 和 $\in$ 由式（5.24）中第二行定义（且 $\in_0=0$）。因此：

定义 5.3.1 给出式（5.24）的解 $(\widetilde{\Theta},\eta,\in)$，特别是通过式（5.24）中的第二行（且 $\in_0=0$）通过 $(\widetilde{\Theta},\eta)$ 定义的 $\in$ 是 (F,Q)－鞅，我们称之为 TVA 价格和对冲过程 (Θ,η)，其中 $\Theta=\widetilde{\Theta}[0,\bar{\tau}]$ 且 $\Theta_{\bar{\tau}}=L_{\tau<T}\zeta_{\tau}^{*}$，$\zeta_{\tau}^{*}$ 作为 $\zeta_t(P_t-\widetilde{\Theta}_t,\phi_t-\eta_t)$ 的简写符。

5.3.1 因子过程

我们假设违约前的 TVA - BSDE［因此被重新定义为（5.24）］是马尔科夫的，因为 D_t 形式的任何输入数据都作为 F - 马尔科夫因子过程 X 的可测函数 $D(t,X_t)$ 给出。特别是，$(P_t,\phi_t) = [P(t,X_t),\phi(t,X_t)]$。因此，我们得到：

$$f_t\left(P_t-\widetilde{\Theta}_t,\phi_t-\eta_t\right)\mathrm{d}t=f\left[t,X_t,P\left(t,X_t\right)-\widetilde{\Theta}_t,\phi\left(t,X_t\right)-\eta_t\right]\mathrm{d}t \qquad (5.25)$$

其中，函数 $f(t,x,\pi,\varsigma)$ 的意义可以从上文得出。

我们将使用第 13.3 节的跳跃扩散作为因子过程。

$$\mathrm{d}X_t=b\left(t,X_t\right)\mathrm{d}t+\sigma\left(t,X_t\right)\mathrm{d}W_t+j\left(t,X_{t-}\right)\cdot\mathrm{d}m_t,X_0=x \qquad (5.26)$$

由一个 R^{q-} 值的 F - 布朗运动 W 和一个 F - 补偿跳测度 m 在 $[0,T]\times R^q$ 上驱动，对于某个整数 q，具有一个（随机）分解的跳强度测度，由 $c(t,X_t,dx)$ 给出，例如，Lévy 测度 c（dx）。

成本过程的进一步分析式（5.21）至式（5.23）取决于银行的对冲标准。在下面的章节中，我们将提出三种可行方法，它们都在一定程度上涉及最小方差对冲。在完全一级市场的情况下，最小方差对冲当然会减少到复制对冲。此外，我们会考虑在全球范围内对冲合约，或只对冲其 TVA 的两个问题。在所有情况下，数学分析最终将依赖违约前的 TVA - BSDE（5.24）。

值得注意的是，在本章中，最小方差对冲是针对参考过滤 F，在给定的关于银行跳转至违约风险头寸的对冲策略选择上进行的：5.3.2 中没有对冲，5.3.3 中没有完全的对冲，5.3.4 仅有交易对手违约的对冲。

我们进一步假设，对于一些违约前的主要风险资产定价函数，$\widetilde{P}_t = \widetilde{P}(t,X_t)$，因此，在式（5.19）中 F - 鞅分量的动力学可以写成：

$$\mathrm{d}\widetilde{M}_t=(\partial\widetilde{P}\sigma)(t,X_t)\mathrm{d}W_t+\delta\widetilde{P}(t,X_{t-})\cdot\mathrm{d}m_t$$

给定［0，T］$\times R^q$ 上的 n 维和 m 维向量函数 $u = u(t,x)$ 和 $v = v(t,x)$，我们用 $C(u,v)$ 表示 $R^{n\times m}$ 值 carrédu champ 矩阵函数，其入口［(t,x) 的函数）］$C(u_i,v_j)$ 由式（13.41）定义。在概率解释中，$C(u,v)(t,X_t)\mathrm{d}t$ 表示“$\mathrm{d}u(t,X_t)$ 和 $\mathrm{d}v(t,X_t)$ 的 F_t - 条件协方差矩阵”。

5.3.2 市场风险的最小方差对冲

我们的第一个目标是最小方差对冲与式（5.22）TVA 成本过程 $\varepsilon^{\Theta,\eta}$ 中（$\mathrm{d}\widetilde{\mu}_t - \eta_t\mathrm{d}\widetilde{M}_t$）项或式（5.23）整个合同成本过程 $\varepsilon^{\Pi,\zeta}=\varepsilon$ 中（$\mathrm{d}\widetilde{v}_t - \zeta_t\mathrm{d}\widetilde{M}_t$）项相关的市场风险。

关于式（5.22），这相当于为违约前 TVA－BSDE（5.24）寻求一个解决方案（$\widetilde{\Theta},\eta,\varepsilon$），其中 ε 是 F－正交于 $\widetilde{M}$［见 5.2 有关 El Karoui、Peng 和 Quenez 的提案（1997）］。假设给定式（5.24）的一个正交解（$\widetilde{\Theta},\eta,\varepsilon$），并且 $\widetilde{\Theta}_t=\widetilde{\Theta}(t,X_t)$，则我们用标准的最小方差尖括号回归公式，使用式（13.41）的矩阵形式 C［式（13.41）中 carré du champ 矩阵形式 C］得出：

$$\eta_t=\frac{\mathrm{d}<\widetilde{\mu},\widetilde{M}>t}{\mathrm{d}t}\left(\frac{\mathrm{d}<\widetilde{M}>t}{\mathrm{d}t}\right)^{-1}=\left(c\left(\widetilde{\Theta},\widetilde{P}\right)\wedge\right)(t,X_{t-})=:\eta(t,X_{t-}) \quad (5.27)$$

其中，我们令 $\wedge=[c(\widetilde{P},\widetilde{P})]^{-1}$。在这里，假设 $\widetilde{P}$ 的 carré du champ 矩阵 $c(\widetilde{P},\widetilde{P})$ 是可逆的。我们在［0，T］令以下的 Markov－BSDE：

$$\left[\widetilde{\Theta}(t,X_t),\left(\partial\widetilde{\Theta}\sigma\right)(t,X_t),\delta\widetilde{\Theta}(t,X_{t-},\cdot)\right]:$$

$$\begin{cases}\widetilde{\Theta}(T,X_T)=0,t\in[0,T]\\ -\mathrm{d}\widetilde{\Theta}(t,X_t)=\hat{f}\left(t,X_t,\widetilde{\Theta}(t,X_t),\left(\partial\widetilde{\Theta}\sigma\right)(t,X_t),\left(\left(\delta\widetilde{\Theta}\delta\widetilde{P}^T\right)|\cdot c\right)(t,X_t)\right)\mathrm{d}t\\ -\left(\partial\widetilde{\Theta}\sigma\right)(t,X_t)\mathrm{d}W_t-\delta\widetilde{\Theta}(t,X_{t-})\cdot\mathrm{d}m_t\end{cases} \quad (5.28)$$

式中，$(t,x,\vartheta,z,w)\in[0,T]\times R^q\times R\times R^q\times R^{\mathrm{d}}$（对于行向量 z，w）

$$\hat{f}(t,x,\vartheta,z,w)=f(t,x,P(t,x))-\vartheta,\phi(t,x)-\hat{\eta}(t,x,\vartheta,z,w)$$

其中，

$$\hat{\eta}(t,x,\vartheta,z,w)=\left(z\left(\partial\widetilde{P}\sigma\right)^T(t,x)+w\right)\wedge(t,x)$$

因此，鉴于式（13.41）和式（5.27）：

$$\hat{\eta}\left(t,X_t,\widetilde{\Theta}(t,X_t),(\partial\widetilde{\Theta}\sigma)(t,X_t),\left(\left(\delta\widetilde{\Theta}\delta\widetilde{P}^T\cdot c\right)(t,X_t)\right)\right)=\eta(t,X_t),$$

$$\hat{f}\left(t,X_t,\widetilde{\Theta}(t,X_t),(\partial\widetilde{\Theta}\sigma)(t,X_t),\left(\delta\widetilde{\Theta}\delta\widetilde{P}^T\cdot c\right)(t,X_t)\right)\mathrm{d}t=$$

$$f\left(t,X_t,P(t,x)-\widetilde{\Theta}(t,X_t),\phi(t,X_t)-\eta(t,X_t)\right)\mathrm{d}t$$

正如经典文献［如 Crepey（2013）第 12 章和第 13 章］所述，在系数$\hat{f}$上的弱正则性和平方可积性条件下，Markov - BSDE（5. 28）具有唯一的平方可积解$\widetilde{\Theta}=\widetilde{\Theta}(t,X_t)$。此外，违约前 TVA 函数$\widetilde{\Theta}=\widetilde{\Theta}(t,x)$是适用于以下半线性部分积分微分方程（简称 PDE）空间的唯一解：

$$\begin{cases}\widetilde{\Theta}(T,x)=0,x\in R^q\\(\partial_t+A)\widetilde{\Theta}(t,x)+\hat{f}\left(t,x,\widetilde{\Theta}(t,x),(\partial\widetilde{\Theta}\sigma)(t,x),\left(\delta\widetilde{\Theta}\delta\widetilde{P}^T\cdot c\right)(t,x)\right)\\\qquad=0\quad[0,T)\times R^q\end{cases}\tag{5.29}$$

其中，A 代表 X 的无限小发生器。

备注 5. 3. 2 BSDE 比较定理是连接半线性抛物方程的 BSDE 与偏微分方程方法的关键［参见 Crépey（2013）第 14 章］。注意，对于带跳跃的 BSDE，这样的比较定理受系数$\hat{f}$关于跳跃变量 w 的单调性条件的约束，即在我们的例子中，如果 $w_i\leqslant w'_i$，$i=1$，…，d，则有：

$$\hat{f}(t,x,\vartheta,z,w)\leqslant\hat{f}(t,x,\vartheta,z,w')$$

见 Crépey（2013）或 Royer（2006）中的备注 12. 1. 11。当然，在最常见的完全互换对冲式（4. 18）的情况下，这些技术性特征消失了，因此$f(t,x,\pi,\varsigma)=f(t,x,\pi)$（另请参见备注 5. 3. 8 中关于相应的 Markov - BSDE 和半线性偏微分方程）。

命题 5. 3. 3 假设对冲资产的 carrédu champ 矩阵 $C(\widetilde{P},\widetilde{P})$ 可逆，得到式（5. 29）的解$\widetilde{\Theta}=\widetilde{\Theta}(t,x)$，通过式（5. 27）对于 η，然后式（5. 24）对于 $\in$，得到违约前 TVA - BSDE（5. 24）的正交解（$\widetilde{\Theta},\eta,\in$）。

TVA 市场风险最小方差对冲由式（5. 27）给出，即

$$\eta_t=\eta(t,X_{t-})=\left(C\left(\widetilde{\Theta},\widetilde{P}\right)\left(C\left(\widetilde{P},\widetilde{P}\right)\right)^{-1}\right)(t,X_{t-})$$

式（5.24）解中的过程 $\in$ 表示 TVA 对冲 η 下的剩余 TVA 市场风险。

合同对冲作为一个整体 我们现在考虑式（5.23）中整个合同成本过程 $\varepsilon^{\Pi,\zeta}=\varepsilon$ 的市场风险（$d\tilde{v}_t-\zeta_t d\widehat{M}_t$）对冲。让净对冲 ϕ 在这里具体地作为F－正交分解中的回归系数 $dM=\phi d\widehat{M}+de$ 给出。通过最小方差尖括号公式，对于 $t\in[0,\bar{\tau}]$，它如下：

$$\phi_t=\frac{d<M,\widetilde{M}>_t}{dt}\left(\frac{d<\widetilde{M}>_t}{dt}\right)^{-1}=\left(C\left(P,\widetilde{P}\right)\wedge\right)(t,X_{t-})=:\phi\left(t,X_{t-}\right)\quad(5.30)$$

此外，鉴于式（5.21）至式（5.23），我们有：

$$d\tilde{v}_t-\zeta_t d\widetilde{M}_t=\left(dM_t-\phi_t d\widetilde{M}_t\right)-\left(d\tilde{\mu}_t-\eta_t d\widetilde{M}_t\right)$$

由于 $dM-\phi d\widehat{M}$ 和 $d\tilde{\mu}-\eta d\widehat{M}$ 与 $d\widehat{M}$ 是 F－正交的，因此 $d\tilde{v}-\zeta d\widehat{M}$ 也是 F－正交的。总之，命题 5.3.3 包含以下内容：

推论 5.3.4 对于净对冲 ϕ，作为 M 对 $\widehat{M}$ 的回归系数，策略 $\zeta_t=(\phi-\eta)(t,X_t-)$ 是合同成本过程 $\varepsilon^{\Pi,\zeta}=\varepsilon$ 的市场风险分量 $d\tilde{v}-\zeta d\widehat{M}$ 的最小方差对冲。以这种方式对冲的合同的剩余市场风险由 $e-\varepsilon$ 给出。

5.3.3 跳跃—违约风险完全对冲的最小方差对冲

前一种方法忽略了式（5.22）或式（5.23）中 dJ 项对应的跳跃至违约风险。现在我们希望在完全对冲式（5.22）或式（5.23）中 dJ 项对应的跳跃至违约风险的约束下，对式（5.22）TVA 成本过程 $\varepsilon^{\Theta,\eta}$ 中（$d\tilde{\mu}_t-\eta_t d\widehat{M}_t$）项或式（5.23）中总体成本过程 $\varepsilon^{\Pi,\zeta}=\varepsilon$ 中（$d\tilde{v}_t-\zeta_t d\widehat{M}_t$）项对应的市场风险进行最小方差对冲。值得注意的是，鉴于备注 5.2.12 提供的标记点过程解释，取消方程式（5.21）至式（5.23）中 dJ－项意味着取消 dt－驱动过程，该过程在同一方程式中对其进行补偿。因此，我们在完全对冲违约风险的约束下，相当于最小化成本过程 $\varepsilon^{\Theta,\eta}$或 $\varepsilon^{\Pi,\zeta}=\varepsilon$ 的方差。

我们令上标“0”表示价格过程在 τ 时不能跳跃的对冲工具子集，因此 $R^0=\widehat{R}^0=\widehat{P}^0$，上标“1”表示价格过程在 τ 时可以跳跃的工具子集，即“0”的补码。

因此，对应$t\in[0,\bar{\tau}]$，式（5.22）的TVA成本方程可以重写为：

$$d\varepsilon_t^{\Theta,\eta}=\left(d\widetilde{\mu}_t-\eta_t^0 d\widetilde{M}_t^0-\eta_t^1 d\widetilde{M}_t^1\right)-\left(\left(\xi_t^*-\widetilde{\Theta}_t\right)-\eta_t^1\left(R_t^1-\widetilde{P}_t^1\right)\right)dJ_t-\gamma_t\left(\left(\widetilde{\xi}_t^*-\widetilde{\Theta}_t\right)-\eta_t^1\left(\widetilde{R}_t^1-\widetilde{P}_t^1\right)\right)dt \tag{5.31}$$

在式（5.31）中，TVA价格和对冲(Θ,η)完全对冲dJ－项的条件写为：

$$\xi_t^*-\widetilde{\Theta}_{t-}=\eta_t^1\left(R_t^1-\widetilde{P}_t^1\right),\ t\in\left[0,\bar{\tau}\right] \tag{5.32}$$

其中，根据式（5.12），值得注意的是，ξ_t^* 通过$(1-\overline{R}_t^b)\chi_{t-}^{*,+}$是$\widetilde{\Theta}_{t-}$的随机函数，且$\zeta_{t-}=\phi_{t-}-\eta_{t-}$。因此，条件（5.32）隐含地是$\eta_t^1$中的一个非线性方程，除非在特殊情况下（在目前的马尔科夫设置中）：

$$\left(1-\overline{R}_b(t,x)\right)\chi^+(t,x,\pi,\varsigma)=\left(1-\overline{R}_b(t,x)\right)\chi^+(t,x,\pi) \tag{5.33}$$

（即，左侧不依赖于ς）因此ξ_t^*不依赖η_{t-}。在这种情况下，考虑到式（5.12）中的ξ_t^*表达式，取决于是否考虑单边交易对手风险（$\tau_b=\infty$）模型，在没有银行和交易对手共同违约的情况下双边交易对手风险（几乎可以肯定τ_b，$\tau_c<\infty$且$\tau_b\neq\tau_c$），或者，对于银行和交易对手可能共同违约的双边交易对手风险，我们可以将方程（5.32）分别简化为η_t^1中的一个、两个或三个线性方程组。

备注5.3.5［条件（5.33）的讨论］ 条件（5.33）适用于完全互换对冲的最常见情况，以及$\overline{R}_t^b=1$的部分违约情况（包括单边交易对手风险的情况）。另见4.6的例子如，根据Burgard和Kjaer（2011a、2011b），可以在没有条件（5.33）的情况下找到方程（5.32）的解。如果条件（5.33）不成立，将其回收（如果需要的话）可能需要忘记R中的清算资金现金流$R^f=(1-\overline{R}_{\tau_b}^b)\chi_{\tau_b-}^{*,+}$，从都像$\overline{R}_b$等于1一样，并将$dt$－融资系数$g_t(\pi,\varsigma)$调整为：

$$g_t^{\#}(\pi,\varsigma)=g_t(\pi,\varsigma)-\gamma_t p_t^b\left(1-\overline{R}_t^b\right)\chi_t^+(\pi,\varsigma) \tag{5.34}$$

修正后的问题满足式（5.33）。调整后的融资成本系数$g_t^{\#}(\pi,\varsigma)$代表纯流动性（相对于信用风险）融资成本系数。使用这种方法还可以将模型中的信贷风险成分（由τ_b和τ_c表示）与流动性融资成分（由调整后的融资系数$g^{\#}$表示）解耦。值得注意的是，相比忽略清算资金现金流R^f而不调整式（5.34）中的将引入估值和对冲偏差而言，相应地调整式（5.34）中的g，至少从估值角度看，对于任何固定的 ζ 都是正确的。但这种价值的正确性只适用于给定的对冲过程 ζ。由于所有这些［特别是没有式（5.33）］的关键正是如何选择 ζ，我们认为这种调整方法最终是错误的。

此后，在本小节中，我们假设方程（5.32）有以下形式的解：

$$\eta_t^1 = \eta_t^1(\widetilde{\Theta}_{t-}) = \eta^1(t, X_{t-}, \widetilde{\Theta}_{t-}) \tag{5.35}$$

同样，在条件（5.33）下，这在“1”组对冲工具的轻度非冗余条件下得到满足，η^1 通常在 $\tau_b = \infty$、$\tau_c < \infty$ 和 $\tau_b \neq \tau_c$ 的情况下为一元变量，否则为三元变量，我们也请读者参阅 4.6 节，这种情况下式（5.33）无条件成立。

对应任何 TVA 对冲 η，“1”组中 η 的组成元素 η^1 由式（5.35）中 $\eta_t^1(\widetilde{\Theta}_{t-})$ 给出，TVA 成本流程（5.31）可以简化为：

$$\mathrm{d}\varepsilon_t^{\Theta,\eta} = \mathrm{d}\widetilde{\mu}_t - \eta_t^0 \mathrm{d}\widetilde{M}_t^0 - \eta_t^1 \mathrm{d}\widetilde{M}_t^1 \tag{5.36}$$

这导致我们寻求问题的解 (Θ, η)，即 TVA 跳跃至违约风险完全对冲情况下 TVA 的最小方差对冲问题，其解的形式 η_t 为：

$$\eta_t = \left(\eta_t^0, \eta_t^1\left(\widetilde{\Theta}_{t-}\right)\right) \tag{5.37}$$

并用 $(\widetilde{\Theta}, \eta, \in)$ 解违约前 TVA－BSDE（5.24）。值得注意的是，鉴于违约前的 TVA－BSDE（5.24），$\mathrm{d}\in_t$ 然后在式（5.36）中简化为 $\mathrm{d}\in_t^{\Theta,\eta}$，我们要最小化其方差。现在，为了使式（5.24）的所有解 $(\widetilde{\Theta}, \eta, \in)$ 中 $\mathrm{d}\in_t^{\Theta,\eta} = \mathrm{d}\varepsilon_t$ 的方差最小化，使得 $\eta_t^1 = \eta_t^1(\widetilde{\Theta}_{t-})$，我们必须选择 η^0 作为 $\mathrm{d}\overline{\mu}_t = \mathrm{d}\widetilde{\mu}_t - \eta_t^1(\widetilde{\Theta}_{t-})\mathrm{d}\widehat{M}_t^1$ 对 $\mathrm{d}\widehat{M}_t^0$ 的回归系数。换言之，我们现在正在寻找一种解决方案 $(\widetilde{\Theta}, \eta, \in)$，即违约前的 TVA－BSDE（5.24），其中 $\eta_t^1 = \eta_t^1(\widetilde{\Theta}_{t-})$ 且 $\mathrm{d}\widetilde{\mu}_t - \eta_t^1(\widetilde{\Theta}_{t-})\mathrm{d}\widehat{M}_t^1 - \eta_t^0 \mathrm{d}\widehat{M}_t^0$ 与 $\mathrm{d}\widehat{M}_t^0$ 正交。在这样的解中，对一些 Borel 函数 $\widetilde{\Theta}(t, x)$，另外假设 $\widetilde{\Theta} = \widetilde{\Theta}(t, X_t)$；最小方差尖括号回归公式得出：

$$\begin{aligned}\eta_t^0 &= \frac{\mathrm{d}\left\langle \overline{\mu}, \widetilde{M}^0 \right\rangle_t}{dt}\left(\frac{\mathrm{d} < \widetilde{M}^0 > t}{dt}\right)^{-1} \\ &= \left(C\left(\widetilde{\Theta}, \widetilde{P}^0\right)\wedge^0\right)(t, X_{t-}) - \eta^1\left(t, X_{t-}, \widetilde{\Theta}\left(t, X_{t-}\right)\right)\left(C\left(\widetilde{P}^1, \widetilde{P}^0\right)\wedge^0\right)\left(t, X_{t-}\right) \\ &=: \eta^0\left(t, X_{t-}\right)\end{aligned} \tag{5.38}$$

其中，我们写 $\wedge^0 = (C(\widetilde{P}^0, \widetilde{P}^0))^{-1}$（假设存在）。这导致我们在 $[0,T]$ 上找到 $(\widetilde{\Theta}(t,X_t),(\partial\widetilde{\Theta}\sigma)(t,X_t),\delta\widetilde{\Theta}(t,X_{t-},\cdot))$ 中的以下 Markov - BSDE：

$$\begin{cases}\widetilde{\Theta}(T,X_T)=0,t\in[0,T]\\ -\mathrm{d}\widetilde{\Theta}(t,X_t)=\overline{f}\left(t,X_t,\widetilde{\Theta}(t,X_t),(\partial\widetilde{\Theta}\sigma)(t,X_t),\left(\left(\delta\widetilde{\Theta}\delta\left(\widetilde{P}^0\right)^T\cdot c\right)(t,X_t)\right)\right)\mathrm{d}t-\\ \left(\partial\widetilde{\Theta}\sigma\right)(t,X_t)\mathrm{d}W_t-\delta\widetilde{\Theta}(t,X_{t-})\cdot\mathrm{d}m_t\end{cases} \tag{5.39}$$

对于 $(t,x,\vartheta,z,w)\in[0,t]\times R^q\times R\times R^q\times R^{d_0}$，其中 d_0 是组“0”中的资产数：

$$\overline{f}(t,x,\vartheta,z,w)=f\left(t,x,P(t,x)-\vartheta,\phi(t,x)-\left(\overline{\eta}^0(t,x,\vartheta,z,w),\eta^1(t,x,\vartheta)\right)\right)$$

其中，我们令：

$$\overline{\eta}^0(t,x,\vartheta,z,w)=\left(z\left(\partial\widetilde{P}^0\sigma\right)^T(t,x)+w\right)\wedge^0(t,x)-\eta^1(t,x,\vartheta)\left(c\left(\widetilde{P}^1,\widetilde{P}^0\right)\wedge^0\right)(t,x)$$

实际上，鉴于式（13.41）和式（5.38），我们有：

$$\overline{\eta}^0\left(t,X_t,\widetilde{\Theta}(t,X_t),(\partial\widetilde{\Theta}\sigma)(t,X_t),\left(\left(\sigma\widetilde{\Theta}\delta\left(\widetilde{P}^0\right)^T\right)\cdot c\right)(t,X_t)\right)=\eta^0(t,X_t)$$

$$\overline{f}\left(t,X_t,\widetilde{\Theta}(t,X_t),(\partial\widetilde{\Theta}\sigma)(t,X_t),\left(\left(\sigma\widetilde{\Theta}\delta\left(\widetilde{P}^0\right)^T\right)\cdot c\right)(t,X_t)\right)\mathrm{d}t$$
$$=f\left(t,X_t,P(t,X_t)\widetilde{\Theta}(t,X_t),\phi(t,X_t)-\left(\eta^0(t,X_t),\eta^1\left(t,X_t,\widetilde{\Theta}(t,X_t)\right)\right)\right)\mathrm{d}t$$

现在，在温和的技术条件下，Markov - BSDE（5.39）具有唯一解①，并且该解中的违约前 TVA 函数 $\widetilde{\Theta}=\widetilde{\Theta}(t,x)$ 可以表征为以下半线性偏微分方程的唯一解：

$$\begin{cases}\widetilde{\Theta}(T,x)=0,x\in R^q\\ (\partial_t+A)\widetilde{\Theta}(t,x)+\overline{f}\left(t,x,\widetilde{\Theta}(t,x),(\partial\widetilde{\Theta}\sigma)(t,x),\left(\left(\delta\widetilde{\Theta}\delta\left(\widetilde{P}^0\right)^T\right)\cdot c\right)(t,x)\right)\\ \qquad=0,[0,T)\times R^q\end{cases} \tag{5.40}$$

① 备注 5.3.2 中的单调性条件，在这里应用于 $\overline{f}$。

我们可以将上述分析总结如下。

命题 5.3.6 假设方程（5.32）存在解 $\eta_t^1 = \eta^1(\widetilde{\Theta}_{t-})$，组“0”中对冲资产的 carré du champ matrix $C(\widetilde{P}^0,\widetilde{P}^0)$ 是可逆的。

然后通过式（5.37）至式（5.38）获得 η 和通过式（5.24）获得 $\in$，结合式（5.40）的解 $\widetilde{\Theta}=\widetilde{\Theta}\ (t,\ x)$，产生违约前 TVA－BSDE（5.24）的解（$\widetilde{\Theta},\eta,\in$），于是 $\eta_t^1 = \eta_t^1(\widetilde{\Theta}_{t-})$ 和 $(\mathrm{d}\widetilde{\mu} - \eta_t^1(\widetilde{\Theta}_{t-})\mathrm{d}\widetilde{M}_t^1 - \eta_t^0\mathrm{d}\widetilde{M}_t^1)$ 与 $\mathrm{d}\widetilde{M}_t^0$ 正交。

TVA 的最小方差对冲，被限制为 TVA 跳跃至违约风险的完全对冲，由 $\eta_t = (\eta_t^0,\eta_t^1(\widetilde{\Theta}_{t-}))$ 给出。其中，$\eta_t^0 = \eta^0(t,X_{t-})$ 由式（5.38）给出。即

$$\eta_t^0=\left(C\left(\widetilde{\Theta},\widetilde{P}^0\right)\left(C\left(\widetilde{P}^0,\widetilde{P}^0\right)\right)^{-1}\right)(t,X_{t-})-\eta_t^1\left(\widetilde{\Theta}_{t-}\right)\left(C\left(\widetilde{P}^1,\widetilde{P}^0\right)\left(C\left(\widetilde{P}^0,\widetilde{P}^0\right)\right)^{-1}\right)(t,X_{t-})$$

该过程 $\in = \varepsilon^{\Theta,\eta}$ 表示该 TVA 对冲 η 下的剩余 TVA 风险（在本例中为纯市场风险）。

整个合同的对冲 我们现在考虑的是合同整体的最小方差对冲问题，而不是简单地考虑其 TVA 部分。我们进一步假设合同净价 P 的对冲 ϕ 只涉及组“0”中的主要资产，并且 ϕ^0 作为 F－正交分解 $\mathrm{d}M = \phi^0\mathrm{d}\widetilde{M}^0 + \mathrm{d}\bar{e}$ 中的回归系数给出，即

$$\phi_t^0=\frac{\mathrm{d}<M,\widetilde{M}^0>t}{\mathrm{d}t}\left(\frac{\mathrm{d}<\widetilde{M}^0>t}{\mathrm{d}t}\right)^{-1}=\left(C\left(P,\widetilde{P}^0\right)\wedge^0\right)(t,X_{t-})=:\phi^0\left(t,X_{t-}\right)$$

对于命题 5.3.6 中（$\widetilde{\Theta},\eta,\ \in$）和 $\zeta=\phi-\eta$，成本过程（5.21）～（5.23）简化为：

$$\mathrm{d}\varepsilon_t^{P,\phi}=\mathrm{d}M_t-\phi_t^0\mathrm{d}\widetilde{M}_t^0=\mathrm{d}\bar{e}_t$$

$$\mathrm{d}\varepsilon_t^{\Theta,\eta}=\mathrm{d}\widetilde{\mu}_t-\eta_t^0\mathrm{d}\widetilde{M}_t^0-\eta_t^1\left(\widetilde{\Theta}_{t-}\right)\mathrm{d}\widetilde{M}_t^1=\mathrm{d}\epsilon_t$$

$$\mathrm{d}\varepsilon_t^{\Pi,\zeta}=\mathrm{d}\varepsilon_t=\mathrm{d}\varepsilon_t^{P,\phi}-\mathrm{d}\varepsilon_t^{\Theta,\eta}=\mathrm{d}\tilde{v}_t-\zeta_t^0\mathrm{d}\widetilde{M}_t^0+\eta_t^1\left(\widetilde{\Theta}_{t-}\right)\mathrm{d}\widetilde{M}_t^1$$

由于 $\mathrm{d}M_t - \phi_t^0\mathrm{d}\widetilde{M}_t^0$ 和 $\mathrm{d}\widetilde{\mu}_t - \eta_t^0\mathrm{d}\widetilde{M}_t^0 - \eta_t^1\ (\widetilde{\Theta}_{t-})\ \mathrm{d}\widetilde{M}_t^1$ 与 $\mathrm{d}\widetilde{M}_t^0$ 是 F－正交的，所以与 $\mathrm{d}\tilde{v}_t - \zeta_t^0\mathrm{d}\widetilde{M}_t^0 + \eta_t^1\ (\widetilde{\Theta}_{t-})\ \mathrm{d}\widetilde{M}_t^1$ 也是正交的。因此，命题 5.3.6 承认以下内容：

推论 5.3.7 对于作为 M 对 $\widehat{M}^0$ 的回归系数给出的 ϕ^0，策略

$\zeta_t = (\phi^0(t,X_{t-}) - \eta^0(t,X_{t-}), -\eta_\eta^1(\widetilde{\Theta}_{t-}))$ 是在合同跳转到违约完美对冲约束（即 $\zeta_t^1 = -\eta_t^1(\widetilde{\Theta}_{t-})$）下的最小方差对冲（市场风险）。以这种方式对冲的合同的剩余（市场）风险由 $\varepsilon^{\Pi,\zeta} = \varepsilon = \bar{e} - \in$ 给出。

备注 5.3.8 在完全互换对冲条件（4.18）下，在当前的马尔科夫设置中意味着式（5.33）通过更具体的 $f(t,x,\varsigma) = f(t,x,\pi)$ 和 $f(t,x,P(t,x) - \vartheta) = \hat{f}(t,x,\vartheta)$，将 Markov - BSDEs（5.28）和（5.39）都简化为：

$$\begin{cases}\widetilde{\Theta}(T,X_T)=0, t\in[0,T]\\ -\mathrm{d}\widetilde{\Theta}(t,X_t)=\widetilde{f}\left(t,X_t,\widetilde{\Theta}(t,X_t)\right)\mathrm{d}t-\left(\partial\widetilde{\Theta}\sigma\right)(t,X_t)\mathrm{d}W_t-\delta\widetilde{\Theta}(t,X_{t-})\cdot\mathrm{d}m_t\end{cases} \tag{5.41}$$

相关的半线性偏微分方程为：

$$\begin{cases}\widetilde{\Theta}(T,x)=0, x\in R^q\\ (\partial_t+A)\widetilde{\Theta}(t,x)+\widetilde{f}\left(t,x,\widetilde{\Theta}(t,x)\right)=0,[0,T)\times R^q\end{cases} \tag{5.42}$$

值得注意的是，尽管 TVA 的值通过式（5.41）、式（5.42）（假设适定）唯一定义，但通过命题5.3.3或5.3.6（通过推论5.3.4或5.3.7得到 ζ）得到的对冲 η 通常不同，因为它们解决了不同的对冲问题。

5.3.4 到底是单边还是双边?

对冲交易对手风险的重要性不仅体现在市场风险方面，而且体现在跳跃至违约风险头寸方面，这一点在2007—2009年的次贷危机中得到了体现。但是，通过CDS合同向自己出售保证措施实际上是行不通的（谁会买呢?)，由于缺乏合适的对冲工具，实际上是否有可能对冲自己的跳跃至违约风险头寸是相当可疑的，除了在Burgard和Kjaer（2011a、2011b）中考虑的回购自己债券的可能性，我们在4.6节讨论了这一点。(相反，通过向同行出售CDS保证，对冲DVA的利差风险是可能的，但这种策略风险很大，也会带来系统性风险问题；人们也可能认为DVA与CVA一样，是对其他事物的自然对冲，是逆周期的)。

或者（特别是在存在单边交易对手风险的情况下)，银行可以采用5.3.3方

法的变体。通过市场风险的最小方差对冲，以完美对冲交易对手的跳跃至违约风险，使自己的违约未对冲。仅对冲交易对手的违约风险意味着对冲（5.31）中的 $L_{\{\tau_c<\tau_b\wedge T\}}\times$（$\mathrm{d}J$－项）。考虑到 TVA 成本方程（5.31），并给出 ξ_t 的设置（5.5），这将简化为以下由标量过程 η^1 满足的显式［相对于（5.32）］单变量线性方程：

$$P_t-Q_t+\left(1-R_t^c\right)\chi_t^+-\widetilde{\Theta}_{t-}=\eta_t^1\left(R_t^1-\widetilde{P}_t^1\right),t\in[0,T] \tag{5.43}$$

因此，TVA（或整个合同）市场风险的最小方差对冲，根据交易对手跳跃至违约的完全对冲，以式（5.43）求解 $\eta_t^1=\eta_t^1(\widetilde{\Theta}_{t-})$，简化为 5.3.3 中 TVA（或整个合同）市场风险的最小方差对冲。最小方差对冲可以按照 5.3.3 得出命题5.3.6 和推论 5.3.7 的易于推导的类似物。值得注意的是，这不涉及式（5.33）这样的技术条件。

在这种方法中，银行不会对冲自己的违约风险，因此无法将其货币化（与银行通过出售自己的预付 CDS 保证来即时赚钱的情况相反）。如果银行希望在这方面保持一致，并且忽略这种“虚假利益”，它可以设置 $R_b=\overline{R}_b=1$。那么 f 的方程式（5.7）和方程式（5.6）会简化为：

$$f_t\left(P_t-\vartheta,\varsigma\right)+r_t\vartheta=\gamma_t p_t^c\left(1-R_t^c\right)\left(Q_t-\Gamma_t\right)^++g_t\left(P_t-\vartheta,\varsigma\right)+\gamma_t\left(P_t-\vartheta-Q_t\right) \tag{5.44}$$

不再进行有益的债务估值调整，且融资系数 g 被解释为纯流动性成本（参见6.3.5 更具体的设定，在示例5.2.6 的框架内）。

这种“不对称 TVA 方法”与 5.3.3 的“对称 TVA 方法”形成了鲜明的对比。即使仍然是双边的，也能让人摆脱许多顾虑，包括因 $\overline{R}_b<1$ 而产生的套利问题、银行在其自身违约时间的假设和自相矛盾的利益以及银行必须对冲自身跳跃至违约风险以将其货币化的困惑。鉴于自身违约的暴利实际上是资深债券持有人的现金流，故在银行的优化（或对冲）过程中，仅应考虑股东的利益［见 Albanese、Brigo 和 Oertel（2013）以及 Albanese 和 Iabichino（2013）］。

6

TVA 的四个支柱

6.1 介绍

关于 CVA、DVA、LVA 和 RC［合称 TVA（总估值调整）］的复杂问题在前几章进行了研究，本章从数值化角度对其进行探讨。6.2 节提供了第 4 章和第 5 章的摘要。6.3 节描述了各种 CSA 设置。在 6.4 节和 6.5 节中，我们在利率衍生品的两个简单模型中给出了净估值（交易对手风险和融资成本的净估值）和 TVA 计算。我们在一系列的实例中展示了如何在各种情况下计算 TVA 的四个“支柱”，即 CVA、DVA、LVA 和 RC，并评估了相关的模型风险。

6.2 TVA 表达式

6.2.1 设置

设置与第 5 章相同。全模型过滤由 $G = F \vee H^b \vee H^c$ 给出，其中 F 是参考（或背景）过滤。风险中性定价测度 Q 始终固定在 ∂_T 上。如第 5 章所述，非线性融资环境中风险中性定价措施的含义由鞅条件指定，下文以适当的定价逆向随机微分方程（BSDEs）的形式说明。

备注 6.2.1 即使在本章中不会明确出现，定价措施也必须满足假设 4.4.1，以便对冲资产的收益过程遵循鞅。

此外，我们假设停在 τ 处的 F－鞅是 G－鞅，即 τ 是 (F,G)－伪停时。如备注 5.2.2 所述，这一基本假设排除了重大的错向风险影响，如信用衍生工具交易对手风险产生的影响。特别是，在这些假设下，F－适应的 cádlág 过程不能在 τ 处跳跃，例如 $\Delta_\tau = 0$。读者可参阅第四部分以及第 12 章和 Crépey 和 Song (2014) 了解这方面的各种发展。

我们用 r_t 表示 OIS 利率（OIS 代表隔夜指数互换），这是无风险利率的最佳市场代理变量。我们通过 $\tilde{r}_t = r_t + \gamma_t$ 表示信贷风险调整后的利率。其中，γ_t 是 F－危险强度 τ（假设存在的话）。令 $\beta_t = \exp(-\int_0^t r_s \mathrm{d}s)$ 和 $\alpha_t = \exp(-\int_0^t \tilde{r}_s \mathrm{d}s)$ 表示相应的贴现系数。此外，E_t 和 $\widetilde{E}_t$ 分别表示给定 ∂_t 和 F_t 的条件期望，当 $t \in [0,\bar{\tau}]$ 时，定义了具有承诺红利 $\mathrm{d}D_t$ 的契约的净价值过程 P_t［参见式（5.1）］。

$$\beta_t P_t = \widetilde{E}_t\left(\int_t^T \beta_s \mathrm{d}D_s\right) \tag{6.1}$$

设 F－可预测过程 Q 表示合同的 CSA 价值过程，F－适应过程 Γ 表示 CSA（现金）担保方案的价值过程。我们用 π 表示一个实数，在金融解释中代表银行对冲组合的财富。为简单起见，我们选择最常见的情况，即对冲以交换和/或通过回购市场交易的方式安全地获得资金。如第 5 章所述，∂_τ－违约时可测量的风险敞口 ξ 将被定义为［参见式（5.12）］：

$$\xi_t(\pi) = P_t - Q_t + L_{t\geq\tau_c}(1-R_c)\chi_t^+ - L_{t\geq\tau_b}\left((1-R_b)\chi_t^- + \left(1-\overline{R}_b\right)\chi_{t-}^+(\pi)\right) \tag{6.2}$$

其中［参见式（5.5）、式（4.17）］，

$$\chi_t = Q_t - \Gamma_t, X_t(\pi) = \pi - \Gamma_t \tag{6.3}$$

分别代表交易对手对银行和银行对出资人的代数债务（algebraic debt），其中 R_b 和 R_c 代表双方之间的回收率，而 $\overline{R}_c$ 代表银行对出资人的回收率。

备注 6.2.2 在下面考虑的一些设置中，Q_t 和 Γ_t 也取决于 π。这种额外的依赖性本质上不会改变参数流，因此为了符号的简单性而将其省略。

我们现在考虑为银行头寸（合同及其对冲组合）融资所需的现金流。OIS 利率 r_t 用作所有其他融资利率的参考，根据 r_t 的相应基准进行定义。鉴于此类

基准 b_t 和 $\bar{b}_t$ 与银行过账和收到的抵押品有关，λ_t 和 $\bar{\lambda}_t$ 与银行的外部借贷有关，融资成本系数 $g_t(\pi)$ 在示例 5.2.6 中定义为：

$$g_t(\pi,\varsigma)=g_t(\pi)=\bar{b}_t\Gamma_t^+-b_t\Gamma_t^-+\bar{\lambda}_t\left(\pi-\Gamma_t\right)^+-\lambda_t\left(\pi-\Gamma_t\right)^- \tag{6.4}$$

那么 $(r_t\pi+g_t(\pi))\mathrm{d}t$ 代表银行在 $(t,t+\mathrm{d}t)$ 上的融资成本，取决于合同价值 π①。

备注 6.2.3 融资基础被解释为流动性和信用风险的组合（见第 2 章）。以不同货币和相关期权入账的抵押品可通过对 b 和 $\bar{b}$ 的适当修订进行说明［见 Fujii 和 Takahashi（2011a）以及 Piterberg（2012）］。

6.2.2 BSDE 模型

在这样设定数据 ξ 和 g_t 的情况下，TVA 过程 Θ 在 $[0,\bar{\tau}]$ 上被隐含地定义为在随机时间间隔 $[0,\bar{\tau}]$ 上提出的下列 BSDE（以积分形式）的解［参考式(4.38)］：

$$\beta_t\Theta_t=E_t\left[\beta_{\bar{\tau}}L_{\tau<T}\xi_\tau(P_\tau-\Theta_{\tau-})+\int_t^{\bar{\tau}}\beta_s g_s(P_s-\Theta_s)\mathrm{d}s\right],t\in[0,\bar{\tau}] \tag{6.5}$$

关于 TVA－BSDE（6.5）的推导，见命题 4.5.2。

备注 6.2.4 对于 $\bar{R}_b=1$，违约风险敞口 ξ_t 不取决于 π，在融资系数为 $g_t(P_t-\vartheta)=g_t^0(P_t)-\lambda_t^0\vartheta$（对于某些 g^0 和 λ^0）的线性情况下，TVA 方程（6.5）简化为显式的表达式：

$$\beta_t\Theta_t=E_t\left[\beta_{\bar{\tau}}^0L_{\tau<T}\xi+\int_t^{\bar{\tau}}\beta_s^0g_s^0(P_s)\mathrm{d}s\right] \tag{6.6}$$

对于调整后的贴现系数：

$$\beta_t^0=\exp\left(-\int_0^t\left(r_s+\lambda_s^0\right)\mathrm{d}s\right)$$

对于 $t\in[0,T]$ 和 $\pi\in R$，设

$$\tilde{\xi}_t(\pi)=(P_t-Q_t)+p_t^c\left(1-R_t^c\right)\chi_t^+-p_t^b\left(\left(1-R_t^b\right)\chi_t^-+\left(1-\bar{R}_t^b\right)(\pi-\Gamma_t)^+\right) \tag{6.7}$$

对于可预测的过程 P^b 和 P^c：

① 或者，更准确地说，减去抵押、对冲和融资组合的价值。

$$p_{\tau}^{b}=Q(\tau=\tau_{b}\mid\partial_{\tau-}),\ p_{\tau}^{c}=Q(\tau=\tau_{c}\mid\partial_{\tau-})$$

值得注意的是，在单边交易对手风险的情况下，我们有 $\tau_b=\infty$，因此，$P_{\tau}^{b}=0$，$P_{\tau}^{c}=1$。我们在命题 5.2.10 中看到，通过在 $[0,\bar{\tau}]$ 上设置 $\Theta=\widetilde{\Theta}$ 和 $\Theta_{\tau-}=L_{\tau<T}\xi$，我们得到了完整 TVA 方程（6.5）的解。假设对于 $t\in[0,T]$，F－半鞅 $\widetilde{\Theta}$ 满足以下 F－BSDE：

$$\alpha_t\widetilde{\Theta}_t=\widetilde{E}_t\left[\int_t^T\alpha_s\left(g_s\left(P_s-\widetilde{\Theta}_s\right)+\gamma_s\tilde{\xi}_s\left(P_s-\widetilde{\Theta}_s\right)\right)\mathrm{d}s\right]\tag{6.8}$$

备注 6.2.5 这里假设式（6.8）中的数据是 F－适应的，这是一个非极端条件，通过传递原始数据的 F－代表（或违约前价值）总是可以满足（见 5.2.2）。

违约前的 TVA－BSDE（6.8）可以用微分形式写成［我们复原式（5.8）］：

$$\begin{cases}\widetilde{\Theta}_T=0,\ t\in[0,T]\\-\mathrm{d}\widetilde{\Theta}_t=f_t\left(P_t-\widetilde{\Theta}_t\right)\mathrm{d}t-\mathrm{d}\widetilde{\mu}_t\end{cases}\tag{6.9}$$

其中，$\widetilde{\mu}$ 是 $\widetilde{\Theta}$ 分量的 F－鞅，其中［参见式（5.7）］：

$$f_t\left(P_t-\vartheta\right)=g_t\left(P_t-\vartheta\right)+\gamma_t\tilde{\xi}_t\left(P_t-\vartheta\right)-\widetilde{r}_t\vartheta\tag{6.10}$$

备注 6.2.6 在线性预设情况下，其中

$$g_t\left(P_t-\vartheta\right)+\gamma_t\left(\tilde{\xi}_t\left(P_t-\vartheta\right)-\vartheta\right)=\widetilde{g}_t^{0}\left(P_t\right)-\widetilde{\lambda}_t^{0}\vartheta$$

对于 $\bar{g}$ 和 λ^0 预设的方程式（6.8）可简化为

$$\widetilde{\beta}_t^{0}\widetilde{\Theta}_t=\widetilde{E}_t\left[\int_t^T\widetilde{\beta}_s^{0}\widetilde{g}_s^{0}\left(P_s^{0}\right)\mathrm{d}s\right]\tag{6.11}$$

对于调整后的贴现系数：

$$\widetilde{\beta}_t^{0}=\exp\left(-\int_0^t\left(r_s+\widetilde{\lambda}_s^{0}\right)\mathrm{d}s\right)$$

在数值方面，如式（6.6）或式（6.12）的显式表达式允许通过标准蒙特卡洛循环估计相应的“线性 TVA”（前提是可以显式计算 P_t 和 Q_t）。否则，非线性 TVA 计算只能通过更高级的方案来完成：非线性回归，如 Cesari、Aquilina、Charpil－lon、Filipovic、Lee 和 Manda（2010）、扩展［见 Fujii 和 Takahashi（2011b）］或分支部分［见 Henry Labordère（2012）］。相应的半线性 TVA 偏微分方程的确定性格式只能用于低维马尔科夫模型。

备注6.2.7 根据式（6.1），P 满足以下 F－BSDE：

$$\begin{cases} P_T = 0, t \in [0,T] \\ -\mathrm{d}P_t = \mathrm{d}D_t - r_t P_t \mathrm{d}t - \mathrm{d}M_t \end{cases} \tag{6.12}$$

对于一些 F－鞅 M。以下 $\widetilde{\Pi}:=P-\widetilde{\Theta}$ 的违约前 F－BSDE 后跟式（6.9）和式（6.12）：

$$\begin{cases} \widetilde{\Pi}_T = 0, t \in [0,T] \\ -\mathrm{d}\widetilde{\Pi}_t = \mathrm{d}D_t - \left(f_t\left(\widetilde{\Pi}_t\right) + r_t P_t\right)\mathrm{d}t - \mathrm{d}\tilde{v}_t \end{cases} \tag{6.13}$$

其中，$\mathrm{d}\tilde{v}_t=\mathrm{d}M_t-\mathrm{d}\tilde{\mu}_t$。由于违约前价格 BSDE（6.13）涉及合同承诺现金流 $\mathrm{d}D_t$，因此不如违约前 TVA－BSDE（6.9）方便。这个数学动机是在序言中提出的财务理由方面采用“净价格 P 减去 TVA Θ”的估值和对冲方法。

违约前马尔科夫设定

如5.3.8 所述［参见式（5.25）］，假设：

$$f_t(P_t-\vartheta)=\widetilde{f}(t,X_t,\vartheta) \tag{6.14}$$

对于一些可测函数 $\tilde{f}(t,x,\theta)$ 和 R^d－值 F－Markov 违约前因子过程 X，则 $\widetilde{\Theta}_t=\widetilde{\Theta}(t,X_t)$，其中违约前 TVA 定价函数 $\widetilde{\Theta}=\widetilde{\Theta}(t,x)$ 是相关违约前定价偏微分方程的解。然而，如备注6.2.6 所述，从数值解的角度看，只有当 X 的维数小于 3 或 4 时，才能使用确定性偏微分方程格式，否则式（6.9）的模拟方法是唯一可行的选择。

6.2.3 CVA、DVA、LVA 和 RC

将式（6.7）代入式（6.10）并重新排序［参见式（5.11）］，得到：

$$\begin{aligned} f_t(P_t-\vartheta)+r_t\vartheta &= \gamma_t p_t^c(1-R_c)(Q_t-\Gamma_t)^+ - \gamma_t p_t^b(1-R_b)(Q_t-\Gamma_t)^- + \\ &\quad \bar{b}_t\Gamma_t^+ - b_t\Gamma_t^- + \tilde{\lambda}_t\,(P_t-\vartheta-\Gamma_t)^+ - \lambda_t(P_t-\vartheta-\Gamma_t)^- + \gamma_t(P_t-\vartheta-Q_t) \end{aligned} \tag{6.15}$$

其中，系数 $\tilde{\lambda}_t=\bar{\lambda}_t-\gamma_t p_t^b(1-\bar{R}_b)$ 乘以 $(P_t-\vartheta-\Gamma_t)^+$ 可以解释为扣除信贷利差后的外部借款基数。该系数表示 $\bar{\lambda}$ 的流动性成分。从银行角度来看，TVA 系数分解中的四项可分别解释为昂贵的（非代数、严格）信贷价值调整（CVA）部分、受益债务估值调整（DVA）部分，流动资金成本/收益（LVA）部分和替代收益/成本（RC）部分。特别地，时间 0 的 TVA 可以表示为：

$$\Theta_0 = E\left[\int_0^T \beta_t\gamma_t p_t^c(1-R_c)(Q_t-\Gamma_t)^+\mathrm{d}t\right] - E\left[\int_0^T \beta_t\gamma_t p_t^b(1-R_b)(Q_t-\Gamma_t)^-\mathrm{d}t\right] + E\left[\int_0^T \beta_t\left(\bar{b}_t\Gamma_t^+ - b_t\Gamma_t^- + \tilde{\lambda}_t\,(P_t-\widetilde{\Theta}_t-\Gamma_t)^+ - \lambda_t(P_t-\widetilde{\Theta}_t-\Gamma_t)^-\right)\mathrm{d}t\right] + E\left[\int_0^T \beta_t\gamma_t(P_t-\widetilde{\Theta}_t-Q_t)\mathrm{d}t\right] \tag{6.16}$$

CVA 和 LVA 中的 $\bar{\lambda}_t(P_t-\widetilde{\Theta}_t-\Gamma_t)^+$ 组成部分（对于 $\bar{\lambda}_t$ 是正值）是“交易不利的”（deal adverse），因为它们增加了 TVA，因此降低了“买入价”，银行可以考虑从交易对手处购买合同（相关对冲的成本）。

相反，DVA 和 LVA 的 $-\gamma_t P_b^c(1-\bar{R}_b)(P_t-\widetilde{Q}_t-\Gamma_t)^+$ 部分是“交易友好的”（deal friendly），因为它们降低了 TVA，从而提高了银行可以承受的价格。同样地，式（6.16）中的其他术语也可以根据其正负符号解释为“交易不利的或交易不友好的（deal friendly or adverse）”。

备注 6.2.8　第 2 章分析的一个可能应用是在后面的随机模型中校准（或至少测量）流动性融资借贷基础 $\tilde{\lambda}_t$ 的波动性。根据 LOIS 公式（2.12），这种波动性可以通过 Libor 利率和 OIS 利率之间的 LOIS 市场利差（另见备注 6.4.2）在一级近似水平下确定。这与所谓的市场融资成本法相对应，而与基于银行资金转移过程分析的融资方式不同。

6.3　CSA 设置

在本节中，我们将根据 CSA 数据详细介绍 f 通用格式（6.15）的各种规格：清算估值方案 Q、抵押方案 Γ 和抵押报酬基数 b 和 $\bar{b}$。

6.3.1　净 CSA 回收计划

如果是净 CSA 回收方案 $Q=P$，式（6.15）采用以下形式：

$$f_t(P_t-\vartheta)+\tilde{r}_t\vartheta = \gamma_t p_t^c(1-R_c)(P_t-\Gamma_t)^+ - \gamma_t p_t^b(1-R_b)(P_t-\Gamma_t)^- + b_t\Gamma_t^+ - \bar{b}_t\Gamma_t^- + \lambda_t(P_t-\vartheta-\Gamma_t)^+ - \tilde{\lambda}_t(P_t-\vartheta-\Gamma_t)^- \tag{6.17}$$

值得注意的是，左侧的 $\tilde{r}_t$ 与式（6.15）中的 r_t 相反。如果没有抵押物

（$\Gamma=0$），则式（6.17）的右侧简化为：

$$\gamma_t p_t^c(1-R_c)P_t^+ - \gamma_t p_t^b(1-R_b)P_t^- + \lambda_t(P_t-\vartheta)^+ - \tilde{\lambda}_t(P_t-\vartheta)^- \tag{6.18}$$

而在连续抵押的情况下，当 $\Gamma=Q=P$ 时，则可简化为：

$$b_t P_t^+ - \bar{b}_t P_t^- + \lambda_t\vartheta^- - \tilde{\lambda}_t\vartheta^+ \tag{6.19}$$

备注 6.3.1（对称融资流动性情况） 如果 $\lambda=\tilde{\lambda}$（相等的外部借贷流动性基数），则对于每种形式为 $P_t-\Gamma_t=\varepsilon_t$ 的担保方案，TVA 是线性的（参见备注 6.2.6），其产生了外部剩余敞口 ε_t（不取决于 Θ_t，例如，对于零担保或连续担保）。设

$$f_t^\lambda = (\gamma_t p_t^c(1-R_c)+\lambda_t)\varepsilon^+ - \left(\gamma_t p_t^b(1-R_b)+\lambda_t\right)\varepsilon^- + b_t\Gamma_t^+ - \bar{b}_t\Gamma_t^- \tag{6.20}$$

类似于式（6.11），我们最终得到：

$$\tilde{\beta}_t^\lambda\tilde{\Theta}_t = \tilde{E}_t\int_t^T \tilde{\beta}_s^\lambda f_s^\lambda \mathrm{d}s \tag{6.21}$$

对于调整后的贴现系数：

$$\tilde{\beta}_t^\lambda = \exp\left(-\int_0^t\left(\tilde{r}_s+\lambda_s\right)\mathrm{d}s\right) \tag{6.22}$$

6.3.2 违约前 CSA 回收计划

对于违约前 CSA 回收方案 $Q=\tilde{\Pi}=P-\tilde{\Theta}$，将式（6.15）的转化为：

$$\begin{aligned} f_t(\vartheta)+r_t\vartheta = &\left(\gamma_t p_t^c(1-R_c)+\tilde{\lambda}_t\right)(P_t-\vartheta-\Gamma_t)^+ - \\ &\left(\gamma_t p_t^b(1-R_b)+\lambda_t\right)(P_t-\vartheta-\Gamma_t)^- + \bar{b}_t\Gamma_t^+ - b_t\Gamma_t^- \end{aligned} \tag{6.23}$$

如果没有抵押（$\Gamma=0$），右侧简化为：

$$\left(\gamma_t p_t^c(1-R_c)+\tilde{\lambda}_t\right)(P_t-\vartheta)^+ - \left(\gamma_t p_t^b(1-R_b)+\lambda_t\right)(P_t-\vartheta)^- \tag{6.24}$$

而 $\Gamma=Q=P-\tilde{\Theta}$ 的连续抵押得到右侧为：

$$\bar{b}_t(P_t-\vartheta)^+ - b_t(P_t-\vartheta)^- \tag{6.25}$$

备注 6.3.2 如果 $b=\bar{b}$（在抵押品借贷流动性基础相等的情况下），则 TVA 对于每种形式为 $P_t-\tilde{\Theta}_t-\Gamma_t=\varepsilon_t$ 的抵押方案是线性的，其产生了一个外生剩余风险 ε_t（不取决于 $\tilde{\Theta}_t$，例如对于连续抵押）。所以我们设

$$f_t^b = -(\gamma_t p_t^c(1-R_c)+\widetilde{\lambda}_t)\varepsilon_t^- + b_t\left(P_t-\varepsilon_t\right)+\left(\gamma_t p_t^b(1-R_b)+\lambda_t\right)\varepsilon_t^+ \tag{6.26}$$

同样类似于式（6.11），结果是

$$\widetilde{\beta}_t^b\widetilde{\Theta}_t = \widetilde{E}_t\left[\int_t^T \widetilde{\beta}_s^b f_s^b \mathrm{d}s\right] \tag{6.27}$$

对于调整后的贴现系数：

$$\widetilde{\beta}_t^b = \exp\left(-\int_0^t\left(r_s+b_s\right)\mathrm{d}s\right) \tag{6.28}$$

备注 6.3.3 如果 $b=\bar{b}=0$，则与式（6.19）和式（6.25）相对应的两个连续抵押方案均简化为 $\widetilde{\Theta}=0$ 和 $\widetilde{\Pi}=P=\Gamma=Q$。

6.3.3 完全抵押 CSA

注意到式（6.25）只涉及抵押报酬基础，这是双方之间的交换。因此，在相应情况下，$\Gamma=Q=\widetilde{\Pi}$，其中 $\widetilde{\Pi}$ 是银行对合同的买入价，也是交易对手的卖出价。因此，这一设置应被称为完全抵押。然而，需要注意的是，对于 $b\neq0$ 或 $\bar{b}\neq0$，即使是完全抵押，这种设置也包含一些 TVA。

如果 $b=\bar{b}$，那么，考虑到式（6.15），对于完全抵押价格 $\widetilde{\Pi}=\Gamma$，在 BSDE（6.13）中，$f_t(\widetilde{\Pi}_t)+r_tP_t$ 简化为 $(r_t+b_t)\widetilde{\Pi}_t$。因此，此 BSDE 相当于 $\widetilde{\Pi}$ 的以下显式表达式：

$$\widetilde{\beta}_t^b\widetilde{\Pi}_t = \widetilde{E}_t\left[\int_t^T \widetilde{\beta}_s^b \mathrm{d}Ds\right] \tag{6.29}$$

式（6.28）定义了式中的 $\widetilde{\beta}^b$。在特殊情况 $b=\bar{b}=0$ 时，我们有 $\widetilde{\Theta}=0$ 和 $\widetilde{\Pi}=P=Q=\Gamma$，这是备注 6.3.3 中已经考虑的情况。在这种情况下，如果所有交易对手风险和超额融资成本都得到了缓解，那么式（6.1）就有理由成为 OIS 抵押品融资利率 r 下完全抵押价格的主要净估值公式。有了这样一个完全抵押的 CSA，就没有必要对 TVA（空）进行定价和对冲。该问题归结为净价格 P 和相关套期保值的计算。

6.3.4 纯融资

在 $\gamma=0$ 的情况下，即在无违约交易对手的情况下，我们称之为纯融资情况，

CSA 价值过程 Q 不起实际作用。对于 $\widetilde{\Pi}$，BSDE（6.13）的 dt - 系数如下所示：

$$f_t(\widetilde{\Pi}_t)+r_tP_t=(r_t+\bar{b}_t)\Gamma_t^+-(r_t+b_t)\Gamma_t^-+(r_t+\tilde{\lambda}_t)(\widetilde{\Pi}-\Gamma_t)^+-(r_t+\lambda_t)(\widetilde{\Pi}-\Gamma_t)^-$$

对于应解释为纯流动性融资基础的外部借款基础 $\tilde{\lambda}=\bar{\lambda}$（因为不涉及交易对手风险），在 $\Gamma=0$ 和 $\lambda=\tilde{\lambda}$ 的情况下，这将导致 $\widetilde{\Pi}$ 的以下显式表达式：

$$\tilde{\beta}_t^{\lambda}\widetilde{\Pi}_t=\widetilde{E}_t\int_t^T\tilde{\beta}_t^{\lambda}dD_s \tag{6.30}$$

其中，$\tilde{\beta}^{\lambda}$ 已在式（6.22）中定义。在特殊情况 $\tilde{\lambda}=\bar{\lambda}=0$ 下，我们还原了 $\widetilde{\Pi}=P$ 的经典估值公式（6.1）。

6.3.5 不对称 TVA 方法

在不对称 TVA 方法中，$R_b=\bar{R}_b=1$（见 5.3.4），方程式（6.15）简化为［参见式（5.44）］

$$\begin{aligned}f_t(P_t-\vartheta)+r_t\vartheta=&\gamma_tp_t^c(1-R_c)(Q_t-\Gamma_t)^++\\&\bar{b}_t\Gamma_t^+-b_t\Gamma_t^-+\bar{\lambda}_t(P_t-\vartheta-\Gamma_t)^+-\lambda_t(P_t-\vartheta-\Gamma_t)^-+\gamma_t(P_t-\vartheta-Q_t)\end{aligned} \tag{6.31}$$

其中，不再存在任何有益的借方估值调整（对于 $R_b=1$），并且借款融资基础 $\bar{\lambda}_t$ 被解释为纯流动性成本。

6.4 净估值

在 6.5 的数值计算中，我们将采用两个单变量短期利率模型，见 6.4.2 和 6.4.3，其在利率互换的情况下，将用于 TVA 计算。我们考虑两种不同模型有两方面的原因。第一，我们要强调的是，从实现的角度看，我们用于 TVA 计算的 BSDE 方案是完全独立于模型的（至少是在第一阶段对模型进行正向模拟之后的逆向非线性回归阶段）。第二，比较两个不同的模型在同一数据下得到的结果，使我们能够评估 TVA 模型的风险。

备注 6.4.1 如前所述，第三部分的基本信用风险简化方法适用于参考合同和双方之间存在合理依赖关系的情况（合理或未知，例如利率和信贷之间的依赖性并不是按市场流动性定价的）。对于高度依赖的情况，如交易对手对信用衍生品的风险，需要额外的工具（见第四部分）。

备注 6.4.2（多曲线利率模型） 谈到利率衍生品，我们还应提到“系统性”交易对手风险，即自 2007 年 8 月以来出现的各种显著价差，这些价差存在于以前非常相似的利率之间，比如不同期限的 OIS 利率和 Libor 利率。如第 2 章所述（另见备注 6.2.8），这些利差也是银行交易对手风险的结果，但在宏观层面（银行部门作为一个整体的交易对手风险，而不是本书中“银行”的特定交易对手风险），这种系统性交易对手风险影响了所有衍生品市场，因此应在利率衍生品模型中体现出来，否则将无法与当前的 OIS 和 Libor 市场进行联合校准。然而，如 Crépey、Grbac、Ngor 和 Skovmand（2013）所示（这里的重点正是刚刚提到的联合校准工作），为了适应本章的一般 TVA 方法的多曲线设置，我们需要做的就是在 TVA 计算中使用利率衍生品的多曲线净估值模型，即净利率衍生品模型，其中现金流基于不同于贴现时使用的利率。换言之，我们所需要做的就是从经典的单曲线净估值利率衍生模型［如式（6.38）或式（6.45）］切换到多曲线模型，在通用的净估值公式（6.1）中，风险中性贴现因子 β 下的 OIS 利率与定价（承诺现金流）dD 下的 Libor 利率之间可能存在差异。对于不同的多曲线利率模型，参见 Kijima、Tanaka 和 Wong（2009）、Kenyon（2010）、Henrard（2007、2010）、Bianchetti（2010）、Mercurio（2010a、2010b）、Fujii、Shimada 和 Takahashi（2011、2011a）、Moreni 和 Pallavicini（2013a）。

6.4.1 产品

我们将处理以下利率衍生品：远期利率协议（FRA）、IR 互换（FRAs 的投资组合）和上限（在 6.5 中用于校准目的），我们将在下面给出其定义。所有这些衍生品的基础利率都是 Libor 利率。按照惯例，Libor 利率是预先设定的，付款被拖欠了。正如在备注 6.4.2 中指出的，我们在这里不讨论多曲线问题。因此，我们使用远期 Libor 利率 $L_t(T,T+\delta)$ 的经典定义，固定在时间 $t\leq T$，用于未来时间间隔［T，$T+\delta$］：

$$L_t(T,T+\delta)=\frac{1}{\delta}\left(\frac{B_t(T)}{B_t(T+\delta)}-1\right)$$

其中，$B_t(T)$ 表示到期日为 T 的零息债券在时间 t 的价格。

定义6.4.3 远期利率协议（FRA）是固定利率 K 的金融合同，利率 K 将应用于未来的时间间隔。用 $T>0$ 表示未来开始日期，用 $T+\delta$ 表示合同到期日（其中 $\delta\geqslant 0$），用 N 表示名义金额。付款人 FRA 在到期日 $T+\delta$ 的支付等于：

$$P^{fra}(T+\delta;T,T+\delta,K,N)=N\delta(L_T(T,T+\delta)-K)$$

由于 $P^{fra}(t;T,T+\delta,K,N)/B_t(T+\delta)$ 和 $L_t(T,T+\delta)$ 是前向测度 $Q^{T+\delta}$下的鞅［参见 Brigo 和 Mercurio（2006）］，付款人 FRA 在时间 $t\in[0,T]$ 的值由下式给出：

$$\begin{aligned}P^{fra}(t;T,T+\delta,K,N)&=NB_t(T+\delta)E^{T+\delta}\left[\left(L_T(T,T+\delta)-K\right)|F_t\right]\\&=N(B_t(T)-K^{-}B_t(T+\delta))\end{aligned}\tag{6.32}$$

其中，$E^{T+\delta}$表示关于前向测度 $Q^{T+\delta}$和 $1+\delta K$ 的期望值。

定义6.4.4 利率（IR）互换是指双方之间的金融合同，基于指定的名义金额 N，将一种未来利息支付流转换为另一种未来利息支付流。固定利率对浮动利率互换（Fixed－for－floating rate swap）是指将固定付款转换为与 Libor 利率挂钩的浮动付款。用 $T_0\geqslant 0$ 表示未来起始日期，用 $T_1<\cdots<T_n$（其中 $T_1>0$）表示付款日期的集合，用 K 表示固定利率。对于 $t\leqslant T_0$，付款人互换在时间 t 净价格 P_t 由以下公式给出：

$$P_t=P^{sw}(t;T_1,T_n)=N\left(B_t(T_0)-B_t(T_n)-K\sum_{k=1}^{n}\delta_{k-1}B_t\left(T_k\right)\right)\tag{6.33}$$

其中，$\delta_{k-1}=T_k-T_{k-t}$。互换利率 K_t，如固定利率 K 使得时间 t 的互换价值等于零，由下式给出：

$$K_t=\frac{B_t(T_0)-B_t(T_n)}{\sum\limits_{k=1}^{n}\delta_{k-1}B_t(T_k)}\tag{6.34}$$

从开始的互换价值，即对于 $T_0<t<T_n$ 在时间 t 的价值，由下式给出：

$$P^{sw}(t;T_1,T_n)=N\left(\left(\frac{1}{B_{T_{k_t-1}}\left(T_{k_t}\right)}-K\delta_{k_{t-1}}\right)B_t\left(T_{k_t}\right)-B_t\left(T_n\right)-K\sum_{k=k_t+1}^{n}\delta_{k-1}B_t\left(T_k\right)\right)\tag{6.35}$$

其中，T_{k_t}是大于 t 的最小 T_k。接收方掉期的净价格$\overline{P}_t$ 由 $\overline{P}_t=-P^{sw}(t;T_1,T_n)$ 给出。

定义6.4.5 利率上限（下限）有关协议是一种金融合同，在每个期限结束时，当利率超过（低于）双方商定的水平时，买方收到付款。卖方必须支付的款项正好包括每期期末利率与行权 K（行权 K 与利率）之差的绝对值。每个上限（下限）是一系列的上限（下限）。具有行权价格 K 和执行日期 T 的利率上限的付款由下式给出，且该款项是应付欠款。

$$P^{cpl}(T;T,K)=\delta(L_T(T,T+\delta)-K)^+$$

当 $\overline{K}=1+\delta K$ 时，具有行权 K 和到期 T 的上限在时间 t 的价格由下式给出：

$$\begin{aligned}P^{cpl}(t;T,K)&=\delta B_t(T+\delta)E^{T+\delta}\left[(L_T(T,T+\delta)-K)^+\mid F_t\right]\\&=B_t(T+\delta)E^{T+\delta}\left[\left(\frac{1}{B_T(T+\delta)}-\overline{K}\right)^+\mid F_t\right]\\&=\overline{K}B_t(T)E^{T}\left[\left(\frac{1}{\overline{K}}-B_T(T+\delta)\right)^+\mid F_t\right]\\&=\overline{K}E\left[e^{-\int_t^T r_s\mathrm{d}s}\left(\frac{1}{\overline{K}}-B_T(T+\delta)\right)^+\mid F_t\right]\end{aligned}\tag{6.36}$$

倒数第二个等式，是因为对于 $t\leqslant T$，时间 $T+\delta$ 的支付 $\left(\frac{1}{B_\tau(T+\delta)}-\overline{K}\right)^+$ 与时间 T 的支付 $(T+\delta)\left(\frac{1}{B_\tau(T+\delta)}-\overline{K}\right)^+=\overline{K}\left(\frac{1}{\overline{K}}-B_T(T+\delta)\right)^+$ 具有相同的时间 t - 价值。最后一个等式是通过将前向测度 Q^T 改为点鞅测度 Q 得到的［参见 Musiela 和 Rutkowski（2005，定义 9.6.2）］。上述等式表明，上限可以被视为一个股票的看跌期权零息债券。

在下一小节中考虑的两个模型中，对于所有普通利率衍生品（包括 IR 互换、上限/下限和互换期权），利率衍生品的交易对手净价 P 满足式（6.14）持有的要求：

$$P_t=P(t,X_t)\tag{6.37}$$

其中，因子过程 X_t 表示为 r_t，如果需要，可通过一些额外的辅助过程进行扩展，从而解释这个乘积的路径依赖性（下面的示例请参见备注 6.4.6）。

6.4.2 高斯 Vasicek 短期利率模型

在 Vasicek 模型中，短期利率 r 的演变由以下 SDE 描述：

$$dr_t = a(k - r_t)dt + dW_t^{\sigma} \tag{6.38}$$

其中，a，$k>0$，W_σ 是波动率 $\sigma>0$ 的 F - 布朗运动。此 SDE 的唯一解如下所示：

$$r_t = r_0 e^{-at} + k\left(1 - e^{-at}\right) + \int_0^t e^{-a(t-u)} dW_u^{\sigma}$$

该模型中的零息票债券价格 $B_t(T)$ 可以表示为当前短期利率 r 水平的指数仿射函数（exponential - affine function）：

$$B_t(T) = e^{m_{va}(t,T)} + n_{va}(t,T)^{rt} \tag{6.39}$$

其中，

$$m_{va}(t,T) = R_\infty\left(\frac{1}{a}\left(1 - e^{-a(T-t)}\right) - T + t\right) - \frac{\sigma^2}{4a^3}\left(1 - e^{-a(T-t)}\right)^2 \tag{6.40}$$

当 $R_\infty = k - \dfrac{\sigma^2}{2a^2}$ 时，

$$n_{va}(t,T) = -e^{at}\int_t^T e^{-au} du = \frac{1}{a}\left(e^{-a(T-t)} - 1\right) \tag{6.41}$$

将债券价格 $B_t(T)$ 的表达式（6.39）插入定义 6.4.4 中的式（6.33）和（6.35）中，利率互换的净价格 P 可以写成：

$$P_t = P(t, r_t, r_t^{'}), t \in [0, T] \tag{6.42}$$

其中，r'_t 是 rT_{k_t-1} 的简写符号。特别是，对于 $T_0 \leqslant t < T_n$，付款人互换在时间 t 的价格 P，由下式给出：

$$P_t = N\Bigg(\left(e^{-\left(m_{va}(T_{k_t-1}, T_{k_t}) + n_{va}(T_{k_t-1}, T_{k_t}) rT_{k_t-1}\right)} - K\delta_{k_t-1}\right) e^{m_{va}(t,T_{k_t}) + n_{va}(t,T_{k_t}) r_t} - e^{m_{va}(t,T_n) + n_{va}(t,T_n) r_t} - K\sum_{k=k_t+1}^{n} \delta_{k-1} e^{m_{va}(t,T_k) + n_{va}(t,T_k) r_t}\Bigg)$$

根据式（6.35）和式（6.39）。在上述方程中，$m_{va}(t, T_k)$ 和 $n_{va}(t, T_k)$ 由式（6.40）和式（6.41）给出。

备注 6.4.6 在式（6.42），与下面的式（6.52）一样，互换价格对 r'_t 的依赖性是一种温和的路径依赖，这是拖欠付款固有的（独立于模型）。

6.4.2.1 上限

在 Vasicek 模型中，要在时间 0 为上限定价，我们使用式（6.36）和下式：

$$B_T(T+\delta) = e^{m_{va}(T, T+\delta) + n_{va}(T, T+\delta) r_T}$$

对于式（6.40）和式（6.41）给出的 $m_{va}(T,T+\delta)$ 和 $n_{va}(T,T+\delta)$。结合命题 11.3.1 和 Musiela 和 Rutkowski（2005）中第 354 页底部的公式①，我们得出（引用 $\bar{K}=1+\delta K$）：

$$d_{\pm}=\frac{\ln\left(\frac{B_0(T+\delta)}{B_0(T)}\overline{K}\right)}{\Xi\sqrt{T}}\pm\frac{1}{2}\Xi\sqrt{T} \tag{6.43}$$

$$\Xi^2T=\frac{\sigma^2}{2a^3}\left(1-e^{-2aT}\right)\left(1-e^{-a\delta}\right)^2 \tag{6.44}$$

6.4.3 Lévy - Hull - White 短期利率模型

在本节中，我们回顾在 HJM 框架内获得的一维 Lévy - Hull - White 模型。与 Vasicek 模型相反，该模型自动拟合初始债券期限结构 $B_0(T)$。如 Crépey、Grbac 和 Nguyen（2012）的例子 3.5 所示，我们考虑了 Lévy Hull - White 扩展 Vasicek 模型，其中给出的短期利率 r 如下：

$$dr_t=\alpha(k(t)-r_t)dt+dZ_t^{\varsigma} \tag{6.45}$$

其中，$\alpha>0$ 和 Z^{ς} 表示下面描述的 Lévy 过程。此外，

$$k(t)=f_0(t)+\frac{1}{\alpha}\partial_t f_0(t)+\psi_{\varsigma}\left(\frac{1}{\alpha}\left(e^{-\alpha t}-1\right)\right)-\psi_{\varsigma}'\left(\frac{1}{\alpha}\left(e^{-\alpha t}-1\right)\right)\frac{1}{\alpha}e^{-\alpha t} \tag{6.46}$$

式中，$f_0(t)=-\partial_t \log B_0(t)$ 和 ψ_{ς} 表示 Z_{ς} 的累积量函数［参见 Crépey、Grbac 和 Nguyen（2012）］其中：

$$\psi_{\varsigma}(z)=\ln E\left[e^{zZ_1^{\varsigma}}\right] \tag{6.47}$$

（适用于任何定义良好的复参数 z）。我们建议读者参考 Crépey、Grbac 和 Nguyen（2012）中关于波动性设置 $\sigma(s,T)=e^{-\alpha(T-s)}, 0\leqslant s\leqslant T$ 的示例 3.5。

我们将使用逆高斯（IG）过程 $Z^{\varsigma}=(Z^{\varsigma})_{t\geqslant 0}$，这是一个纯跳跃、无限活动、从属的（非负 Lévy 过程），提供对短期利率符号的显式控制［见 Crépey、Grbac 和 Nguyen（2012）］这个 IG 过程通过设置以下标准布朗运动 W 得到。

$$Z_t^{\varsigma}=inf\{s>0:W_s+\varsigma s>t\}$$

① 公式中有拼写错误，应为 $(U-T)$，与式（6.44）中的 $(-a\delta)$ 一致，而不是 $(U-t)$。

其中，$\varsigma>0$。它的 Lévy 度量（见 13.1.2）如下所示：

$$F_{\varsigma}(\mathrm{d}x)=\frac{1}{\sqrt{2\pi x^{3}}}e^{-\frac{\varsigma^{2}x}{2}}L_{\{x>0\}}\mathrm{d}x$$

Z_t^{ς} 的分布为 $IG\left(\frac{t}{\varsigma},t^2\right)$。累积函数 ψ_{ς} 对于所有 $z\in\left[-\frac{\varsigma 2}{2},\frac{\varsigma 2}{2}\right]$［实际上对于所有 $z\in\left[-\infty,\frac{\varsigma 2}{2}\right]$，因为 F_{ς} 集中在 $(0,\infty)$ 上］并且由下式给出：

$$\psi_{\varsigma}(z)=\left(1-\sqrt{1-2\frac{z}{\varsigma^{2}}}\right)\varsigma \tag{6.48}$$

与高斯 Vasicek 模型类似，Lévy - Hull - White 短期利率模型中的债券价格 $B_t(T)$ 可以写成短期利率 r 当前水平的指数仿射函数（exponential - affine function）：

$$B_t(T)=e^{m_{le}(t,T)+n_{le}(t,T)r_t} \tag{6.49}$$

其中，

$$m_{le}(t,T)=\log\left(\frac{B_0(T)}{B_0(t)}\right)-n_{le}(t,T)\left[f_0(t)+\psi_{\varsigma}\left(\frac{1}{\alpha}\left(e^{-\alpha t}-1\right)\right)\right] \tag{6.50}$$

$$n_{le}(t,T)=-e^{\alpha t}\int_t^T -e^{-\alpha u}\mathrm{d}u=\frac{1}{\alpha}\left(e^{-\alpha(T-t)}-1\right) \tag{6.51}$$

通过结合债券价格 $B_t(T)$ 的指数仿射表达式（6.49）和定义 6.4.4，Lévy - Hull - White 模型中利率互换的净价格 P 可以写成：

$$P_t=P(t,r_t,r_t^{'}),t\in[0,T] \tag{6.52}$$

特别是，对于 $T_0\leqslant t\leqslant T_n$，付款人互换在时间 t 的价格如下所示：

$$P_t=N\left(\left(e^{-\left(m_{ml}(T_{k_t-1},T_{k_t})+n_{le}(T_{k_t-1},T_{k_t})rT_{k_t-1}\right)}-K\delta_{k_t-1}\right)e^{m_{ml}(t,T_{k_t})+n_{le}(t,T_{k_t})r_t}-\right.$$
$$\left.e^{m_{le}(t,T_n)+n_{le}(t,T_n)r_t}-K\sum_{k=k_t+1}^{n}\delta_{k-1}e^{m_{le}(t,T_k)+n_{le}(t,T_k)r_t}\right) \tag{6.53}$$

由式（6.35）和式（6.49）得出。在上述方程中，$m_{le}(t,T_k)$ 和 $n_{le}(t,T_k)$ 分别由式（6.50）和式（6.51）给出。

6.4.3.1　上限

为了计算 Lévy Hull - White 模型中时间 0 时的上限价格，可以将 $\overline{B}^*$ 替换为 B、$\overline{\sum}^*$ 替换为 $\sum$、$\overline{A}^*$ 替换为 A，并在 Crépey、Grbac 和 Nguyen（2012）的第 4.4

小节中插入$\sum^{*}=0$和$A^{*}=0$，从而获得上限在时间 0 的价格：

$$P^{cpl}(0;T;K)=B_0(T+\delta)E^{T+\delta}\left[\left(\frac{1}{B_T(T+\delta)}-\overline{K}\right)^{+}\right]$$
$$=B_0(T+\delta)E^{T+\delta}\left[\left(e^{Y}-\overline{K}\right)^{+}\right]$$

以及

$$Y=\log\frac{B_0(T)}{B_0(T+\delta)}+\int_0^T\left(A(s,T+\delta)-A(s,T)\right)+\int_0^T\left(\Sigma(s,T+\delta)-\Sigma(s,T)\right)\mathrm{d}Z_s^{\varsigma}$$

其中，对于$0\leqslant s\leqslant t$，$\sum(s,T)=\frac{1}{\alpha}(1-e^{-\alpha(t-s)})$和$A(s,t)=\psi_{\zeta}(-\sum(s,t))$。现在，上限在时间 0 的价格由下式给出［参见 Crépey、Grbac 和 Nguyen（2012，命题 4. 5）］：

$$P^{cpl}(0;T,K)=\frac{B_0(T+\delta)}{2\pi}\int_R\frac{\overline{K}^{1+iv-R}M_Y^{T+\delta}(R-iv)}{(iv-R)(1+iv-R)}\mathrm{d}v \tag{6.54}$$

当$R>1$时，$M_Y^{T+\delta}(R)<\infty$。测度$Q^{T+\delta}$下Y的矩函数$M_Y^{T+\delta}$由下式给出：

$$\begin{aligned}M_Y^{T+\delta}(z)=E^{T+\delta}\left[e^{zY}\right]=&\exp\left(-\int_0^T\psi_{\varsigma}\left(-\Sigma(s,T+\delta)\right)\mathrm{d}s\right)\times\\&\exp\left(z\left(\log\frac{B_0(T)}{B_0(T+\delta)}+\int_0^T\left(\psi_{\varsigma}\left(-\Sigma(s,T+\delta)\right)-\psi_{\varsigma}\left(-\Sigma(s,T)\right)\right)\mathrm{d}s\right)\right)\times\\&\exp\left(\int_0^T\psi_{\varsigma}\left((z-1)\Sigma(s,T+\delta)-z\Sigma(s,T)\right)\mathrm{d}s\right)\end{aligned} \tag{6.55}$$

其中，r由式（6. 45）给出，$B_T(T+\delta)$由式（6. 49）给出。

6. 4. 4 数值化

在 6. 5 节中，我们将提供 10 年期利率互换的 TVA 计算，银行在每年 1 月底至 10 月底将互换利率K与浮动 Libor 利率交换。我们将在 Vasicek 模型和 Lévy Hull－White 模型中了解 TVA 模型的风险，并根据相同的数据进行校准，即它们共享一个初始零债券贴现曲线$B_0^{*}(T)$，并产生相同的上限价格，在第 1 年至第 10 年的付款在K处进行（因此，在行权水平K时，两个模型的布莱克隐含波动率水平相同）。具体来说，我们设置 $r_0=2\%$ 和以下 Vasicek 参数：

$$a=0.25, k=0.05, \sigma=0.004$$

相关的零息票利率和贴现系数由 $R_0^*(T)$ 和 $B_0^*(T)=e^{-TR_0^*(t)}$ 表示。经过一些简单的计算，由式（6.39）得出：

$$R_0^*(T)=R_\infty-\left(R_\infty-r_0\right)\frac{1}{aT}\left(1-e^{-aT}\right)+\frac{\sigma^2}{4a^3T}\left(1-e^{-aT}\right)^2$$

$$f_0^*(T)=\partial_T\left(TR_0^*(T)\right)=k+e^{-aT}\left(r_0-k\right)-\frac{\sigma^2}{2a^2}\left(1-e^{-aT}\right)^2$$

$$\partial_T f_0^*(T)=-ae^{-aT}\left(r_0-k\right)-\frac{\sigma^2}{a}\left(1-e^{-aT}\right)e^{aT}$$

在时间 0 应用式（6.34）得出相应互换利率的值 $K=3.8859\%$。我们选择本金 $N=310.13$ 美元的互换，以便互换的固定部分在开始时价值为 100 美元。

在 Lévy－Hull－White 模型中，我们使用 $\alpha=a=0.25$（与 Vasicek 模型中的均值回收速度相同），通过使用式（6.46）中的 $f_0(T)=f_0^*(T)$ 拟合到 $B_0^*(T)$ 的初始债券期限结构 $B_0(T)$，并通过校准在第 1 年至第 10 年付款的上限的 Vasicek 价格获得 $\varsigma=17.57$ 的值。校准基于在第 6.4.2.1 和 6.4.3.1 节中回顾的两个模型中的 CAP 的显式表达式，通过最小二乘最小化来完成。校准后，两种模型中的上限价格均为 20.161 美元（对于上述本金 N，得出的互换的固定部分的价值为 100 美元）。

图 6.1 的顶部面板显示了 20 条路径，以及 10000 条路径上的期望值和 2.5/97.5 百分位数，在两个模型中用 Euler 方案 $\hat{r}$ 模拟了均匀时间网格上的短速率 r，其中 200 个时间步长超过 [0,10] 年。值得注意的是，右面板上看不到跳跃，因为我们在点之间使用了插值，以便更好地识别 20 条路径。

图 6.2 的顶部面板显示了初始零息票的利率期限结构 $R_0^*(T)$ 和相应的远期曲线 $f_0^*(T)$，而相应的贴现系数 $B_0^*(T)$ 可以在左下方的面板上看到。这表明利率的期限结构在不断增加，意味着在付款人互换的情况下，银行将平均持有式（6.35）中正 $P_t=P_t^{sw}$ 的货币，在收款人互换的情况下，银行将持有负 $\overline{P}_t=P_t^{sw}$ 的货币（见图 6.1 的底部面板）。值得注意的是，互换价格过程在这两个模型中有非常不同的配置特征，即使它们是共同校准的。图 6.2 的右下面板显示了对应于 $f_0^*(T)$ 到式（6.46）的 Lévy 赫尔白均值回归函数 $k(t)$。

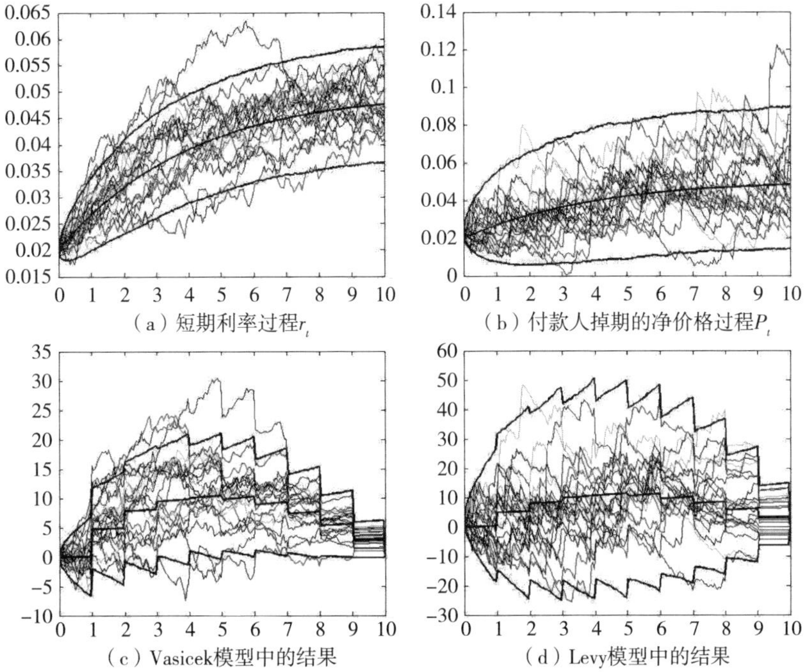

（a）短期利率过程r_t　（b）付款人掉期的净价格过程P_t

（c）Vasicek模型中的结果　（d）Levy模型中的结果

注：顶部面板：短期利率过程 r_t；底部面板：付款人互换的净价格过程 P_t；左侧面板：Vasicek 模型中的结果；右侧面板：Levy 模型中的结果。

图 6.1　净估值

［注：每个面板显示了用 200 个时间点模拟的 20 条路径，以及在 10000 条模拟路径上计算的过程平均值和 2.5/97.5 百分位数（作为时间的函数）］

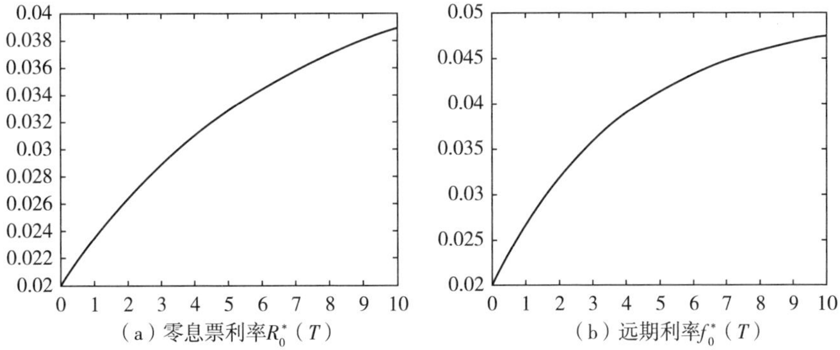

（a）零息票利率R_0^*（T）　（b）远期利率f_0^*（T）

注：（a）－零息票利率 R_0^*（T）；（b）－远期利率 f_0^*（T）

图 6.2　初始期限结构

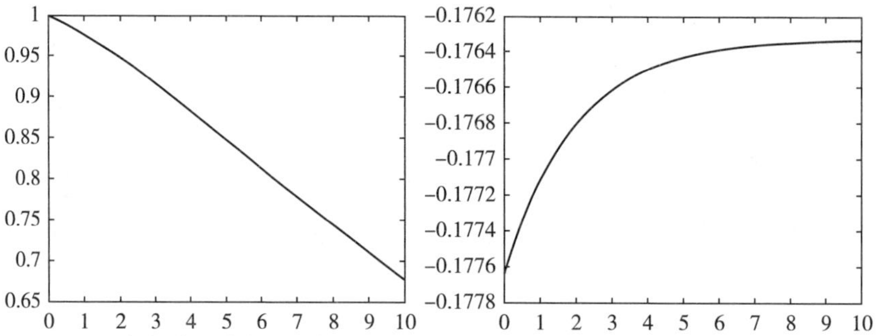

（c）贴现因子 B_0^*（T）　（d）Lévy-Hull-White均值回归函数 k（t）

注：（c）－贴现因子 B_0^*（T）；（d）－Lévy－Hull－White 均值回归函数 $k(t)$。

图 6.2　初始期限结构（续）

6.5　TVA 计算

在这一节中，我们用实例说明如何根据6.3 节中系数 f 的各种 CSA 设置计算 TVA 的 CVA、DVA、LVA 和 RC。6.4 节对两种模型的 IR 互换进行了计算。

6.5.1　TVA 方程

值得注意的是，在 Vasicek 和 Lévy Hull－White 模型中，对 $X_t=(r_t, r'_t)$，其中 $r'_t=rT_{k_t-1}$ 是一个马尔科夫过程。假设式（6.14）中 $X_t=(r_t, r'_t)$，考虑到拖欠付款引起的路径依赖性，需要 r'_t（见备注 6.4.6），两种模型中的违约前 TVA－Markov－BSDE 为：

$$\widetilde{\Theta}(t,X_t)=\widetilde{E}_t\left(\int_t^T f\left(s,X_s,\widetilde{\Theta}(s,X_s)\right)\mathrm{d}s\right), t\in[0,T] \tag{6.56}$$

尽管在上述单变量设置中，找到相应偏微分方程的数值解是可能的，但我们仍然支持 BSDE 方案，因为它们更通用——在高维应用中，确定性方案不再可用。我们通过在第 6.4.4 节的模拟时空网格上进行逆回归来求解式（6.56）（参见图 6.1 的顶部面板）。因此，我们在相应的时空网格上用 $\hat{\Theta}_i^j$ 近似得到式（6.56）中的 $\hat{\Theta}(t,x)$，其中时间指数 i 从 1 到 $n=200$，空间指数 j 从 1 到 $m=10$。通过 $\hat{\Theta}_i=(\hat{\Theta}_i^j)_{1\leq j\leq m}$ 表示时间 i 的时空间网格上 TVA 值的向量，我们得到 $\hat{\Theta}_n=$

0，然后对于 $i=n-1$，⋯，0 和 $j=1$，⋯，m，得到：

$$\widehat{\Theta}_i^j = \widehat{E}_i^j\left(\widehat{\Theta}_{i+1} + f_{i+1}\left(\widehat{X}_{i+1}, \widehat{\Theta}_{i+1}\right)h\right)$$

对于时间步长 $h=\frac{T}{n}=0.05$ 年［参见 Crépey（2013）的相关离散化问题］。每个时间步长的空间条件期望值由 d－最近邻平均非参数回归估计进行计算［参见 Hastie、Tibshirani 和 Friedman（2009）］。此外，由于我们在回归中发现第二个因子 r' 的影响很小，因此在下面的数值实验中，我们最终只使用了一个回归因子 r，d=5。

6.5.2 数值化

我们设置了以下 TVA 参数：$\gamma=10\%$，$b=\bar{b}=\lambda=1.5\%$，$\bar{\lambda}=4.5\%$，$p^b=50\%$，$p^c=70\%$，并且我们考虑五种可能的 CSA 设置（按以下顺序）：

$$\begin{aligned}
&\left(\bar{R}_b, R_b, R_c\right)=(40,40,40)\%, Q=P, \Gamma=0\\
&\left(\bar{R}_b, R_b, R_c\right)=(100,40,40)\%, Q=P, \Gamma=0\\
&\left(\bar{R}_b, R_b, R_c\right)=(100,100,40)\%, Q=P, \Gamma=0\\
&\left(\bar{R}_b, R_b, R_c\right)=(100,100,40)\%, Q=\Pi, \Gamma=0\\
&\left(\bar{R}_b, R_b, R_c\right)=(100,40,40)\%, Q=P, \Gamma=Q=P
\end{aligned} \tag{6.57}$$

值得注意的是，在第一个设置中，我们有 $\tilde{\lambda}=4.5\%-0.6\times0.5\times10\%=1.5\%=\lambda$；因此这是备注 6.3.1 的线性 TVA 特例，其中时间 0 的 TVA 可以通过直接蒙特卡洛计算。

此外，我们将研究两个联合校准的 Vasicek 和 Lévy 模型中的 TVA 以及付款人互换和收款人互换。因此，我们考虑了 20 种情况（5 种 CSA 设置 ×2 种模型 × 付款人与收款人互换）。

表 6.1 显示了 20 种情况中每种情况下的时间 0 的 TVAs 和相应的 CVA/DVA/LVA/RC 分解式［式（6.16）右侧的四个术语］。在与第一个（线性）CSA 设置相对应的四种情况下（表 6.1 四部分的左上“TVA”单元格），时间 0 的 TVA－BSDE 的蒙特卡洛 95% 置信区间分别为：［1.8705，1.9024］，［2.0003，2.1021］、［－1.4767，－1.4505］和［－1.3639，－1.2711］。在这四种情况下，

TVA 的 BSDE 在时间 0 的值都接近置信区间的中央。

表 6.1 中的数字与式（6.16）右侧 TVA 分解中四项的 CVA/DVA/LVA/RC 解释完全一致，因为第 6.4.4 节讨论的数据项结构不断增加。例如，表 6.1 下半部分第一行的收款人互换的“大负”（large negative）DVA（Vasicek 模型中为 -1.75，Lévy 模型中为 -2.34）与以下事实一致：随着利率期限结构的增加，银行在收款人互换中的资金平均流出量为负 $\overline{P}_t = -P_t^{sw}$（见图 6.1）。相反，在 Lévy 模型中，CVA 适中，高于 Vasicek 模型（分别为 0.90 和 0.06）。表 6.1 中有些数字是不可忽略的，因为互换的固定部分的初始值为 100 美元；参见 Cont、Mondescu 和 Yu（2011），其中在各种清算公约下的互换估值中发现了不可忽略的差异。特别是，如果付款人互换 R_b 和/或 $\overline{R}_b = 100\%$，LVA 项就非常重要，例如，见表 6.1 上半部分第 3 行和第 4 行中的相应。考虑到第 6.2.3 节末尾解释的正（负）TVA 项的“交易不利”（“交易友好”）影响，选择 $\overline{R}_b$ 和 R_b 具有实际的后果。值得注意的是，所有这些都发生在一个过于简单的 TVA 模型中，在这个模型中，信用风险与利率无关。在考虑利率和信贷风险之间潜在的错向风险依赖效应的模型中，这些数字可能要大得多（见备注 6.4.1）。

表 6.1　时间 0 处 TVA 及其分解为时间 0 处的 CVA、DVA、LVA 和 RC

TVA	CVA	DVA	LVA	RC
1.90	2.45	-0.04	0.68	-1.17
2.64	2.45	-0.04	1.92	-1.67
2.67	2.45	0.00	1.92	-1.68
3.59	1.77	0.00	1.83	0.00
0.50	0.00	0.00	0.81	-0.31

TVA	CVA	DVA	LVA	RC
2.08	3.28	-0.64	0.66	-1.25
3.17	3.28	-0.64	2.41	-1.92
3.59	3.28	0.00	2.38	-2.11
4.80	2.49	0.00	2.26	0.00
0.51	0.00	0.00	0.81	-0.31

TVA	CVA	DVA	LVA	RC
-1.47	0.06	-1.75	-0.71	0.92
-1.40	0.06	-1.75	-0.64	0.91
-0.40	0.06	0.00	-0.76	0.29
-0.66	0.08	0.00	-0.74	0.00
-0.43	0.00	0.00	-0.72	0.29

TVA	CVA	DVA	LVA	RC
-1.34	0.90	-2.34	-0.72	0.85
-0.93	0.90	-2.34	-0.15	0.68
0.45	0.90	0.00	-0.32	-0.12
0.43	0.76	0.00	-0.32	0.00
-0.44	0.00	0.00	-0.72	0.29

注：上表：付款人互换；下表：收款人互换。左：Vasicek 模型；右：Lévy 模型。

图 6.3 和图 6.4（分别为 Vasicek 和 Lévy 模型中的付款人互换）以及图 6.5 和图 6.6（分别为 Vasicek 和 Lévy 模型中的收款人互换）显示了对应于“局部”

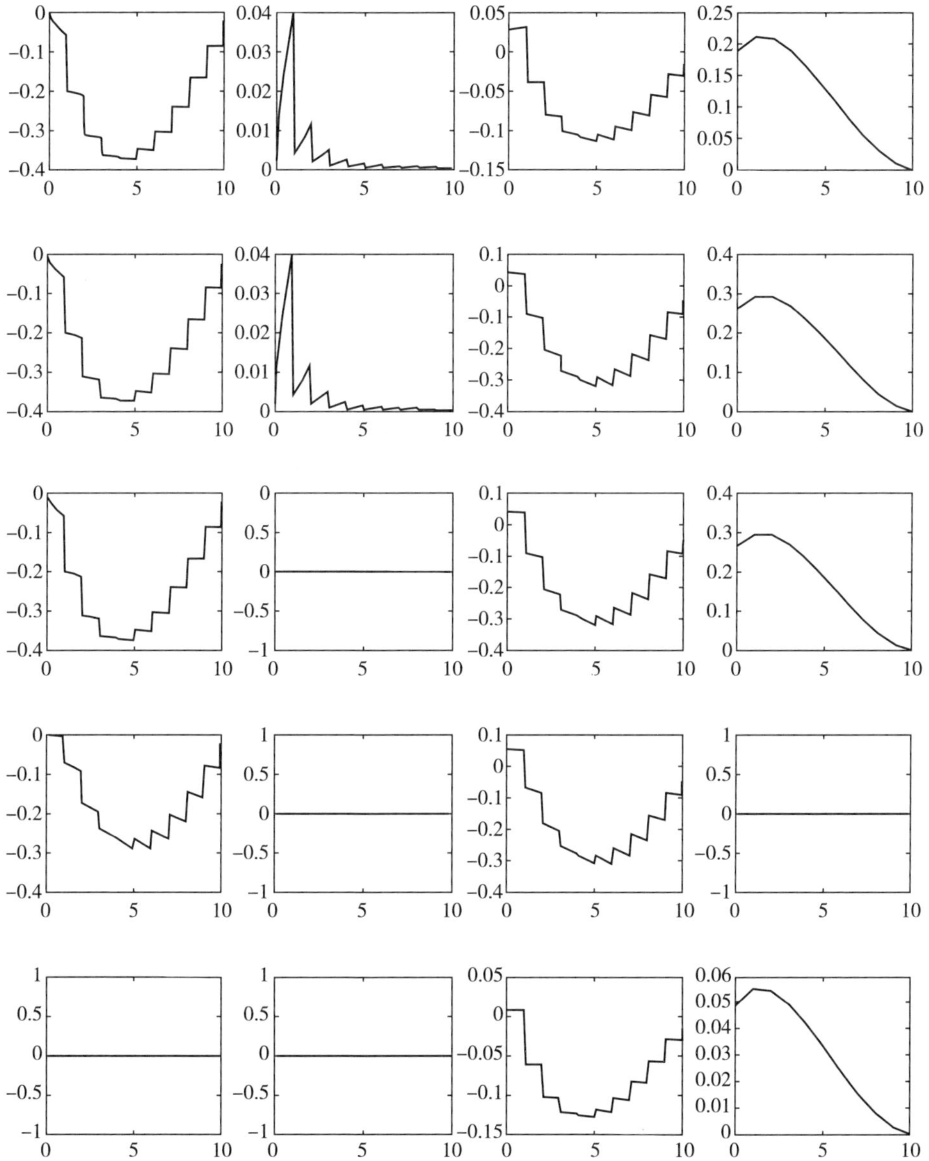

注：列（从左到右）：与 CVA、DVA、LVA 和 TVA 过程的 RC 组成部分相关的风险敞口。行（从上到下）：与式（6.57）中列出的五个 CSA 设置相对应的结果。

图 6.3 Vasicek 模型中付款人互换的 TVA 组成部分的预期风险敞口

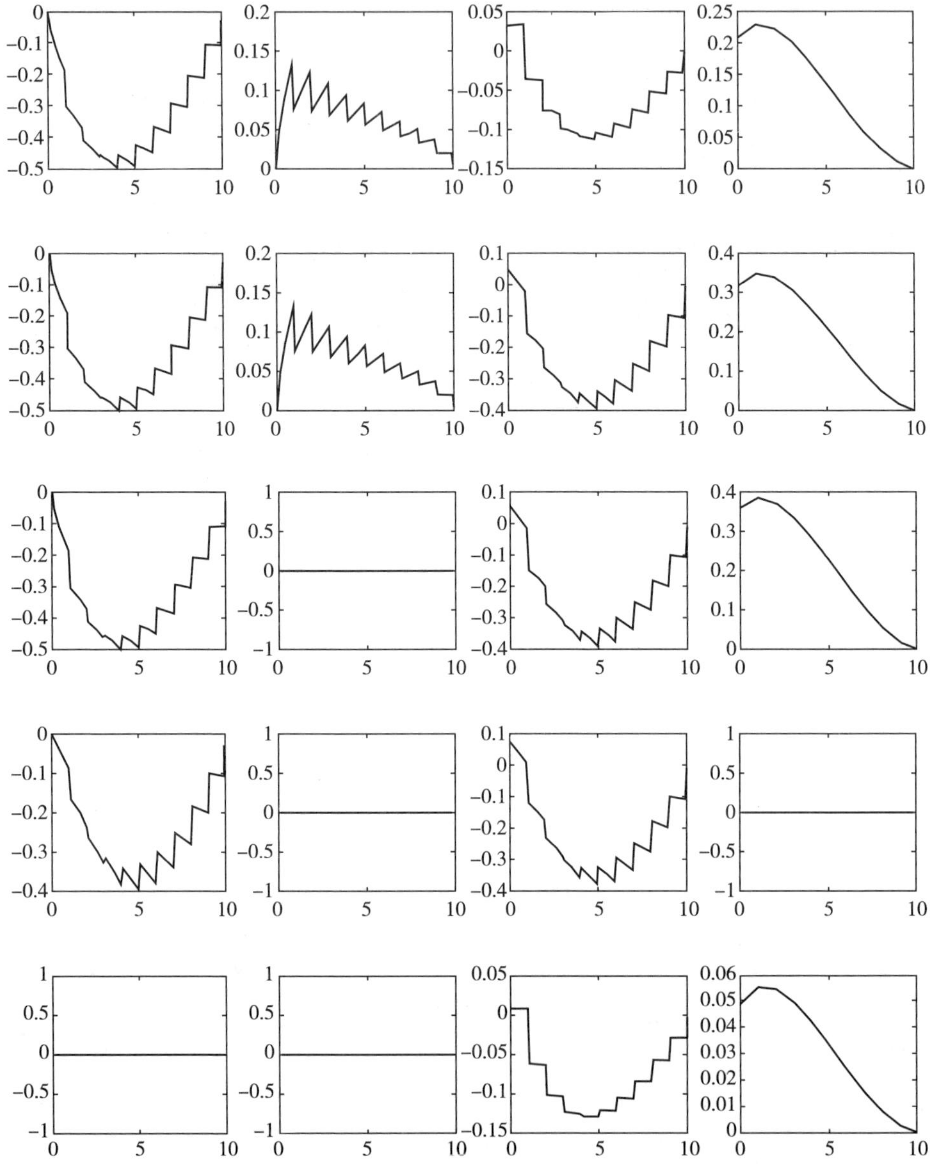

注：列（从左到右）：与 CVA、DVA、LVA 和 TVA 过程的 RC 组成部分相关的风险敞口。行（从上到下）：与式（6.57）中列出的五个 CSA 设置相对应的结果。

图 6.4　Lévy 模型中付款人互换的 TVA 组成部分的预期风险敞口

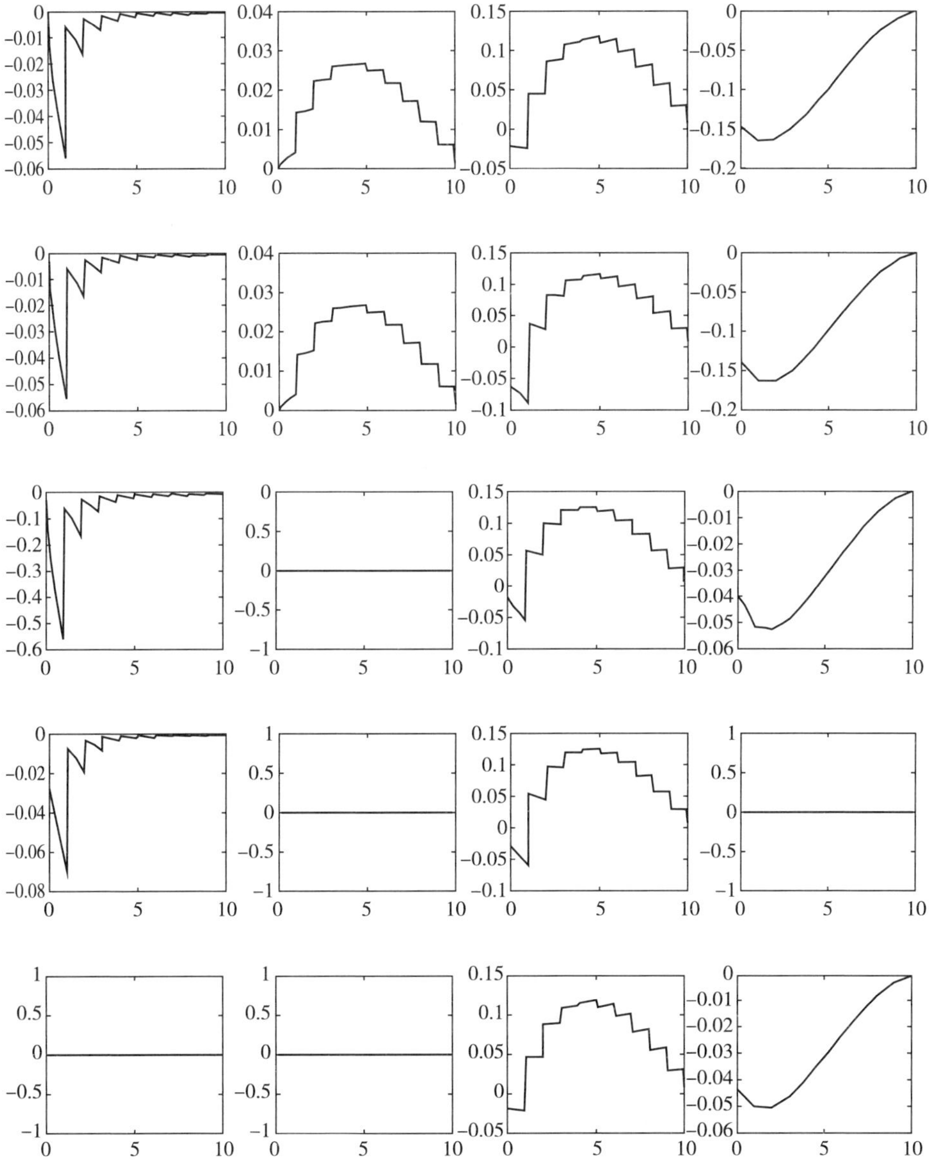

注：列（从左到右）：与 CVA、DVA、LVA 和 TVA 过程的 RC 组成部分相关的风险敞口。行（从上到下）：与式（6.57）中列出的五个 CSA 设置相对应的结果。

图 6.5 Vasicek 模型中收款人互换的 TVA 组成部分的预期风险敞口

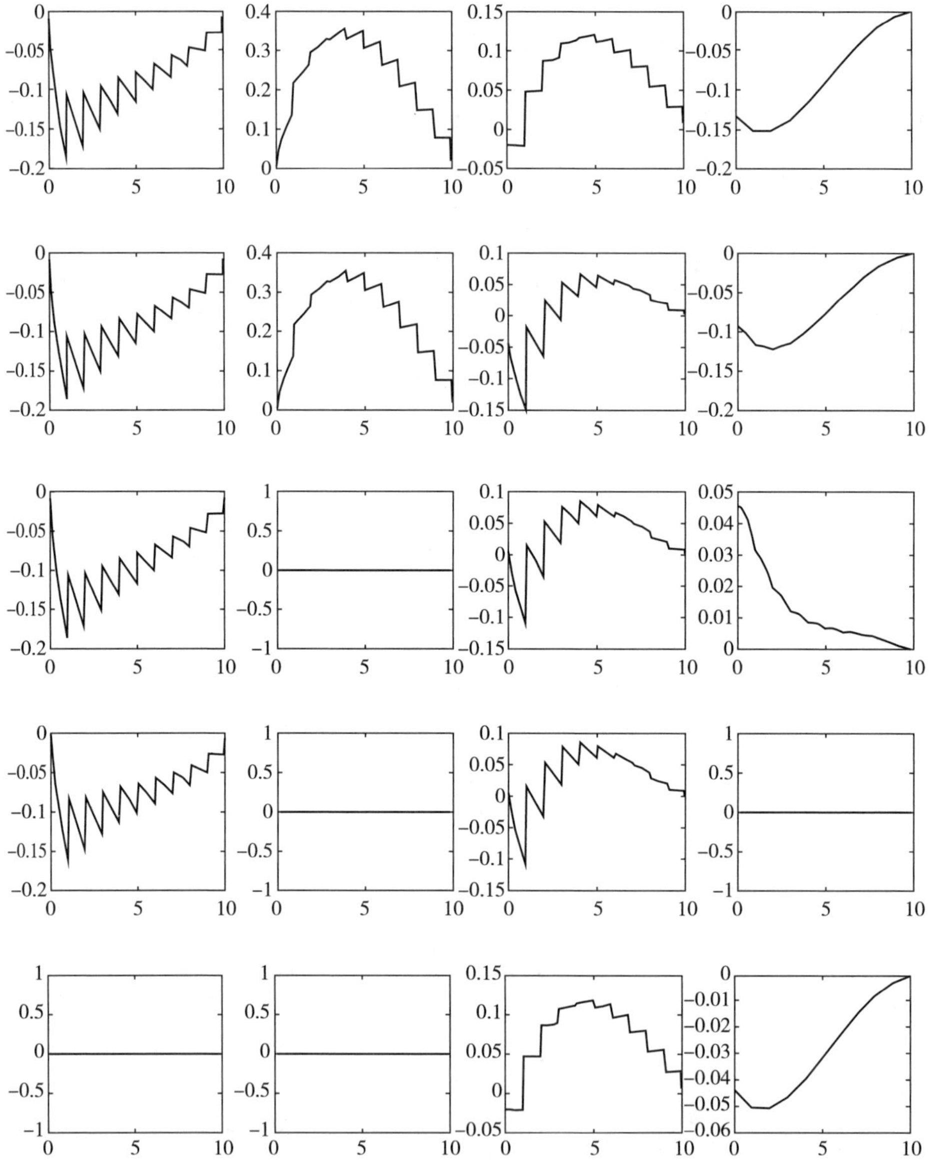

注：列（从左到右）：与 CVA、DVA、LVA 和 TVA 过程的 RC 组成部分相关的风险敞口。行（从上到下）：与式（6.57）中列出的五个 CSA 设置相对应的结果。

图 6.6　Lévy 模型中收款人互换的 TVA 组成部分的预期风险敞口

TVA 分解（6.15）的四个右侧项的“预期敞口”，其中 ϑ 替换为 Θ_t。这些头寸作为 10000 条路径上的相关空间平均值计算，作为时间 t 的函数。表 6.1 中 TVA 的每个时间 0 处的“积分”项对应于图 6.4、图 6.5 中相关曲线所包围的代数曲面（时间积分）（分别对应：图 6.3 和表 6.1 的左上面板、图 6.4 和表 6.1 的右上面板、图 6.5 和表 6.1 的左下面板、图 6.6 和表 6.1 的右下面板）。

最后，图 6.7（付款人互换）和 6.8（收款人互换）以与图 6.1 底部互换净价格相同的形式显示了 TVA 过程。

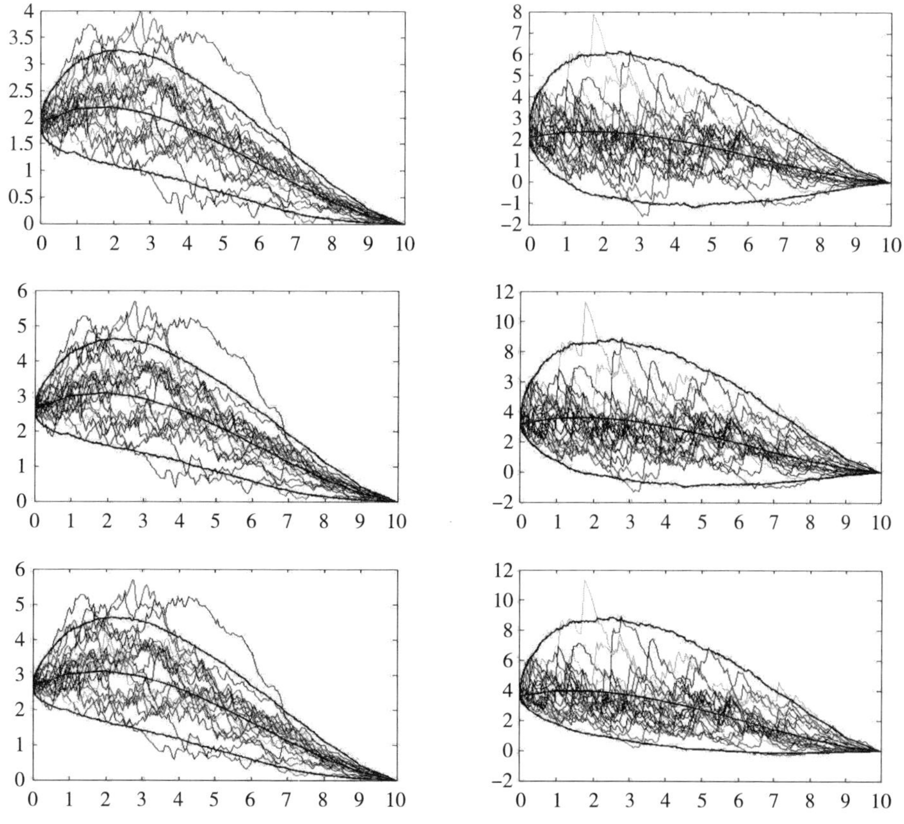

注：左面板：Vasicek 模型中的结果。右面板：Lévy 模型的结果。从上到下的面板：与式（6.57）中列出的五个 CSA 设置相对应的结果。每个面板显示了 200 个时间点的 TVA 过程的 20 条路径，以及过程平均值和 2.5/97.5 百分位数，作为使用 10000 条模拟路径计算的时间函数。

图 6.7　付款人互换的 TVA 过程 Θ_t

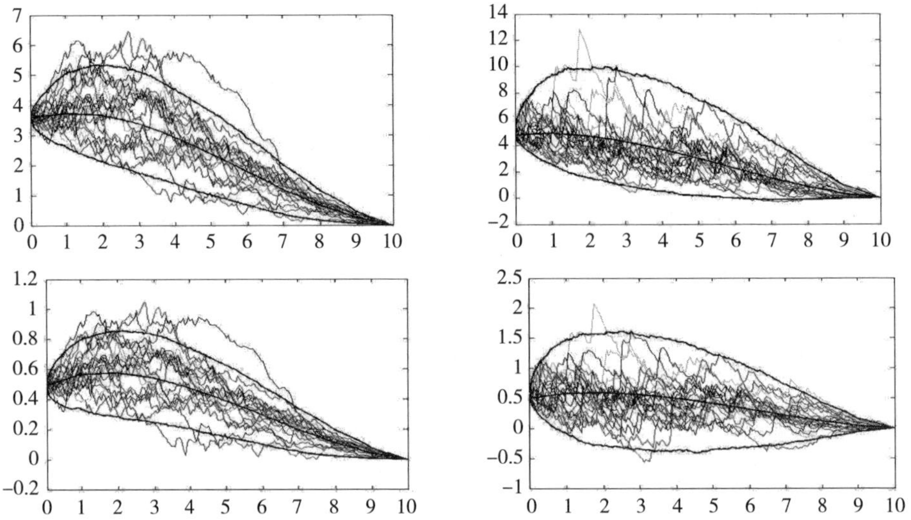

注：左面板：Vasicek 模型中的结果。右面板：Lévy 模型的结果。从上到下的面板：与式（6.57）中列出的五个 CSA 设置相对应的结果。每个面板显示了 200 个时间点的 TVA 过程的 20 条路径，以及过程平均值和 2.5/97.5 百分位数，作为使用 10000 条模拟路径计算的时间函数。

图 6.7 付款人互换的 TVA 过程 $\widehat{\Theta}_t$（续）

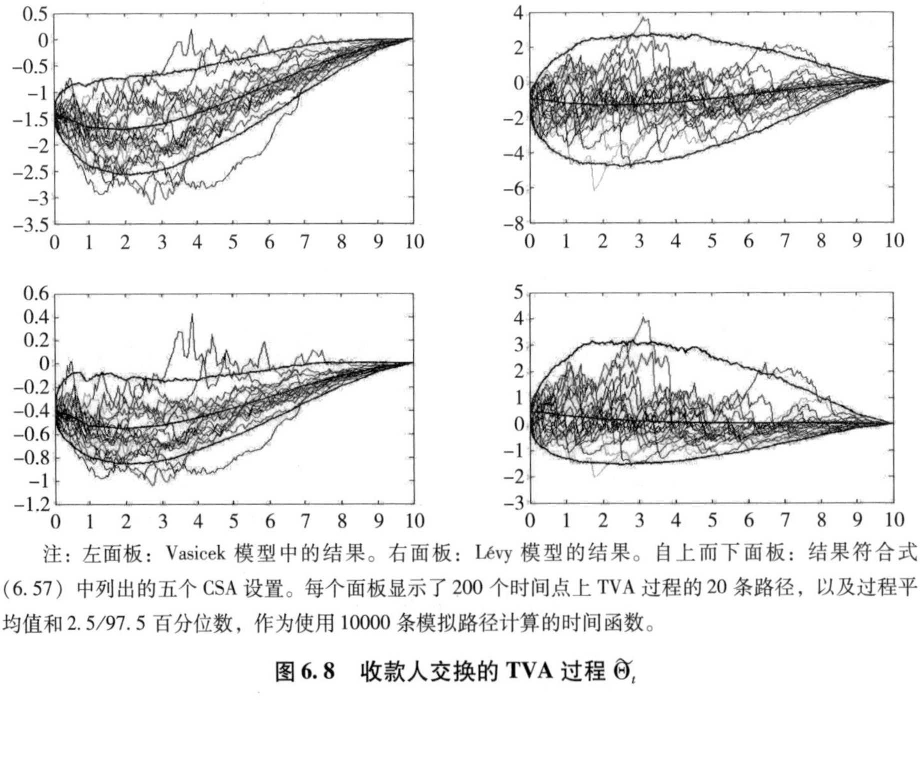

注：左面板：Vasicek 模型中的结果。右面板：Lévy 模型的结果。自上而下面板：结果符合式（6.57）中列出的五个 CSA 设置。每个面板显示了 200 个时间点上 TVA 过程的 20 条路径，以及过程平均值和 2.5/97.5 百分位数，作为使用 10000 条模拟路径计算的时间函数。

图 6.8 收款人交换的 TVA 过程 $\widehat{\Theta}_t$

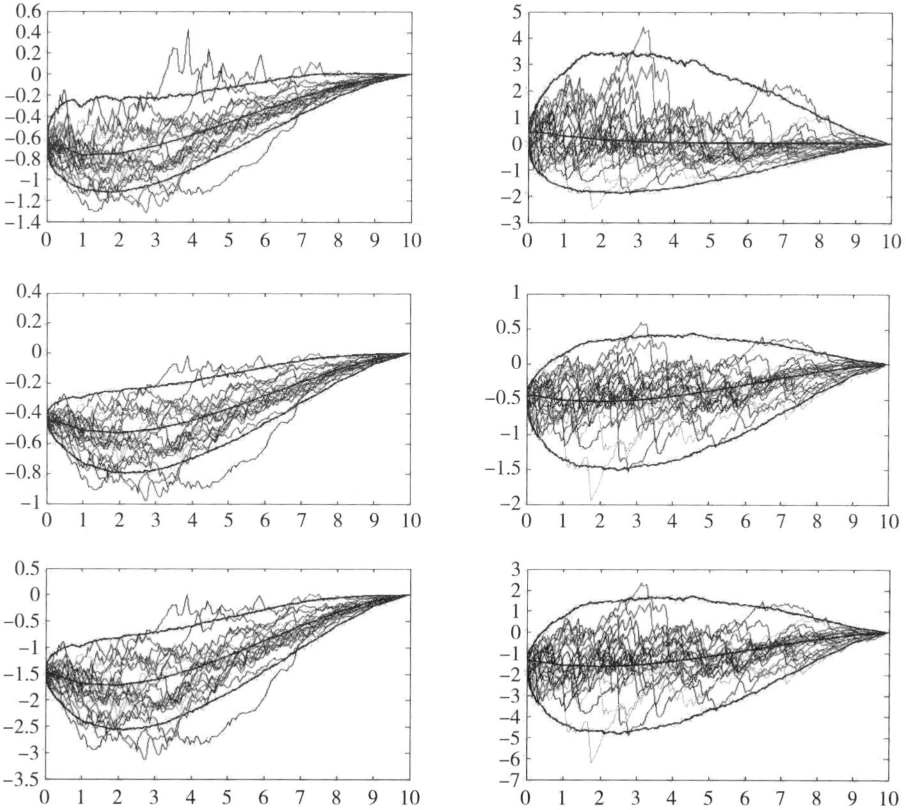

注：左面板：Vasicek 模型中的结果。右面板：Lévy 模型的结果。自上而下面板：结果符合式（6.57）中列出的五个 CSA 设置。每个面板显示了 200 个时间点上 TVA 过程的 20 条路径，以及过程平均值和 2.5/97.5 百分位数，作为使用 10000 条模拟路径计算的时间函数。

图 6.8　收款人交换的 TVA 过程 $\widehat{\Theta}_t$（续）

结论

本章是第 5 章的数字补充，我们以利率互换为例，说明了如何计算各种 CSA 和模型设置下的 CVA、DVA、LVA 和 RC，即 TVA 的四个“翅膀”（或支柱）。如 CVA 等正项（DVA 等各项）为“不利交易”（“有利交易”），因为它们增加（减少）TVA（对冲成本），因此减少（增加）银行可支付的合同金额。关于自身违约时利益的有形性的信念，实际上取决于自身违约被有效对冲的程度，因此可以在违约发生前进行货币化，由对“自身回收率”参数 R_b 和$\overline{R}_b$ 的选择来控制。R_b 和$\overline{R}_b$ 越大，意味着 DVA 越多（负的程度越低），LVA 越多，因此 TVA 越大，因此交易的盈利能力越低。为了强调通过非线性回归 BSDE 方法进行 TVA 计算的无模型特性，我们在两个可选的短期利率模型中对此进行了数值说明。结果表明，在两个联合校准模型（初始期限结构相同、隐含波动率水平相同的校准模型）的情况下，TVA 模型的风险得到了合理控制。然而，后一种观察仅适用于本书这一部分研究的基本浸没设置，没有明显的错向风险。

第四部分

动态Copula模型

在这一部分，我们关注信用衍生工具中的交易对手风险（有时称为交易对手信用风险）。在双边交易对手风险的情况下，结合相关融资问题，TVA 方程是非线性的（见第4章至第6章）。此外，在组合信用风险情况下，问题变得高维了，部分原因是存在多个违约指标过程。众所周知［参见 Crépey（2013）或 Guyon 和 Henry Labordère（2012）］，高维非线性问题始终面临计算方面的挑战。在该部分，我们重点研究了在以无风险利率提供资金情况下的单边交易对手风险，即 $\tau_b = +\infty$，$\tau = \tau_c$（参见第3.2.4.2节）。这使我们能够避免与一般资金问题相关的非线性。

我们考虑银行和交易对手之间引用各种信用名称的合同。我们用 $i = 1, \cdots, n$ 标记参考信用名称，用“0”表示交易对手。我们用 τ_i 表示名称 i 的违约时间，$H_t^i = L_{\tau i < t}$（抑或 $J_t^i = L_{\tau i > t}$）具有自然过滤 $H_t^i = (H_t^i)$ 的相关违约（抑或生存）指标过程，其中 $H_t^i = \sigma(\tau_i \wedge t) \vee \sigma(\tau_i > t)$，并由 R_i 表示相应的回收率（除非明确说明，否则为常数），我们写下 $H_t = (H_t^0, H_t^1, H_t^2, \cdots, H_t^n)$。特别是，$\tau_0 = \tau_c$，$R_0 = R_c$ 和 $J^0 = J$。合同的累计贴现净现金流过程表示为：

$$\beta_t D_t = \int_{[0,t]} \beta_s \varphi(H_s) \nu(\mathrm{d}s) + \int_{[0,t]} \beta_s \mathrm{d}\phi(H_s)$$

其中，φ 和 ϕ 分别对应于违约支出（Default Leg）和费用（有时也称为保费）支出，其中 ν 是半线上的非负度量（用于在统一设置中涵盖连续时间和离散时间保费支付）。

如果付款人 CDO 分期付款的名称为 1 至 n，合同价差为 S，附着点/分离点为 a/b，我们有：

对于违约支出：

$$\phi(k) = \left(L(k) - a\right)^+ \wedge (b - a) =: L_{a,b}(k)$$

其中，$L(k) = \dfrac{1}{n} \sum_{i=1}^{n} (1 - R_i) k_i$ 是投资组合的损失过程。

对于连续时间支付的保费，在时间步长为 h 的网格的时间 t_j：

$$\varphi(k) \nu(\mathrm{d}t) = -S\left(b - a - L_{a,b}(k)\right) \mathrm{d}t$$

相应地，

$$\varphi(k) \nu(\mathrm{d}t) = -hS\left(b - a - L_{a,b}(k)\right) \sum_i \delta_{\{t_j\}}(\mathrm{d}t)$$

如果是单名（single－name）付款人 CDS 在名称 i 上的合同价差 S_i，我们对

于违约支出有

$$\phi(k)=(1-R_i)k_i$$

对于连续支付的费用段，分别在离散时间支付：

$$\varphi(k)v(\mathrm{d}t)=-S_i(1-k_i)\mathrm{d}t$$

相应地，

$$\varphi(k)v(\mathrm{d}t)=-hS_i(1-k_i)\sum_i \delta_{\{t_j\}}(\mathrm{d}t)$$

所有 CDS 和 CDO 的概念都等于 1。除非另有说明，所有合同价差（S_i 或 S）均假定在合同开始时按票面价值计算。

在本部分中，我们确定了一个净 CSA 清算估价方案，即 $Q=P$。在 3.2.4.2 的单边交易对手风险设置中，在无风险融资利率和 3.2.4.2 的情况下，TVAΘ 通过以下方式简化为 $[0,\bar{\tau}]$ 上给出的（单边）CVA：

$$\beta_t\Theta_t=E\left[L_{\tau<T}\beta_\tau\xi\mid\partial_t\right]$$

对于风险敞口 ξ 给定为：

$$\xi=(1-R_0)\chi^+$$

其中，R_0 表示交易对手的回收率，χ 表示交易对手在时间τ时对银行的代数“债务”，即（对于 $Q=P$）：

$$\chi=P_\tau+\Delta_\tau-\Gamma_\tau$$

其中，$\Delta_\tau=\varphi(H_\tau)-\varphi(H_{\tau-})$

对于表示信贷组合模型状态的每个实向量 θ，$\mathrm{supp}(\theta)=\{l:\theta_l\neq 0\}$（$\mathrm{supp}^c(\theta)=\{l:\theta_l=0\}$）是幸存（违约）债务人的集合，对于过程 θ_t，其中 θ_t 表示信贷组合模型在时间 t 的状态，我们表示为 $J_t=\mathrm{supp}(\theta_t)(J_t=\mathrm{supp}^c(\theta_t))$。

7

动态高斯 Copula 模型

在本章，我们将组合信用风险的静态高斯 Copula 模型“动态化”，以使其适用于交易对手风险的计算。为了达到这个目的，我们引入了一个由参考布朗过滤逐步扩大违约时间的模型过滤。这就得到了一个违约时间的多维度密度模型，在这个模型中，参考过滤没有被浸入到扩大的过滤中。在数学术语中，这种浸入的缺乏意味着参考过滤中的鞅不是放大过滤中的鞅。在金融解释中，这相当于违约蔓延的一种形式。计算的可处理性是由多元高斯分布的不变性所保证的，这些不变性通过一些分量来调节，这些分量对应于过去的默认违约。该模型在包含过去违约时间的增广状态空间中也是马尔科夫模型。

7.1 介绍

本章试图对组合信用风险的静态高斯 Copula 模型进行动态化，体现了 Fermanian 和 Vigneron（2010、2013）的精神。为此，我们引入了一种过滤机制，根据这种过滤机制，其条件期望被用来定义未来价格，这样人们就可以谈论信息动态化。然而，尽管 Fermanian 和 Vigneron（2010、2013）使用了布朗过滤，但是我们使用的是按违约时间逐步放大的布朗过滤。此外，该模型的构造不同于 Fermanian 和 Vigneron（2010、2013），后者采用了结构方法。在我们的案例中，我们依赖 El Karoui、Jeanblanc 和 Jiao（2009）的条件密度方法。

7.2 节介绍了模型。7.3 节给出了 CDS 和 CDO 的净估值，并检验 CDS（净）对冲 CDO 的问题。7.4 节继续讨论 CVA 计算。

7.2 模型

首先我们提出了由 n 个信用证 $\{1,\cdots,n\}$ 组成的模型。在 7.4 节中，该模型还将包括指数为 0 的交易对手，以便于研究交易对手信用风险。

7.2.1 高斯分布

让我们介绍一些符号：

I 表示泛型子集 $N = \{1,\cdots,n\}$，其补集为 $J = N \setminus I$；

Φ（ϕ）为标准高斯生存函数（密度函数）；

$\Phi_{\rho,\sigma}((z_j)_{j\in J}) = Q(Z_j > z_j, j \in J)$，其中 $(z_j)_{j\in J}$ 遵循 $|J|$ - 维(ρ,σ) - 高斯分布，或具有齐次方差 σ^2 和两两相关 ρ 的 $|J|$ - 维中心高斯向量的分布。

需要注意的是，$\Phi_{\rho,\sigma}((z_j)_{j\in J})$ 在 $(z_j)_{j\in J}$ 的置换下是不变的。下面的直接结果是 Li（2000）的高斯 Copula 模型的关键特征。

引理 7.2.1 当且仅当满足以下条件时，$(z_j)_{j\in J}$ 是 (ρ,σ) - 高斯分布

$$(Z_j, j \in J) \stackrel{L}{=} (\sigma(\sqrt{\rho}Y + \sqrt{1-\rho}Y_j), j \in J)$$

其中，$(Y, Y_1, \cdots, Y_{|J|})$ 是独立同分布（*i. i. d.*）标准高斯随机变量。

因此，

$$\Phi_{\rho,\sigma}((z_j)_{j\in J}) = \int_R \prod_{j\in J} \Phi\left(\frac{z_j - \sqrt{\rho}y}{\sigma\sqrt{1-\rho}}\right)\phi(y)\,dy$$

$$\partial_{z_k}\Phi_{\rho,\sigma}((z_j)_{j\in J}) = \int_R \frac{-1}{\sigma\sqrt{1-\rho}}\phi\left(\frac{z_k - \sigma\sqrt{\rho}y}{\sigma\sqrt{1-\rho}}\right)\prod_{j\in J\setminus\{k\}}\Phi\left(\frac{z_j - \sigma\sqrt{\rho}y}{\sigma\sqrt{1-\rho}}\right)\phi(y)\,dy \tag{7.1}$$

下面的结果属于高斯分布的“民间传说”（folklore）。

引理 7.2.2 如果 $(X_l)_{l\in N}$ 是 $(\rho,1)$ - 高斯分布，那么，

$$((X_j)_{j\in J} \mid (x_i)_{i\in I}) \stackrel{L}{=} (\mu + Z_j)_{j\in J}$$

其中，$(z_j)_{j\in J}$ 是 $(\rho,6)$ - 高斯分布，其中：

$$\rho = \frac{\rho}{|I|\rho+1}, \rho^2 = \frac{(|I|-1)\rho+1-\rho^2|I|}{(|I|-1)\rho+1}, \mu = \frac{\rho\sum_{i\in I}X_i}{(|I|-1)\rho+1} \tag{7.2}$$

证明 设 $X_I=(X_i)_{i\in I}$ 和 $X_J=(X_j)_{j\in J}$，$\begin{pmatrix}X_I\\X_J\end{pmatrix}$ 的协方差矩阵为 $\begin{pmatrix}\Gamma_I & \Gamma_{J,I}^T\\ \Gamma_{J,I} & \Gamma_J\end{pmatrix}$。已知给定 X_I 的 X_J 的条件分布为 $(\Gamma_{J,I}\Gamma_I^{-1}X_I, \Gamma_J-\Gamma_{J,I}\Gamma_I^{-1}\Gamma_{J,I}^T)$。我们用 L_l（$L_{l\times k}$）表示其项均等于 1 的 L 维向量（$l\times k$ - 矩阵），用 $\Gamma_l(x,y)$ 表示 $l\times l$ - 矩阵：

$$\begin{pmatrix} x & y & \cdots & y\\ y & \ddots & \ddots & \vdots\\ \vdots & \ddots & \ddots & y\\ y & \cdots & y & x\end{pmatrix}$$

我们的平均值是：

$$\begin{aligned}\Gamma_{J,I}\Gamma_I^{-1}X_I &= \rho L_{|J|\times|I|}\Gamma_{|I|}^{-1}(1,\rho)\ (X_i)_{i\in I|}\\ &= \rho L_{|J|\times|I|}\Gamma_{|I|}(a,b)\ (X_i)_{i\in I}\\ &= \mu L_{|J|}\end{aligned}$$

其中，$\Gamma_{|I|}^{-1}(1,\rho) = \Gamma_{|I|}(a,b)$，

且 $a = -\dfrac{-(|I|-2)\rho+1}{(|I|-1)\rho^2+(2-|I|)\rho-1}$，$b = \dfrac{\rho}{(|I|-1)\rho^2-(|I|-2)\rho-1}$；

$$\mu = \frac{(\rho^2-\rho)\sum_{i\in I}X_i}{(|I|-1)\rho^2+(2-|I|)\rho-1} = \frac{\rho\sum_{i\in I}X_i}{(|I|-1)\rho+1}$$

同样，对于方差，我们有：

$$\begin{aligned}\Gamma_J-\Gamma_{J,I}\Gamma_I^{-1}\Gamma_{J,I}^T &= \Gamma_{|J|}(1,\rho) - \rho L_{|J|\times|I|}\Gamma_{|I|}^{-1}(1,\rho)\rho L_{|I|\times|J|}\\ &= \Gamma_{|J|}(1,\rho) - \frac{|I|\rho^2}{(|I|-1)\rho+1}L_{|J|\times|J|}\\ &= \sigma^2\Gamma_{|J|}(1,\rho)\end{aligned}$$

其中，$\sigma^2 = \dfrac{(|I|-1)\rho+1-\rho^2|I|}{(|I|-1)\rho+1}$，$\rho = \dfrac{-\rho^3+2\rho^2-\rho}{(|I|-1)\rho^2+(2-|I|)\rho-1} = \dfrac{\rho}{|I|\rho+1}$

7.2.2 违约时间模型

我们考虑一个随机基 $(\Omega, B_{\infty}, B, Q)$，其中 $B = (B_t)_{t \geqslant 0}$ 是 n 维布朗运动 $B = (B^1, B^2, \cdots, B^n)$ Q 表示市场选择的定价标准。对于任意两个不同的指数 l 和 k，B 的分量与常数 ρ 相互关联，即 $\mathrm{d}\langle B^l, B^k \rangle = \rho \mathrm{d}t$。对于任意 $l \in N$，设 h_l 是 $(0, \infty)$ 上的可微增函数，$\lim_{0^+} h_l(s) = -\infty$，$\lim_{+\infty} h_l(s) = +\infty$。我们得到 $h(0) = -\infty$。

给定一个实值的平方可积函数 $\varsigma(\cdot)$，使得 $\int_0^{+\infty} \varsigma^2(t)\mathrm{d}t = 1$，对于 $l \in N$，我们定义了 (Ω, B_{∞}, Q) 上的 n 个随机时间（正随机变量）。

$$\tau_l = h_l^{-1}\left(\int_0^{+\infty} \varsigma(v)\mathrm{d}B_v^l\right) \tag{7.3}$$

我们假设 $\varsigma(\cdot)$ 被归一化，使得 $\int_0^{+\infty} \varsigma^2(v)\mathrm{d}v = 1$。给定上述构造，随机时间 τ_l 满足 Li（2000）的静态高斯 Copula 模型的性质，相关参数为 ρ，τ_l 的边际生存函数为 $\Omega^{\circ} h_l$。

我们写 $v^2(t) = \int_t^{+\infty} \varsigma^2(v)\,\mathrm{d}v$，假设所有 t 为正，特别是 $v(0) = 1$。设 $m_t = (m_t^l)_{l \in N}$，其中 $m_t^l = \int_0^t \varsigma(v)\mathrm{d}B_v^l$，对于固定的 t，我们引入 $a\ (\rho, 1)$ －高斯向量 $X_t = (X_t^l)_{l \in N}$，其中：

$$X_t^l = \frac{1}{v(t)}\int_t^{+\infty} \varsigma(v)\mathrm{d}B_v^l = \frac{h_l(\tau_l) - m_t^l}{v(t)}$$

因此，对于 $l \in N$ 和 $t_l \geqslant 0$，我们有：

$$\{\tau_l > t_l\} = \left\{X_t^l > \frac{h_l(t_l) - m_t^l}{v(t)}\right\} \tag{7.4}$$

值得注意的是，X_t 与 B_t 无关。这允许我们推导出给定 B_t 的联合生存概率的以下公式。在时间 0 时，这将简化为高斯 Copula 模型中的众所周知的公式。

引理 7.2.3 对于每一个非负 t 和 $(t_l)_{l \in N}$，有

$$Q(\tau_l > t_l, l \in N \mid B_t) = \int_R \prod_{l=1}^{n} \Phi\left(\frac{\Phi^{-1}(Q(\tau_l > t_l \mid B_t)) - \sqrt{\rho}y}{\sqrt{1-\rho}}\right)\phi(y)\mathrm{d}y > 0$$

证明 由式（7.4）可知，

$$Q(\tau_l > t_l, | B_t) = \Phi\left(\frac{h_l(t_l) - m_t^l}{v(t)}\right) > 0$$

其中，$v(t) > 0$ 为正。

回想一下，X_t 是 $(\rho,1)$ – 高斯的，与 B_t 无关。因此，鉴于式（7.4），运用式（7.1）得到：

$$Q(\tau_l > t_l, l \in N | B_t) = \int_R \phi(y) \prod_{l=1}^{n} \Phi\left(\frac{h_l(t_l) - m_t^l - v(t)\sqrt{\rho}y}{v(t)\sqrt{1-\rho}}\right) \mathrm{d}y$$

对于 $I \subseteq N$，我们将过滤 $G^I = (\partial_t^I, t \geq 0)$ 定义为 B 的初始放大，即 $i \in I$ 的 τ_i，因此对随机变量及其生成的 σ – 字段使用相同的表示法，即这里的 τ_i 表示 $\sigma(\tau_i)$：

$$\partial_t^I = B_t \vee \bigvee_{i \in I} \tau_i$$

值得注意的是，通过对 Amendinger（1999）的结果进行简单的多重违约扩展，可以证明这种过滤是右连续的，而且它也是完全的，且 $\tau_i s$ 在 B_∞ 中。

设 $\tau(I) = (\tau_l(I))_{l \in N}$，其中 $\tau_l(I) = \tau_l L\{l \in I\}$。

引理 7.2.4 对于从 $R^{|J|}$ 到 R 的每个有界函数，我们有（引用 $J = N \setminus I$）：

$$E[\varphi h_j(\tau_j), j \in J | \partial_t^I] = \Gamma_\varphi(t, m_t, \tau(I))$$

其中，对于 $t \in |R_+$，$m = (m_l)_{l \in N}$ 在 R^n 中，$\theta = (\theta_l)_{l \in N}$ 在 R_+^n 中：

$$\Gamma_\varphi(t, m, \theta) = E[\varphi(m_j + v(t)(\mu + Z_j), j \notin \mathrm{supp}(\theta))]$$

其中，$(Z_j)_{j \notin supp(\theta)}$ 是 (ρ, σ) – 高斯分布。在这些表达式中，ρ、σ 和 μ 如式（7.2）所示，I 和 X_i 分别替换为 $\mathrm{supp}(\theta)$ 和 $\frac{h_i(\theta_i) - m_i}{v(t)}$。特别地，

$$Q(\tau_j > t, j \in J | \partial_t^I) = \Phi_{\rho,\sigma}\left(\frac{h_j(t) - m_t^j}{v(t)} - \mu, j \notin \mathrm{supp}(\tau(I))\right) \quad (7.5)$$

证明 根据 m_t 的 B_t 可测量性，我们得出：

$$\begin{aligned}
&E[\varphi(h_j(\tau_j), j \in J) | \partial_t^I] \\
&= E[\varphi(\int_0^{+\infty} \varsigma(u) \mathrm{d}B_u^j, j \in J) | B_t \vee \bigvee_{i \in I} \tau_i] \\
&= E\left[\varphi(m_j + \int_0^{+\infty} \varsigma(u) \mathrm{d}B_u^j, j \in J) | B_t \vee \bigvee_{i \in I} \left(\frac{h_i(\tau_i) - m_t^j}{v(t)}\right)\right]_{m_j = m_t^j, j \in J} \\
&= E[\varphi(m_j + v(t) X_t^j, j \in J) | B_t \vee \bigvee_{i \in I} X_t^i]_{m_j = m_t^j, j \in J}
\end{aligned}$$

由于 X_t^l 与 B_t 的独立性，可简化为：

$$E\left[\varphi(m_j+v(t)X_t^j, j\in J)\mid X_t^i, i\in I\right]_{m_j=m_t^j, j\in J}$$

结果随后是引理 7.2.2 的应用。作为特例，我们得到式（7.5）。

以 $B=(B^l)_{l\in N}$ 的自然过滤 $B=(B_t)_{t\geq 0}$ 作为参考过滤。全模型过滤 $G=(\partial_t)_{t\geq 0}$ 则定义为 B 随着 τ_l 逐渐增大，即

$$\partial_t = B_t \vee \bigvee_{l\in N} H_t^l$$

通过 Amendinger（1999）及 Bélanger、Shreve 和 Wong（2001）的附录[①]的论证，可以证明这种过滤是右连续的。

7.2.2.1　条件生存分布

我们引用：

$$\Im_t = \{i\in N\mid \tau_i\leqslant t\}, \text{相应地 } J_t = N\setminus \Im_t$$

表示违约债务人在时间 t 的指数的随机集合，即对于任何 $I\subseteq N$：

$$\{\Im_t = I\} = \{\tau_i\leqslant t, i\in I; \tau_j > t, j\in J\}$$

对于 I 的任意随机函数 f_t，我们也写作：

$$E(f_t(\Im_t)\mid \partial_t^{\Im_t}) = \sum_{I\subseteq N} L_{\{\Im_t=I\}} E(f_t(I)\mid \partial_t^I)$$

在下面命题中，我们计算 $(\tau_l)_{l\in N}$ 的条件生存概率，对于所有非负 t 和 t_l，由下式给出：

$$G_t(t_1,t_2,\cdots,t_n):=Q(\tau_1>t_1,\tau_2>t_2,\cdots,\tau_n>t_n\mid \partial_t)$$

以及单个违约前条件生存概率 $G_t^l(t_l)$，因此，对于 $t_l>t$：

$$Q(\tau_l>t_l\mid \partial_t) = L_{\{\tau_l>t\}} G_t^l(t_l)$$

为了强调引理 7.2.4 中出现的 ρ、σ 和 μ 是 (t,m,θ) 的函数，我们写道：

$$\rho=\rho(t,m,\theta), \sigma=\sigma(t,m,\theta), \mu=\mu(t,m,\theta) \tag{7.6}$$

因此，我们定义：

$$\rho_t,\sigma_t,\mu_t = \rho,\sigma,\mu(t,m_t,\theta_t)$$

其中，$\theta_t=(\theta_t^l)_{l\in N}$，$\theta_t^l=\tau_l L_{\{\tau_l\leqslant t\}}$。我们也写作：

$$Z_t^j(t_l) = \frac{h_j(t_l)-m_t^j}{v(t)} - \mu_t, D_t = Q(\tau_j>t, j\in J_t\mid \partial_t^{\Im_t}) = \Phi_{\rho_t,\sigma_t}(Z_t^j(t), j\in J_t)$$

---

① 可在线获取，不存在于数理金融出版版本的章节中。

其中，最后一个等式是（7.5）的结果。

命题 7.2.5 对于每个非负 t 和 $(t_l)_{l\in N}$，G_t 满足：

$$D_t G_t(t_1,t_2,\cdots,t_n) = L_{\{\tau_i>t_i,i\in\Im_t\}}\Phi_{\rho_t,\sigma_t}(Z_t^j(t\vee t_j),j\in J_t) \tag{7.7}$$

对于每个 l 和 $t_l\geqslant t$，G_t^l 满足：

$$D_t G_t^l(t_l) = \Phi_{\rho_t,\sigma_t}(Z_t^l(t_l),(Z_t^j(t))_{j\in J_t\setminus\{l\}}) \tag{7.8}$$

其中，将 Φ 的参数 $(Z_l,(z_j)_{j\in J_t\setminus\{l\}})$ 理解为 $|J_t|$ - 维向量（值得注意的是，分量的顺序无关紧要）。

证明 根据引理 13.7.6（信用风险“关键引理”的多名称版本），我们有

$$G_t(t_1,t_2,\cdots,t_n) = \sum_{I\subseteq N} L_{\{\Im_t=I\}}\frac{Q(\tau_i>t_i,i\in I;\tau_j>t\vee t_j,j\in J\,|\,\partial_t^I)}{Q(\tau_j>t,j\in J\,|\,\partial_t^I)}$$

$$= \sum_{I\subseteq N} L_{\{\Im_t=I\}}L_{\{\tau_i>t_i,i\in I\}}\frac{Q(\tau_j>t\vee t_j,j\in J\,|\,\partial_t^I)}{Q(\tau_j>t,j\in J\,|\,\partial_t^I)}$$

其中，通过引理 7.2.4，分子 $Q(\tau_j>t\vee t_j,j\in J\,|\,\partial_t^I)$ 等于 $\Phi_{\rho_t,\sigma_t}(Z_t^j(t\vee t_j),j\in J)$，分母 $Q(\tau_j>t,j\in J\,|\,\partial_t^I)$ 等于 $\Phi_{\rho_t,\sigma_t}(Z_t^j(t),j\in J)$，即 D_t。这证明了式（7.7），从式（7.8）接着应用式（7.7），对于 $j\neq l$，$t_j=0$。

观察到时间 t 的“有效”高斯 Copula 参数 ρ_t 取决于过去的违约值。

7.2.3 基本鞅

我们现在讨论动态模型中鞅的结构。

7.2.3.1 单变量情况

我们首先讨论违约时间的情况，即 $n=1$，从符号中删除索引 $l=1$。鉴于式（7.4），τ的 B - 条件生存概率由下式给出：

$$Q(\tau>v\,|\,B_t) = \Phi\left(\frac{h(v)-m_t}{v(t)}\right)$$

因此，对于 R_+ 中的 t 和 v，τ允许的 B - 条件 Lebesgue 密度为：

$$a_t(v) = \frac{Q(\tau\in \mathrm{d}v\,|\,B_t)}{\mathrm{d}v} = \phi\left(\frac{h(v)-m_t}{v(t)}\right)\frac{h'(v)}{v(t)} \tag{7.9}$$

特别是，这是 El Karoui、Jeanblanc 和 Jiao（2009）意义上的 Lebesgue 密度

模型。值得注意的是，过滤 B 未浸入全模型过滤 G（见 13.7 节），否则，τ 的 Azéma 上鞅 $A_t = Q(\tau > t | B_t)$ 在 t 中是不增加的，即在式（7.10）的右侧是非增的。

引理 7.2.6 $a_t(v)$ 和 A_t 的动力学由下式给出：

$$\mathrm{d}a_t(v) = a_t(v)\alpha_t(v)\mathrm{d}B_t,\ \mathrm{d}A_t = -a_t(t)\mathrm{d}t + \beta_t \mathrm{d}B_t \tag{7.10}$$

其中，

$$\alpha_t(v) = \frac{(m_t - h(v))}{v(t)}\frac{\varsigma(t)}{v(t)},\beta_t = \varphi\left(\frac{m_t - h(t)}{v(t)}\right)\frac{\varsigma(t)}{v(t)} \tag{7.11}$$

证明 注意到 $\varphi'(x) = x\varphi(x)$，将 Itô 公式应用于式（7.9）的右侧，得到式（7.10）中的左侧，其中右侧遵循 Itô – Ventzell 公式[①] $\mathrm{d}A_t = \mathrm{d}_t A_t(v)\ |_{t=v} + \mathrm{d}_v A_t(v)|_{t=v}$。

Jeanblanc 和 Le Cam（2009）的结果专门应用于具有 a 和 A 连续的密度模型的当前情况，表明每个 B – 局部鞅 X 都是一个具有以下简化 Doob – Meyer 分解的 G – 特殊半鞅：

$$X_t = Y_t + \int_0^{t\wedge\tau} \frac{\mathrm{d}\langle X,A\rangle_u}{A_u} + \left(\int_{t\wedge\tau}^t \frac{\mathrm{d}\langle X,a(v)\rangle_u}{a_u(v)}\right)_{|v=\tau} \tag{7.12}$$

其中，Y 是 G – 局部鞅。特别地，B – 布朗运动 B 的以下 G – 简化分解遵循式（7.12）：

$$\begin{aligned} B_t &= W_t + \int_0^{t\wedge\tau} \frac{\mathrm{d}\langle B,A\rangle_u}{A_u} + \left(\int_{t\wedge\tau}^t \frac{\mathrm{d}\langle B,a(v)\rangle_u}{a_u(v)}\right)_{|v=\tau} \\ &= W_t + \int_0^{t\wedge\tau} \frac{\beta_u}{A_u}\mathrm{d}u + \left(\int_{t\wedge\tau}^t a_u(v)\mathrm{d}u\right)_{|v=\tau} \end{aligned} \tag{7.13}$$

其中，W 是与布朗运动 B 具有相同括号 t 的连续 G – 鞅，故而是 G – 布朗运动，其中 α 和 β 的定义见式（7.11）。

对于由 $\lambda_t = \dfrac{a_t(t)}{A_t}$ 给出的预设强度 τ，通过应用 El Karoui、Jeanblanc 和 Jiao（2009）第 4 节的结果，违约指标过程 $H_t = L_{\{\tau\leq t\}}$ 的 G – 补偿鞅如下所示：

$$M_t = H_t - \int_0^{t\wedge\tau} \lambda_v \mathrm{d}v \tag{7.14}$$

---

① 例如，见 Jeanblanc、Yor 和 Chesney（2010）第 39 页。

7.2.3.2 投资组合情况

在 n 个义务人的投资组合情形下，Jeanblanc 和 Le Cam（2009）结果的即时多重违约扩展表明，对于任何 l，我们都有一个 G－布朗运动和如下形式的补充跳跃至违约的 G－鞅：

$$W_t^l = B_t^l - \int_0^t \gamma_v^l \mathrm{d}v, M_t^l = H_t^l - \int_0^{t \wedge \tau l} \lambda_v^l \mathrm{d}v$$

对于某些过程 γ^l 和 λ^l，W^l 和 M^l 的集合具有 G－鞅表现特征。我们用 $\Im_{t-1}$（J_{t-1}）表示 $\Im_t(J_t)$ 的左极限［违约（存活）债务人的随机集合，“即在 t 之前”］。我们所说的序集，是指状态空间 $R_+ \times R^n \times R_+^n$ 的任何一个子集，它由对应于给定 θ 的支集 I 的所有三元向量 (t,m,θ) 以一定的顺序组成 I 中的 θ（注意在 Lebesgue 密度模型中没有联合违约值）。

命题 7.2.7 （1）写出 $\gamma_t = (\gamma_t^l)_{l \in N}$ 和 $\lambda_t = (\lambda_t^l)_{l \in N}$，我们得到：

$$\gamma_t = \gamma(t,m_t,\theta_t), \lambda_t = \lambda(t,m_t,\theta_t)$$

对于适当的函数 γ 和 λ，在每一阶集上 m 是可微的。

（2）以下 Itô 公式适用于 (t,m) 中 $C^{1,2}$ 类的任何函数 $u = u(t,m,\theta)$：

$$\begin{aligned} \mathrm{d}u(t,m_t,\theta_t) &= \varsigma(t) \sum_{l \in N} \partial_{m_t} u(t,m_t,\theta_t) \mathrm{d}W_t^l + \sum_{j \in J_{t-}} \delta_j u(t,m_t,\theta_{t-}) \mathrm{d}M_t^j \\ &\quad + (\partial_t + A) u(t,m_t,\theta_t) \mathrm{d}t \end{aligned} \tag{7.15}$$

其中，

$$\delta_l u(t,m,\theta) = u(t,m,\theta^{l,t}) - u(t,m,\theta)$$

其中，$\theta^{l,t}$ 代表 θ，θ_l 由 t 代替，式中：

$$Au = \varsigma \sum_{l \in N} \gamma_l \partial_{ml} u + \frac{\varsigma^2}{2} \left(\sum_{l \in N} \partial_{m_l^2}^2 u + \rho \sum_{l,k \in N, l \neq k} \partial_{m_l,m_k}^2 u \right) + \sum_{l \in N} \lambda_l \delta_l u \tag{7.16}$$

（3）过程 (m_t,θ_t) 是一个带生成器的 G－Markov 过程（在适当的系数条件下）。

证明 第（1）部分的论据与 Cousine、Jean－blanc 和 Laurent（2011）中的论据相似。第（2）部分中的 Itô 公式（7.15）是 τ_l 之间的标准 Itô 公式，以明显的方式进行了修正，以说明 θ_t 在 τ_l 处的跳跃（在本模型中不能同时发生）。在适当的系数条件下［见 Ethier 和 Kurtz（1986）］，第（2）部分的 Itô 公式，其中算子 A 从第（1）部分来看是确定的，暗示了第（3）部分的 Markov 性质。

在上面的（3）中，更严格的说法是，式（7.16）中的右侧定义了时间非齐次马尔科夫过程（m_t, θ_t）的时间 t 生成器（通常在左侧写 $A_t u$）。但在这本书中，这类技术细节并不重要，我们只需要相应的“It - Markov 公式”，这些公式是通过直接的 *SDE* 计算建立的，没有参考算子理论。

备注 7.2.8 与下一章的共振模型不同，本章的动态高斯 Copula 模型不是第 14 章意义上的马尔科夫 Copula 模型。事实上，特别是与 DGC 模型缺乏过滤有关，单个过程（m_t^l, θ_t^l）不是马尔科夫过程。然而，正如我们的数值结果所表明的，DGC 模型已经适合于交易对手风险计算（保守说，典型的高斯 Copula 模型，依赖结构不够丰富，不允许将模型校准到多个 CDO）。

7.3 信用衍生品的净估值和对冲

在本节中，我们将讨论上述动态高斯 Copula 设置中信用衍生品的估值和对冲问题。值得注意的是，我们仍处于交易对手无风险的环境中，因此这是净估值和对冲。为了简单起见，我们假设利率为零，即 $\beta = 1$。在零利率环境下，资产的（除息，净）价格过程简单地由资产承诺的未来现金流的风险中性条件预期给出；累积价格是价格过程和累积股息过程的总和［参见定义 3.2.2（1）］，这也对应于（除息）价格过程的鞅分量。值得注意的是，为了对冲的目的，重要的是这个累积价格的动态过程（而不是价格本身）。

当然，将理论结果推广到确定性利率是很简单的。确定性利率 $r(t)$ 将用于数值计算。

7.3.1 CDS 的定价

公司 l 的信用违约互换（CDS）的累计现金流（到期日为 T，回收期为 R_l）为（对于连续支付的费用）：

$$\int_0^T (1 - R_l)\,\mathrm{d}H_v^l - \int_0^{T \wedge \tau l} S_l \mathrm{d}v$$

其中，常数 S_l 表示合同价差。

命题 7.3.1 （1）公司 l 上 CDS 价格过程，例如 C^l 由 $C_t^l = L_{\{\tau l > t\}} \widetilde{C}_t^l$ 给出，

其中违约前价格$\widetilde{C}_t^l$被定义为：

$$\widetilde{C}_t^l = C_l(t,m_t,\theta_t) = (1 - R_l)(1 - G_t^l(T)) - S_l\int_t^T G_t^l(v)\,\mathrm{d}v \qquad (7.17)$$

（2）公司 l 上 CDS（价格过程的鞅分量）的累积价格的动态变化由下式给出：

$$\mathrm{d}\hat{C}_t^l = L_{\{\tau l\geq t\}}[\varsigma(t)\sum_{k\in N}\partial_{m_k}C_l(t,m_t,\theta_t)\mathrm{d}W_t^k + (1 - R_l - C_l(t,m_t,\theta_{t-}))\mathrm{d}M_t^l$$
$$+ \sum_{j\in J_{t-}\setminus\{l\}}\delta_j C_l(t,m_t,\theta_{t-})\mathrm{d}M_t^j] \qquad (7.18)$$

证明 我们有：

$$L_{\{\tau l>t\}}C_t^l = E[\int_t^T(1 - R_l)\mathrm{d}H_v^l - \int_t^{T\wedge\tau l}S_l\mathrm{d}v \Big| \partial_t]$$
$$= (1 - R_l)Q(t < \tau_l < T|\partial_t) - S_l\int_t^T Q(\tau_l > v|\partial_t)\mathrm{d}v$$
$$= L_{\{\tau_l>t\}}[(1 - R_l)(1 - G_t^l(T)) - S_l\int_t^T G_t^l(v)\mathrm{d}v]$$

其中，第三个等式来自式（7.8）且$G_t^l(t) = 1$。这证明了（1）。由于累积价格是价格过程的鞅分量，（2）紧接着（1）应用 Itô - Markov 公式（7.15）得到过程$C_l(t,m_t,\theta_t)$的鞅部分。

7.3.2 CDO 定价

我们写$N_v = \sum_{l=1}^{n}L_{\{\tau_l\leq v\}} = |\Im_v|$，时间 v 的违约数。条件分布：

$$\Gamma_t^k(v) = Q(N_v = k|\partial_t)$$

在 CDO 合约的定价中至关重要。它由下一个引理给出，在这个引理中，c_k 可以通过标准的递归程序有效地计算出来［参见 Andersen 和 Sidenius（2004）或 Crépey（2013）中的 5.3.2.1］。

引理 7.3.2 对于每个 $v\geq t$ 和 $N_t\leq k\leq n$，Γ_t 满足：

$$D_t\Gamma_t^k(v) = \int_R c_k^y(v;t,m_t,\theta_t)\phi(y)\mathrm{d}y =: \Gamma_k(v;t,m_t,\theta_t) \qquad (7.19)$$

其中，$c_k^y(v;t,m,\theta)$ 是以下多项式 P^y 在 x 中的阶数（$k-N_t$）- 系数，由实数 y（及其他参数 v 和 t，m，θ）参数化：

$$P^y(x,v;t,m,\theta) = \prod_{j\notin \mathrm{supp}(\theta)} (p_j^y(v)x + q_j^y(v))$$

这里 $p_j^y(v) = p_j^y(v;t,m,\theta)$ 和 $q_j^y(v) = q_j^y(v;t,m,\theta)$ 是以下式子的简写符号：

$$p_j^y(v) = \Phi\left(\frac{h_j(t) - m_j - v(t)\mu - v(t)\sigma\sqrt{\rho}y}{v(t)\sigma\sqrt{1-\rho}}\right) - \Phi\left(\frac{h_j(v) - m_j - v(t)\mu - v(t)\sigma\sqrt{\rho}y}{v(t)\sigma\sqrt{1-\rho}}\right) \tag{7.20}$$

$$q_j^y(v) = \Phi\left(\frac{h_j(v) - m_j - v(t)\mu - v(t)\sigma\sqrt{\rho}y}{v(t)\sigma\sqrt{1-\rho}}\right)$$

其中，ρ，σ 和 μ 如引理 7.2.4 所示。

证明 关键引理 13.7.6 的一个应用得到：

$$P(N_v = k;\tau_j > t, j\in J\,|\,\partial_t^I) = Q(N_v^J = k - |I|;\tau_j > t, j\in J\,|\,\partial_t^I)$$

回顾式（7.4），我们可以将引理 7.2.4 应用于函数 φ，从而：

$$\varphi(h_j(\tau_j), j\in J) = L(N_v^J = k - |I|;\tau_j > t, j\in J)$$

我们得到：

$$Q(N_v^J = k - |I|;\tau_j > t, j\in J\,|\,\partial_t^I) = \Gamma_\varphi(v;t,m_t,\theta_t)$$

其中，

$$\begin{aligned}\Gamma_\varphi(v;t,m,\theta) &= E[\varphi(m_j + v(t)Z_j, j\in J)]\\ &= Q(\sum_{j\in J} L_{\{h_j(t) < m_j+v(t)\mu+v(t)Z_j\leq h_j(v)\}} = k - |I|;h_j(t)\\ &\quad < m_j + v(t)\mu + v(t)Z_j, j\in J)\end{aligned}$$

对于某些 (ρ,σ) - 高斯 $(z_j)_{j\in J}$。我们应用引理 7.2.1，以一个独立的标准高斯向量（Y，$(Y_j)_{j\in J}$）来表示 $(z_j)_{j\in J}$，其中 X_j^Y 是 $m_j + v(t)\mu + v(t)\sigma(\sqrt{\rho}Y + \sqrt{1-\rho}Y_j)$ 的缩写，

$$\begin{aligned}\Gamma_\varphi(v;t,m,\theta) &= Q(\sum_{j\in J} L_{\{h_j(t) < X_j^Y\leq h_j(v)\}} = k - |I|;h_j(t) < X_j^Y, j\in J)\\ &= \int_R Q(\sum_{j\in J}\varepsilon_j^y = k - |I|\varphi(y)\mathrm{d}y)\end{aligned}$$

其中，对于 y 实数，随机变量 ε_j^y 的定义为：

$$\varepsilon_j^y = \begin{cases} \infty, X_j^y \leqslant h_j(t) \\ 1, h_j(t) < X_j^y \leqslant h_j(v) \\ 0, X_j^y > h_j(v) \end{cases}$$

因此，对于引理中描述的 c_k^y，$Q(\sum_{j\in J}\varepsilon_j^y = k - |I|) = c_k^y(v;t,m,\theta)$。

到期 T、附着点 a、分离点 b 和合约价差 S 的付款人 CDO 累计现金流如下所示：

$$\int_0^T [\mathrm{d}L_v^{a,b} - S(b - a - L_v^{a,b})\mathrm{d}v]$$

对于部分累积损失过程 $L_t^{a,b}$ 由下式给出为：

$$L_t^{a,b} = (L_t - a)^+ - (L_t - b)^+ =: L_{a,b}(N_t)$$

其中，$L_t = (1-R)\dfrac{N_t}{n}$ 是投资组合损失过程（假设 n 个参考名称上有共同的回收 R）。

命题 7.3.3 （1）CDO $[a,b]$ 的价格过程如下：

$$C_t^{a,b} = C_{a,b}(t,m_t,\theta_t) = \sum_{k=N_t}^{n} L_{a,b}(k)(\Gamma_t^k(T) + S\int_t^T \Gamma_t^k(v)\mathrm{d}v) - L_{a,b}(N_t) - S(b-a)(T-t) \tag{7.21}$$

其中，$\Gamma_t^k(v) = \Gamma_k(v;t,m_t,\theta_t)$，其中 $\Gamma_k(v;t,m_t,\theta_t)$ 由式（7.19）给出。

（2）CDO $[a,b]$（价格过程的鞅成分）的累积价格动态如下所示[①]：

$$\mathrm{d}\hat{C}_t^{a,b} = \varsigma(t)\sum_{k\in N}\partial_{m_k}C_{a,b}(t,m_t,\theta_t)\mathrm{d}W_t^k + \sum_{j\in_{t-}}(\delta_j C_{a,b}(t,m_t,\theta_{t-}) + L_{a,b}(N_{t-}+1) - L_{a,b}(N_{t-}))\mathrm{d}M_t^j \tag{7.22}$$

证明 我们有：

$$C_t^{a,b} = E[\int_t^T [\mathrm{d}L_v^{a,b} - S(b-a-L_u^{a,b})\mathrm{d}v] | \partial_t]$$
$$= E[L_T^{a,b} | \partial_t] - L_t^{a,b} - S(b-a)(T-t) + S\int_t^T E[L_v^{a,b} | \partial_t]\mathrm{d}v$$

式中，

$$E[L_v^{a,b} | \partial_t] = E[L_{a,b}(N_v) | \partial_t] = \sum_{k=N_t}^{n} L_{a,b}(k)\Gamma_k(v;t,m_t,\theta_t)$$

---

① 从前面的公式（7.19）可以得到验证，函数 $C_{a,b}$ 对于 (s,m) 是正则的。

这证明了（1），其中（2）与命题7.3.1的证明一致。

7.3.3 用 CDS 对冲 CDO

我们的目标是通过使用单名称 CDS 合约对冲信用衍生品的交易对手风险。然而，值得注意的是，已经启动的 CDS 合约（特别是给定合约利差的 CDS 合约）不能像股票交易那样在市场上动态交易。事实上，在任何特定时间，只有新发行的 CDS 合约才可以免费、按相关的公平市场价差签订。可有效用于对冲的是滚动 CDS［见 Bielecki、Jeanblanc 和 Rutkowski（2008）和 Bielecki、Crépey、Jeanblanc 和 Rutkowski（2011）］，即市场 CDS 合同中的自筹资金交易策略。因此，就像期货合约一样，滚动 CDS 的价值在任何时间点都为零，但是由于该策略的交易收益，相关的累积价值过程不是零。这是说（正如我们将在 8.3.2 详细看到不同的模式，假设 CDS 以公平价差成交），在时间 t = 0 时，滚动 CDS 动态与相应（标准）CDS 的动态相同，这意味着在时间 $t=0$ 时，相关滚动 CDS 增量与基于标准 CDS 的增量一致。

因此，在动态高斯 Copula 设置中，我们以各种方式考虑单个 CDS 合约对 CDO 的动态对冲问题（从上面可以理解，由此产生的在时间 0 的对冲比率也适用于滚动 CDS 合约的更实际的对冲）。特别是，模拟危机前仅对冲 CDO 合约利差风险的市场实践（即忽略跳跃至违约的风险），我们可以通过在单个 CDS 合同中的适当动态头寸来对冲式（7.22）中的 dW^k – 风险敞口。

鉴于式（7.18）和式（7.22），在投资组合出现第一次违约之前，该目标是通过以下行向量 ζspd 实现的，即 CDS 中该批贷款参考名称的动态头寸：

$$\zeta_t^{spd} = (\partial_m C_{a,b}(\partial_m C)^{-1})(t, m_t, \theta_{t-}) \tag{7.23}$$

其中，$C = (C_l)_{l \in N}$。

备注 7.3.4 在投资组合中的第一个违约时间（例如 τ_k）之后，矩阵∂mC 随着相应的 C_t^k 及其灵敏度的消失而退化［而式（7.22）中的 $d\hat{C}_t^{a,b}$ 仍然依赖于 dW_t^k］。因此，必须将另一种非冗余工具（例如，其中一个存续名称上的非冗余 CDS）替换为违约名称的 CDS，以便对该部分的利差风险进行完美对冲。

一般来说，上述 deltas 的数值计算涉及线性系统的数值解。然而，在 $t=0$

时，系统是对角的，正如我们将在下面看到的，相应的 deltasζ_0^{spd} 在数值上非常接近标准的“静态”高斯 Copula 凹凸敏感度［类似的考虑也见 Fermanian 和 Vigneron（2010、2013）］。

作为上述 ζ_t^{spd} 的替代方法，可以在动态高斯 Copula 设置中计算最小方差 deltaζ_t^{va}，该 delta 最小化对冲误差的风险中性方差（最小化利差风险以及跳跃至违约风险，建议仅使用 ζ_t^{spd} 关注利差风险；见 3.2.5.1）。为了进行比较，我们还将在下一章中通过 Marshall – Olkin Copula 设置的信息动态化来计算动态共振模型中的最小方差 delta。因此，DGC 被用作动态高斯 Copula（本章的模型）和动态 Marshall Olkin（下一章的模型）的缩写。值得注意的是，DGC 模型一次只能适用于一个批次报价（因为它具有唯一的相关参数 ρ），而 DMO 模型具有更丰富的相关性结构，可以联合适用于多个批次。本章的 DGC 模型足以处理 CDS 合同的交易对手风险，但 CDO 的交易对手风险需要 DMO 设置。

作为所有 deltas 的通用数据集，我们使用北美 CDX 2007 年 12 月 17 日的数据，这是一组关于 125 个基础信用名称的信用数据，包括［0 ~ 3%］、［3% ~ 7%］、［7% ~ 10%］、［10% ~ 15%］和［15% ~ 30%］的 CDO 市场报价。我们请读者参考 Brigo、Pallavicini 和 Torresetti（2010），了解 CDO 的复合相关性和基础相关性的概念。对于后者未定义的情况，基础相关性是复合相关性的一种替代方法，正如我们的数据集中初中级部分 3% ~ 7% 的情况（见图 7.1）。

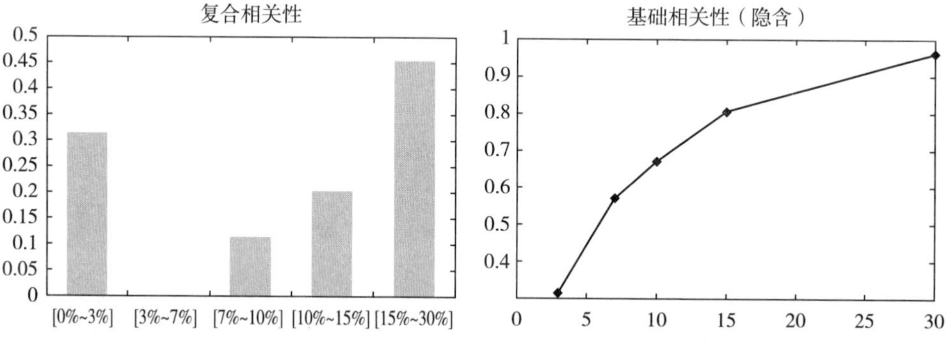

注：左：复合相关性（未定义初中级部分 3% ~ 7% 的数据）；右：基础相关性（所有部分）。

图 7.1 CDX 2007 年 12 月 17 日

我们准备将以下 CDO 的 delta 概念与 CDO 的全部或部分信用名称的个别 CDS 合同进行比较，所有这些 delta 都经过校准（在各自定义所暗示的意义上）

与 CDX 2007 年 12 月 17 日的相同数据集进行比较：

市场复合（基于）扩散 deltas：静态高斯 Copula 凹凸敏感度的相关参数 ρ 集等于复合（基于）相关的份额；

DGC 复合扩散 deltas：式（7.23）中动态 deltasζ_t^{spd} 在时间 0 的值，相关参数 ρ 设置等于份额的复合相关；

DGC 复合最小方差 deltas：动态 deltas 在时间 0 的值，使 DGC 模型中对冲误差的风险中性方差最小化，相关参数 ρ 等于该份额的复合相关；

DMO 最小方差 delta：动态 delta 在时间 0 的值，用于最小化 DMO 模型中对冲误差的风险中性方差，该模型联合校准所有 CDO 合约和用作对冲工具的所有 CDS 合约。

这些 delta 是使用半显式公式计算的 $\partial_{m_t} C_l(t,m,\theta)$ 和 $\partial_{m_t} C_{a,b}(t,m,\theta)$，可以从命题 7.3.1（1）和 7.3.3（1）中推导出来［见 Dong Li（2013）］。

图 7.2 的左面板显示了所有单个 CDS 合约（由 x - 轴上的差价递减表示）和所有 CDO 合约（y - 轴）的 DGC 和市场复合差价 deltas，除了在这些数据上具有未定义复合相关性的 3% ~7% 初中级部分（见图 7.1）。对于每个部分，DGC 和市场复合利差 deltas 非常接近（每个部分的两条 deltas 曲线基本上是重叠的）。特别是，这意味着市场复合利差 deltas 的实际概念可以与一个健全的动态定义相

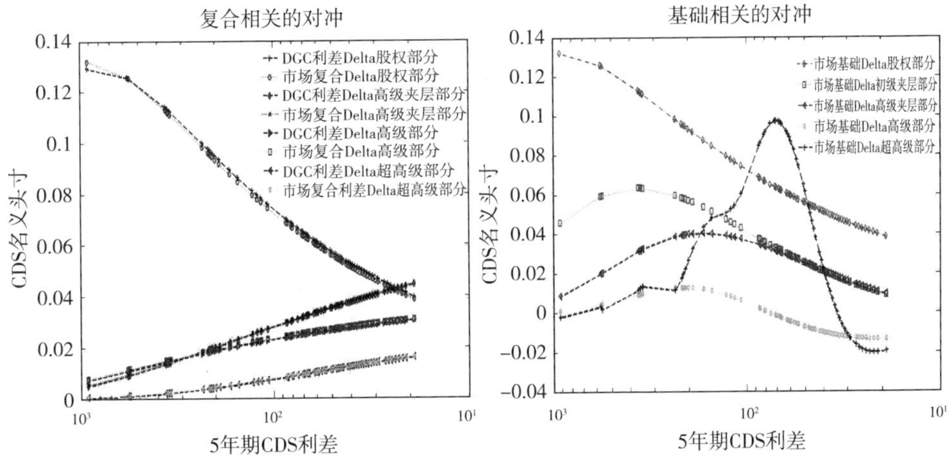

注：左：DGC 复合利差 delta 与市场复合 delta（这些数据中未定义初中级部分 3% ~7%）；右图：市场基础 delta（所有部分）。

图 7.2　2007 年 12 月 17 日 CDX

关联，即 DGC 复合利差 deltas［另见 Fermanian 和 Vigneron（2010、2013）］。

为了进行比较，图 7.2 的右面板还显示了所有 CDS 合约的市场基础利差 deltas。与之前的 deltas 概念相反，这些只是特殊的凹凸敏感度，不能与健全的动态方法相关。但它们仍为 3% ~7% 的初中级部分提供了可能的对冲，但复合相关性尚未确定。除股权部分外，值得注意的是 DGC 或市场复合利差 deltas（左图）与基本利差 deltas（右图）之间的显著差异。

图 7.3 显示了不同部分（初中级部分除外）和对冲 CDS 合约组合的 DGC 复

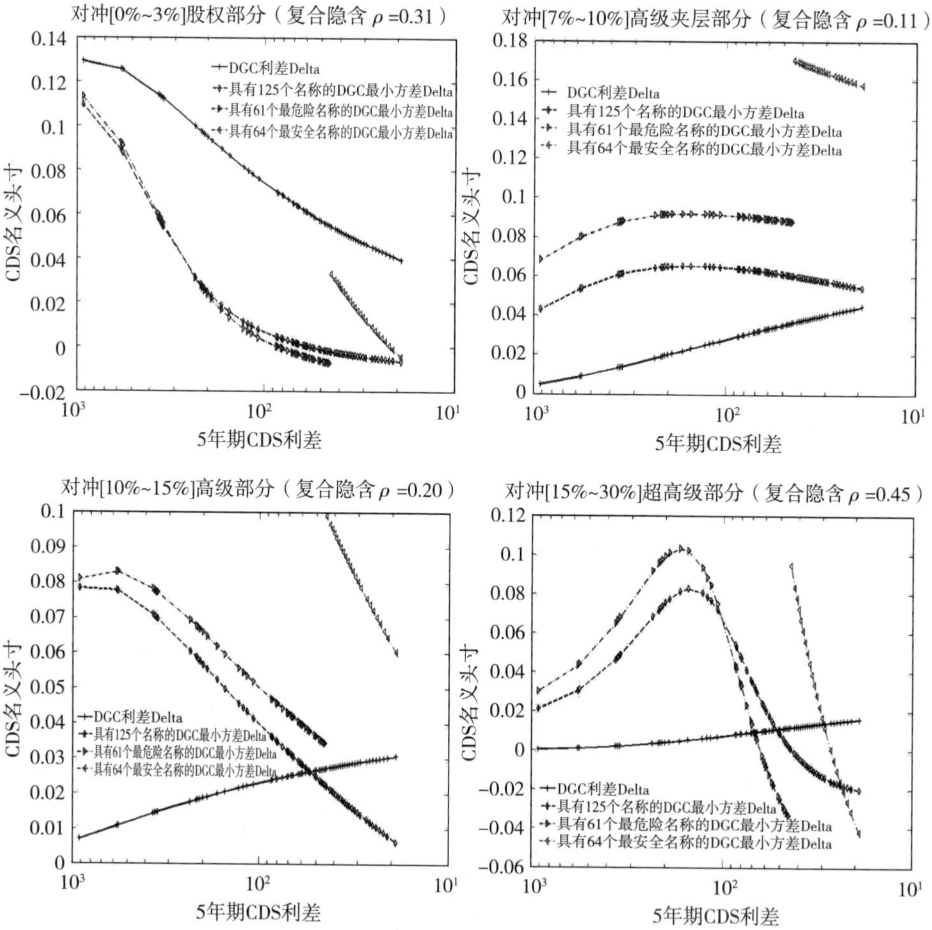

图 7.3　2007 年 12 月 17 日 CDX - DGC 复合最小方差 delta 与 DGC（非常接近市场）复合利差 delta（除本数据集未定义复合相关性的初中级部分外的所有部分）

合最小方差deltas，分别包括投资组合中的所有 125 个基础名称、61 个风险最高的名称和 64 个最安全的名称（在时间 0 时对应 CDS 价差意义上的最安全和风险最高）。我们在这里解释了第 8 章中，61 个最危险的名称被用于技术上的原因。为了比较，我们在这里还显示了用61 个最危险的名称以及用64 个最安全的名称的补集计算的 delta。相应的（DGC 或市场）复合利差 deltas 也显示在相同的图形上。毫不奇怪，对于所有的部分，这些不同的 delta 概念之间存在着显著的数值差异。

在 3% ~7% 的初中级部分，未定义复合相关关系，我们的数据中没有一致校准的 DGC delta 概念。相反，图 7.4 显示了相应的静态市场基础相关利差 delta，以及基于时间 0 时 61 个最具风险名称的投资组合的动态 DMO 最小方差 delta，其中 DMO 模型在时间 0 时联合校准为这 61 个名称和所有五年期 CDO（见第 8 章）。值得注意的是，这两个 delta 概念具有完全不同的模式。

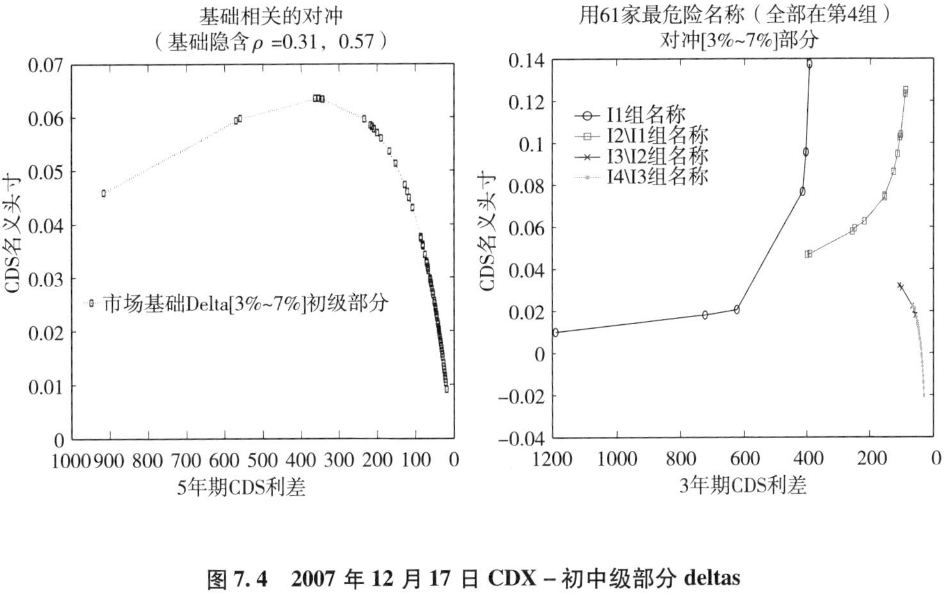

图 7.4 2007 年 12 月 17 日 CDX - 初中级部分 deltas

7.4 交易对手风险

我们现在考虑无违约银行和违约时间为τ的交易对手之间到期日为 T 的信用

衍生工具。我们的下一个目标是在3.2.4.2的单边交易对手信用风险设置中评估相应的CVA。我们仍然假设 $r=0$，除了在数值上，我们使用净CSA清算估价方案 $Q=P$。正如在本书这一部分的导言中所回顾的那样，单边CVA是在时间 τ 时对合同的净价值 P_τ 的一种选择。为了给它定价，我们需要一个动态的、可处理的 P_t 模型。为此，我们使用了交易对手违约时间 $(\tau_0=\tau,\tau_1,\cdots,\tau_n)=(\tau_l)_{l\in N}$ 及信用衍生工具参考名称的动态高斯Copula（DGC）模型，其中 N 表示集合 $\{-1,0,\cdots,n\}$（包括交易对手）。由于该模型中没有共同违约（这在下一章的DMO模型中不再成立），我们可以假设合同承诺在 τ（即 $\Delta\tau=0$）时没有现金流，并且违约风险敞口 ξ 简化为：

$$\xi=(1-R_0)(P_\tau-\Gamma_\tau)^+$$

带生成器 A 的 (m_t,θ_t) 的 G-Markov特征意味着如下定价方程：

$$\Theta_t=E[L_{\tau<T}\xi\mid\partial_t]=E[L_{\theta_0\neq0}\xi\mid\partial_t],0\leqslant t\leqslant\bar{\tau}$$

命题7.4.1 如果 $P_t=P(t,m_t,\theta_t)$ 且 $\Gamma_t=\Gamma(t,m_t,\theta_t)$，则 $\Theta_t=\Theta(t,m_t,\Theta_t)$，其中 Θ_t 满足以下线性CVA-BSDE（假设所需的平滑度）：对于 $t\in[0,\bar{\tau}]$，$\Theta_{\bar{\tau}}=L_{\tau<T}\xi$，有

$$d\Theta_t=\varsigma(t)\sum_{l\in N}\partial_{m_l}\Theta(t,m_t,\theta_t)dW_t^l+\sum_{j\in J_{t-}}\delta_j\Theta(t,m_t,\theta_{t-})dM_t^j \tag{7.24}$$

一个等价的线性CVA-PDE，用生成器 A 表示，由CVA定价函数 $\Theta=\Theta(t,m,\theta)$ 满足。

从7.3节的结果来看，假设本命题中的 $P_t=P(t,m_t,\theta_t)$ 适用于任何CDS合约、CDO合约或两者通过线性任何组合。在无（$\Gamma=0$）或连续（$\Gamma=P$）抵押的“极端”情况下，我们还有 $\Gamma=\Gamma(t,m,\theta)$。更现实的路径依赖ISDA方案，如3.3.2的方案可以通过增加状态空间来处理，将并行过程 Γ 视为一个附加因素[见Crépey和Song（2014）]。

方程式（7.24）表明，通过使用 $2n+2$ 个非冗余对冲工具，加上无风险（固定）资产融资，可以动态复制 $\bar{\tau}$ 处的风险敞口 $L_{\tau<T}\xi$。当然，在实践中，对冲风险因素的选择更现实。任何具体的对冲方案都可以在线性BSDE（7.24）或等效线性偏微分方程的基础上实施。例如，银行可以使用参考交易对手的滚动CDS在时间 τ 对冲其CVA风险。然而，对于大的 n，如CDO的情况，由于维数限制，CVA-BSDE/PDE在数值上是不可计算的［除非，也许考虑了适当的粒子

方案（Particle Schemes）；见第 12 节]。由于生成器 A 中系数（特别是 γ）的组合结构，甚至这些方程中的数据也变得相当复杂。因此，首选基于"CCDS 公式"(3.23)（对于 $t=0$）的 CVA 蒙特卡洛计算。

7.4.1 数值化

为了结束这一章，我们提供了一些关于在 DGC 模型中计算的 CDS 上 CVA 的数值化结果。这些结果是对 τ_0 和 τ_1 作为指数随机变量给出的，参数 λ_0^* 和 λ_1^* 是常数，在实际生活中可根据相关的 5 年期 CDS 市场利差进行校准。我们使用式（7.3）中的函数 $\varsigma(\cdot)$，它在 T 之前是常量。我们将看到：

$$\sqrt{\int_0^T \varsigma^2(u)\,\mathrm{d}u} = \varsigma(0)\sqrt{T} \in [0,1]$$

可以解释为波动率参数（也取决于 T，即"$\int_0^{+\infty} \varsigma(t)\,\mathrm{d}B_t^1$ 在 T 之前的波动率"），用 %(T) 表示。

为了便于比较，我们还将展示在 DMO 模型中获得的结果，该模型将在下一章中设计。

7.4.1.1 价差波动率

由于 CDS 上的 CVA 是 CDS 净价值的一种选择，CDS 价差的波动性是该 CVA 的一个重要驱动因素。我们的下一个目标是根据 CDS 期权隐含波动性来评估这种波动性。名为 1 的到期日为 T_a 的 CDS（看涨）期权使投资者有权在 T_a 买入名为 1 的付款人 CDS，合约价差为 S_1，终止时间 $T_b > T_a$。如 Brigo（2005）所述，相应的价格过程如下：

$$O_t^1 = E[L_{\{\tau 1 > T_a\}}(C_{T_a}^1) \mid \partial_t] \tag{7.25}$$

其中，C_t^1 代表 *CDS* 在时间 t 的违约前价值。在市场上，该期权以其 *Black* 隐含波动率 $\sum_t$ 报价，其定义（在时间 0）为以下恒等式，其中 F_0^1 表示远期 (T_a, T_b) - CDS 在名称 1 上的公平价差：

$$O_0^1 = \left(\int_{T_a}^{T_b} Q(\tau_1 > u)\,\mathrm{d}u\right)\left(F_0^1\Phi(\mathrm{d}_+) - S_1\Phi(\mathrm{d}_-)\right) \tag{7.26}$$

式中，

$$d_{\pm} = \frac{\ln(F_0^1/K)}{\sum_0 \sqrt{T_a}} \pm \frac{\sum_0 \sqrt{T_a}}{2} \qquad (7.27)$$

详见 Brigo（2005）。在具有两个名称 0 和 1 的 DGC 模型中，我们根据式（7.25）在时间 0 计算期权的价格 O_0^1，其中，通过式（7.17）：

$$C_{T_a}^1 = (1 - R_1)(1 - G_{T_a}^1(T_b)) - S_1 \int_{T_a}^{T_b} G_{T_a}^1(u)\mathrm{d}u$$

其中，G^1 由公式（7.8）给出（这里有两个名称）。

我们设置 $T_a = 3$ 年，$T_b = 10$ 年，$R_1 = 40\%$，$S_1 = \lambda_1^*(1 - R_1)$，我们使用常数 $r = 5\%$（在非空但常数 r 的情况下，对上述所有公式进行了明显修正）。对于模型参数 $Q = 40\%$，图 7.5 显示了 CDS 期权的价格（左图）和相应的隐含波动率（右图），即% （T_a）从 0 到 1 变化，对于违约强度 λ_1^* 的四个值分别为 0.0083、0.0125、0.0167 和 0.0250，对于选定的回收率为 40%，分别对应净信用利差 50 个、75 个、150 个和 200 个基点。基于 5000 个情景，采用蒙特卡洛模拟方法计算了 O_0^1 价格，并通过 $\sum_0$ 的数值解式（7.26）推导出隐含波动率。隐含波动率曲线（见图 7.5 右面板）证明了将数量 %（T_a） = $\varsigma(0)\sqrt{T_a}$ 解释为波动率参数的合理性。以 %（T_a）表示的隐含波动率的范围从 0 到 1 是非常广泛的，从隐含

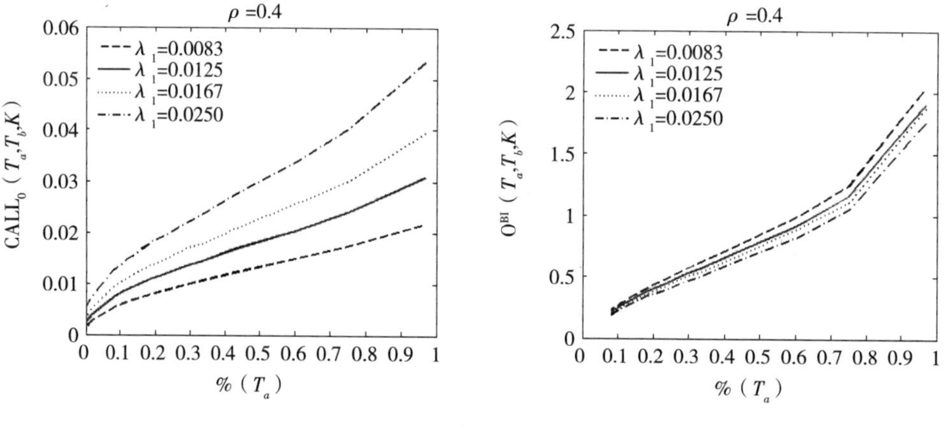

图 7.5　采用蒙特卡洛方法计算的 DGC 价格

{注：其中 5000 个方案（左）和参考名称 1 的 CDS 期权的相应隐含波动率（右），对于四个 λ_1^* 值，如 %（T_a）从 0 到 1，[基础 CDS 的合同价差 $S_1^*(1 - R_1)\lambda_1^*$，$R_1 = 40\%$，相关参数 $\rho = 40\%$]}

波动率的百分之几到超过200%。隐含波动率在 λ_1^* 中略有下降，这一特征也将在 DMO 设置中观察到（见 9.6.4）。从等式（7.18）中可以清楚地看出，由于 DGC 模型中没有过滤，CDS 价格的动态不仅取决于基础名称 1，还取决于名称 0，即模型中存在的交易对手。然而，直观地说，名称 0 的影响在数量上应该是相当有限的。这一点在图 7.6 中得到了证实，图中显示了 CDS 期权的价格（左图）和相应的隐含波动率（右图），即 $\%(T_a)$ 从 0 到 1 变化，λ_1^* 固定为 0.167（对应于 100 个基点的信贷利差 S_1^*）以及相关参数 ρ 的三个值 10%、40% 和 70%。如图 7.6 所示，对应于三个不同 ρ 值的三条曲线非常接近。

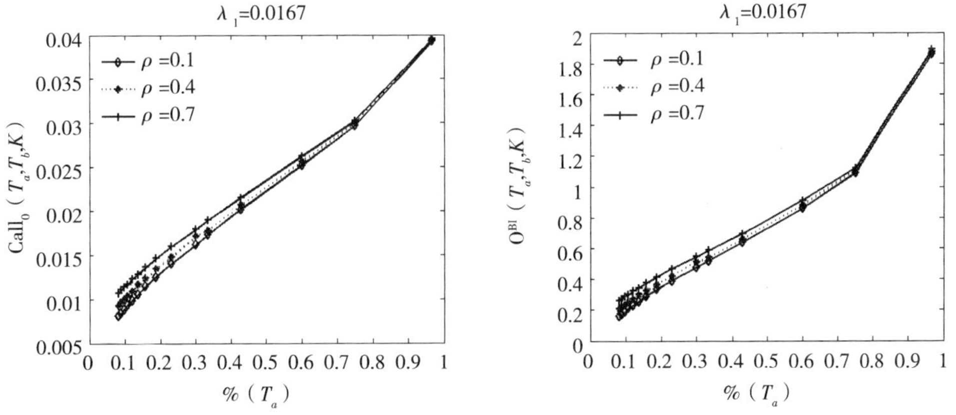

图 7.6 Monte Carlo 计算的 DGC 价格

{注：其中 5000 个情景（左）和对应的 CDS 期权隐含波动率（右）为基础 CDS 的合同价差，ρ 的三个值为 $\% T_a$，变化范围为 0 到 1［基础 CDS 的合同价差 $S_1^* = (1 - R_1)\lambda_1^* = (1 - 40\%) \times 0.167 = 100$ 个基点，相关参数 $\rho = 40\%$］}

7.4.1.2 CVA

在检查了模型对 CDS 价差波动性的充分响应后，我们在图 7.7 的左面板上显示了 CDS 上在时间 0 的 CVA，Θ_0，通过基于“CCDS 公式”（3.23）的蒙特卡洛模拟计算，使用与之前相同的参数和 100000 种情景。当高斯相关参数 ρ 从 0 增加到 1，对于 $\lambda_1^* = 0.0140$（即 $S_1^* = 84$ 个基点）时，这个时间 0 的 CVA 显示的是高斯相关参数 ρ 从 0 增加到 1 的水平。图 7.7 的右面板显示了校准到相同数据的 DMO 设置中的 Θ_0 值（参见 9.3.1.2 有关校准问题）。在 DMO 设置中，名称之间的依赖性主要源于联合违约的可能性。在信用衍生工具的交易对手风险的背景下，交易对手和参考名称之间的共同违约可能是一个严重错向风险的因素（风险敞口 ξ 和一方违约时间之间的负相关性）。例如，在这里，交易对手和 CDS 参考名称的共同违约会对银行造成巨大的风险敞口，即交易对手未支付的保证金，对应于式（3.23）和式（3.24）中的非零且实际上非常大的 $\Delta_{\tau-}$ 项。与这些观察结果一致，图 7.7 中的 DMO CVA 明显大于 DGC CVA（至少对于高 Q 而言，CVA 是重要的）。这说明了 CVA 的动态和可选特性，并给出了存在错向风险时相关模型风险的概念（参见 6.4.4）。

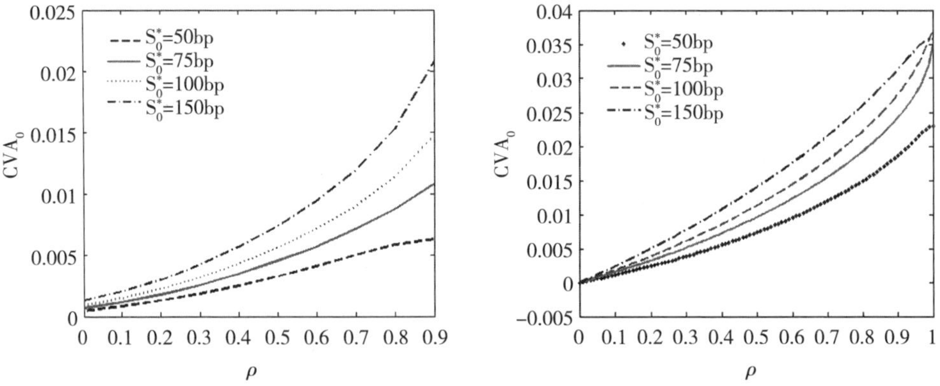

图 7.7 DGC（左）和 DMO（右）模型中 $\lambda_1^* = 0.0140$

（信用利差 $S_1^* = 84$ 个基点）的 CVA_0 与 ρ

8

共振模型

8.1 介绍

上一次金融危机对 CDO 市场造成了严重的负面影响。特别是，发行 CDO 已经变得相当罕见。尽管如此，CDO 合约仍存在大量未偿债务，市场参与者继续面临着在到期日之前对其在这些合约中的头寸进行对冲和抵押的任务。此外，根据现行规定［见巴塞尔银行监管委员会（2011b）］，标准指数合约及其相关流动对冲头寸在基于内部 VaR 的方法下，继续作为对冲集收费，这也使对冲问题对于标准化 CDO 仍然重要。关于这个问题的研究，我们请读者参考 Cont 和 Kan（2011）、Cousin、Crépey 和 Kan（2012）、Laurent、Cousin 和 Fermanian（2011）或 Frey 和 Backhaus（2010）。

第 7 章的动态高斯 Copula - CVA 模型可能足以处理 CDS 合同的交易对手风险。然而，由单个参数 ρ 参数化的高斯 Copula 依赖结构不足以应用于交易对手风险，例如 CDO。在这一章中，我们引入了一个具有更丰富依赖结构的组合信用风险的 Markov - Copula 共振模型，其中错向风险由同时违约的可能性来表示。

正如我们在第 7 章所做的，我们首先给出了一个具有 n 个信用证名称 $\{1,\cdots,n\}$ 的模型。在 8.5 节，我们还包括了交易对手，使其被指数化为 0，从而符合 CVA 的研究。

8.2 违约时间模型

在本节中，我们构建了一个由因子过程 X 和向量 H 组成的自下向上的马尔科夫模型，该向量 H 表示 n 个信用名称的违约指标过程。更具体地说，H_t 是 $\{1, n\}^n$ 中的向量，其中第 i 个条目 H_t^i 是债务人 i 到时间 t 违约事件的指标函数。因子过程 X 的目的是更真实地模拟信贷利差的扩散随机性。

在这个模型中，违约是与债务人群体有关的一些"冲击"的结果。通过名称的所有非空子集的集合 Z 来表示，我们定义了以下预先指定的组集合：

$$y = \{\{1\},\cdots,\{n\},I_1,\cdots,I_m\}$$

其中，I_1，…，I_m 是每个 I_j 组至少包含两个债务人的元素。这些冲击分为两类：与单名称 $\{1\},\cdots,\{n\}$ 相关的冲击只能触发违约名称 1，…，n，而其他与多名称组 I_1，…，I_m 相关的冲击可能同时触发这些组中所有名称的违约。值得注意的是，几个冲击可能会影响同一个特定名称，因此只有最先发生的冲击才会有效触发该名称的违约。因此，当与特定组相关联的冲击在时间 t 发生时，它只会触发在该时间组中仍然存续的名称的违约。在下面，y 的元素 Y 将用于指定冲击，我们假设 $I = (I_l)_{1\leq l\leq m}$ 表示预先指定的债务人多名称组集合。形式为 $\lambda_Y(t, X_t)$ 的冲击强度将在后面用马尔科夫因子过程 $X_t = (X_t^Y)_{Y\in y.}|$来表示。设 $\wedge_t^Y = \int_0^t \lambda_Y(s,X_s)\,ds$，我们定义：

$$\eta_Y = \inf\{t > 0: \wedge_t^Y > E_Y\} \tag{8.1}$$

其中，随机变量 E_Y 为独立同分布（i. i. d.）并随参数 1 呈指数分布。值得注意的是，对于 $Y\neq Y'$，我们有：

$$Q(\eta_Y = \eta_{Y'}) = 0 \tag{8.2}$$

对于每一个债务人，我们假定：

$$\tau_i = \min_{\{Y\in y;i\in Y\}} \eta Y \tag{8.3}$$

在共振模型中定义了债务人 i 的违约时间。我们也引入了指标过程 $K_t^Y = L_{\{\eta_Y\leq t\}}$ 和 $H_t^i = L_{\{\tau_i\leq t\}}$，特别是 $H = (H_t^i)_{i\in N}$。最后，我们假设过程 X 和 H 不同时跳转，因此它们的方括号 $[X,H]$ 为零。由 $G = X\vee H$ 给出的模型过滤由因子过程 X 和点过程 $H = (H_t^i)_{i\in N}$ 产生。

该模型是 Marshall Olkin Marshall 和 Olkin（1967）模型的双重随机（通过随机强度 $\wedge^{Y}$）和动态推广（通过引入过滤 G）。值得注意的是，在 Bielecki、Cousin、Crépey 和 Herbertsson（2013a）中，我们反过来构造模型，即我们首先构造一个合适的马尔科夫过程 (X_t, H_t)，然后将 τ_i 定义为 H^i 的跳跃时间。

示例 8.2.1 图 8.1 显示了在我们模型中 $n=5$ 和 $y = \{\{1\},\{2\},\{3\},\{4\},\{5\},\{4,5\},\{\{2,3,4\},\{1,2\}\}$ 的情况下可能的违约路径。内椭圆显示了在连续的违约时间内，哪些冲击发生并导致了观察到的违约情景。在第一次冲击时，我们观察到名称 2 的违约是触发事件 $\{2\}$ 的结果。在第二次冲击中，名称 4 和名称 5 由于触发事件 $\{4,5\}$ 而同时违约。在第三次冲击中，冲击 $\{2,3,4\}$ 只触发了名称 3 的违约，因为名称 2 和名称 4 已经违约了。在第四次冲击中，由于冲击 $\{1,2\}$ 的结果，我们只观察到名称 1 的违约。值得注意的是，冲击波到达的信息不能仅仅从观察 H_t 之后的状态序列中推断出来。

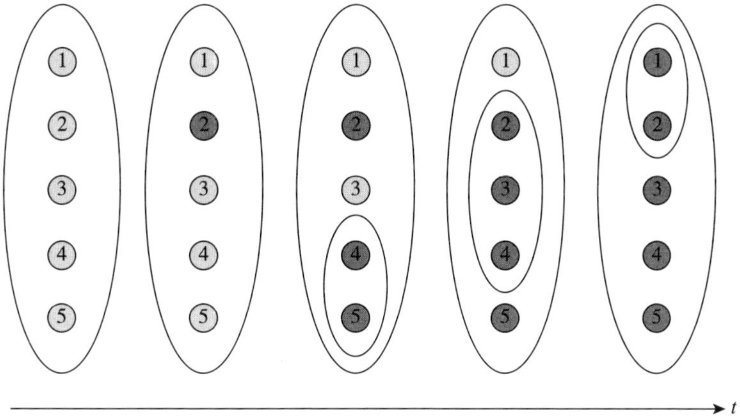

图 8.1 在模型中 $n=5$ 和 $y=\{\{1\},\{2\},\{3\},\{4\},\{5\},\{4,5\},\{2,3,4\},\{1,2\}\}$ 的情况下的可能违约路径

对于任意 $Z \in \mathcal{Z}$，假定符号 k^Z 表示从 $k = (k_1, \cdots, k_n)$ 中将每个分量 k_i，$i \in Z$ 替换为数字 1（当 k_i 已经不等于 1 时）。对于 $\{0,1\}^n$ 中的 $1 \neq k$，我们用 $\tau_{k,1}$ 表示 H 从 $H_{t-}=k$ 到 $H_t=k$ 的跳跃，用 $H_t^{k,1}$ 表示相关的指标过程。因此，

$$\tau_{k,1} = \min_{\{Y \in y; k^Y = 1\}} \eta Y, H_t^{k,1} = L_{\{\tau_{k,1} \leqslant t\}} \tag{8.4}$$

引理 8.2.2 $H_t^{k,1}$ 的（X, G）- 鞅强度 $\lambda_{k,1}(t, X_t)$ 等于冲击 $Y \in y$ 的强度

$\lambda_{k,1}(t,X_t)$ 之和，因此，如果组 Y 中的幸存者在时间 t 发生联合违约，则 H 的状态将从 k 移动到 l。即

$$\lambda_{k,1}(t,X_t) = \sum_{\{Y\in y;k^Y=1\}} \lambda_Y(t,X_t) \tag{8.5}$$

特别地，对于 $t \in [0,T]$，名称 i 的违约前强度由下式给出：

$$\lambda_t^i := \sum_{\{Y\in y;i\in Y\}} \lambda_Y(t,X_t) \tag{8.6}$$

其中，此表达式中的和将代替包含名称 i 的所有预先指定的组。换句话说，进程 $M^{K,1}$ 和 M^i 的定义如下且都是 G – 鞅。

$$M_t^{k,1} = H_t^{k,1} - \int_0^{t\wedge\tau k,1} \lambda_{k,1}(t,X_t)\,\mathrm{d}t, M_t^i = H_t^i - \int_0^{t\wedge\tau i} \lambda_s^i \mathrm{d}s \tag{8.7}$$

证明 假定 Y 表示 X 和 K^Y 的集合产生的过滤。由 Bielecki 和 Rutkowski（2001）中引理 7.1.2 可知，$H_t^{k,1}$ 的 (Y,G) – 鞅强度为 $\lambda_{k,1}(t,X_t)$。由于 $H_t^{k,1}$ 是 G – 适应的，因此 $\lambda_{k,1}(t,X_t)$ 也是 $H_t^{k,1}$ 的 (X,G) – 鞅强度。

值得注意的是，该模型排除了直接传染效应，即幸存名称的强度将受到过去违约的影响，而不是自下向上的传染模型，如 Cont 和 Minca（2013）、Herbertsson（2011）以及 Laurent、Cousin 和 Fermanian（2011）。为了提供这方面的一些理解，我们给出了一个简单的示例。

例 8.2.3 取 $n=3$，使 H 的状态空间包含以下 8 个元素：

$$(0,0,0),(1,0,0),(0,1,0),(0,0,1),(1,1,0),(1,0,1),(0,1,1),(1,1,1)$$

设为 $y = \{\{1\},\{2\},\{3\},\{1,2\},\{1,2,3\}\}$。这是我们在数值化中使用的嵌套结构 I 的一个例子，这里 $I_1 = \{1,2\} \subset I_2 = \{1,2,3\}$。为简单起见，假设 λ_Y 既不依赖 t，也不依赖 x（依赖 t 和 x 的情况将在 8.2.3 中讨论）。链 H 的生成器以矩阵形式给出：

$$A = \begin{bmatrix} \cdot & \lambda_{\{1\}} & \lambda_{\{2\}} & \lambda_{\{3\}} & \lambda_{\{1,2\}} & 0 & 0 & \lambda_{\{1,2,3\}} \\ 0 & \cdot & 0 & 0 & \lambda_{\{2\}}+\lambda_{\{1,2\}} & \lambda_{\{3\}} & 0 & \lambda_{\{1,2,3\}} \\ 0 & 0 & \cdot & 0 & \lambda_{\{1\}}+\lambda_{\{1,2\}} & 0 & \lambda_{\{3\}} & \lambda_{\{1,2,3\}} \\ 0 & 0 & 0 & \cdot & 0 & \lambda_{\{1\}} & \lambda_{\{2\}} & \lambda_{\{1,2,3\}}+\lambda_{\{1,2\}} \\ 0 & 0 & 0 & 0 & \cdot & 0 & 0 & \lambda_{\{3\}}+\lambda_{\{1,2,3\}} \\ 0 & 0 & 0 & 0 & 0 & \cdot & 0 & \lambda_{\{2\}}+\lambda_{\{1,2,3\}}+\lambda_{\{1,2\}} \\ 0 & 0 & 0 & 0 & 0 & 0 & \cdot & \lambda_{\{1\}}+\lambda_{\{1,2,3\}}+\lambda_{\{1,2\}} \\ 0 & 0 & 0 & 0 & 0 & 0 & 0 & 0 \end{bmatrix} \tag{8.8}$$

其中，“·”表示行中所有其他元素的和乘以 -1。现在，考虑冲击{1,2,3}。假设在某个时间点债务人 2 已经违约，但是债务人 1 和债务人 3 仍然经营良好，因此进程 H 处于状态（0,1,0）。在这种情况下，{1,2,3} 组中的两个幸存者可以同时以 $\lambda_{\{1,2,3\}}$ 的强度违约。值得注意的是，这里 $\lambda_{\{1,2,3\}}$ 不能解释为所有三个违约同时发生的强度，因为债务人 2 已经违约。实际上，模型的唯一状态 $\lambda_{\{1,2,3\}}$ 可以解释为三种违约强度都是状态（0,0,0）。值得注意的是，无论池（Pool）的状态如何，只要公司 1 还存续，债务人违约的强度就为 $\lambda_{\{1\}}+\lambda_{\{1,2,3\}}+\lambda_{\{1,2\}}$。类似地，债务人 2 将以强度 $\lambda_{\{2\}}+\lambda_{\{1,2,3\}}+\lambda_{\{1,2\}}$ 违约，不管池的状态如何，只要公司 1 还存续。同时，债务人 1 和债务人 2 将同时以 $\lambda_{\{1,2,3\}}+\lambda_{\{1,2\}}$ 的强度一起违约，而不管池的状态如何，只要公司 1 和公司 2 仍然存续。上述观察结果是生成器矩阵 A 满足第 14 章的条件（14.11）的结果，因此过程 H 是一个马尔科夫 Copula 模型，对于其每个分量满足所谓的强马尔科夫一致性（即 H 的每个子向量在全模型过滤 G 中是马尔科夫的）。

8.2.1 条件联合生存函数

在这一小节中，我们给出了 τ_i 的条件联合生存函数的一个显式公式（Explicit Formula）：

$$\wedge_{s,t}^{Y}:=\int_s^t \lambda_Y(u,X_u)\,\mathrm{d}u,\ \wedge_t^{Y}:=\int_0^t \lambda_Y(u,X_u)\,\mathrm{d}u \tag{8.9}$$

给定非负常数 t_i，

$$\theta_t^Y=\max_{i\in Y\cap \mathrm{supp}^c(H_t)} t_i \tag{8.10}$$

在这里我们使用 $\max\varphi=-\infty$。需要注意的是，式（8.10）中的集 $Y\cap \mathrm{supp}^c(H_t)$ 表示时间 t 时 Y 中的幸存者集。

命题 8.2.4 对于任何非负常数 t，t_1，…，t_n。我们有：

$$Q(\tau_1>t_1,\cdots,\tau_n>t_n\,|\,\partial_t)=L_{\{t_i<\tau_i,i\in \mathrm{supp}(H_t)\}}E\{\exp(-\sum_{Y\in y}\wedge_{t,\theta_t^Y}^{Y})\,|\,X_t\} \tag{8.11}$$

证明 设 $N=\{1,\cdots,n\}$。对于 $I\subseteq N$，我们将过滤 $X^I=(\chi_t^I)_{t\geq 0}$ 定义为 X 被 τ_i，$i\in I$ 的初始放大，即

$$\chi_t^I=\chi_t\vee\bigvee_{i\in I}\tau_i$$

对于每个 $I \subseteq N$，我们写作 $J = N \setminus I$。应用多名称密钥引理 13.7.6 得出：

$$Q(\tau_1 > t_1, \cdots, \tau_n > t_n \mid \partial_t) = \sum_{I \not\subseteq N} L_{\{\Im_t = I\}} L_{\{\tau_i < t_i, i \in I\}} \frac{Q(\tau_j > t \vee t_j, j \in J \mid \chi_t^I)}{Q(\tau_j > t, j \in J \mid \chi_t^I)} \tag{8.12}$$

设 $\Im_t$ 表示债务人在 t 时刻违约指数的随机集合。在共振模型中，有

$$y_J = \{Y \in y; Y \cap J \neq \varphi\}, \bar{y}_J = y \setminus y_J$$

$$\tau_i^J = \min_{\{Y \in \bar{y}_J, i \in Y\}} \eta Y, \bar{\chi}_t^I = \chi_t \vee \bigvee_{i \in I} \tau_i^J$$

$$\bar{t}_Y = \max_{j \in Y \cap J}(t \vee t_j), \bar{t} = \max_{Y \in y} \bar{t}_Y = \max_{Y \in y_J} \bar{t}_Y$$

关于 $\{\Im_t = I\}$（因此 $\{\tau_i = \tau_i^J, i \in I\}$），我们有：

$$\begin{aligned}
Q(\tau_j > t \vee t_j, j \in J \mid \chi_t^I) &= Q(\tau_j > t \vee t_j, j \in J \mid \bar{\chi}_t^I) \\
&= Q(\eta Y > \bar{t}_Y, Y \in y_J \mid \bar{\chi}_t^I) \\
&= Q(E_Y > \wedge_{\bar{t}_Y}, Y \in y_J \mid \bar{\chi}_t^I) \\
&= E(Q(E_Y > \wedge_{\bar{t}_Y}, Y \in y_J \mid \bar{\chi}_t^I) \mid \bar{\chi}_t^I) \\
&= E\{\exp(-\sum_{Y \in y_J} \wedge_{\bar{t}_Y}^Y) \mid \bar{\chi}_t^I\}
\end{aligned}$$

其中，在最后等式中，在保持 $(E_Y)_{Y \in y_J}$ 独立于 $\bar{\chi}_t^I$，由 $\bar{\chi}_t^I$ –（实际是 $\chi_{\bar{t}}$ –）保持 $(\wedge_{\bar{t}_Y}^Y)_{Y \in y_J}$ 的可测度性，于是有：$Q(E_Y > \wedge_{\bar{t}_Y}, Y \in y_J \mid \bar{\chi}_t^I) = \exp(-\sum_{Y \in y_J} \wedge_{\bar{t}_Y}^Y)$。

此外，关于 $\{\Im_t = I\}$，值得注意的是：

$$\chi_t \subseteq \bar{\chi}_t^I \subseteq \chi_t \vee \bigvee_{Y \in \bar{y}_J} E_Y$$

其中，对于 $Y \in \bar{y}_J$，E_Y 独立于 X。因此，在 $\{\Im_t = I\}$ 时：

$$\begin{aligned}
E\{\exp(-\sum_{Y \in y_J} \wedge_{\bar{t}_Y}^Y) \mid X_t\} &= E\{\exp(-\sum_{Y \in y_J} \wedge_{\bar{t}_Y}^Y) \mid X_t \vee \bigvee_{Y \in \bar{y}_J} E_Y\} \\
&= E\{\exp(-\sum_{Y \in y_J} \wedge_{\bar{t}_Y}^Y) \mid \bar{X}_t^I\} = Q(\tau_j > t \vee t_j, j \in J \mid \chi_t^I)
\end{aligned}$$

X_t 的马尔科夫性质最终得出：

$$\begin{aligned}
Q(\tau_j > t \vee t_j, j \in J \mid \chi_t^I) &= \exp(-\sum_{Y \in y_J} \wedge_t^Y) E\{\exp(-\sum_{Y \in y_J} \wedge_{t, \bar{t}_Y}^Y) \mid X_t\} \\
&= Q(\tau_j > t, j \in J \mid \chi_t^I) E\{\exp(-\sum_{Y \in y_J} \wedge_{t, \bar{t}_Y}^Y) \mid X_t\}
\end{aligned}$$

把这个代入式（8.12）得到：

$$Q(\tau_1 > t_1, \cdots, \tau_n > t_n \mid \partial_t)$$

$$= \sum_{I \not\subseteq N} L_{\{\Im_t = I\}} L_{\{\tau_i > t_i, i \in I\}} E\{\exp(-\sum_{Y \in y_J} \Lambda^{Y}_{t, \bar{t}_Y}) \mid X_t\}$$

即式（8.11）。

我们将用下面的例子来说明上述命题。

示例 8.2.5 如果两个债务人 $y = \{\{1\}, \{2\}, \{1,2\}\}$，则式（8.11）简化为：

$$Q(\tau_1 > t_1, \tau_2 > t_2 \mid \partial_t) = L_{\{\tau_1 > t\}} L_{\{\tau_2 > t\}} E\{\exp(-\sum_{Y \in y} \int_t^{t_1 \vee t_2} \lambda_Y(s, X_s) \mathrm{d}s) \mid X_t\}$$

$$+ L_{\{t_2 < \tau_2 \leqslant t\}} L_{\{\tau_1 > t\}} E\{\exp(-\int_t^{t_1} \lambda_s^1 \mathrm{d}s) \mid X_t\}$$

$$+ L_{\{t_1 < \tau_1 \leqslant t\}} L_{\{\tau_2 > t\}} E\{\exp(-\int_t^{t_2} \lambda_s^2 \mathrm{d}s) \mid X_t\}$$

$$+ L_{\{t_1 < \tau_1 \leqslant t\}} L_{\{t_2 < \tau_2 \leqslant t\}}$$

其中，单个强度 λ^1 和 λ^2 的定义见式（8.6）。

8.2.1.1 条件共振模型

在条件∂_t上，可以定义“在时间 t 幸存者的共振模型”，使得该条件共振模型中的违约时间的规律与原始模型中相应的条件分布相同。这将有助于 CVA 的计算。为此，我们引入一系列所谓的条件共振 Copula 模型，用当前时间 t 参数化，如下所示。对于每个 $Y \in y$，我们定义：

$$\eta_Y(t): = inf\{\theta > t; \Lambda_\theta^Y > \Lambda_t^Y + E_Y(t)\}$$

其中，随机变量 $E_Y(t)$ 与参数 1 呈指数独立同分布（i. i. d）。对于我的每个债务人 i，我们设：

$$\tau_i(t) = \min_{\{Y \in y, i \in Y\}} \eta Y(t)$$

在条件共振模型中定义了债务人 i 的违约时间，从时间 t 开始。据此，对于 $\theta \geqslant t$，定义了指标过程：

$$K_\theta^Y(t) = L_{\{\eta_Y(t) \leqslant \theta\}}, H_\theta^i(t) = L_{\{\tau_i(t) \leqslant \theta\}} \tag{8.13}$$

设 $Z \in \mathrm{z}$ 是一组债务人。我们将证明在 $\{\mathrm{supp}^c(H_t) = Z\}$ 事件下，$(\tau_i)_{i \in \mathrm{supp}^c(H_t)}$ 的∂_t - 条件律等于 $(\tau_i(t))_{i \in Z}$ 的 X_t - 条件。设 N_θ 为 $\sum_{1 \leqslant i \leqslant n} H_\theta^i$，即原模

型中到时间 θ 为止违约债务人的累计数，设 $N_\theta(t,Z)$ 为 $n-|Z|+\sum_{i\in Z}H_\theta^i(t)$，即条件模型中截至时间 θ 的违约债务人的累计数量。

命题 8.2.6 设 $Z\in\mathcal{Z}$且 $t\geqslant 0$

（1）对于每个 t_1，…，$t_n\geqslant t$，我们有：

$$L_{\{\mathrm{supp}^c(H_t)=Z\}}Q(\tau_i>t_i,i\in\mathrm{supp}^c(H_t)\,|\,\partial_t)=L_{\{\mathrm{supp}^c(H_t)=Z\}}Q(\tau_i(t)>t_i,i\in Z\,|\,X_t) \tag{8.14}$$

（2）对于 $\theta\geqslant t$ 和 $k=n-|Z|$，…，n，我们有：

$$L_{\{\mathrm{supp}^c(H_t)=Z\}}Q(N_\theta=k\,|\,\partial_t)=L_{\{\mathrm{supp}^c(H_t)=Z\}}Q(N_\theta(t,Z)=k\,|\,X_t)$$

证明 第（2）部分很容易从第（1）部分沿用，所以我们只证明（1）。对于每个债务人 i，设 $\tilde{t}_i=L_{i\in\mathrm{supp}^c(H_t)}t_i$。对于 $Y\in\mathcal{Y}$，我们有：

$$\max_{i\in Y\cap\mathrm{supp}^c(H_t)}\tilde{t}_i=\max_{i\in Y\cap\mathrm{supp}^c(H_t)}t_i=\theta_t^Y$$

因此，将命题 8.2.4 应用到时间序列 $(\tilde{t}_i)_{1\leqslant i\leqslant n}$ 得到：

$$\begin{aligned}
&L_{\{\mathrm{supp}^c(H_t)=Z\}}Q(\tau_i>t_i,i\in\mathrm{supp}^c(H_t)\,|\,\partial_t)\\
&=L_{\{\mathrm{supp}^c(H_t)=Z\}}Q((\tau_i>t_i,i\in Z),(\tau_i>0,i\in Z^c)\,|\,\partial_t)\\
&=L_{\{\mathrm{supp}^c(H_t)=Z\}}E\{\exp(-\sum_{Y\in\mathcal{Y}}\Lambda^Y_{t,\theta_t^Y}\,|\,X_t)\}\\
&=L_{\{\mathrm{supp}^c(H_t)=Z\}}E\{\exp(-\sum_{Y\in\mathcal{Y}}\Lambda^Y_{t,\max_{i\in Y\cap Z}t_i}\,|\,X_t)\}
\end{aligned} \tag{8.15}$$

其中，通过应用∂_t－条件共振模型中的命题 8.2.4：

$$E\{\exp(-\sum_{Y\in\mathcal{Y}}\Lambda^Y_{t,\max_{i\in Y\cap Z}t_i}\,|\,X_t)\}=Q(\tau_i(t)>t_i,i\in Z\,|\,\partial_t)$$

8.2.2 Itô－Markov 公式

在这一小节中，我们建立了 (X_t,H_t) 函数的 Itô 公式。特别地，这个公式还隐含了 (X_t,H_t) 的 G－Markov 性质。

对于任何集合 $Z\in\mathcal{Z}$，设集合事件的指标过程 H^z 表示 Z 中名称的联合违约指标过程。下面的引理提供了所谓的补偿集合事件鞅 M^Z 的结构，我们稍后将使用它作为基本鞅来表示所涉及的各种价格过程的纯跳鞅分量。对于 $\mathcal{Y}$ 中的Y，有：

$$Y_t = Y \cap \mathrm{supp}^c(H_{t-}) \tag{8.16}$$

在时间 t 之前表示 Y 中幸存债务人的集值过程（set - valued praess）。

引理 8.2.7 对于每个集 $Z \in Z$，H^z 的强度由 $\ell_Z(t,X_t,H_t)$ 给出，因此：

$$\mathrm{d}M_t^Z = \mathrm{d}H_t^Z - \ell_Z(t,X_t,H_t)\mathrm{d}t \tag{8.17}$$

是鞅，对于一组事件强度函数 $\ell_Z(t,x,k)$ 定义为：

$$\ell_Z(t,x,k) = \sum_{Y\in y;\,Y\cap \mathrm{supp}^c(k)=Z} \lambda_Y(t,x) \tag{8.18}$$

证明 根据事件指标进程 H^z 的定义，我们有：

$$\mathrm{d}H^z = \sum_{\{k,L\in\{0,1\}^n;\,\mathrm{supp}(1)\setminus \mathrm{supp}(k)=Z\}} \mathrm{d}H_t^{k,L}$$

所以，按式（8.5），有：

$$\begin{aligned}
\ell_t^Z &= \sum_{\{k,L\in\{0,1\}^n;\,\mathrm{supp}(L)\setminus \mathrm{supp}(k)=Z\}} L\{H_{t-}=k\} \sum_{\{Y\in y;\,k^Y=L\}} \lambda_Y(t,X_t)\\
&= \sum_{\{L\in\{0,1\}^n;\,\mathrm{supp}(1)\setminus \mathrm{supp}(H_{t-})=Z\}} \sum_{\{Y\in y;\,H_{t-}^Y=L\}} \lambda_Y(t,X_t)\\
&= \sum_{\{Y\in y;\,\mathrm{supp}(H_{t-}^Y)\setminus \mathrm{supp}(H_{t-})=Z\}} \lambda_Y(t,X_t)\\
&= \sum_{\{Y\in y;\,Y_t=Z\}} \lambda_Y(t,X_t)
\end{aligned}$$

从现在起，我们假设过程 X 是一个跳跃扩散过程（见 13.3 节），其由布朗运动和/或补偿跳跃测度（见备注 13.3.1）组成的向量鞅 M 驱动，生成器用 A_x 表示［参见式（13.38）］。因此，存在一个合适的算子 B_x（见注释 13.3.1），使得对于一个充分正则函数（sufficiently regular function）$u = u(t,x)$，我们有［参见式（13.37）］：

$$\mathrm{d}u(t,X_t) = (\partial_t + A_x)u(t,X_t)\mathrm{d}t + B_x u(t,X_{t-})\cdot \mathrm{d}M_t \tag{8.19}$$

其中，$B_x u(t,X_{t-})\cdot \mathrm{d}M_t$ 表示相关的随机积分。

我们现在导出与完整模型 (X_t,H_t) 相关的 Itô 公式。为此，我们表示：

$$\delta_Z u(t,x,k) = u(t,x,k^Z) - u(t,x,k)$$

对于至少一个 $Y\in y$，我们定义：

$$\mathbb{Z}_t = \{Z \in \mathbb{Z};\, Z = Y_t\} \setminus \varphi$$

是时间 t 之前 y 中 Y 的所有非空的幸存者集合。

命题 8.2.8 对于充分正则函数 $u(t,x,k)$，我们有：

$$du(t,X_t,H_t) = (\partial_t + A)u(t,X_t,H_t)dt + B_x u(t,X_{t-},H_{t-})\cdot dM_t + \sum_{Z\in\mathbb{Z}_t}\delta_Z u(t,X_t,H_{t-})dM_t^Z \quad (8.20)$$

式中，

$$Au(t,x,k) = A_x u(t,x,k) + \sum_{Y\in y}\lambda_Y(t,x)\delta_Y u(t,x,k) \quad (8.21)$$

因此，(X,H) 是一个（时间非齐次）马尔科夫过程，其无穷小生成器 A 由式（8.21）给出（在适当的系数条件下）。

证明 值得注意的是，$Y\neq Z$ 时，$[M^Y,M^Z]=0$。同样，假设，$[X,H]=0$。因此，我们有以下 Itô 公式［参见式（13.37）］：

$$du(t,X_t,H_t) = (\partial_t + A_x)u(t,X_t,H_t)dt + B_x u(t,X_{t-},H_{t-})\cdot dM_t + \sum_{Z\in\mathbb{Z}_t}\delta_Z u(t,X_t,H_{t-})dM_t^Z \quad (8.22)$$

此外，事件集强度的结构式（8.18）表明：

$$\sum_{Z\in\mathbb{Z}}\delta_Z u(t,X_t,H_{t-})dH_t^Z = \sum_{Z\in\mathbb{Z}_t}\delta_Z u(t,X_t,H_{t-})dH_t^Z$$

我们可以进一步重写为：

$$\sum_{Z\in\mathbb{Z}_t}(\delta_Z u(t,X_t,H_{t-})dH_t^Z - \ell_Z(t,X_t,H_t)\delta_Z u(t,X_t,H_t)dt) + \sum_{Z\in\mathbb{Z}_t}\ell_Z(t,X_t,H_{t-})\delta_Z u(t,X_t,H_{t-})dt$$

这里，第一项是 $\sum_{Z\in\mathbb{Z}_t}\delta_Z u(t,X_t,H_{t-})dM_t^Z$，并且通过式（8.18），我们得到第二项：

$$\begin{aligned}&\sum_{Z\in\mathbb{Z}_t}\ell_Z(t,X_t,H_{t-})\delta_Z u(t,X_t,H_{t-})\\&=\sum_{Z\in\mathbb{Z}_t}\sum_{Y\in y;Y_t=Z}\lambda_Y(t,X_t)\delta_Z u(t,X_t,H_{t-})\\&=\sum_{Y\in y}\lambda_Y(t,X_t)\delta_Y u(t,X_t,H_{t-})\end{aligned}$$

最后一个等式来自：

$$\delta_Z u(t,X_t,H_{t-}) = \delta_Y u(t,X_t,H_{t-})$$

对于所有 Y 和 Z，使得 $Y_t=Z$。因此式（8.22）可以重写为式（8.20）。在命题7.2.7 的证明中，$(X,\ H)$ 的马尔科夫性质来自马尔科夫过程的局部鞅特征的适当版本［在 Ethier 和 Kurtz（1986）中可以找到系数的适当条件下］。

该模型的鞅维数①等于 M^Z 的鞅数和构成 M 的鞅数之和［即，在 13.1.2 的术语中，以 $M(\mathrm{d}t,\mathrm{d}e)$ 表示的标记数 e］。在我们的模型中，存在 (2^n-1) 个基本鞅 M^Z，因此，由于这个组合爆发鞅维数，当 n 大于几个单位时，模型的计算可能很困难。然而，由于模型中强度的特殊结构，式（8.21）中的和仅在基数为 $n+m$ 的冲击集 y 上运行。

备注 8.2.9 通过构造，马尔科夫过程 (X,H) 满足每对 (X,H^i)，$i=1$，2，…，d（见第 14 章）。因此它可以作为过程 Y^i 的 Markov Copula，使得 $Y^i \overset{L}{=} (X,H^i)$，$i=1$，2，…，d（另请参见示例 8.2.3 的结尾，关于不含因子过程 X 的简单情况）。

8.2.3 强度结构

如果马尔科夫过程的条件 Laplace 变换是以指数形式给出的，我们就说马尔科夫过程是仿射的［参见 Filipovic′（2005）的一般理论以及 13.4.1 具体示例］。

假设 8.2.10（1） 跳跃扩散 X_t 和冲击强度函数 $\lambda_Y(t,x)$ 使得冲击强度 $\lambda_Y(t,x_t)$ 是 X – 仿射的。此外，对于 y 任何至多包含一个单例 $\{i\}$ 的子集 $\tilde{y}$，过程 $\sum_{Y\in\hat{y}}\lambda_Y(t,X_t)$ 是 X – 仿射。

（2） 对于每个名称 i 和时间 $\theta>t$，随机变量 $\wedge_{t,\theta}^{\{i\}}$ 和 $(\wedge_{t,\theta}^{Y})_{Y\in y\setminus\{i\}}$ 在给定 X_t 的条件下是独立的，即

$$E(\varphi(\wedge_{t,\theta}^{\{i\}})\psi((\wedge_{t,\theta}^{Y})_{Y\in y\setminus\{i\}})\mid\partial_t)=E(\varphi(\wedge_{t,\theta}^{\{i\}})\mid\partial_t)E(\psi((\wedge_{t,\theta}^{Y})_{Y\in y\setminus\{i\}})\mid\partial_t)$$

对于任何 Borel 函数 φ，ψ。

在下面的引理中，第（1）或（2）部分，紧随假设 8.2.10（1）或（2）的第二部分。

引理 8.2.11（1） 式（8.6）的单名违约强度 λ_t^i 是 χ – 仿射的。

（2） $K_\theta^{\{i\}}(t)$ 和 $(K_\theta^Y(t))_{Y\in y\setminus\{i\}}$［定义见式（8.13）］在给定 X_t 时是条件独立的。

① 最小鞅数，可作为表示模型中所有鞅的积分器。

值得注意的是，作为第（1）部分的结果，在大模型过滤 G 中，每一对 (λ_t^i, H_t^i) [而不仅仅是 (X_t, H_t^i)，如备注 8.2.9 所示] 都具有马尔科夫特征。

我们现在提供三种具体设置。值得注意的是，第二种方法提供了 λ_Y 的完全随机设置（包括“系统”强度 λ_I）①。

示例 8.2.12（1）（确定性组强度） 特殊强度 $\lambda_{\{i\}}(t, X_t)$ 是 X - 仿射的，系统强度 $\lambda_Y(t, X_t)$ 是时间的 Borel 函数，即函数 $\lambda_I(t, x)$ 不依赖 x，因为 $I \in \mathcal{I}$。

（2）（扩展 CIR 强度） 对于每个 $Y \in \mathcal{Y}$，$\lambda_Y(t, X_t) = X_t^Y$，其中，

$$dX_t^Y = a(b_Y(t) - X_t^Y)dt + c\sqrt{X_t^Y}dW_t^Y \tag{8.23}$$

对于非负常数 a，c（独立于 Y）和非负函数 $b_Y(t)$，其中，W^Y，$Y \in \mathcal{Y}$ 是独立的标准布朗运动。

（3）（Lévy Hull - White 强度）。对于每个 $Y \in \mathcal{Y}$，有：

$$dX_t^Y = a(b_Y(t) - X_t^Y)dt + dZ_t^Y \tag{8.24}$$

其中，Z^Y 是独立的 Lévy 从属②。

在第二个设置中，假设 8.2.11（1）的最后一部分基于以下事实：除 $b_Y(t)$ 外，因子 X^Y 的 *SDEs* 具有相同的系数。因此 $X^i := \sum_{\{Y \in \mathcal{Y}; i \in Y\}} X^Y$ 满足以下扩展 *CIR SDE*：

$$dX_t^i = a(b_i(t) - X_t^i)dt + c\sqrt{X_t^i}dW_t^i \tag{8.25}$$

对于函数 $b_i(t) = \sum_{\{Y \in \mathcal{Y}; i \in Y\}} b_Y(t)$ 和标准布朗运动：

$$dW_t^i = \sum_{i \in Y} \frac{\sqrt{X_t^Y}}{\sqrt{\sum_{i \in Y} X_t^Y}} dW_t^Y$$

在第三个设置中，稳定的亲和力是由从属类增进稳定性导致的［参见 Crépey、Grbac 和 Nguyen（2012）］。

8.3 净定价、校准和对冲

本节简要讨论了共振模型中的净定价、校准和对冲问题。在 8.3.1 中，我

① 在这里选择“系统”一词是为了方便，与系统性风险的概念和相关文献没有直接联系。

② 即不减损的 Lévy 从属关系［参见 Jeanblanc、Yor 和 Chesney（2010）］。

们推导了 CDS、所谓滚动 CDS 策略（见 7.3.3 开头）和 CDO 合约的价格动态。在 8.3.2 中，这些动态用于推导最小方差对冲策略。在 8.3.3 中，我们推导出 CDO 的快速、半显式定价方案。值得注意的是，假设 8.2.10（1）中的仿射强度结构，半显式指数仿射公式可用于 CDS 合同。

正如我们在上一章所做的（见 7.3 节），为了符号的简单性，我们在理论部分假设零利率。数值部分将使用与时间相关的确定性利率。

8.3.1 定价公式

在本小节中，我们推导了共振模型中 CDS 和 CDO 的价格动态。所有价格都是从保护买家的角度考虑的。这些动态将有助于 8.3.2 中推导最小方差对冲策略。

让 S_i 表示名称 i 上的 T 年合约 CDS 利差，具有确定性回收率 $R_i \in [0,1]$。假设我们用损失函数 $L_{a,b}$表示第 $[a,b]$ 期的 T 年合同 CDO 价差（见本书当前部分的简介）。下面的符号与公式（8.20）中的符号相同。

命题 8.3.1 （1）对于 $t \in [0,T]$，给出了单名 CDS 在名称 i 上的净价格 P^i 和累计股息净价格 $\hat{P}^i$：

$$\begin{aligned} P_t^i &= v_i(t,X_t,H_t) \\ \mathrm{d}\hat{P}_t^i &= B_x v_i(t,X_{t-},H_{t-}) \cdot \mathrm{d}M_t + \sum_{Z \in \mathbb{Z}_t} \Delta_z^i v_i(t,X_t,H_{t-})\mathrm{d}M_t^Z \end{aligned} \tag{8.26}$$

式中，对于合适的定价函数 v_i：

$$\Delta_z^i v_i(t,x,k) = L_{i \in Z}((1-R_i) - v_i(t,x,k)) \tag{8.27}$$

（2）对于 $t \in [0,T]$，CDO 合约 $[a,b]$ 的净价格过程 P 和净累计股息价格过程 P 由以下公式给出：

$$\begin{aligned} P_t &= u(t,X_t,H_t) \\ \mathrm{d}\hat{P}_t &= B_x u = (t,X_{t-},H_{t-}) \cdot \mathrm{d}M_t + \sum_{Z \in \mathbb{Z}_t} \Delta_Z u(t,X_t,H_{t-})\mathrm{d}M_t^Z \end{aligned} \tag{8.28}$$

式中，对于合适的定价函数 u：

$$\Delta_Z u(t,x,k) = \delta_Z u(t,x,k) + L_{a,b}(k^Z) - L_{a,b}(k) \tag{8.29}$$

证明 式（8.26）和式（8.28）中的第一行来自模型 (X_t,H_t) 的马尔科夫性质。第二行很容易遵循 Itô 公式（8.20）和累积价格的鞅性质（对于 $r=0$）。

定价函数 v_i 和 u 满足相关的 Kolmogorov 方程。我们不陈述这些，因为对于大于几个单位的 n，它们在数值上是难以处理的。我们将仅使用上述命题提供的定价方程的结构。出于数值化目的，我们将依赖 CDS 合约强度设置的仿射性质以及 8.3.3 中对 CDO 的共振半显式定价方案。

滚动 CDS

就像在 7.3.3 开始解释的那样，已经设立的 CDS 合约（特别是给定合约利差的 CDS 合约）不能在市场上动态交易，有效对冲的是滚动 CDS，即市场 CDS 合约中的自筹资金交易策略。以下结果是 Bielecki、Jeanblanc 和 Rutkowski（2008）中引理 2.4 的一个版本，该版本适应了当前的设置［另请参见 Bielecki、Crépey、Jeanblanc 和 Rutkowski（2011）中的引理 2.2］。

命题 8.3.2 名称 i 上滚动 CDS 的净价格 Q^i 和累积净价格变化 $\mathrm{d}\hat{Q}^i$ 是这样的，对于 $t \in [0, \tau_i \wedge T]$，有 $Q_t^i = 0$ 和下式：

$$\mathrm{d}\hat{Q}_t^i = (B_x p_i(t, X_{t-}) - S_i(t, X_{t-}) B_x f_i(t, X_{t-})) \cdot \mathrm{d}M_t + (1 - R_i) \sum_{Z \in \mathcal{Z}_t; i \in Z} \mathrm{d}M_t^Z \tag{8.30}$$

式中，p_i 和 f_i 表示为：

$$f_i(t, X_t) = E(\int_t^T e^{-\int_t^s \lambda_\zeta^i \mathrm{d}\zeta} \mathrm{d}s \mid X_t)$$

$$p_i(t, X_t) = (1 - R_i) E(\int_t^T e^{-\int_t^s \lambda_\zeta^i \mathrm{d}\zeta} \lambda_s^i \mathrm{d}s \mid X_t)$$

其中，$S_i(t, x) = p_i(t, x) / f_i(t, x)$ 是相应的 CDS 公平扩散函数。

需要注意的是，对于给定的合约价差，例如 S_i，命题 8.3.1 中使用的定价函数 v_i 实际上由下式给出：

$$v_i(t, x, k) = p_i(t, x, k) - S_i f_i(t, x, k) =: v_i^{S_i}(t, x, k) \tag{8.31}$$

备注 8.3.3 CDS 动态与相应滚动 CDS 的动态不同，除非市场 CDS 价差 S_i 随时间保持不变（因此等于合约价差），在这种情况下，$v_i = 0$。然而，在本书中我们的假设下，在任何恒定时间违约的概率为零，因此，特别是对于所有 Z，$\mathrm{d}M_0^Z = 0$。因此，假设 *CDS* 在时间 $t = 0$ 以其公平价差成交，我们看到其动态与 $t = 0$ 时相应滚动 CDS 的动态相同。

8.3.2 最小方差对冲

在本小节中，我们使用 8.3.1 中的价格动态。使用滚动 CDS 推导 CDO 合约的最小方差对冲策略。如 7.3.3 开头所述，在实践中，使用 CDS 合约进行动态对冲是不可行的，除非 CDS 合约可以在交易所交易，现有合约将在不按市值计价的情况下进行买卖，以便利差保持不变。但使用滚动 CDS 进行动态对冲是一个合适的动态对冲数学模型，可以通过终止现有 CDS 合同，并以保护卖方或保护买方的身份签订新的 CDS 合同来实现。然而，备注 8.3.3 意味着，在时间 0 时，滚动 CDS 中的最小方差对冲与以期初按面值发行的标准（非滚动）CDS 为基础的最小方差对冲一致。

使用滚动 CDS 合约对冲 CDO

考虑价格过程为 $P_t = u(t,X_t,H_t)$ 的 CDO，该部分将由命题 8.3.2 中给出的累积股息价格过程为 $\hat{Q}_t^i$，$i=1$，…，d 的第一批 d 滚动 CDS 合同进行对冲。对于任何实向量 $S = (S_i)_{1\leqslant i\leqslant \mathrm{d}}$，我们写 $\hat{Q} = (\hat{Q}^i)_{1\leqslant i\leqslant \mathrm{d}}$。

$$\mathrm{v}^S(t,x,k) = (p_i(t,x,k) - S_i f_i(t,x,k))_{1\leqslant i\leqslant \mathrm{d}} = (v_i^{S_i}(t,x,k))_{1\leqslant i\leqslant \mathrm{d}}$$

$$\Delta_Z \mathrm{v}^S(t,x,k) = (L_{i\in Z}((1-R_i) - (p_i(t,x,k) - S_i f_i(t,x,k))))_{1\leqslant i\leqslant \mathrm{d}}$$

同时设 $S_t = S(t,X_{t-},H_{t-})$，考虑到（8.30），我们得到：

$$\mathrm{d}\hat{Q}_t = (B_x \mathrm{v}^S(t,X_{t-},H_{t-}))_{|S=S_t} \cdot \mathrm{d}M_t + \sum_{Z\in \mathbb{Z}_t} (\Delta_Z \mathrm{v}^S(t,X_t,H_{t-}))_{|S=S_t} \mathrm{d}M_t^z \tag{8.32}$$

设 ζ 为 d 维行向量过程，表示在 CDO 的自筹资金对冲策略中（使用固定资产作为储蓄账户），使用的前 d 个滚动 CDS 合约中持有的单位数。给定式（8.28）和式（8.32），对冲投资组合的跟踪误差 (e_t) 满足 $e_0=0$，对于 $t\in[0,T]$［参见式（3.28），此处 $\beta=1$］，有：

$$\begin{aligned} \mathrm{d}e_t &= \mathrm{d}\hat{P}_t - \zeta_t \mathrm{d}\hat{Q}_t \\ &= (B_x u(t,X_{t-},H_{t-}) - \zeta_t (B_x \mathrm{v}^S(t,X_{t-},H_{t-}))_{|S=S_t}) \cdot \mathrm{d}M_t \\ &\quad + \sum_{Z\in \mathbb{Z}_t} (\Delta_Z u(t,X_t,H_{t-}) - \zeta_t (\Delta_Z \mathrm{v}^S(t,X_t,H_{t-}))_{|S=S_t}) \mathrm{d}M_t^Z \end{aligned} \tag{8.33}$$

由于该模型的鞅维数是 n 的指数，在共振模型中，复制通常是不可达的①。然而，鉴于式（8.33），我们可以找到最小方差对冲公式。

命题 8.3.4 最小方差对冲策略 ζ^{va} 如下所示：

$$\zeta_t^{va} = \frac{\mathrm{d}\langle \hat{P}, \hat{Q} \rangle_t}{\mathrm{d}t} \left(\frac{\mathrm{d}\langle \hat{Q} \rangle_t}{\mathrm{d}t} \right)^{-1} = \zeta(t, X_t, H_{t-}) \tag{8.34}$$

并且，

$$\zeta_{va}(t,x,k) = \left(C(u, \mathrm{v}^S) C(\mathrm{v}^S, \mathrm{v}^S)^{-1}(t,x,k) \right)_{| S = S(t,x,k)}$$

对于任何 S：

$$\begin{aligned} C(u, \mathrm{v}^S) &= C_x(u, \mathrm{v}^S) + \sum_{Y \in y} \lambda_Y \Delta_Y u (\Delta_Y \mathrm{v}^S)^T \\ C(\mathrm{v}^S, \mathrm{v}^S) &= C_x(\mathrm{v}^S, \mathrm{v}^S) + \sum_{Y \in y} \lambda_Y \Delta_Y \mathrm{v}^S (\Delta_Y \mathrm{v}^S)^T \end{aligned} \tag{8.35}$$

其中，行向量 $C_x(u, \mathrm{v}^S)$ 和方阵 $C_x(\mathrm{v}^S, \mathrm{v}^S)$ 是根据 x 的两个实函数 f 和 g 的场平方（carré du champ）的下列表达式按分量定义的［见式（13.40）和式（13.41）］：

$$C_x(f,g) = A_x(fg) - fA_x g - gA_x f \tag{8.36}$$

特别是，ζ_0^{va} 与时间 0 基于标准（非滚动）CDS 合同的最小方差对冲一致。

证明 式（8.34）中的第一个恒等式是一个经典的风险中性最小方差对冲回归公式（见 3.2.5.1）。此外，考虑到式（8.28）和式（8.32），并为了简单起见，假设只有一张滚动 CDS，即第 i 张 CDS 用于对冲，以便 $\hat{Q} = \hat{Q}^i$，我们有：

$$\begin{aligned} \mathrm{d}\langle \hat{P}, \hat{Q}^i \rangle_t &= \mathrm{d}\Big\langle \int_0^{\cdot} B_x u(t, X_{t-}, H_{t-}) \cdot \mathrm{d}M_t + \sum_{Z \in \mathbb{Z}_t} \Delta_Z u(t, X_t, H_{t-}) \mathrm{d}M_t^Z \\ &\quad \int_0^{\cdot} (B_x \mathrm{v}_i^{S_i}(t, X_{t-}, H_{t-}))_{| S = S_t^i} \cdot \mathrm{d}M_t + \sum_{Z \in \mathbb{Z}_t} (\Delta_Z^i \mathrm{v}_i^{S_i}(t, X_t, H_{t-}))_{| S_i = S_t^i} \mathrm{d}M_t^Z \Big\rangle_t \\ &= \mathrm{d}\Big\langle \int_0^{\cdot} B_x u(t, X_{t-}, H_{t-}) \cdot \mathrm{d}M_t + \sum_{Z \in \mathbb{Z}_t} \Delta_Z u(t, X_t, H_{t-}) \mathrm{d}M_t^Z \\ &\quad \int_0^{\cdot} B_x((1 - R_i) - p_i(t, X_t, H_{t-})) \cdot \mathrm{d}M_t - S_t^i B_x f_i(t, X_{t-}, H_{t-}) \cdot \mathrm{d}M_t \\ &\quad + \sum_{Z \in \mathbb{Z}_t; i \in Z} ((1 - R_i) - p_i(t, X_t, H_{t-})) \mathrm{d}M_t^Z + S_t^i \sum_{Z \in \mathbb{Z}_t; i \in Z} (t, X_t, H_{t-}) \mathrm{d}M_t^Z \Big\rangle_t \end{aligned}$$

① 见命题 8.2.8 之后的评论。

$$
\begin{aligned}
&= \mathrm{d}\langle \int_0^{\cdot} B_x u(t, X_{t-}, H_{t-}) \cdot \mathrm{d}M_t + \sum_{Z \in \mathbb{Z}_t} \Delta_Z u(t, X_t, H_{t-}) \mathrm{d}M_t^Z \\
&\quad \int_0^{\cdot} B_x((1 - R_i) - p_i(t, X_t, H_{t-})) \cdot \mathrm{d}M_t + \sum_{Z \in \mathbb{Z}_t; i \in Z} ((1 - R_i) - p_i(t, X_t, H_{t-})) \mathrm{d}M_t^Z \rangle_t \\
&\quad - S_t^i \mathrm{d}\langle \int_0^{\cdot} B_x u(t, X_{t-}, H_{t-}) \cdot \mathrm{d}M_t + \sum_{Z \in \mathbb{Z}_t} \Delta_Z u(t, X_t, H_{t-}) \mathrm{d}M_t^Z \\
&\quad - \int_0^{\cdot} B_x f_i(t, X_{t-}, H_{t-}) \cdot \mathrm{d}M_t + \sum_{Z \in \mathbb{Z}_t; i \in Z} f_i(t, X_t, H_{t-}) \mathrm{d}M_t^Z \rangle_t \\
&= C_x(u, (1 - R_i) - p_i)(t, X_t, H_t) \mathrm{d}t + \sum_{Z \in \mathbb{Z}_t; i \in Z} \lambda_Z \Delta_Z u(t, X_{t-}, H_{t-}) p_i(t, X_{t-}, H_{t-}) \mathrm{d}t \\
&\quad - S_t^i (C_x(u, f_i)(t, X_t, H_t) \mathrm{d}t + \sum_{Z \in \mathbb{Z}_t; i \in Z} \lambda_Z \Delta_Z u(t, X_{t-}, H_{t-}) f_i(t, X_{t-}, H_{t-})) \mathrm{d}t \\
&= C_x(u, (1 - R_i) - p_i)(t, X_t, H_t) \mathrm{d}t \\
&\quad + \sum_{Z \in \mathbb{Z}_t; i \in Z} \lambda_Z \Delta_Z u(t, X_{t-}, H_{t-})((1 - R_i) - p_i(t, X_{t-}, H_{t-})) \mathrm{d}t \\
&\quad - (S_i(C_x(u, f_i)(t, X_t, H_t) \mathrm{d}t + \sum_{Z \in \mathbb{Z}_t; i \in Z} \lambda_Z \Delta_Z u(t, X_{t-}, H_{t-}) f_i(t, X_{t-}, H_{t-})))_{|S = S_t^i} \mathrm{d}t \\
&= (C_x(u, \mathrm{v}_i^{S_i})(t, X_t, H_t))_{|S_i = S_t^i} \mathrm{d}t \\
&\quad + \sum_{Z \in \mathbb{Z}_t} \lambda_Z \Delta_Z u(t, X_{t-}, H_{t-}) (\Delta_Z^i \mathrm{v}_i^{S_i}(t, X_{t-}, H_{t-}))_{|S_i = S_t^i} \mathrm{d}t \\
&= (C(u, \mathrm{v}_i^{S_i})(t, X_{t-}, H_{t-}))_{|S_i = S_t^i} \mathrm{d}t
\end{aligned}
$$

其中，最后一个恒等式 Z 求和进行了简化，类似于 Itô 式（8.20）的证明。类似地，

$$
\frac{\mathrm{d}\langle \hat{Q} \rangle_t}{\mathrm{d}t} = (C(\mathrm{v}^S, \mathrm{v}^S))(t, X_t, H_t)_{|S = S_t} \tag{8.37}
$$

最后，备注 8.3.3 证明了 ζ_0^{va} 符合基于标准（非滚动）CDS 合同的最小方差对冲策略的声明。

关于 X 的跳跃扩散设置下两个函数 f 和 g 的场平方（*carré du champ*）（8.36）的显式表达式，见式（13.41）。然后，在式（8.35）中，u – 相关项可以用 8.3.3 和 8.3.4 中的显式方案计算；v_i – 相关术语也在我们的精细强度结构下被解释。我们将在 8.4.5 中说明，该方法计算最小方差对冲 deltas 的可扩展性。重要的一点是，由于强度的特定结构，式（8.35）中的和是关于冲击集 y，

基数 $(n+m)$，而不是关于所有集合事件 Z，基数 2^n 的集合 Z。

8.3.3 卷积递归定价方案

在本小节中，我们推导了共振模型中投资组合损失分布的精确快速递推卷积算法。如果所有名称的回收率相同，即 $R_i=R$，则总损失 L_t 等于（$1-R$）N_t，其中，N_t 是在时间 t 之前模型中发生的违约总数。因此，对于 $k=|H_t|,\cdots,n$ 和 $\theta\geqslant t\geqslant 0$，CDO 在时间 t 的价格由 $Q[N_\theta=k|\partial_t]$ 确定。采用 8.2.1 的条件共振模型，根据命题 8.2.6（2），在事件 $\{\mathrm{supp}^c(H_t)=Z\}$ 情况下，我们有：

$$Q[N_\theta=k|\partial_t]=Q[N_\theta(t,Z)=k|X_t]$$

我们将集中计算后一种概率，其推导如下式（8.39）。

因此，我们假设 I_j 集的嵌套结构，首先在 Bielecki、Vidozzi 和 Vidozzi（2008b）中提出，并由以下式给出：

$$I_1\subset\cdots\subset I_m \tag{8.38}$$

如注释 8.3.5 所述，嵌套结构（8.38）为投资组合损失分布提供了一个特别易于处理的表达式。这种嵌套结构在财务上也对标准 CDO 所反映的风险等级结构有意义。当然，从财务角度看，动态集结构是可取的。同样，有人可能会批评这种模式缺乏直接的传染效应（即使通过联合违约存在一种个性化的“瞬间传染”形式）。然而，应该强调的是，我们正在建立一个个性化的定价模型。考虑到交易对手信用风险的应用，有效的时间 t 定价方案，以及对 CDS 和 CDO 数据的有效时间 0 校准是主要问题。

我们设置 $I_0=\phi$，$K_\theta^{I_0}(t)=1$［参见式（8.13）］。鉴于式（8.38），事件：

$$\Omega_\theta^j(t):=\{K_\theta^{I_j}(t)=1,K_\theta^{I_{j+1}}(t)=0,\cdots,K_\theta^{I_m}(t)=0\},0\leqslant j\leqslant m$$

构成 Ω 的一部分。因此有①：

$$Q(N_\theta(t,Z)=k|X_t)=\sum_{0\leqslant j\leqslant m}Q(N_\theta(t,Z)=k|\Omega_\theta^j(t),X_t)Q(\Omega_\theta^j(t)|X_t) \tag{8.39}$$

其中，通过构造 $K_\theta^I(t)$，我们有：

---

① 表达式 $P(A|B,X)$；其中 A，B 是事件集，X 是随机变量，应解释为 $P(A|L_B,X)$。

$$Q(\Omega_\theta^j(t)\mid X_t)=E(Q(\eta_{I_j}(t)\leqslant\theta),\min_{j+1\leqslant l\leqslant m}\eta_{I_j}(t)>\theta\mid(X_s)_{t\leqslant s\leqslant\theta}\mid X_t)$$
$$=E((1-e^{-\Lambda_{t,\theta}^{I_j}})e^{-\sum_{j+1\leqslant l\leqslant m}\Lambda_{t,\theta}^{I_l}}\mid X_t)$$
$$=E(e^{-\sum_{j+1\leqslant l\leqslant m}\Lambda_{t,\theta}^{I_l}}-e^{-\sum_{j\leqslant l\leqslant m}\Lambda_{t,\theta}^{I_l}}\mid X_t) \tag{8.40}$$

鉴于假设 8.2.10 中的仿射强度结构，最后一个表达式以显式形式给出。

我们现在开始计算这个术语：

$$Q(N_\theta(t,Z)=k\mid\Omega_\theta^j(t),X_t) \tag{8.41}$$

这里的式（8.41）出现在式（8.39）中。首先引用到 $N_\theta(t,Z)=n-|Z|+\sum_{i\in Z}H_\theta^i(t)$。我们知道，对于任何一组 $j=1$，⋯，m，给定 $\Omega_\theta^j(t)$，$i\in Z$ 的边际违约指标 $H_\theta^i(t)$ 如下：

$$H_\theta^i(t)=\begin{cases}1,\ i\in I_j\\ K_\theta^{\{j\}}(t),i\notin I_j\end{cases} \tag{8.42}$$

因此，

$$Q(N_\theta(t,Z)=k\mid\Omega_\theta^j(t),X_t)=Q(n-|Z\setminus I_j|+\sum_{i\in Z\setminus I_j}K_\theta^{\{i\}}(t)=k\mid\Omega_\theta^j(t),X_t) \tag{8.43}$$

此外，根据引理 8.2.11（2），$K_\theta^{\{j\}}(t)$ 条件独立于 X_t 给定的 $\Omega_\theta^j(t)$，因此：

$$Q(n-|Z\setminus I_j|+\sum_{i\in Z\setminus I_j}K_\theta^{\{i\}}(t)=k\mid\Omega_\theta^j(t),X_t)$$
$$=Q(n-|Z\setminus I_j|+\sum_{i\in Z\setminus I_j}K_\theta^{\{i\}}(t)=k\mid X_t) \tag{8.44}$$

最后，根据引理 8.2.11（2），对于 $i\neq l$，$K_\theta^{\{i\}}(t)$ 和 $K_\theta^{\{l\}}(t)$ 有条件地独立于 X_t。因此，在 $\Omega_\theta^j(t)$ 和 X_t 上，$H_\theta(t)=(H_\theta^i(t))_{i=1,\cdots,n}$，是具有参数 $p=(p_\theta^{i,j}(t))_{i=1,\cdots,n}$ 的独立 Bernoulli 随机变量的向量。其中，

$$p_\theta^{i,j}(t)=\begin{cases}1,\ i\in I_j\\ 1-E\{\exp(-\Lambda_{t,\theta}^{\{i\}})\mid X_t\},i\notin I_j\end{cases} \tag{8.45}$$

注意，鉴于假设 8.2.10（1），我们有：

$$E\{\exp(-\Lambda_{t,\theta}^{\{i\}})\mid X_t\}=E\{\exp(-\Lambda_{t,\theta}^{\{i\}})\mid\lambda_t^{\{i\}}\} \tag{8.46}$$

这在我们的精细强度框架中得到了明确说明。所有这些都允许使用标准递归卷积程序［见 E. G. Andersen 和 Sidenius（2004）或 Crepey（2013）］准确计算式（8.41）中的概率。

备注 8.3.5 总和式（8.39）中只有 m 项，这是由于式（8.39）中 I_j 组的嵌套结构。对于任意构造群 I_j，可以采用递归卷积方法。然而，m 组 I_j 的一般结构将涉及 2^m 项，而不是式（8.39）中的 m 项，这实际上只适用于极少数 m 组。我们再次强调，I_j 的嵌套结构式（8.39）或相当于 $I_j \setminus I_{j-1}$ 的分层结构，从财务角度来看是相当自然的（尤其是考虑到 CDO 的应用）。

8.3.4 随机回收

在本小节中，我们概述了如何将模型推广到随机回收的情况。省略了实现细节，我们建议读者参考 Bielecki、Cousin、Crepey 和 Herbertsson（2013b）以获得更全面的描述。

假设 $L = (L^i)_{1\leqslant i\leqslant n}$ 表示名称集中给定违约损失的 $[0,1]^n$ - 值向量过程。过程 L 是一个多变量过程，其中每个组件 L_t^i 表示在时间 t（特别是 $L_0=0$）之前，由于违约，名称 i 可能遭受的部分损失。假设每个名称都有一个符号，整个投资组合的累计损失过程由 $L_t = \frac{1}{n}\sum_{i=1}^{n} L_t^i$ 给出。我们假设所有债务人的随机回收都是独立同分布（i. i. d. ）的，并且独立于模型中的任何其他随机变量。违约时间定义与之前一样，但在每次 H 的跳转时，对每个新违约名称 i 进行一次独立的抽取，确定名称 i 的回收率 R_i。特别是，联合违约导致的回收率是为受影响的名称独立绘制的。通过引入随机回收，我们不能再使用 8. 3. 3 的精确递归卷积过程来定价 CDO。相反，我们使用了一种基于所谓曲棍球棒函数（hockey stick function）的指数逼近的近似程序，Iscoe、Jackson、Kreinin 和 Ma（2010、2013）在 Beylkin 和 Monzon（2005）的基础上提出了这种方法。现在，我们简要概述了如何使用这种方法来计算我们模型中 CDO 价格。

回顾合约 $[a,b]$ 的损失过程由 $L_t^{a,b} = (L_t - a)^+ - (L_t - b)^+$ 给出，可重写为：

$$L_t^{a,b} = b\left(1 - h\left(\frac{L_t}{b}\right)\right) - a\left(1 - h\left(\frac{L_t}{a}\right)\right) \tag{8.47}$$

其中，$h(x)$ 是由下式给出：

$$h(x) = \begin{cases} 1 - x, 0 \leqslant x \leqslant 1 \\ 0, 1 < x \end{cases} \tag{8.48}$$

Beylkin 和 Monzon（2005）表明，对于任何固定 $\varepsilon > 0$，函数 $h(x)$ 可由 $[0, d]$ 上的函数 $h_{\exp}^{(q)}(x)$ 近似，对于任何 $d > 0$，因此对于所有 $x \in [0, d]$，$|h(x) - h_{\exp}^{(q)}(x)| \leqslant \varepsilon$。其中，$q = q(\varepsilon)$ 为正整数，$h_{\exp}^{(q)}(x)$ 由下式给出：

$$h_{\exp}^{(q)}(x) = \sum_{\ell=1}^{q} \omega_\ell \exp\left(\gamma_\ell \frac{x}{d}\right) \tag{8.49}$$

这里 $(\omega_\ell)_{\ell=1}^{q}$ 和 $(\gamma_\ell)_{\ell=1}^{q}$ 是作为多项式根得到的复数，多项式的系数可以直接进行数值计算。图 8.2 可视化了 $q = 5$ 和 $q = 50$ 且 $x \in [0,10]$ 的情况下 $d = 2$ 的 $h(x)$ 近似化为 $h_{\exp}^{(q)}(x)$ 的过程，以及同一 q 的近似误差 $|h(x) - h_{\exp}^{(q)}(x)|$。如图 8.2 所示，该近似值对于数值小的 q 已经相当好，并且在整个区间 $[0,10]$ 上工作良好，而不仅仅是在 $[0,d] = [0,2]$ 上。在本章的其余部分，我们使用

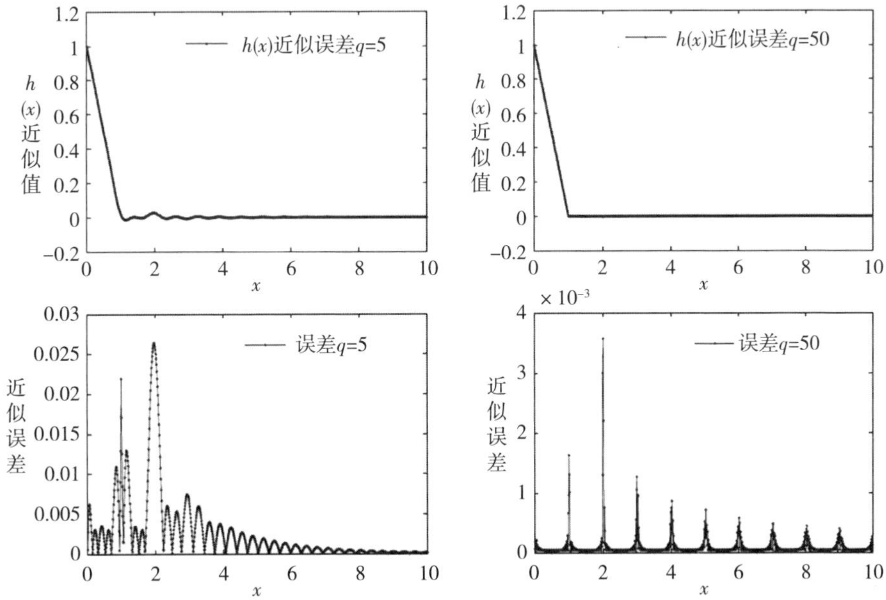

图 8.2 函数 $h_{\exp}^{(q)}(x)$ 作为 $x \in [0,10]$ 的 $h(x)$ 的近似值，$q = 5$ 和 $q = 50$（顶部）以及相应的近似误差（底部）

（8.49）中的 $d=2$，如 Iscoe、Jackson、Kreinin 和 Ma（2010、2013）。

考虑到式（8.47）至式（8.49），对于任意两个时间点 $\theta>t$，CDO 在时间 t 的定价简化为计算条件期望的形式：

$$E(e^{\gamma \ell \frac{L_\theta}{2c}} \mid \partial_t) \tag{8.50}$$

对于 $\ell=1$，2，…，q 和不同的附着点 c 及时间范围 $\theta>t$。值得注意的是，在校准中使用情景 $t=0$，而 CVA 计算需要情景 $t>0$。由于计算 $E(e^{\gamma \ell \frac{L_\theta}{2c}} \mid \partial_t)$ 的算法对于每个 $\ell=1$，2，…，q 和附着点 c，方便起见，我们将写作 $E(e^{\gamma L_\theta} \mid \partial_t)$，而不是 $E(e^{\gamma \ell \frac{L_\theta}{2c}} \mid \partial_t)$。

现在，使用8.3.3 中有条件的共振模型，非常类似于命题8.2.6（2），对于 $Z\in \mathbb{Z}$，有：

$$L_{\{\mathrm{supp}^c(L_t)=Z\}} E(e^{\gamma L_\theta} \mid \partial_t) = L_{\{\mathrm{supp}^c(L_t)=Z\}} E(e^{\gamma L_\theta(t,Z)} \mid X_t) \tag{8.51}$$

其中，$L_\theta(t,Z):=\sum_{i\notin Z} L_t^i+\sum_{i\in Z}(1-R_i)H_\theta^i(t)$ 和 $H_\theta^i(t)$ 的定义见式（8.42）。此外，R_i 是一个随机回收，其值介于 $[0,1]$。然后，如式（8.39）所述，我们有：

$$E(e^{\gamma L_\theta(t,Z)} \mid X_t) = \sum_{0\leqslant j\leqslant m} E(e^{\gamma L_\theta(t,Z)} \mid \Omega_\theta^j(t), X_t) Q(\Omega_\theta^j(t) \mid X_t) \tag{8.52}$$

其中，$Q(\Omega_\theta^j(t) \mid X_t)$ 由式（8.40）给出。此外，以一种显性方式调整导致式（8.45）和式（8.46）变化的参数，我们在设置 $\{\mathrm{supp}^c(L_t)=Z\}$ 时得到：

$$\begin{aligned} E(e^{\gamma L_\theta(t,Z)} \mid \Omega_\theta^j(t), X_t) &= e^{\gamma \sum_{i\notin Z} L_t^i} E(e^{\gamma \sum_{i\in Z}(1-R_i)H_\theta^i(t)} \mid \Omega_\theta^j(t), X_t) \\ &= e^{\gamma \sum_{i\notin Z} L_t^i} \prod_{i\in Z} E(e^{\gamma(1-R_i)H_\theta^i(t)} \mid \Omega_\theta^j(t), X_t) \end{aligned}$$

对于任何 i：

$$E(e^{\gamma \sum_{i\in Z}(1-R_i)H_\theta^i(t)} \mid \Omega_\theta^j(t), X_t) = \begin{cases} E(e^{\gamma(1-R_i)}),\ i\in I_j \\ E(e^{\gamma(1-R_i)K_\theta^{\{i\}}(t)} \mid X_t^{\{i\}}),\ i\notin I_j \end{cases} \tag{8.53}$$

一方面是 R_i 和 $H_\theta^i(t)$ 之间独立性，另一方面是 R_i 和 $X_t^{\{i\}}$ 之间的独立性，这意味着：

$$E(e^{\gamma(1-R_i)K_\theta^{\{i\}}(t)} \mid X_t^{\{i\}}) = 1-p_\theta^{i,j}(t)(1-Ee^{\gamma(1-R_i)}) \tag{8.54}$$

式中，$p_\theta^{i,j}(t)$ 在式（8.45）中定义。

在8.4.2 中，我们将给出一个随机回收分布的示例，该随机回收分布将用于根据 CDO 市场数据校准模型时使用上述曲棍球棒方法（hockey - stick method）的情况。如 8.4.3 节所述，对于某些数据集，使用随机回收将使校准结果明显优于恒定回收。

8.4 数值化结果

在本节中，我们简要讨论模型的校准以及关于损失分布和最小方差对冲的一些数值结果。8.4.1 概述了分段恒定违约强度和恒定回收的校准方法。8.4.2 描述了具有随机回收和分段恒定违约强度的校准程序。8.4.3 根据市场数据对模型进行数值校准，包括恒定回收和随机回收。我们还介绍了拟合模型中的隐含损失分布（对于具有恒定回收的情况）。在第 8.4.4 节中，我们认为个别违约和联合违约是由随机违约强度驱动的，我们描述了特定模型设置的校准方法和结果。8.4.5 讨论了校准模型中的最小方差对冲敏感性（使用恒定回收）。

我们使用的惯例是，所有信贷产品的溢价是 $t_1 < \cdots < t_p = T$，其中 $t_j - t_{j-1} = h = 3$（月）。

8.4.1 分段恒定违约强度和恒定回收的校准方法

在本小节中，我们将讨论 8.4.3 中使用的模型校准方法之一，主要是针对 iTraxx 欧洲和 CDX. NA. IG（北美投资级评级企业 CDS）公司系列的 CDS 合约。第一个校准方法将在 8.3.3 使用卷积定价算法中所述的分段恒定违约强度和恒定回收。

第一步是校准每个债务人的单名称 CDS 曲线。鉴于债务人 i 的 T 年市场 *CDS* 利差 S_i^*，我们希望找到该债务人的个别违约参数，以便 $P_0^i(S_i^*) = 0$，即

$$S_i^* = \frac{(1 - R_i)Q(\tau_i < T)}{h \sum_{0 < t_j \leqslant T} Q(\tau_i > t_j)} \tag{8.55}$$

（对于零利率和恒定回收 R_i）因此，第一步是使用基于式（8.55）的标准引导程序，从每个债务人 i 的 CDS 曲线中提取隐含的个体生存函数 $G_i^*(t) := Q(\tau_i > t)$。

给定 $G_i^*(t)$ 的情况下，固定时间 t 的违约总数 N_t 的定律是联合违约强度函

数 $\lambda_i(t)$ 的函数，如第 8.3.3 节递归算法所述。因此，第二步是校准共振冲击强度 $\lambda_I(t)$，使模型 CDS 的价差与相应的市场价差一致。这是通过使用 8.3.3 中递归算法对合约进行定价完成的。对于参数化为时间非负的分段恒定函数 $\lambda_I(t)$。此外，考虑到式（8.6），对于任何债务人 i 和时间 t，我们施加约束①：

$$\sum_{I \in \mathrm{I}; i \in I} \lambda_I(t) \leqslant \lambda_i^*(t) \tag{8.56}$$

式中，$\lambda_i^* = -\frac{\mathrm{dln}(G_i^*)}{\mathrm{d}t}$（名称 i 的“危险强度函数”）。

对于恒定系统强度 $\lambda_I(t) = \lambda_I$，任何债务人 i，约束式（8.56）简化为：

$$\sum_{I \ni i} \lambda_I \leqslant \underline{\lambda}_i := \inf_{t \in [0,T]} \lambda_i^*(t)$$

鉴于式（8.38）中规定的 I_j 群的嵌套结构，对于任何组 l，这相当于：

$$\sum_{j=l}^{m} \lambda_{I_j} \leqslant \underline{\lambda}_{I_l} := \min_{i \in I_l \setminus I_{l-1}} \underline{\lambda}_i \tag{8.57}$$

对于时间网格（T_k）上的分段恒定系统强度，且对于任何 l、k，条件（8.57）扩展至：

$$\sum_{j=l}^{m} \lambda_{I_j}^k \leqslant \underline{\lambda}_{I_l}^k := \min_{i \in I_l \setminus I_{l-1}} \underline{\lambda}_i^k \tag{8.58}$$

式中，$\underline{\lambda}_i^k := \inf_{t \in [T_{k-1}, T_k]} \lambda_i^*(t)$。值得注意的是，校准投资组合中的所有 CDS 名称（包括最安全的 CDS 名称）意味着通过式（8.57）或式（8.58）为系统强度提供一个相当受限制的区域。该区域可以通过放松系统强度的约束来扩展，不包括校准中的安全 CDS。

我们将使用由两个到期期限为 T_1 和 T_2 组成的时间网格。因此，构成信贷组合中实体的单一名称 CDS 合同是从其市场利差中为 $T = T_1$ 和 $T = T_2$ 推导出的。这是通过在时间间隔 $[T_0 = 0, T_1]$ 和 $[T_1, T_2]$ 上使用分段恒定的单个违约强度函数 λ_i 来完成的。

在离开本小节之前，我们将提供第二个校准步骤中完成的 m 组系统强度校准的一些详细信息。从现在起，我们假设系统强度 $\{\lambda_{I_j}(t)\}_{j=1}^m$ 是分段恒定，因此 $t \in [0, T_1]$ 的 $\lambda_{I_j}(t) = \lambda_{I_j}^{(1)}$，$t \in [T_1, T_2]$ 和任何群 j 的 $\lambda_{I_j}(t) = \lambda_{I_j}^{(2)}$。系统强

① 我们注意到 $\lambda_t^i(t)$ 对应于式（8.6）中的 λ_t^i。在这里，模型强度是确定的，目前的符号反映了这一点。

度 $\lambda = (\lambda_{I_j}^{(k)})_{j,k} = \{\lambda_{I_j}^{(k)}: j = 1,\cdots,m; k = 1,2\}$，然后进行校准，以使五年模型的利差 $S_{a,b}(\lambda)$ 与每个合约 l 的相应市场利差 $S_{a,b}^*$ 一致。更具体地说，参数 $\lambda^* = (\lambda_{I_j}^{(k)})_{j,k}^*$ 根据下式得到：

$$\lambda^* = \underset{\lambda}{\operatorname{argmin}} \sum_{(a,b)} \left(\frac{S_{a,b}(\lambda) - S_{a,b}^*}{S_{a,b}^*} \right)^2 \tag{8.59}$$

λ 中的所有元素都是非负的，并且对于任何 I_l 组和每个时间间隔 $[T_{k-1}, T_k]$，λ 满足不等式（8.58）。在 $S_{a,b}(\lambda)$ 中，我们强调合约 $[a,b]$ 的模型扩散是 $\lambda = (\lambda_{I_j}^{(k)})_{j,k}$ 的函数，但我们消除了对利率、溢价支付频率等其他参数的依赖或 λ_i，$i=1$，…，n。在校准中，我们使用了 3% 的利率和季度溢价支付。对于每个数据集，我们使用 40% 的恒定回收。利用 MATLAB 优化程序 fmincon，结合方程（8.58）给出的约束条件，将目标函数式（8.59）最小化。

在 8.4.3 节中，我们使用上述设置对两个数据集进行校准。

8.4.2 分段恒定违约强度和随机回收的标定方法

在本小节中，我们讨论了第二种校准方法，该校准方法在 8.4.3 使用。在校准具有随机回收的共振模型时（以及如上所述的分段恒定违约强度）。如 8.3.4 所述，随机回收需要更复杂的方法来计算合约损失分布。与分段恒定违约强度相关的方法和约束与 8.4.1 中的方法和约束相同。因此，在本小节中，我们只讨论单个随机回收 R_i 的分布以及校准中使用的伴随约束。该分布将确定式（8.54）中计算合约损失分布所需的 $E(e^{\gamma(1-R_i)})$ 数量。

我们假设单个回收 R_i 为独立同分布（i. i. d.）二项式混合随机变量，形式如下：

$$R_i \sim \frac{1}{q} Bin(l, R^*(p_0 + (1-\varepsilon)p_1)), l = 0,\cdots,q \tag{8.60}$$

式中，ε 是 $Q[\varepsilon = 1] = p$ 的伯努利数（Bernoulli），其中 R^*、p、p_0 和 p_1 为正常数，q 为整数（在数值化中，我们使用 $q=10$）。因此，回收率分布由下式给出：

$$Q\left[R_i = \frac{l}{q}\right] = p\binom{q}{l} p_0^l (1-p_0)^{q-l} + (1-p)\binom{q}{l}(p_0+p_1)^l (1-(p_0+p_1))^{q-l} \tag{8.61}$$

此外，为了有一个独立于系统参数校准的单一名称 CDS 的校准，我们增加了约束 $E[R_i]=R^*$，因此式（8.60）中的 R^* 表示投资组合中每个债务人的平均回收率。条件 $E[R_i]=R^*$ 导致参数 q 受到以下约束［有关详细推导，请参见 Bielecki、Cousin、Crepey 和 Herbertsson（2013b）］：

$$p < \min\left(1,\frac{1}{p_0},\frac{1-R^*}{1-R^*p_0}\right) \tag{8.62}$$

此外，约束 $E[R_i]=R^*$ 还意味着 $p_1=\dfrac{1-p_0}{1-p}$，因此 p_1 可视为 p 和 p_0 的函数。约束（8.62）及系统强度的一些其他约束将在我们校准 CDO 合约时增加。在我们的校准中，参数 p_0 和 R^* 被视为外生给定的，其中我们将 $R^*=40\%$，而 p_0 可以是满足 $p_0<\dfrac{1}{R^*}$ 的任何正标量。标量 p_0 将给我们一些自由来微调校准。Bielecki、Cousin、Crepey 和 Herbertsson（2013b）对 p、p_0 和 p_1 的约束进行了更详细的描述。

在本小节中，我们将式（8.60）中的随机回收与 8.4.1 中描述的分段恒定违约强度相结合，以便校准的参数形式为 $\theta=(\lambda,p)$，其中 λ 如 8.4.1 所示。因此，使用与 8.4.1 相同的符号，参数 $\theta=(\lambda,p)$ 可以根据下式获得：

$$\theta^* = \underset{\theta}{\operatorname{argmin}} \sum_{(a,b)}\left(\frac{S_{a,b}(\theta)-S^*_{a,b}}{S^*_{a,b}}\right)^2 \tag{8.63}$$

其中，λ 必须满足 8.4.1 中的相同约束，而 p 必须遵循式（8.62）。在 8.4.3 中，当针对两个不同的 CDO 数据集校准模型时，我们将此设置与随机回收一起作为 8.4.1 其中一节的替代。

最后，值得注意的是，如果独立同分布（*i. i. d.*）回收 R_i 将遵循式（8.60）以外的分布，则为了继续校准，我们只需修改 8.3.4 中式（8.54）的 $Ee^{\gamma(1-R_i)}$，而其他计算将与二项式情况下的并行计算相同。当然，改变式（8.60）也意味着式（8.62）中的约束不再相关，需要使用其他相关条件。

8.4.3 分段恒定违约强度的校准结果

在本小节中，我们针对 iTraxx 欧洲和 CDX. NA. IG 公司到期期限为 5 年的 CDO 合约进行模型校准。我们使用 8.4.1 和 8.4.2 中描述的校准方法。

因此，构成这些系列中实体的 125 个单名称 CDS 合同的违约强度是从其 $T_1=3$ 和 $T_2=5$ 的市场利差中提取的，使用时间间隔 [0,3] 和 [3,5] 上的分段恒定单个违约强度。对于 2007 年 12 月 17 日抽样的两个投资组合 CDX. NA. IG 和 2008 年 3 月 31 日抽样的 iTraxx Europe 系列，图 8.3 显示 3 年和 5 年的市场 CDS 价差，按单名称引导中使用的 125 个债务人的递减顺序排列。

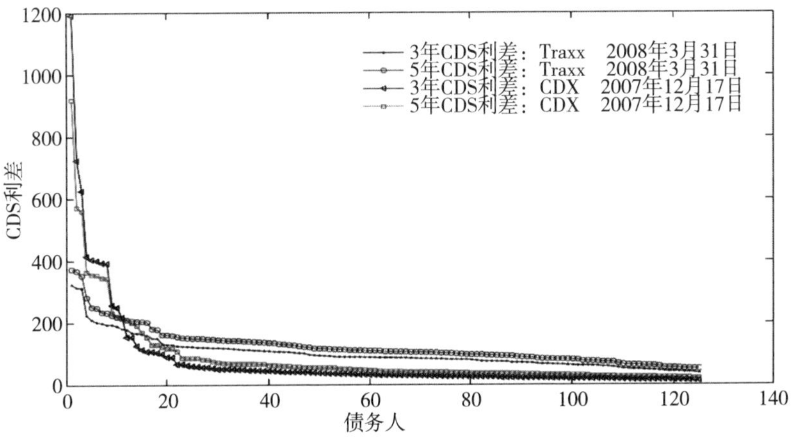

图 8.3 两个投资组合（CDX. NA. IG 公司 2007 年 12 月 17 日取样，iTraxx Europe 2008 年 3 月 31 日取样）3 年和 5 年的市场 CDS 利差，按单名称引导的 125 个债务人的递减排列顺序

2007 年 12 月 17 日，当对 CDX. NA. IG 公司系列 9 的系统强度 $\lambda=(\lambda_{I_j}^{(k)})_{j,k}$ 进行校准时，我们使用了 5 组 I_1，I_2，…，I_5。其中，对于 $i_j=6$，19，25，61，125，有 $I_j=\{1,\cdots,i_j\}$。然后根据平均 3 年和 5 年 CDS 利差，通过降低风险水平对其进行标记，因此，债务人 1 的平均 CDS 扩散率最高，而公司 125 的平均 CDS 扩散率最低。此外，由 64 家最安全的公司组成的 $I_5\setminus I_4$中的债务人假设其特殊强度 $\lambda_{\{i\}}(t)$ 为零，相应的 CDS 合同不包括在校准范围内，这反过来放松了式（8.58）中 λ 的限制。因此，$I_5\setminus I_4$ 中的债务人因 $I_5=\{1,\cdots,125\}$ 组中的公司同时违约而只能破产，即在“世界末日”事件中，采用这种结构，2007 年 12 月 17 日的定标数据集具有很好的一致性（见表 8.1）。

表 8.1　　CDX. NA. IG 公司系列 9，2007 年 12 月 17 日和 iTraxx 欧洲系列 9，2008 年 3 月 31 日

CDX 2007 - 12 - 17：使用恒定回收进行校准

分层	[0, 3]	[3, 7]	[7, 10]	[10, 15]	[15, 30]
市场价差	48. 07	254. 0	124. 0	61. 00	41. 00
模型价差	48. 07	254. 0	124. 0	61. 00	38. 94
绝对误差（bp）	0. 010	0. 000	0. 000	0. 000	2. 061
相对误差（%）	0. 0001	0. 000	0. 000	0. 000	5. 027

CDX 2007 - 12 - 17：随机回收校准

分层	[0, 3]	[3, 7]	[7, 10]	[10, 15]	[15, 30]
市场价差	48. 07	254. 0	124. 0	61. 00	41. 00
模型价差	48. 07	254. 0	124. 0	61. 00	41. 00
绝对误差（bp）	0. 000	0. 000	0. 000	0. 000	0. 000
相对误差（%）	0. 000	0. 000	0. 000	0. 000	0. 000

iTraxx Europe 2008 - 03 - 31：使用恒定回收进行校准

分层	[0, 3]	[3, 6]	[6, 9]	[9, 12]	[12, 22]
市场价差	40. 15	479. 5	309. 5	215. 1	109. 4
模型价差	41. 68	429. 7	309. 4	215. 1	103. 7
绝对误差（bp）	153. 1	49. 81	0. 0441	0. 0331	5. 711
相对误差（%）	3. 812	10. 39	0. 0142	0. 0154	5. 218

iTraxx Europe 2008 - 03 - 31：随机回收校准

分层	[0, 3]	[3, 6]	[6, 9]	[9, 12]	[12, 22]
市场价差	40. 15	479. 5	309. 5	215. 1	109. 4
模型价差	40. 54	463. 6	307. 8	215. 7	108. 3
绝对误差（bp）	39. 69	15. 90	1. 676	0. 5905	1. 153
相对误差（%）	0. 9886	3. 316	0. 5414	0. 2745	1. 053

注：市场和模型的利差以及相应的绝对误差，无论是在 BP 还是在市场利差的百分比方面。[0, 3] 价差以% 报价。所有合约到期期限为 5 年。

通过使用式（8. 60）和式（8. 61）中规定的随机回收，我们获得了相同数据集的完美拟合。图 8. 4 中的左侧子图显示了 2007 年 12 月 17 日数据集中 5 组恒定回收和随机回收的校准系统强度 λ。值得注意的是，第一支柱（即时间间隔［0,3］）的系统强度 $\lambda_{I_j}^{(1)}$ 在恒定回收和随机回收情况下都遵循相同的趋势，而第二支柱（即时间间隔［3,5］）的系统强度 $\lambda_{I_j}^{(2)}$ 具有较少的共同趋势。

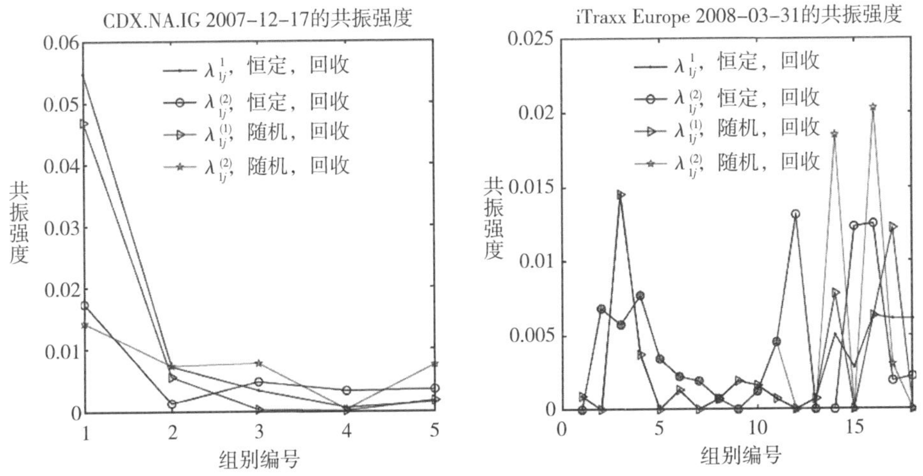

图 8.4　两个投资组合［CDX. NA. IG 2007 年 12 月 17 日采样（左），iTraxx Europe 2008 年 3 月 31 日采样（右）］的稳态和随机回收情况下的校准系统强度（$\lambda_{I_j}^{(k)}$）$_{j,k}$

对于 2008 年 3 月 31 日采集的数据，更需要校准系统强度（$\lambda_{I_j}^{(k)}$）$_{j,k}$。我们使用 18 组 I_1，I_2，…，I_{18}，其中对于 $i_j=1$，2，…，11，13，14，15，19，25，79，125，$I_j=\{1,\cdots,i_j\}$。为了提高拟合度，与 2007 年的情况一样，我们通过从校准中排除与 $I_{18}\setminus I_{17}$ 中的债务人相对应的 CDS 来降低式（8. 58）中 λ 的约束。因此，我们假设 $I_{18}\setminus I_{17}$ 中的债务人只能因“世界末日”事件而破产，即与组 $I_{18}=\{1,\cdots,125\}$ 中所有幸存的公司一起。在这种设置中，对具有恒定回收的 2008 年数据集进行校准，除了表 8. 1 中所示的［3,6］区段外，均可获得可接受的拟合度。然而，通过式（8. 60）和式（8. 61）中规定的随机回收率，如表 8. 1 所示拟合度得到大大提高。正如预期的那样，在两个回收版本中，添加的组越多，拟合度越好，这就解释了为什么我们使用多达 18 个组。

2008 年 3 月数据集中 18 组的校准系统强度 λ（用于恒定和随机回收），显示在图 8. 4 的右侧子图中。在该子图中，我们注意到前 13 组 I_1，…，I_{13}，第一个柱的系统强度 $\lambda_{I_j}^{(1)}$ 在恒定回收和随机回收情况下是相同的，但在最后 5 组

I_{14}，…，I_{18}上有很大差异，I_{16}组除外。同样，在同一子图中，我们还看到，对于前 11 组 I_1，…，I_{11}，第二个支柱的系统强度 $\lambda_{I_j}^{(2)}$ 在恒定回收和随机回收中是相同的。但在最后 7 组中，除 I_{13}组外，有很大不同。随机回收模型中使用的最佳参数 p 和 p_0 由 2007 年数据集的 $p=0.4405$ 和 $p_0=0.4$ 给出，2008 年的由 $p=0.6002$ 和 $p_0=0.4$ 给出。

最后，让我们讨论在我们的校准中 $I_1 \subset I_2 \subset \cdots \subset I_m$ 分组的选择。首先，对于 CDX. NA. IG 公司序列 9 的 2007 年 12 月 17 日数据集，我们使用 $m=5$ 组，$i_5=125$。对于 $j=1$，2，4，i_j 的选择对应于损失过程所需的违约数量，该过程的恒定回收率为40%，以达到第 j 个附着点。因此，使用表达式 $i_j \cdot \frac{1-R}{n}$，$R=40\%$，$n=125$，将附着点近似为3%、10%和30%，我们最后选择 $i_1=6$、$i_2=19$、$i_4=61$。选择 $i_3=25$ 意味着损失 12%，并且比选择 i_3 更适合完全匹配 15%。最后，没有选择任何一个组来匹配 7%的附着点，因为这实际上弱化了我们尝试的所有组的校准。上述分组结构，非常适合我们在恒定回收情况下使用，并且与随机回收几乎完全匹配，如表 8. 1 所示。

接下来，我们在 2008 年 3 月 31 日采集的 iTraxx Europe 序列市场 CDO 数据中使用了上述程序。然而，当它打开时，我们无法使用此程序实现良好的校准。相反，必须增加更多的组，为此我们尝试使用不同的组并得到了最佳选择，如表 8. 1 中给出的校准所示。

在这里，在 2008 年 3 月 31 日的数据集上研究校准对 I_1、I_2 形式的分组选择的敏感性是极为有趣的，其中 $I_1 \subset I_2 \subset \cdots \subset I_m$。在 2008 年 3 月 31 日数据集上，对于 $I_j = \{1,2,\cdots,m\}$ 和 $i_1 < \cdots i_m = 125$，有 $I_j = \{1,\cdots,i_j\}$。表 8. 2 显示了三个此类分组，相应的校准结果见表 8. 3。

表 8. 2　　三种不同的分组

i_j	i_1	i_2	i_3	i_4	i_5	i_6	i_7	i_8	i_9	i_{10}	i_{11}	i_{12}	i_{13}
分组 A	6	14	15	19	25	79	125						
分组 B	2	4	6	14	15	19	25	79	125				
分组 C	2	4	6	8	9	10	11	14	15	19	25	79	125

注：三个不同的组（用 A、B 和 C 表示），由 $m=7$，9，13 个组组成，结构为 $I_1 \subset I_2 \subset \cdots \subset I_m$。其中，对于 $i_j \in \{1,2,\cdots,m\}$ 和 $i_1 < \cdots i_m = 125$，有 $I_j = \{1,\cdots,m\}$。

表 8.3 2008 年 3 月 31 日，针对 iTraxx Europe 序列 9 上的 CDO 进行校准时，表 8.2 中三个不同组 A、B 和 C 的相对校准误差占市场份额的百分比（另见表 8.1）

相对校准误差%（恒定回收）

分层	[0, 3]	[3, 6]	[6, 9]	[9, 12]	[12, 22]
分组 A 的误差	6.875	18.33	0.0606	0.0235	4.8411
分组 B 的误差	6.622	16.05	0.0499	0.0206	5.5676
分组 C 的误差	4.107	11.76	0.0458	0.0319	3.3076

相对校准误差%（随机回收）

分层	[0, 3]	[3, 6]	[6, 9]	[9, 12]	[12, 22]
分组 A 的误差	3.929	9.174	2.902	1.053	2.109
分组 B 的误差	2.962	7.381	2.807	1.002	1.982
分组 C 的误差	1.439	4.402	0.5094	0.2907	1.235

从表 8.3 可以看出，在恒定回收的情况下，前三期市场份额的相对校准误差随着组数量的增加而单调下降。此外，在随机回收的情况下，随着每个分组中组数的增加，所有五个区段的相对校准误差都单调下降。校准中的其余参数与表 8.1 中的最佳校准相同。

最后，我们指出表 8.1 中使用的两个最佳分组在两个不同的数据集中 CDX. NA. IG 序列 9，2007 年 12 月 17 日和 iTraxx Europe 序列 9，2008 年 3 月 31 日，表现得完全不同。然而，这个 CDX. NA. IG 序列由北美债务人组成，而 iTraxx Europe 序列由欧洲公司组成。因此，对于来自两个不相关市场的数据集，使用不同的分组不会产生模型风险或不一致性。另外，如果在短时间内的不同时间点对同一序列进行校准和评估（如对冲），则显然最好使用相同的分组，以避免模型风险。

隐含损失分布

在调整模型以适应市场利差后，我们使用校准的系统参数 $\lambda = (\lambda_{I_j}^{(k)})_{j,k}$ 和单个人违约强度，研究投资组合中的信贷损失分布。在本章，我们只关注从损失分布中得出的几个例子，这些损失分布在 $t=5$ 年时得到了恒定回收。

允许 I_j 组中的债务人共同违约，加上最安全的债务人不单独违约的约束，导致损失分配产生一些有趣的影响，如图 8.5 和图 8.6 所示。例如，我们清楚地看到，在实践中，对损失分配的支持仅限于一个相对较小的组。具体地说，图 8.5 中的上下图表示 $Q[N_5 = k]$ 大致上支持集合 $\{1,\cdots,35\} \cup \{61\} \cup \{125\}$ 对于 2007 年的数据集，以及 $\{1,\cdots,35\} \cup \{61\} \cup \{125\}$ 用于 2008 年数据集。这在对数损失分布中变得更加明显，如图 8.6 中的上图和下图所示。

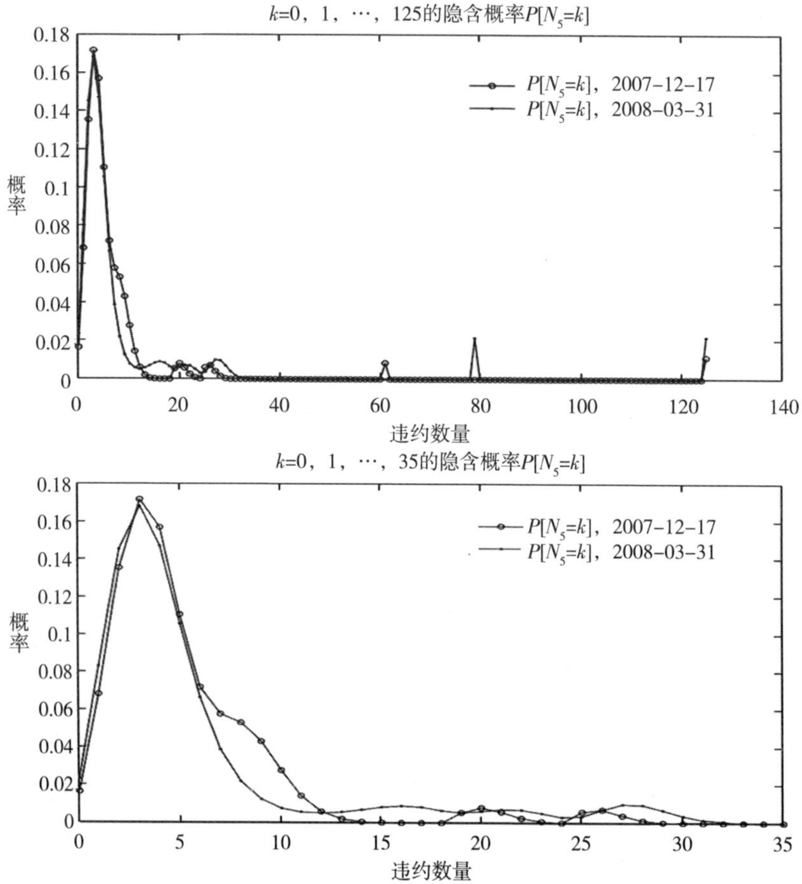

图 8.5　$\{0, 1, \cdots, v\}$ 上的隐含分布 $Q[N_5 = k]$，用于 $v = 125$（顶部），缩放用于 $v = 35$（底部），其中模型根据 CDX. NA. IG 序列 9（2007 年 12 月 17 日）和 iTraxx Europe 序列（2008 年 3 月 31 日）进行校准

从图 8.6 中的上图中我们可以看到，违约分布在 2007 年的 {36,…,61} 上为非零，在 2008 年的 {41,…,79} 上也是非零，但实际损失概率大小在 10^{-70} 到 10^{-10} 之间。在任何实际的计算中，这种低值显然被视为零。此外，图 8.6 中上图 {62,…,124} 间距上的空白是由于我们强制设置 $I_5 \setminus I_4$ 中的债务人从不单独违约，但仅在 I_5 = {1,…,125} 组中所有存续公司同时违约。在图 8.6 的上图中，此“世界末日”事件在违约 nr125 处显示为一个孤立的非零“点”。在 2008 年，集合 {80,…,124} 上的间隔也可以解释为我们对组 $I_{19} \setminus I_{18}$ 上公司的假设。另外值得注意的是，图 8.6 顶部图中违约 nr125 处的两个“点”在图 8.5 所示的上图中显示为尖峰。图 8.5 和图 8.6 所示的多项式损失分布的形状是允许同时违

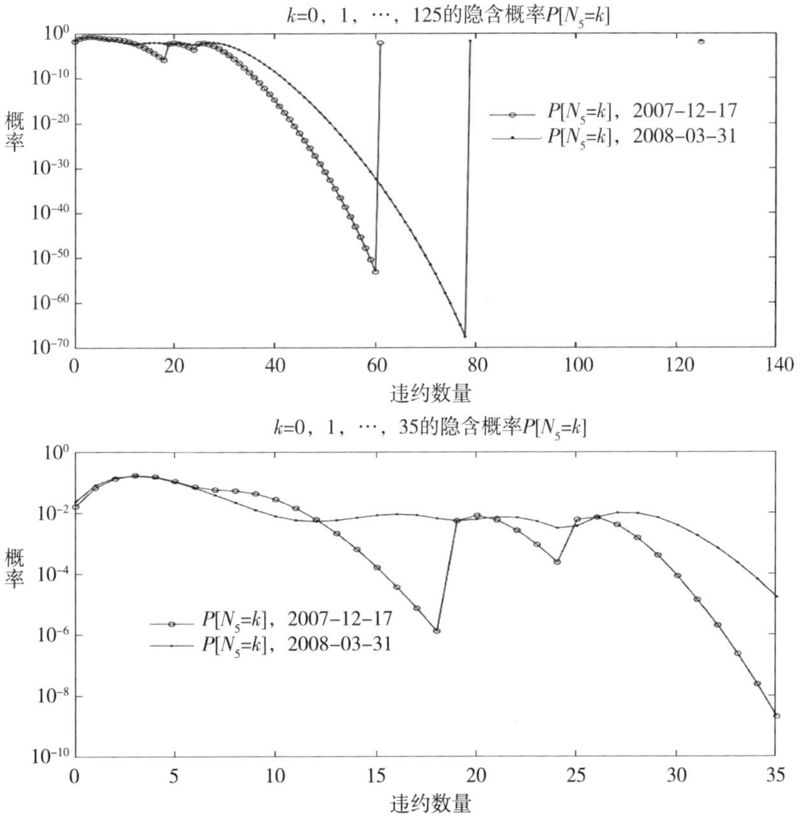

图 8.6 {0，1…，v} 上的隐含对数分布 $\ln(Q[N_5=k])$，用于 $v=125$（顶部），缩放用于 $v=35$（底部），其中模型根据 CDX. NA. IG 序列 9（2007 年 12 月 17 日）和 iTraxx Europe 序列（2008 年 3 月 31 日）进行校准

约的模型的典型形状［例如，见 Brigo、Pallavicini 和 Torresetti（2007）第 59 页的图 2 和 Elouerkhaoui（2007）第 710 页的图 2］。

8.4.4 随机强度校准方法和结果

我们现在考虑冲击强度是随机 *CIR* 过程的情况，如 8.2.12（2）所示。简单起见，a 和 c 是既定的，我们假设 $b_Y(t)$ 对每个平均逆函数进行分段恒定参数化［见表达式（8.23）］，因此 $T_0=0$ 时，对于所有 k：

$$b_Y(t) = b_Y^{(k)},\ t \in [T_{k-1}, T_k)$$

时间网格（T_k）与上一节中使用的时间网格相同，即 $M=2$，$T_1=3$，$T_2=5$。它对应于一组标准 CDS 到期日，这些标准 CDS 到期日低于或等于匹配 CDO 的到期日。为了减少现有参数的数量，我们认为，对于任何 $Y \in \gamma$，相应强度过程的起始值由其第一柱均值回归参数，即 $X_0^Y = b_Y^{(1)}$ 给出。本设置保证了与 8.4.1 中的参数数量完全相同（分段－恒定强度和恒定回收）。模型的所有其他方面与 8.4.1 相同。因此，我们复制了相同的校准方法，除了现在单个均值回归参数 $\{b_i^{(k)}: i = 1,\cdots,n; k = 1,2\}$ 起到了前参数（former parameters）$\{\lambda_i^{(k)}: i = 1,\cdots,n; k = 1,2\}$ 的作用，系统参数 $\{b_{I_j}^{(k)}: j = 1,\cdots,m; k = 1,2\}$ 也起到了前参数 $\{\lambda_{I_j}^{(k)}: j = 1,\cdots,m; k = 1,2\}$ 的作用。

我们注意到，对于这种 CIR 过程 X^Y，生存冲击概率为：

$$E[\exp(-\int_0^t X_u^Y \mathrm{d}u)]$$

这些是 CDS 和 CDO 价格的组成部分，可以非常高效地计算（见 13.4.1）。

我们现在正在研究该模型设置的校准表现。使用不同的参数 a（均值回归速度）和 c（波动性）可能会稍微影响拟合的质量。然后我们考虑示例 $a=3$ 和 $c=0.5$，这为我们提供了最好的结果。

如表 8.4 所示，即使在没有从校准约束中删除名称的情况下，我们也能获得 CDX 2007－12－17 的正确拟合结果。在这里我们使用 5 组 I_1，I_2，…，I_5，其中对于 $i_j=8$，19，27，102，125，有 $I_j = \{1,\cdots,i_j\}$。值得注意的是，当从单个 CDS 校准约束中删除 I_5 组的名称时，我们可以获得完美的拟合，正如随机回收的分段恒定强度模型所观察到的那样。

表 8.4 CDX. NA. IG 序列 9（2007 年 12 月 17 日）使用恒定回收进行校准

分层	[0, 3]	[3, 7]	[7, 10]	[10, 15]	[15, 30]
市场利差	48.07	254.0	124.0	61.00	41.00
模型利差	50.37	258.01	124.68	61.32	41.91
绝对误差 bp	2.301	4.016	0.684	0.327	0.912
相对误差%	4.787	1.581	0.552	0.536	2.225

注：市场和模型的利差以及相应的绝对误差，无论是在 BP 还是在市场利差的百分比上。[0,3] 价差以% 报价。所有合约的到期日为 5 年。

对于 iTraxx Europe 2008 - 03 - 31，具有恒定回收的分段恒定强度模型，校准结果没有改进。

8.4.5 最小方差对冲增量

在本小节中，我们给出了一些数值结果，阐述了命题 8.3.4 中给出的最小方差对冲策略的表现。我们专注于 CDX. NA. IG 序列 9 在 2007 年 12 月 17 日数据的对冲策略，在 8.4.1 提出的恒定回收模型中校准。本小节的目的是分析当标准化 CDO 与一组 d 个单名滚动 CDS 合同对冲时，$t=0$（校准日期）时对冲组合的构成，参考名称包括在基础 CDS 指数中。回顾备注 8.3.3，使用滚动 CDS 在时间 $t=0$ 时的对冲比率与使用相应普通 CDS 合同在时间 $t=0$ 时的对冲比率相同。

由于模型中没有使用利差因子 X，命题 8.3.4 意味着 $t=0$ 时的最小方差对冲比率由下式给出：

$$\zeta^{va}(0,H_0) = C(u,v)\,(C(v,v))^{-1}(0,H_0)$$

式中，

$$C(u,v) = \sum_{Y\in y}\lambda_Y(0)\Delta_Y u\,(\Delta_Y v)^T,\quad C(v,v) = \sum_{Y\in y}\lambda_Y(0)\Delta_Y v\,(\Delta_Y v)^T$$

因此，计算最小方差对冲比率涉及所有可能冲击 Y 上的“跳跃差异” $\sum_{Y\in y}\lambda_Y(0)\Delta_Y u\,(\Delta_Y v)^T$ 和 $\lambda_Y(0)\Delta_Y v\,(\Delta_Y v)^T$ 的总和，其中 $= y = \{\{1\},\cdots,\{n\},I_1,\cdots,I_m\}$。

在校准 CDX. NA. IG 序列 9 时，我们使用 $m=5$ 组 I_1，$I_2\cdots$，I_5，其中对于 $i_j=6$，19，25，61，125，有 $I_j = \{1,\cdots,i_j\}$，且债务人已被标记为风险水平逐渐

下降。在与 2007 年 12 月 17 日相关的校准日期 $t=0$ 时，CDX 序列 9 中没有违约名称，因此我们假设 $H_0=0$。在我们的实证框架中，强度 $\lambda_Y(0)$，$Y\in y$ 是根据符合 3 年期 CDS 合约市场利差的恒定违约强度 λ_i^* 和根据 CDO 报价校准的 3 年期系统强度 $\lambda_{I_j}^*$ 计算的。$\delta_Y u(0,H_0)$ 和 $\delta_Y v(0,H_0)$ 对应于影响 Y 组中所有名称的冲击到来时，CDO 合约和单名 CDS 合同价值的变化。引用式（8.29）可得，该部分价值的累计变化等于：

$$\Delta_Y u(0,H_0) = u(0,H_0^Y) - u(0,H_0) + L_{a,b}(H_0^Y) - L_{a,b}(0,H_0)$$

式中，H_0^Y 是 $\{0,1\}^n$ 中的向量，因此只有分量 $i\in Y$ 等于 1。

因此，CDO 合约的敏感度 $\Delta_Y u(0,H_0)$ 既包括合约除息价格 u 的变化，也包括与 Y 组违约相关的合约保证金。价格敏感性是通过计算违约分期和溢价分期现值的变化来获得的。后者涉及定义溢价现金流的合同价差。至于 CDX. NA. IG 序列 9 中，合同利差分别为 500 个、130 个、45 个、25 个和 15 个基点，对应于分层［0～3%］、［3%～7%］、［7%～10%］、［10%～15%］和［15%～30%］。我们用 8. 3. 3 的递归卷积法计算 $u(0,H_0^Y)$ 和 $u(0,H_0)$。具体来说，使用与 8. 3. 3 相同的符号。CDO 合约价格 $u(0,H_0^Y)$［$u(0,H_0)$］采用递归程序计算，$Z=Y$ 的补集（$Z=$ 所有名称）。我们假定 i_1，…，i_d 是最小方差对冲中使用的 CDS 合约，并假设它们都是在 $t=0$ 时创设的。因此，这些 CDS 合约在 $t=0$ 时的市场价值为零。因此，当 Y 组同时违约时，这些 CDS 上为头寸提供保证（buy - protection positions）的价值 $\delta_Y v(0,H_0)$ 的变化仅是由于与 Y 组中的名称相关的保证金所致。因此，根据式（8. 27），对于对冲 CDS 的一个单位的名义头寸，相应的敏感性向量等于：

$$\Delta_Y v(0,H_0) = ((1-R)L_{i_1\in Y},\cdots,(1-R)L_{i_d\in Y})^T$$

假设回收率 R 为常数，等于 40%。

表 8.5　图 8.7 所示对冲策略中使用的六个风险最大的债务人的名称和 CDS 利差　单位：基点

公司（股票代码）	CCR 住房贷款	RDN	LEN	SFI	PHM	CTX
3 年期 CDS 利差	1190	723	624	414	404	393

图 8. 7 显示了当使用命题 8. 3. 4 中的最小方差对冲策略对冲 CDO 中一个单位的名义风险头寸时，d 个最具风险的 CDS 合约的名义风险敞口。我们在计算

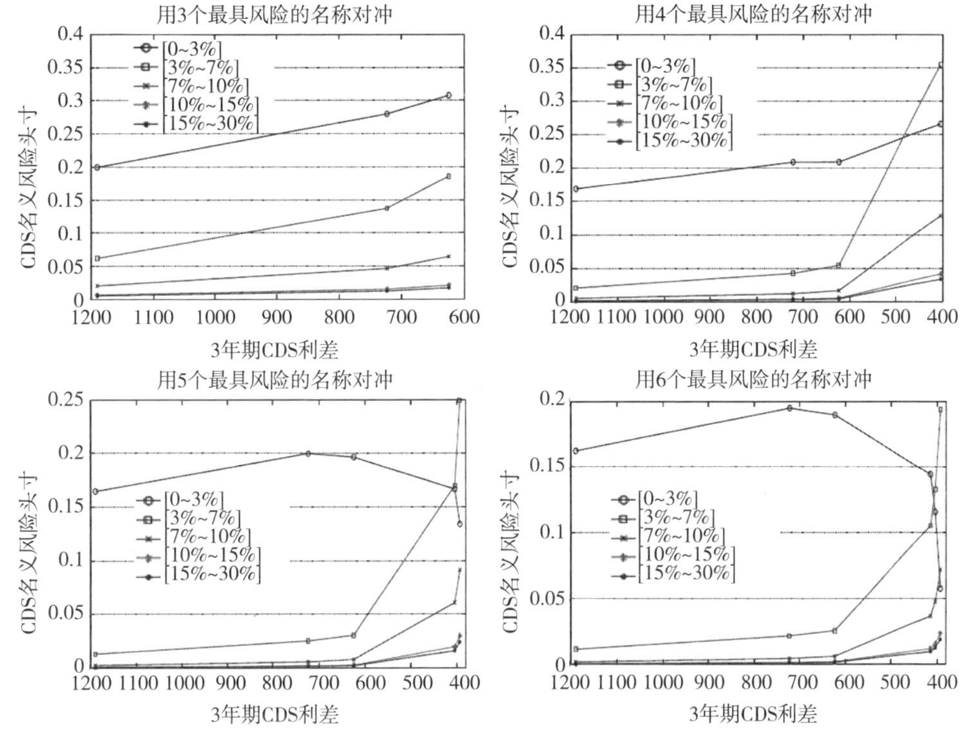

图 8.7 在根据 2007 年 12 月 17 日 CDX. NA. IG 序列 9 数据对市场利差进行校准的模型中，针对不同 CDO 合约的一个单位名义风险头寸，与 d 个最具风险的 CDS 合约相关的最小方差对冲策略，$d=3$，4，5，6

中使用 $d=3$，4，5，6。此外，表 8.5 显示了对冲策略中使用的 3 年期 CDS 利差的名称和规模。图 8.7 中的每个曲线图应解释为：在每一对 (x,y) 中，x - 分量表示对冲时间 $t=0$ 时 3 年期 CDS 利差的大小，而 y - 分量是通过命题 8.3.4 使用 d 个最具风险的 CDS 合约计算的相应名义 CDS 风险头寸。这些图从上到下排列，其中顶部面板对应于 $d=3$ 个最具风险的 CDS 的对冲，底部面板对应于 $d=6$ 个最具风险的名称的对冲。值得注意的是，x - 轴表示从最危险的债务人到最安全的债务人。因此，在每个图中，风险较高的 CDS 合约的对冲规模 y 与左侧对齐，而较安全的 CDS 合约的 y - 值显示得更靠近右侧。在这样做的过程中，从上到下的面板显示了从图的右侧部分包含新的更安全的名称的效果。我们已经用线连接两个变量 (x,y) 形成图形，可视化了 d 个最具风险的 CDS 合约的最小方差对冲策略的可能趋势。

例如，当使用三个风险最高的名称进行对冲（顶部面板）时，我们观察到，对冲工具的名义风险头寸金额随着从属程度的降低而减少，即［0～3%］分层在CDS合同中需要的名义风险敞口比上一分层更多。此外，值得注意的是，最小方差对冲投资组合包含更多引用利差较低名称的CDS合约。当低利差CDS合约加入投资组合时，3个最具风险的名称的情况几乎相同。然而，对于剩下的更安全的名称，图片取决于合约分层的特征。对于［0～3%］分层，随着更多更安全名称的增加，对冲所需的剩余CDS合约数量急剧减少。一种可能解释是，在对冲策略中添加太多名称在对冲股权合约分层时将是无用的。这一点从直觉上是清楚的，因为人们预计风险最大的债务人将首先违约，从而大幅减少股权份额，这解释了风险较大的名称的较高对冲比率，而较安全的名称首先违约的可能性较小，从而在第一部分产生损失，这就解释了更安全的名称对冲比率更低的原因。我们观察到高级（更安全的）分层的相反趋势：在对冲组合中添加新的（更安全的）名称似乎对“非股权”分层有用，因为这些名称在连续添加时所需的名义风险增加。

图8.8和图8.9显示了用61个风险最高的名称（即组 $I_5 \setminus I_4$ 中名称外的所有名称）对标准部分进行对冲时的最小方差对冲策略。与图8.7相反，这些图表允许可视化“分组结构”对对冲组合构成的影响。在这方面，我们使用不同的标记样式来区分不同不相交的组 I_1，$I_2 \setminus I_1$，$I_3 \setminus I_2$，$I_4 \setminus I_3$ 中的名称。我们看到，最小方差对冲策略在不同的分组之间有很大的不同。此外，尽管对于属于同一不相交组的名称，对冲所需的名义风险头寸显然是单调的，但当我们考虑不同组中的名称时，这种趋势就被打破了。这表明分组结构对对冲组合中的名称分布有显著影响。对于股权分组，我们在图8.7中观察到，对冲需要更安全的名称。当我们查看特定不相交组中的名称时，此特征保留在图8.8中。事实上，一个给定的不相交组中的名称会受到相同的共同冲击的影响，而这反过来又会以同样的严重程度影响股权分层。唯一可以解释同一不相交组中名称之间名义风险头寸差异的效应是特殊违约：利差较大的名称更可能首先违约，因此我们需要更多地对其进行对冲，而不是利差较小的名称。

值得注意的是，当利差较低时，对冲CDS合约中的名义风险头寸对于 $I_2 \setminus I_1$ 和 $I_4 \setminus I_3$ 组中的名称甚至变为负值。然而，在图8.8中，我们观察到，对于股权

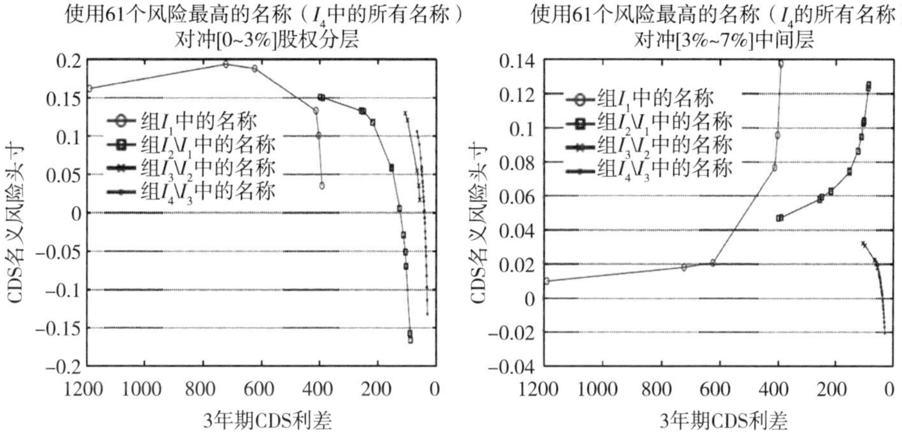

图 8.8 最小方差对冲策略当使用 d 个风险最高的 CDS 对［0～3%］权益合约（左）和［3%～7%］中间层（右）的一个单位的名义风险头寸进行对冲时，$d=61$（除 $I_5\setminus I_4$ 组的名称外的所有名称）

合约，$I_4\setminus I_3$ 中一些风险最高的参考实体在对冲中比 I_1 组中一些最安全的名称更有用，这乍一看似乎很奇怪，因为后者的信用利差远大于前者的信用利差。回想一下，如果对冲发生在到期之前，股权合约会触发与少数首次违约相对应的保证金。即使 $I_4\setminus I_3$ 组中的名称的违约概率非常低，但它们在共振 I_4 或 I_5 到来时会影响分层这一事实使这些名称具有对冲的吸引力，因为它们比 I_1 组中的名称成本更低（需要的保费更少）。

图 8.8 表明，利差最低的名称对于对冲［0～3%］和［3%～7%］层级无效。如图 8.9 所示，其他分层的情况正好相反，即随着该分层的风险越来越小，对冲投资组合中低利差名称的数量会增加。对于［15%～30%］超高级部分，我们可以在图 8.9 的底部图表上看到，名称越安全，对冲所需的数量就越大。此外，图 8.9 还显示，在根据真实数据集校准的投资组合信用风险的一致动态模型中，［15%～30%］超高级部分对价差小于几十个基点的非常安全的名称具有显著（事实上，其最大）敏感性。事实上，对于该层级，人们很可能通过在对冲工具中加入更安全的名称来改善对冲，前提是这些额外的名称也可以进行校准。回想一下 2007 年 12 月 17 日 CDX. NA. IG 序列 9，我们将模型校准为投资组合中 64 个最安全的名称。

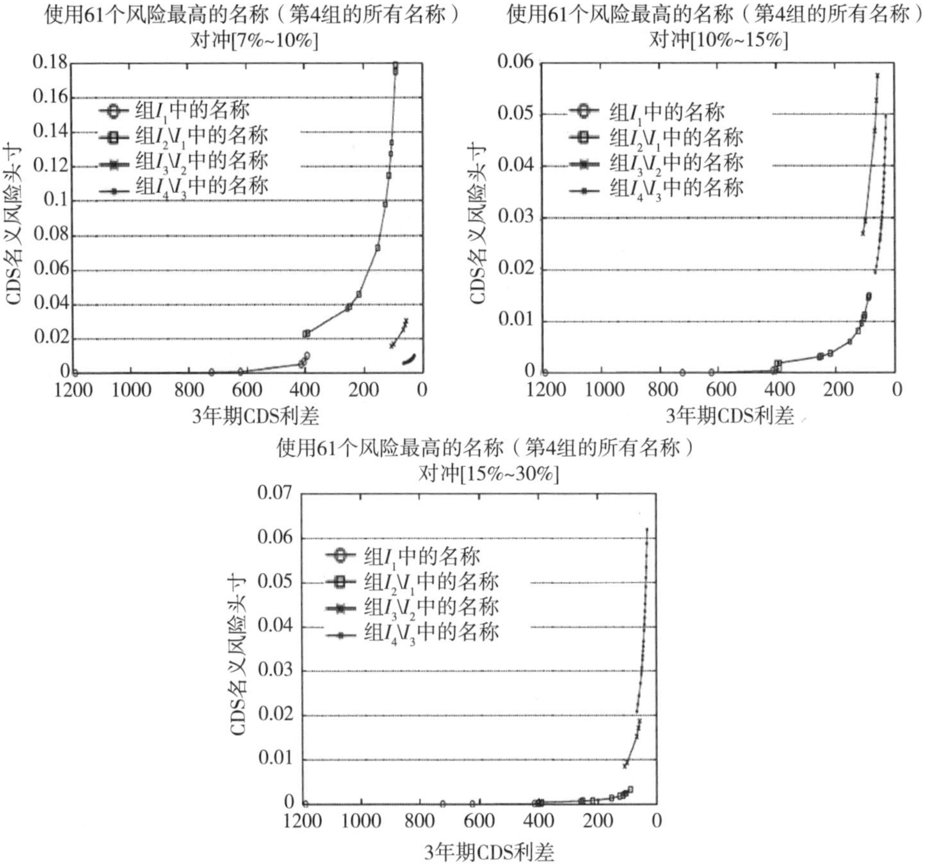

图 8.9　*d* 个风险最高的 CDS 合约对冲［7% ~ 10%］（顶部）、［10% ~ 15%］（中间）和［15% ~ 30%］（底部）中一单位名义风险头寸时的最小方差对冲策略，*d* = 61（除 $I_5 \setminus I_4$ 组中的名称外的所有名称）

8.5　CVA 定价和对冲

我们的下一个目标是在 $(\tau_0, \cdots, \tau_n)$，其中 $\tau_0 = \tau_c$ 是交易对手的违约时间。所以我们有：

$$\xi = (1 - R_0)\chi^+, \chi = P_\tau + \phi(H_\tau) - \phi(H_{\tau-}) - \Gamma_\tau$$

其中，$P_\tau = u(\tau, X_\tau, H_\tau)$。

对于某些净定价函数 u（通过应用命题 8.3.1），其中 ϕ 是合同的违约分期付款函数（在本书的本部分引言中设置的符号中）。此外，我们假设一个附带过程 Γ 使得对于包含交易对手（标记为 0）的名称的任何子集 Z，存在一个函数 $\Gamma_\tau = \Gamma_Z(t,x,k)$，使得

$$\Gamma_\tau = \Gamma_Z(\tau, X_{\tau-}, H_{\tau-}) \tag{8.64}$$

在 Z 中且仅在 Z 中的违约名称（带有指标进程的事件 H^Z）。回想一下，下面的 H^Z_{t-} 表示通过将其 Z 分量替换为 Z 中的指数得到的向量，而 M^Z_t 表示 H^Z_t 的补偿鞅［见（8.17）］。

命题 8.5.1 对于 $t \in [0, \bar{\tau}]$，我们有：

$$\Theta_t = E_t[L_{\tau < T}\xi] = \Theta(t, X_t, H_t) \tag{8.65}$$

对于一些合适的 CVA 函数 $\Theta(t,x,k)$。Θ_t 的跳跃至交易对方违约鞅部分由下式给出：

$$\mathrm{d}\Theta^{jd}_t = \sum_{0 \in Z \in \mathbb{Z}_t} v^Z_t \mathrm{d}M^Z_t \tag{8.66}$$

其中，对于包含 0 的任意 $Z \in \mathbb{Z}$（交易对手）①，有：

$$v^Z_t = \delta_Z\Theta(t, X_{t-}, H_{t-}) = \xi^Z_t - \Theta_{t-} \tag{8.67}$$

其中，

$$\begin{aligned}\xi^Z_t &= (1 - R_0)\left(u(t, X_{t-}, H^Z_{t-}) + \varphi(H^Z_{t-}) - \varphi(H_{t-}) - \Gamma_Z(t, X_{t-}, H^Z_{t-})\right)^+ \\ &=: \xi_Z(t, X_{t-}, H_{t-})\end{aligned} \tag{8.68}$$

证明 式（8.65）中的第二个等式由共振模型的马尔科夫性质所决定。此外，我们还有 $\{\tau < T\}$ 上的 $\Delta\Theta_\tau = \xi - \Theta_{\tau-}$，其中 $\xi = \xi^Z_\tau$ 表示仅在 Z 中的违约名称，对于包含标记为“0”的交易对手方的任何名称集 Z，意味着对应被积函数 $\delta_Z\Theta(t, X_{t-}, H_{t-})$ 的表达式（8.67）。

我们现在讨论的是通过参照交易对手的净滚动 CDS 来对冲 CVA 的交易对手违约风险。根据命题 8.3.2，对于 $t \in [0, \bar{\tau}]$，净滚动 CDS 的增益过程的补偿跳跃至交易对手违约鞅部分 $\hat{Q}^{jd}$ 如下式所示：

$$\mathrm{d}\hat{Q}^{jd}_t = (1 - R_0) \sum_{Z \in \mathbb{Z}_t; 0 \in Z} \mathrm{d}M^Z_t \tag{8.69}$$

设 ζ 是一个 R - 值过程，表示在自筹资金对冲策略中为合同的交易对手风险

---

① Z 的其他选择在这里是不相关的。

而持有的滚动 CDS 合同的单位数，以及固定储蓄资产。给定式（8.65）和式（8.69），对冲投资组合跟踪误差的跳跃至违约分量 e_t^{jd} 满足 $e_0=0$，对于 $t\in[0,\bar{\tau}]$［见（3.28）］，有：

$$de_t^{jd}=d\Theta_t^{jd}-\zeta_t d\hat{Q}_t^{jd}=\sum_{Z\in\mathbb{Z}_t;0\in Z}(\xi_t^Z-\Theta_t-\zeta_t(1-R_0))dM_t^Z$$

命题 8.5.2 对于 $t\leqslant\bar{\tau}$，使对冲误差跳跃至交易对手违约风险分量的风险中性方差最小化的策略 ζ_t^{jd} 如下式所示：

$$(1-R_0)\zeta_t^{jd}=\sum_{Y\in y;0\in Y_t}w_t^Y(\xi_t^Y-\Theta_{t-})=\varepsilon_t-\Theta_{t-} \quad (8.70)$$

式中，对于任何 $Y\in y$ 且 $0\in Y_t$，$\varepsilon_t=\sum_{Y\in y;0\in Y_t}w_t^Y\xi_t^Y$ 表示权重 w_t^Y，由下式给出：

$$w_t^Y=\frac{\lambda_Y(t,X_{t-})}{\sum_{Z\in y;0\in\mathbb{Z}_t}\lambda_Z(t,X_{t-})} \quad (8.71)$$

特别是，在 $\{\tau<T\}$，有：

$$\zeta_t^{jd}=(1-R_0)^{-1}(\varepsilon-\Theta_{\tau-}) \quad (8.72)$$

对于所谓的“修正的预期正风险头寸” $\varepsilon=\varepsilon_\tau=E(\xi|\partial_{\tau-})$。

证明 根据尖括号回归公式（13.41），当 $t\leqslant\tau$时，通过以下公式给出了最小化交易对手对冲误差的跳跃至对冲误差违约风险分量的风险中性方差的策略：

$$\zeta_t^{jd}=\frac{d\langle\Theta^{jd},\hat{Q}^{jd}\rangle_t}{d\langle\hat{Q}^{jd}\rangle_t}$$

因此，考虑到式（8.66）中的 Θ^{jd}和式（8.69）中的$\hat{Q}^{jd}$的动力学：

$$\zeta_t^{jd}=\frac{\sum_{Z\in\mathbb{Z}_t;0\in Z}\ell_t^Z(\xi_t^Z-\Theta_{t-})(1-R_0)}{\sum_{Z\in\mathbb{Z}_t;0\in Z}\ell_t^Z(1-R_0)^2}$$

由式（8.70）可知，考虑到 M^Z 的强度 ℓ^Z 的表达式（8.18），注意到 $\xi_t^{Y_t}=\xi_t^Y$ 对任何 $Y\in y$ 都成立。为了证明式（8.72），还需要证明：

$$E(\xi|\partial_{\tau-})=\sum_{Y\in y;0\in Y_\tau}w_\tau^Y\xi_\tau^Y \quad (8.73)$$

考虑到式（8.5）和式（8.71），在$\partial_{\tau-}$的条件上，我们得到：

$$H_\tau\in\{H_{\tau-}^Z;Z\in\mathbb{Z}_\tau,0\in Z\}$$

对于任何一个包含 0 的 $Z\in\mathbb{Z}_\tau$来说：

$$Q(H_\tau=H_{\tau-}^Z|\partial_{\tau-})=\sum_{Y\in y;Y_\tau=z}w_\tau^Y$$

所以，

$$\varepsilon = E(\xi \mid \partial_{\tau-}) = \sum_{Z \in \mathbb{Z}_t; 0 \in Z} \Big(\sum_{Y \in \mathcal{Y}; Y_\tau = z} w_\tau^Y \Big) \xi_Z(\tau, X_\tau, H_{\tau-})$$

同时，式（8.73）根据 $H_{\tau-}^Z = H_{\tau-}^Y$ 得到，所以对于任何 $Y \in \mathcal{Y}$ 进而 $Y_\tau = Z$ 的情况下，有：$\xi_Z(\tau, X_{\tau-}, H_{\tau-}) = \xi_Y(\tau, X_{\tau-}, H_{\tau-})$。

对冲比率的关键组成部分（8.72）是修正的预期正风险头寸 $\varepsilon = E(\xi \mid \partial_{\tau-})$。从动态角度来看，这是有意义的数量，与式（3.26）的经典预期正风险头寸 $E(\xi \mid \tau)$ 相反。准确地说，适当的对冲比率是 $(1-R)^{-1}(\varepsilon - \Theta_{t-})$，其中差额中的第二项解释了交易对手违约前 CVA 的价值。

我们观察到在没有对冲的情况下，当 $\zeta = 0$ 时，交易对手违约 τ（如果 <T）时对冲误差的跳跃由下式给出：

$$\Delta e_\tau = \Delta e_\tau^0 = \xi - \Theta_{\tau-}$$

对于 ξ^{jd} 策略，我们有：

$$\Delta e_\tau = \Delta e_\tau^{jd} = \xi - \varepsilon = \xi - E(\xi \mid \partial_{\tau-})$$

值得注意的是，在共振模型中，滚动 CDS 的累积价值过程 $\hat{Q}$ 仅在交易对手 D 违约时间 τ 时跳变，而不是在信用风险的“一般”模型（没有任何过滤的模型，如前一章的动态高斯 Copula 模型）中的其他违约跳变。此外，M^Z 是纯跳跃过程，不跳在一起，因此 $\hat{Q}$ 与 $\overline{\Theta}^{jd} = \int_0^\cdot \sum_{Z \in \mathbb{Z}_t; 0 \notin Z} v_t^Z \mathrm{d}M_t^Z$ 正交，因此我们也得到：

$$\zeta_t^{jd} = \frac{\mathrm{d}\langle \Theta^{jd} + \overline{\Theta}^{jd}, \hat{Q} \rangle_t}{\mathrm{d}\langle \hat{Q} \rangle_t}$$

ζ^{jd} 还最小化了 CVA 对冲误差的全包（all - inclusive）跳跃至违约风险（不仅仅是跳跃至交易对手违约）的风险中性方差。然而，就交易对手风险的跳跃至违约部分而言，这种策略是“最优的”，但它忽略了对冲误差的市场风险部分。事实上，这种策略通常会带来一些额外的市场风险。需要强调的是，在本节中，我们只关注对冲 CVA 的交易对手违约风险。假设有具体的强度指标，也可以研究对冲误差的正交分量的对冲，对应于合同的市场风险和交易对手的价差风险。例如，我们可以使用上述滚动 CDS 和其他额外的对冲工具，得到使对冲误差的风险中性方差最小化的策略公式。

关于基于式（8.66）的共振 CVA 蒙特卡洛估值的计算问题，将在第 10.2 节中讨论。

9

共振模型中 CDS 的 CVA 计算

9.1 介绍

在本章中，我们研究 CDS 合同中的交易对手风险。这一主题与美国国际集团（AIG）在 2008 年信贷危机中出售 CDS 来为陷入困境的雷曼兄弟（Lehman Brothers）提供担保的典型案例相对应，在文献中受到了广泛关注。以下是研究它的部分文献：Huge 和 Lando（1999）提出了基于评级的方法；Hull 和 White（2001）使用静态高斯 Copula 模型；Jarrow 和 Yu（2001）使用强度传染模型，并且 Leung 和 Kwok（2005）进一步思考了该模型的应用；Brigo 和 Chourdakis（2008）运用具有 CIR + + 强度的高斯 Copula 模型，同时 Brigo 和 Capponi（2008b）将模型的运用扩展到双边交易对手信用风险的研究；Blanchet Scalliet 和 Patras（2011）、Lipton 和 Sepp（2009b）以及 Lipton 和 Shelton（2012）也有过对 CDS 合同中交易对手风险的研究。因此，它可以被视为交易对手风险领域的一个基准主题。

有关 CDS 合同的交易对手风险的一些初步结果已经在 7.4.1 讨论过。在本章中，我们将主要研究第 8 章的共振模型，在该模型中，合同中的交易对手与 CDS 的参考实体之间的依赖性是由它们共同违约的可能性造成的。在一个 CDS 的情况下，可以进一步推导出第 8 章的一般计算和显式公式。此外，我们针对违约强度还提供了各种设置的比较数字。

9.2 概述

在本节中，我们简要回顾了 CDS 中嵌入的（单边）交易对手风险的基本知识。让我们给出一个期限为 T，合约价差为 S_1 的 CDS 和参考公司 1。我们主要考虑 CDS 的付款人，即 CDS 合同，在该合同中银行是为公司 1 潜在违约提供信用担保的买方。在该例子中，当我们考虑一个收款人 CDS 时，所有相关的数量都用“bar”表示。例如，我们将一个收款者 CDS 合同写成“$\overline{CDS}$”。

按照本书这一部分的惯例，我们使用指数 0（而不是 c）和 1 分别表示与交易对手和参考公司相关的数量。特别是，τ_0 和 τ_1 表示各自的违约时间，R_0 和 R_1 表示相应的（恒定）回收。我们假设没有抵押，即 $\Gamma = 0$（有关抵押的内容，请参阅下一章），同时假设一个确定的贴现因子 $\beta(t) = \exp(-rt)$。

根据定义 3.2.2（1），我们得出以下结论：

引理 9.2.1 CDS 的净价格过程 P_t 由下式给出：

$$\beta(t)tP_t = E_t((1-R_1)\beta(t)\ \tau_1 L_{t<\tau_1<T} - S_1\int_t^{\tau 1\wedge T}\beta(t)s\mathrm{d}s) \tag{9.1}$$

对于 CDS，净价格过程为 $\overline{P}_t = -P_t$。

我们写为

$$p_i(t) = Q(\tau_i < t), q_i(t) = Q(\tau_i > t) = 1 - p_i(t), i = 0,1$$

$$p_{(0)}(t) = Q(\tau_0 \wedge \tau_1 < t),\ q_{(0)}(t) = Q(\tau_0 \wedge \tau_1 > t)$$

$$p_{(1)}(t) = Q(\tau_0 \wedge \tau_1 < t),\ q_{(1)}(t) = Q(\tau_0 \wedge \tau_1 > t)$$

因此，

$$p_0(t) + p_1(t) + q_{(0)}(t) = 1 + p_{(1)}(t) \tag{9.2}$$

考虑到校准，注意目标（市场）分段恒定函数 $p_i^*(t)$ 可以从相关的 CDS 曲线中引导。给定一个参数 $\rho \in [0,1]$，目标值 $p_{(0)}^*(t)$ 可以通过将 ρ 代入一个二元正态分布函数得出，即

$$p_{(0)}^*(t) = \Phi_\rho(\Phi^{-1}(p_0^*(t)), \Phi^{-1}(p_1^*(t))) \tag{9.3}$$

备注 9.2.2 ρ 的值可从每个资产类别的巴塞尔协议Ⅱ的相关性（见巴塞尔银行监管委员会 2006 年发布的相关文件的第 63 至第 66 页）中检索（校准）

到，因此 ρ 从此被称为“资产相关性”。

根据式（9.1）所示，以下模型的结果没有一个是式（3.23）、式（3.24）的直接结果。

命题 9.2.3 对于 $t \in [0,\bar{\tau}]$，我们有：

$$\beta(t)t\Theta_t = E_t[\beta(t)\ \tau_0 L_{\tau_0 < T}\xi],\beta(t)t\overline{\Theta}_t = E_t[\beta(t)\ \tau_0 L_{\tau_0 < T}\bar{\xi}] \quad (9.4)$$

对于 $\partial_{\tau 0}$ – 可测量的违约风险可以定义为：

$$\begin{aligned}\xi &= (1-R_0)(L_{\tau 0<\tau_1}P^+_{\tau 0} + L_{\tau 0=\tau_1}(1-R_1))\\ \bar{\xi} &= (1-R_0)L_{\tau 0<\tau_1}P^-_{\tau 0}\end{aligned} \quad (9.5)$$

备注 9.2.4 对于本章后面使用的共同冲击模型中的付款人 CDS，CDS 的错向风险可以通过 ξ 中的两项来解释：大项（$1-R_1$）以及可能的大项 $P^+_{\tau 0}$。粗略地说，错向风险表现在两个方面：

机制 1：

Q（τ_0 较小）较大，且 $Q(\tau_0 < \tau_1)$ 较大。则（较大）项 $P^+_{\tau 0}$ 解释了错向风险。

机制 2：

Q（τ_0 较小）较大，且 $Q(\tau_0 = \tau_1)$ 较大。则（较大）项（$1-R_1$）解释了错向风险。对于收款人 CDS，至少在这种类型下没有错向风险。

9.2.1 共振模型设定下的无约束设定结果

我们在第 8 章的共振模型中阐述了与净估值和 CVA 对冲有关的一般结果。然而在本章中请记住，我们使用的是恒定（但非零）利率 r，各种强度设置将在下一节中考虑。因为在本章中，我们只关注单变量交易对手风险，我们在这里考虑一个共振模型（X_t,H_t），其中 $n=2$（n 是指主要参与方，即对手方和 CDS 参考公司），以及一组冲击集 $y=\{\{0\},\{1\},\{0,1\}\}$。

9.2.1.1 净估值

在假设 8.2.10（1）中假设的仿射强度结构下，式（9.5）中的净价格过程 P_t 可以表示为：

$$P_t = J^1_t v(t,\lambda^1_t)$$

这里 v 是变量（t,λ_1）中的违约前定价函数[①]，如下式所示：

$$v(t,\lambda_t^1) = E\left(\int_t^T e^{-\int_t^s (r+\lambda_\zeta^1)\mathrm{d}\zeta}((1-R_1)\lambda_s^1 - S_1)\mathrm{d}s \mid \lambda_t^1\right)$$

因此，

$$\beta(t)v(t,\lambda_1) = \int_t^T \beta(s)((1-R_1)g(t,s,\lambda_t^1) - S_1)\Gamma(t,s,\lambda_t^1)\mathrm{d}s \quad (9.6)$$

式中，

$$\Gamma(t,s,\lambda_t^1) = E(e^{-\int_t^s \lambda_\zeta^1 \mathrm{d}\zeta} \mid \lambda_t^1)$$

$$\Gamma(t,s,\lambda_t^1)g(t,s,\lambda_t^1) = E(e^{-\int_t^s \lambda_\zeta^1 \mathrm{d}\zeta}\lambda_s^1 \mid \lambda_t^1)$$

其分别是 $q(\tau_1 > s \mid \partial_t)$ 和 $\frac{Q(\tau_1 \in \mathrm{d}s \mid \partial_t)}{\mathrm{d}s}$ 的违约前价值[②]。

9.2.1.2 CVA 跳跃至交易对手违约风险的最小方差对冲

以 $\phi(k) = (1-R_1)k_1$ 的形式表示 CDS 保证段的支付函数，并用 v_1 表示（t, x,k）- 变量中的定价函数，如 8.5 节所示。我们得到：

$$v_1(t,X_t,H_{t-}^{\{0\}}) + \phi(t,H_{t-}^{\{0\}}) - \phi(t,H_{t-}) = L_{t\leqslant\tau_1}v(t-\lambda_t^1)$$

$$v_1(t,X_t,H_{t-}^{\{0,1\}}) + \phi(t,H_{t-}^{\{0,1\}}) - \phi(t,H_{t-}) = 0 + (1-R_1) - (1-R_1)H_{t-}^1$$
$$= L_{t\leqslant\tau_1}(1-R_1)$$

因此，我们在式（8.68）所列符号中得到（这里的 $\Gamma = 0$ ）：

$$\xi_t^{\{0\}} = (1-R_0)L_{t\leqslant\tau_1}v^+(t,\lambda_t^1)$$

$$\xi_t^{\{0,1\}} = (1-R_0)L_{t\leqslant\tau_1}(1-R_1)$$

因此，命题 8.5.2 中的式（8.70）得出了对冲策略的以下表达式，该策略使用交易对手的净滚动 CDS 作为对冲工具，将银行跳跃至违约风险头寸的方差最小化：

$\zeta_t^{jd} = (1-R_0)^{-1}(\varepsilon_t - \Theta_{t-}), t \leqslant \tau_1 \wedge T$（并且，在（$\tau_1 \wedge T, \bar{\tau}$] 上有 ζ^{jd} ），其中，

$$\varepsilon_t = \sum_{Y\in y;0\in Y_t} w_t^Y \xi_t^Y$$
$$= L_{t\leqslant\tau_1}(w_t^{\{0\}}v^+(t,\lambda_t^1) + w_t^{\{0,1\}}(1-R_1)) \quad (9.7)$$

---

① 用于 $\{t<\tau\}$ 的定价函数。

② 参见引理 13.7.2。

其中，

$$w_t^{\{0\}} = \frac{\lambda_{\{0\}}(t,X_t)}{\lambda_{\{0\}}(t,X_t) + \lambda_{\{0,1\}}(t,X_t)}, w_t^{\{0,1\}} = \frac{\lambda_{\{0,1\}}(t,X_t)}{\lambda_{\{0\}}(t,X_t) + \lambda_{\{0,1\}}(t,X_t)}$$

9.3 具有确定强度的共振模型

在本节，我们考虑确定强度的情况。这是示例8.2.12（1）的完全确定的子类（因此这里不涉及因子 X_t），本书中我们将用（0F）来指代它。我们写作：

$$\lambda_i(t) = \lambda_{\{i\}}(t) + \lambda_{\{0,1\}}(t), i = 0,1, \lambda(t) = \lambda_{\{1\}}(t) + \lambda_{\{0\}}(t) + \lambda_{\{0,1\}}(t) \tag{9.8}$$

命题9.3.1 （1）对于每个 $Y \in y$，H^Y 的 H－强度的形式为 $\lambda_Y(t,H_t)$，对于合适的函数 $\lambda_Y(t,k)$，即

$$\lambda_{\{0\}}(t,k) = L_{k_0=0}(L_{k_1=0}\lambda_{\{0\}}(t) + L_{k_1=1}\lambda_0(t))$$

$$\lambda_{\{1\}}(t,k) = L_{k_1=0}(L_{k_0=0}\lambda_{\{1\}}(t) + L_{k_0=1}\lambda_1(t))$$

$$\lambda_{\{0,1\}}(t,k) = L_{k=(0,0)}\lambda_{\{0,1\}}(t)$$

因此，过程 M^Y 由下式（H－鞅）定义：

$$M_t^Y = H_t^Y - \int_0^t \lambda_Y(s,H_s)\mathrm{d}s \tag{9.9}$$

（2）对于 $i=0$，1，H^i 的 H－强度过程由 $J_t^i\lambda_i(t)$ 给出。换句话说，M^i 过程由下式（H－鞅）定义：

$$M_t^i = H_t^i - \int_0^t J_s^i\lambda_i(s)\mathrm{d}s$$

（3）对于 s，t，我们有：

$$Q(\tau_0 > s, \tau_1 > t) = e^{-\int_0^s\lambda_{\{1\}}(\zeta)\mathrm{d}\zeta - \int_0^t\lambda_{\{0\}}(\zeta)\mathrm{d}\zeta - \int_0^{s\vee t}\lambda_{\{0,1\}}(\zeta)\mathrm{d}\zeta} \tag{9.10}$$

因此，

$$\begin{aligned} q_0(t) &= e^{-\int_0^t\lambda_0(\zeta)\mathrm{d}\zeta}, q_1(t) = e^{-\int_0^t\lambda_1(\zeta)\mathrm{d}\zeta} \\ q_0(t) &= e^{-\int_0^t\lambda(\zeta)\mathrm{d}\zeta} = q_0(t)q_1(t)e^{\int_0^t\lambda_{\{0,1\}}(s)\mathrm{d}s} \end{aligned} \tag{9.11}$$

（4）H_t^1 和 H_t^0 的相关性（时间范围 t 的违约相关性）为：

$$Q(t)=\frac{\text{Cov}(H_t^0,H_t^1)}{\sqrt{Var(H_t^0)Var(H_t^1)}}=\frac{e^{\int_0^t\lambda_{\{0,1\}}(s)\mathrm{d}s}-1}{\sqrt{(e^{\int_0^t\lambda_0(s)\mathrm{d}s}-1)(\sqrt{e^{\int_0^t\lambda_1(s)\mathrm{d}s}}-1)}}$$

证明（1）接下来是式（8.18）的应用；

（2）然后应用式（8.6）；

（3）式（9.11）中的所有公式都遵循式（9.10），而式（9.10）本身也源自式（8.14）；

（4）由于 H_t^i 是带有参数 $p_i(t)$ 的 Bernoulli 随机变量，有 $Var(H_t^i)=p_i(t)(1-p_i(t))$

以及，

$$\begin{aligned}Cov(H_t^0,H_t^1)&=Cov(J_t^0,J_t^1)=E(J_t^0J_t^1)-EJ_t^0EJ_t^1=q_{(0)}(t)-q_{(0)}(t)q_{(1)}(t)\\&=e^{-\int_0^t\lambda(s)\mathrm{d}s}-e^{-\int_0^t\lambda_0(s)\mathrm{d}s}e^{-\int_0^t\lambda_1(s)\mathrm{d}s}\end{aligned}\tag{9.12}$$

备注 9.3.2 通过应用命题 8.2.8 中的式（8.21），$H_t=(H_t^0,H_t^1)$ 的生成器以矩阵形式给出如下，其中第一至第四行（或 t 列）对应于 H_t 的四种可能状态（0,0）、（1,0）、（0,1）和（1,1）：

$$A(t)=\begin{bmatrix}-\lambda(t) & \lambda_{\{0\}}(t) & \lambda_{\{1\}}(t) & \lambda_{\{0,t\}}(t)\\0 & -\lambda_0(t) & 0 & \lambda_0(t)\\0 & 0 & -\lambda_1(t) & \lambda_1(t)\\0 & 0 & 0 & 0\end{bmatrix}\tag{9.13}$$

根据第 14 章回顾的马尔科夫 Copula 理论，对于每个 $i=0$，1，过程 H^i 是 $H-Markov$，其生成器以矩阵形式给出：

$$A_i(t)=\begin{bmatrix}-\lambda_i(t) & \lambda_i(t)\\0 & 0\end{bmatrix}\tag{9.14}$$

在下一个命题中，我们计算式（9.1）的违约前净定价函数 v，并通过式（3.26）定义的 EPE 计算违约前 CVA，相应地对于 $0\leqslant t\leqslant T$，用 $\Theta(t)$ 表示。

命题 9.3.3 在（0F）项下：

（1）CDS 的违约前净价格如下所示：

$$\beta(t)tv(t)=\int_t^T\beta(t)se^{-\int_t^s\lambda_1(\zeta)\mathrm{d}\zeta}((1-R_1)\lambda_1(s)-S_1)\mathrm{d}s\tag{9.15}$$

（2）对于 $t \in [0,T]$，我们有：

$$EPE(t) = (1 - R_0)\left((1 - R_1)\frac{\lambda_{\{0,1\}}(t)}{\lambda_0(t)} + v^+(t)\frac{\lambda_{\{0\}}(t)}{\lambda_0(t)}\right)e^{-\int_0^t \lambda_{\{1\}}(\zeta)\mathrm{d}\zeta} \tag{9.16}$$

$$\Theta(t) = (1 - R_0)\int_t^T \beta(t)s\left((1 - R_1)\lambda_{\{0,1\}}(s) + v^+(s)\lambda_{\{0\}}(s)e\right)^{-\int_t^s \lambda(\zeta)\mathrm{d}\zeta}\mathrm{d}s \tag{9.17}$$

证明

（1）在（0F）的情况下，式（9.15）直接来自式（9.1）。

（2）假设：

$$\Phi(\tau_0) = E(L_{\tau 1 = \tau_0 < T \mid \tau_0}), \Psi(\tau_0) = E(L_{\tau_0 < \tau_1 \wedge T \mid \tau_0})$$

其特点是：

$$\begin{aligned} E(\Phi(\tau_0)\varphi(\tau_0)) &= E(\varphi(\tau_0)L_{\tau 1 = \tau_0 \leqslant T}) \\ E(\Psi(\tau_0)\varphi(\tau_0)) &= E(\varphi(\tau_0)L_{\tau 0 < \tau_1 \wedge T}) \end{aligned} \tag{9.18}$$

对于任何函数 φ。特别是，对于固定在（0，T］中的 t，我们取 $\varphi(s) = L_{s \leqslant t}$。利用 τ_0 定律［参见式（9.12）中的第一行］，式（9.18）中的等式左侧由下式给出：

$$E(\Phi(\tau_0)L_{\tau_0 \leqslant t}) = \int_0^t \Phi(s)\lambda_0(s)e^{-\int_0^s \lambda_0(\zeta)\mathrm{d}\zeta}\mathrm{d}s$$

$$E(\Psi(\tau_0)L_{\tau_0 \leqslant t}) = \int_0^t \Psi(s)\lambda_0(s)e^{-\int_0^s \lambda_0(\zeta)\mathrm{d}\zeta}\mathrm{d}s$$

关于式（9.18）中的等式右侧，我们已通过命题9.3.1（1）和（3）得到：

$$\begin{aligned} E(L_{\tau 0 \leqslant t}L_{\tau 1 = \tau_0 \leqslant T}) &= E\left(\int_0^t \mathrm{d}H_s^{\{0,1\}}\right) = \int_0^t E(J_s^0 J_s^1)\lambda_{\{0,1\}}(s)\mathrm{d}s \\ &= \int_0^t e^{-\int_0^s \lambda(\zeta)\mathrm{d}\zeta}\lambda_{\{0,1\}}(s)\mathrm{d}s \end{aligned}$$

$$\begin{aligned} E(L_{\tau 0 \leqslant t}L_{\tau 1, \tau 0 \leqslant T}) &= E\left(\int_0^t L_{s \leqslant \tau 1}\mathrm{d}H_s^{\{0\}}\right) = E\left(\int_0^t L_{s \leqslant \tau 1}\lambda_{\{0\}}(s, H_s)\mathrm{d}s\right) \\ &= E\left(\int_0^t J_s^0 J_s^1 \lambda_{\{0\}}(s)\mathrm{d}s\right) = \int_0^t e^{-\int_0^s \lambda(\zeta)\mathrm{d}\zeta}\lambda_{\{0\}}(s)\mathrm{d}s \end{aligned}$$

其中，$H^{\{0\}}$ 在 τ_1 处不跳跃。因此，对于 $\varphi(s) = L_{s \leqslant t}$，式（9.18）中的恒等式可重写为：

$$\int_0^t \Phi(s)\lambda_0(s)e^{-\int_0^s \lambda_0(\zeta)d\zeta}ds = \int_0^t \lambda_{\{0,t\}}(s)e^{-\int_0^s \lambda(\zeta)d\zeta}ds$$

$$\int_0^t \Psi(s)\lambda_0(s)e^{-\int_0^s \lambda_0(\zeta)d\zeta}ds = \int_0^t \lambda_{\{0\}}(s)e^{-\int_0^s \lambda(\zeta)d\zeta}ds$$

对这些关于 t 的方程取微分，得到了几乎所有 t（关于实线上的 Lebesgue 测度）的结果：

$$\Phi(t) = \frac{\lambda_{\{0,t\}}(t)e^{-\int_0^t \lambda_0(\zeta)d\zeta}}{\lambda_0(t)}e^{\int_0^t \lambda_0(\zeta)d\zeta}, \Psi(t) = \frac{\lambda_{\{0\}}(t)e^{-\int_0^t \lambda(\zeta)d\zeta}}{\lambda_0(t)}e^{\int_0^t \lambda_0(\zeta)d\zeta}$$

因此式（9.16）如下（如果需要，在一个空 Lebesgue 测度集上调整 EPE 函数后）。最后对于 $t \in [0,T]$，由式（3.25）得到：

$$\beta(t)t\Theta(t) = \int_t^T \beta(t)sEPE(s)e^{-\int_0^s \lambda_0(\zeta)d\zeta}\lambda_0(s)ds$$

所以式（9.17）与式（9.16）一样。

为了与式（9.16）中的 EPE 进行比较，请注意式（9.17）中的“修正的 EPE” ε_t（此处是确定的）因为不涉及因子过程 X，因此下面的 $\varepsilon(t)$ 由下式给出：

$$\varepsilon(t) = (1-R_0)\left((1-R_1)\frac{\lambda_{\{0,t\}}(t)}{\lambda_0(t)} + \frac{\lambda_{\{0\}}(t)}{\lambda_0(t)}v^+(t)\right) = e^{\int_0^t \lambda_{\{1\}}(\zeta)d\zeta}EPE(t)$$

9.3.1 实施过程

9.3.1.1 线性强度

考虑到校准，更适合根据单个强度函数 λ_0、λ_1 和系统强度函数 $\lambda_{\{0,1\}}$ 来重述模型原语。然后，通过式（9.8）从这些数据中检索特殊强度 $\lambda_{\{0\}}$ 和 $\lambda_{\{1\}}$。将式（9.8）参数化得到：

$$\lambda_i(t) = a_i + b_i t, \lambda_{\{0,1\}}(t) = a_{\{0,t\}} + b_{\{0,t\}}t \tag{9.19}$$

其中，

$$a_{\{0,1\}} = \alpha(a_0 \wedge a_1), b_{\{0,1\}} = \alpha(b_0 \wedge b_1)$$

当某些参数 $\alpha \in [0, 1]$ 时，从式（9.8）中检索到的特质强度是非负的。考虑到式（9.1），当 $i=0$，1 时，通过以下公式给出名称 i 上净 CDS 在时间 0 的公平信用利差 S_0^i：

$$S_0^i = (1 - R_i) \frac{\mathrm{d}s \int_0^T \beta(t) t (a_i + b_i t) \exp(- a_i t - \frac{b_i}{2} t^2) \mathrm{d}t}{\mathrm{d}s \int_0^T \beta(t) t \exp(- a_i t - \frac{b_i}{2} t^2) \mathrm{d}t} \tag{9.20}$$

命题9.3.1得出：

$$\rho = \rho(T) = \frac{e^{a_{\{0,1\}}T + b_{\{0,1\}}T^2/2} - 1}{\sqrt{(e^{a_1 T + b_1 T^2/2} - 1)(e^{a_0 T + b_0 T^2/2} - 1)}} \tag{9.21}$$

9.3.1.2　校准问题

a_i 和 b_i 可根据式（9.20）校准至参考方和交易对手的市场CDS曲线。回想一下，市场CDS曲线可以被视为“净CDS曲线”，因为它们通常指的是抵押交易。

对于模型依赖参数 α，如果能够获得某些工具（参考方和交易对手的一揽子信贷工具）的市场价格，这些工具对违约时间的依赖结构较为敏感，故而可以用这些工具的市场价格来校准 α。另一种方法是将 α 校准为从资产相关性 ρ 推导出的目标值 $\rho^*_{(0)}(T)$，如备注9.2.2所述。

9.3.1.3　恒定强度

在 $b_0 = b_1 = b_{\{0,1\}} = 0$ 的特殊情况下，我们得到：

$$\lambda_0(t) = a_0, \lambda_1(t) = a_1, \lambda_{\{0,1\}}(t) = a_{\{0,1\}}$$

相关系数 ρ 的表达式式（9.21）简化为：

$$\rho = \frac{e^{a_{\{0,1\}}T} - 1}{\sqrt{(e^{a_0 T} - 1)(e^{a_1 T} - 1)}}$$

其中，$a_{\{0,1\}}$ 可计算为：

$$a_{\{0,1\}} = \frac{1}{T} \ln\left(1 + Q\sqrt{(e^{a_0 T} - 1)(e^{a_1 T} - 1)}\right)$$

众所周知，在强度不变的情况下，在 $[0, T]$ 上，按票面价值设定的CDS的净价格为零，即当 $b_1 = 0$ 时，$v(t) = 0$。EPE公式（9.16）可以简化为：

$$EPE(t) = (1 - R_0)(1 - R_1) \frac{a_{\{0,1\}}}{a_0} e^{-(a_1 - a_{\{0,1\}})t}$$

最后，从式（9.4）中，我们得到系数的较低值：

$$CVA(0) \approx (1 - R_0)(1 - R_1) a_{\{0,1\}} T \tag{9.22}$$

$$= (1 - R_0)(1 - R_1) \ln[1 + \rho\sqrt{(e^{a_0 T} - 1)(e^{a_1 T} - 1)}]$$

$$\approx (1-R_0)(1-R_1)\sqrt{a_0 a_1}T\rho \tag{9.23}$$

9.4 具有确定强度的数值结果

我们的下一个目标是评估资产相关性 ρ 和交易对手的公允利差 S_0^* 对银行 CVA 的数值影响。我们分别给定了表 9.1（线性强度）和表 9.3（所有 $b=0$ 的恒定强度）的一般数据，并考虑了表 9.2（线性强度）第 1、第 2 和第 4 列中给出的 a_0、b_0 和 ρ 的 12 组备选值，及表 9.4（恒定强度）第 1 列和第 3 列所给出的 a_0 和 ρ。

表 9.1　　线性强度（固定数据）

r	R_0	R_1	T	a_1	b_1	S_1^*
5%	40%	40%	10 年	0.0095	0.0010	84 个基点

在线性强度的情况下，表 9.2 的第 3、第 5、第 6 和第 7 列分别显示了相应的价差 S_0^*、违约相关性 ρ、模型相关参数 α 和联合违约概率 $p_{(0)}(T)$，其中最后一列（稍后讨论）给出了相应的在时间 0 时的 CVA。在恒定强度情况下的类似结果如表 9.4 所示。

表 9.2　　线性强度（可变数据）

a_0	b_0	S_0^*	ρ	ρ	α	$p_{(0)}(T)$	$CVA(0)$
0.0056	0.0006	50 bp	10%	0.0378	0.0520	0.0147	0.0013
0.0085	0.0009	75 bp	10%	0.0418	0.0472	0.0211	0.0018
0.0122	0.0010	100 bp	10%	0.0444	0.0522	0.0269	0.0021
0.0189	0.0014	150 bp	10%	0.0476	0.0702	0.0376	0.0028
0.0056	0.0006	50 bp	40%	0.1859	0.2531	0.0286	0.0056
0.0085	0.0009	75 bp	40%	0.1998	0.2230	0.0388	0.0074
0.0122	0.0010	100 bp	40%	0.2074	0.2406	0.0472	0.0087
0.0189	0.0014	150 bp	40%	0.2145	0.3107	0.0616	0.0110
0.0056	0.0006	50 bp	70%	0.4020	0.5406	0.0489	0.0119
0.0085	0.0009	75 bp	70%	0.4256	0.4673	0.0640	0.0153
0.0122	0.0010	100 bp	70%	0.4336	0.4937	0.0754	0.0178
0.0189	0.0014	150 bp	70%	0.4306	0.6100	0.0925	0.0214

表 9.3 恒定强度（固定数据）

r	R_0	R_1	T	a_1	S_1^*
5%	40%	40%	10 years	0.0140	84 bp

表 9.4 恒定强度（可变数据）

a_0	S_0^*	ρ	ρ	α	$p_{(0)}$	$CVA(0)$
0.0083	50 bp	10%	0.0372	0.0510	0.0138	0.0011
0.0125	75 bp	10%	0.0411	0.0464	0.0198	0.0015
0.0167	100 bp	10%	0.0438	0.0515	0.0254	0.0018
0.0250	150 bp	10%	0.0470	0.0690	0.0355	0.0023
0.0083	50 bp	40%	0.1839	0.2501	0.0272	0.0054
0.0125	75 bp	40%	0.1977	0.2207	0.0368	0.0070
0.0167	100 bp	40%	0.2056	0.2387	0.0451	0.0084
0.0250	150 bp	40%	0.2128	0.3073	0.0587	0.0104
0.0083	50 bp	70%	0.3998	0.5372	0.0469	0.0117
0.0125	75 bp	70%	0.4231	0.4650	0.0613	0.0150
0.0167	100 bp	70%	0.4315	0.4921	0.0726	0.0175
0.0250	150 bp	70%	0.4288	0.6063	0.0889	0.0210

图9.1、图9.2和图9.3将相关EPE表示为时间的函数，CVA表示为时间的函数，时间0的CVA表示为ρ的函数。每个图形上的4条曲线对应S_0^*为50个、75个、100个和150个基点。

在图9.1的每个图上，观察到EPE随S_0^*减小，这符合从业者所期望的个性化特征。其中，EPE是指银行对交易对手在时间t违约的风险头寸的预期。相对银行而言，利差较低的交易对手违约比利差较高的交易对手违约更为糟糕。因此，相关的EPE应该更大。

相反，在图9.2的每个图上，CVA随着S_0^*的增加而增加，这与从业者期望的个性化特征再次一致。还要注意的是，CVA随着时间的推移而减少（到期时间越短，CDS上的交易对手风险就越小）。

最后，在图 9.3 中观察到，时间 0 的 CVA 在资产相关性 ρ 中增加，在固定系数的情况下，与违约相关性 ρ 的显式公式（9.23）一致。

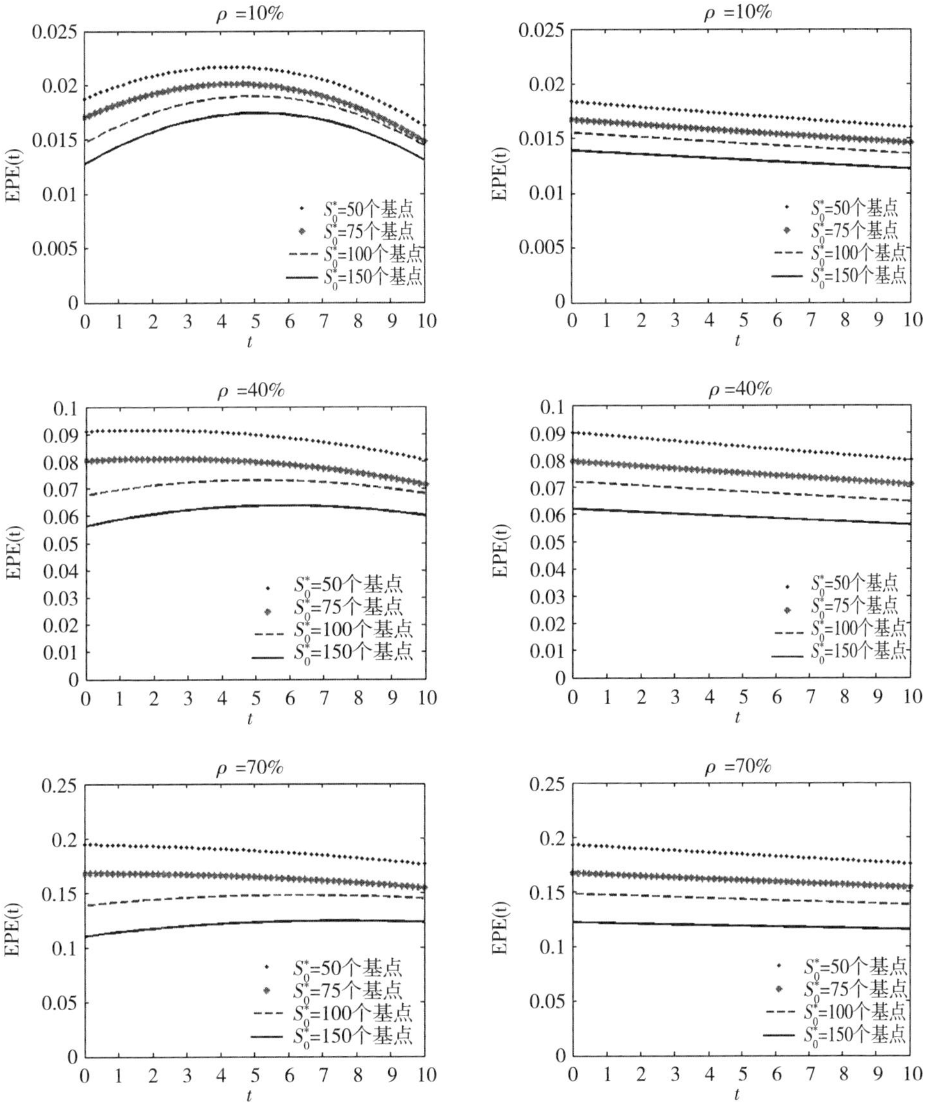

注：1. 自上而下 $\rho=10\%$，$\rho=40\%$，$\rho=70\%$。

2. 左：线性强度。右：恒定强度。

图 9.1 EPE（t）

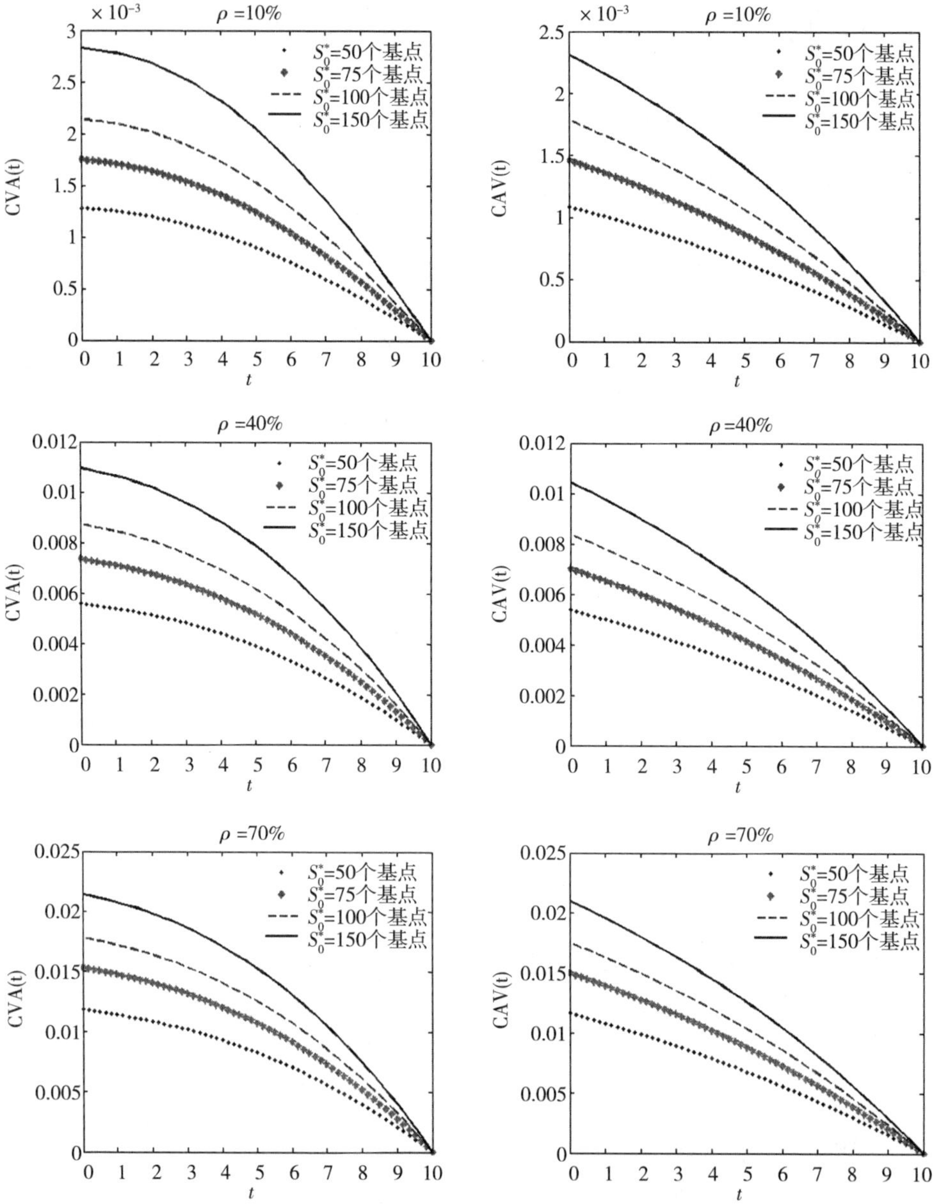

注：1. 自上而下 $\rho=10\%$，$\rho=40\%$，$\rho=70\%$。

2. 左：线性强度。右：恒定强度。

图 9.2　CVA（t）

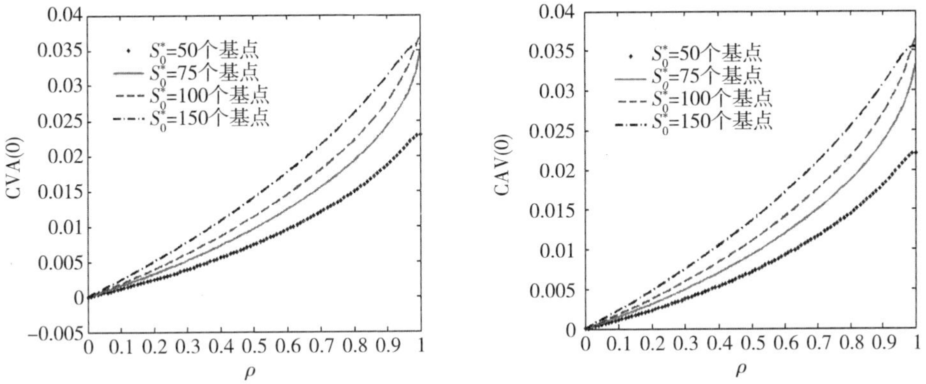

注：1. S_0^* =50 个基点、75 个基点、100 个基点和 150 个基点时，CVA（0）作为 ρ 的函数。

2. 左：线性强度。右：恒定强度。

图 9.3 CVA（0）

9.5 具有随机强度的共振模型

9.5.1 CIR + + 强度

在本节中，我们使用确定性强度设置，对于该形式的 CIR 特质强度，如示例 8.2.12（1）所示：

$$\mathrm{d}X_t^{\{i\}} = a(b_{\{i\}} - X_t^{\{i\}})\mathrm{d}t + c\sqrt{X_t^{\{i\}}}\mathrm{d}W_t^{\{i\}}$$

对于非负系数 a，b_i，c 和独立布朗运动 $W^{\{i\}}$。我们假设：

$$\lambda_t^i = \eta_i(t) + X_t^{\{i\}} \tag{9.24}$$

对于函数 $\eta_i(t) \geqslant \lambda_{\{0,t\}}(t)$，所以

$$\lambda_t^{\{i\}} = \eta_i(t) + X_t^{\{i\}} - \lambda_{\{0,t\}}(t) \geqslant 0$$

本强度设置后续为（2F）。值得注意的是，由于我们不想限制模型中的波动范围［参见本书 9.6.4、Brigo 和 Capponi（2008b）以及 Brigo 和 Chourdakis（2008）］，我们并不局限于难懂的初始案例 $2ab_{\{i\}} > c^2$。

根据命题 13.4.1（这里有一个常数 b 的特殊情况），我们得到引理 9.5.1，专门用于（2F）设置下的 CDS 净估值公式（9.6）：

引理 9.5.1 对于 $s \geqslant t$，将 $x_{\{1\}} = \lambda_1 - \eta_1(t)$ 写入（2F），我们得到：

$$
\begin{aligned}
\Gamma(t,\lambda_1,s) &= e^{-\left(\int_t^s \eta_1(\zeta)\mathrm{d}\zeta+\Phi_0(s-t)x_{\{1\}}+\Psi_0(s-t)b_{\{1\}}\right)} \\
g(t,\lambda_1,s) &= \eta_1(s)+\Phi_0(s-t)ab_{\{1\}}+\dot{\Phi}_0(s-t)x_{\{1\}}
\end{aligned} \tag{9.25}
$$

其中，Φ_0 和 ψ_0 是命题 13.4.1 的函数（其中 $y=0$）。

另外值得注意的是，在参数化（0F）和（2F）下，根据命题 8.2.4，我们得到：

$$
q_{(0)}(t) = q_{(0)}(t)q_{(1)}(t)e^{\int_0^t \lambda_{\{0,1\}}(s)\mathrm{d}s} \tag{9.26}
$$

校准方法

我们根据交易对手和参考公司的个别 CDS 曲线以及资产相关性 ρ（见备注 9.2.2）对模型进行了校准。假设平均回收速度 a 和波动率参数 c 是给定的（根据后文 9.6.5 的研究结果），可根据 CDS 价差期权数据（如有）进行校准。我们用（$T_0=0,T_1,\cdots,T_m$）表示 CDS 合约的期限结构，同时假设 $\delta_j=T_j-T_{j-1}$，并且 η_0、η_1 和 $\lambda_{\{0,1\}}$ 在每个时间间隔［T_{j-1}，T_j］上是常数，相应的值用上标 j 表示。我们按以下四个步骤进行：

首先，我们将每个名称 $i=0,1$ 的 CDS 曲线引导到累积分布函数（c. d. f. ）$p^*_{(0)}(\cdot)$ 中，使得在每个间隔 $[T_{j-1},T_j]$ 上，有 $p^*_i(t)=p^*_i(T_j)$。

其次，给定 $p^*_0(\cdot)$、$p^*_1(\cdot)$ 和目标相关性 ρ，我们计算目标值 $p^*_{(0)}(\cdot)$，如 9.3.1.2 所述，使目标值 $q^*_{(0)}(t)$ 遵循式（9.2）。

再次，依据关系式（9.26）得出 m 个未知量 $\lambda^1_{\{0,1\}},\cdots,\lambda^m_{\{0,1\}}$，即

$$
\begin{cases}
\delta_1\lambda^1_{\{0,1\}}+\cdots+\delta_j\lambda^j_{\{0,1\}} = \ln\dfrac{q^*_{(0)}(T_j)}{q^*_0(T_j)q^*_1(T_j)} \\
\lambda^j_{\{0,1\}} \geqslant 0, j=1,\cdots,m
\end{cases} \tag{9.27}
$$

最后，参考式（9.25）中的第一行对于 $t=0$，简化为 $q_1(s)$，并且关于交易对手的类似表达式导致（$m+2$）个未知量 $X_0^{\{i\}}$ 中的以下两个 m 线性方程组，其中 $b_{\{i\}},\eta^1_i,\cdots,\eta^m_i$。对于 $i=0$，1，有：

$$
\begin{cases}
\delta_1\eta^1_i+\cdots+\delta_j\eta^j_i+\Phi_0(T_j)X_0^{\{i\}}+\Psi_0(T_j)b_{\{i\}} = -\ln q^*_i(T_j) \\
X_0^{\{i\}} \geqslant 0, b_{\{i\}} \geqslant 0, \eta^j_i \geqslant \lambda^j_{\{0,1\}}, j=1,\cdots,m
\end{cases} \tag{9.28}
$$

在实践中，方程（9.27）和方程（9.28）（$i=0,1$）是在约束条件下均方极小化的意义下求解的。值得注意的是，这也是我们在 9.6.1 用于校准（0F）的方法。

另外以上描述的前提是将 $X_0^{\{i\}}$ 和 $b_{\{i\}}$ 固定为零。

9.5.2 扩展 CIR 强度

在本节中，我们使用示例 8.2.12（2）的扩展 CIR 强度设置。通过与（2F）的比较和第三个因子 $X^{\{0,1\}}$，联合违约强度呈现随机选择。我们将因子 X^Y 建模为以下形式的仿射过程：

$$\mathrm{d}X_t^Y = a(b_Y(t) - X_t^Y)\mathrm{d}t + c\sqrt{X_t^Y}\mathrm{d}W_t^Y$$

对于独立的布朗运动 W^Y，当 $i=0$，1 时，$\lambda^i = X^{\{i\}} + X^{\{0,1\}}$ 又是一个扩展的 CIR 过程，其中参数为 a、$b_i(t) = b_{\{i\}}(t) + b_{\{0,1\}}(t)$ 和 c。H 的强度矩阵现以如下函数形式给出：

$$A(t,x) = \begin{bmatrix} -\lambda & x_{\{0\}} & x_{\{1\}} & x_{\{0,1\}} \\ 0 & -\lambda_0 & 0 & \lambda_0 \\ 0 & 0 & -\lambda_1 & \lambda_1 \\ 0 & 0 & 0 & 0 \end{bmatrix}$$

式中，

$$\lambda_i = x_{\{i\}} + x_{\{0,1\}}, i = 0,1$$

$$\lambda = x_{\{0\}} + x_{\{1\}} + x_{\{0,1\}}$$

实施过程

我们假设在每个时间间隔［T_{j-1}，T_j］上有 $b_{\{i\}}(t) = b_{\{i\}}^{(j)}$。单个强度过程 $\lambda_t^i = \lambda_t^i$ 是 $b_i(t) = b_{\{i\}}^{(j)} + b_{\{0,1\}}^{(j)}$ 在每个时间区间［T_{j-1}，T_j］上的扩展 CIR 过程。我们把这个模型参数化称为（3F）。命题 13.4.1 给出了 CDS 净值公式（9.6）中 g 和 Γ 的显式公式。同样，由命题 8.2.4 得出：

$$q_i(T_j) = Ee^{-\int_0^{T_j}\lambda_s^i\mathrm{d}s} = e^{-(\Phi_0(T_j)\lambda_0^i + a\sum_{k=1}^{j}(\Psi_0(T_j-T_{k-1})-\Psi_0(T_j-T_k))b_i^{(k)})}$$

$$q_{(0)}(T_j) = Ee^{-\int_0^{T_j}(x_{s\{0\}}+x_{s\{1\}}+x_{s\{0,1\}})\mathrm{d}s}$$

$$= q_0(T_j)q_1(T_j)e^{\Phi_0(T_j)x_{0\{0,1\}} + a\sum_{k=1}^{j}(\Psi_0(T_j-T_{k-1})-\Psi_0(T_j-T_k))b_{\{0,1\}}^{(k)}}$$

固定 a 和 c 的一些值后，可以按 9.5.1.1 中的相同校准方法进行校准。在相关的非负性约束下，得到（$m+1$）个未知量的 m 个线性方程组的以下三个系统，

如 $Y=\{0\}$、$\{1\}$、$\{0,1\}$，即 X_0^Y 和 $b_Y^{(k)}$：

$$\begin{cases}\Phi_0(T_j)X_0^{\{0,1\}}+a\sum_{k=1}^{j}(\Psi_0(T_j-T_{k-1})-\Psi_0(T_j-T_{(k)}))b_{\{0,1\}}^{(k)} \\ \qquad =\ln\dfrac{q_{(0)}^*(T_j)}{q_{(0)}^*(T_j)q_1^*(T_j)},j=1,\cdots,m \\ X_0^{\{0,1\}}\geqslant 0,b_{\{0,1\}}^{(k)}\geqslant 0,k=1,\cdots,m\end{cases}$$

接着，对于 $i=0$，1，有：

$$\begin{cases}\Phi_0(T_j)(X_0^{\{i\}}+X_0^{\{0,1\}})+a\sum_{k=1}^{j}(\Psi_0(T_j-T_{k-1})-\Psi_0(T_j-T_{(k)}))(b_{\{i\}}^{(k)}+b_{\{0,1\}}^{(k)}) \\ \qquad =\ln q_1^*(T_j),j=1,\cdots,m \\ X_0^{\{i\}}\geqslant 0,b_{\{i\}}^{(k)}\geqslant 0,k=1,\cdots,m\end{cases}$$

这些方程在均方极小化约束下得到求解。

9.6 数值化

下面的数值测试是使用下列模型参数化进行的：

（0F）每个间隔 $[T_{j-1},T_j)$ 上的确定强度常数，对应于在（2F）设置式（9.24）中省略 $X^{\{i\}}$ 或将其设置为0，

（2F）两个独立的 CIR + + 因子，如9.5.1，

（3F）三个独立的扩展 CIR 因子，如9.5.2。

将均值回归参数 a（相关时）固定为10%，回收率设为40%，无风险率 r 设为5%。所有的 CVA 数值都是基于式（3.25）的蒙特卡洛模拟计算的。

9.6.1 校准结果

我们以2008 年3 月30 日由4 个不同的交易对手（法国燃气、家乐福、安盛和意大利电信）发行的瑞银集团 CDS 合同为例，这是根据时间 0 的 5 年期 CDS 息差来评估风险的增加，以下将 4 个交易对手简称为 CP1、CP2、CP3 和 CP4（见表9.5）。相应的分段常数 c. d. f.（累积分布函数）由相关的 CDS 曲线引导，

如表 9.6 所示。值得注意的是，参考公司和安盛公司曲线末端出现的轻微反转，这在次贷危机期间相当典型（事实上，有时还能看到更罕见及明显的反转，尤其是美国危机最严重的时候）。拟合结果见表 9.7 至表 9.9。

表 9.5　　不同时间段的市场 CDS 利差　　单位：基点

期限		1 年	2 年	3 年	5 年	7 年	10 年
参考公司（Ref）	瑞银集团	90	109	129	147	148	146
CP1	法国燃气公司	27	35	42	53	57	61
CP2	家乐福	34	42	53	67	71	76
CP3	安盛	72	83	105	128	129	128
CP4	意大利电信公司	99	157	210	243	255	262

表 9.6　　不同时间段的累计违约概率　　单位：基点

期限	1 年	2 年	3 年	5 年	7 年	10 年
参考公司（Ref）	146	355	631	1185	1612	2193
CP1	44	116	212	445	664	1005
CP2	56	138	264	558	822	1246
CP3	118	269	517	1042	1434	1964
CP4	155	504	1026	1903	2662	3670

表 9.7　　（0F）情况下市场利差和校准利差之间的基点差异（$\rho=40\%$）

单位：基点

期限	1 年	2 年	3 年	5 年	7 年	10 年	平均值	最大值
Ref	0.2920	0.1622	0.3957	0.3296	0.2537	0.1964	0.2716	0.3957
CP1	0.1285	0.0693	0.1556	0.1080	0.0829	0.0639	0.1014	0.1556
CP2	0.1067	0.0576	0.1897	0.1370	0.1054	0.0819	0.1130	0.1897
CP3	0.0096	0.0052	0.3108	0.2665	0.2052	0.1586	0.1593	0.3108
CP4	0.0098	0.0060	0.4711	0.5125	0.4097	0.3310	0.2900	0.5125

表 9.8　　（2F）情况下市场利差和校准利差间的基点差异（$\rho=40\%$）单位：基点

期限	1 年	2 年	3 年	5 年	7 年	10 年	平均值	最大值
Ref	0.3343	0.2167	0.4315	0.3980	0.3120	0.3489	0.3402	0.4315
CP1	0.0719	0.0781	0.0131	0.0150	0.0305	0.1040	0.0521	0.1040
CP2	0.0345	0.0028	0.1352	0.0852	0.0598	0.0833	0.0668	0.1352
CP3	0.0203	0.0088	0.2876	0.2426	0.1461	0.1855	0.1485	0.2876
CP4	0.0698	0.0537	0.5219	0.5614	0.4584	0.3976	0.3438	0.5614

表 9.9　（3F）情况下市场利差和校准利差间的基点差异（$\rho=40\%$）

单位：基点

期限	1 年	2 年	3 年	5 年	7 年	10 年	平均值	最大值
Ref	1.8110	1.6440	0.6820	0.8820	0.4950	0.4790	0.9988	1.8110
CP1	0.7730	0.6560	0.4300	0.2370	0.2130	0.0750	0.3973	0.7730
CP2	0.7400	0.8190	0.4300	0.2030	0.2140	0.1250	0.4218	0.8190
CP3	1.1690	0.9320	1.4230	0.5160	0.6940	0.4710	0.8675	1.4230
CP4	5.6840	3.5300	1.7190	0.6740	0.5720	0.4910	2.1117	5.6840

9.6.2　CVA 程式化特征

图 9.4 显示了瑞银股份到期日 T = 10 年的风险 CDS 在时间 0 的 CVA。作为 CIR 因子 $X^{\{i\}}$ 的波动性参数 c 的函数，违约给付金额（default leg）的净值（DL_0）等于 0.1031。每个图上的 4 条曲线对应于 4 个交易对手。左面板上的图形显示了使用参数化（2F）的结果，而右面板上的图形对应于（3F）。在每个图上，资产相关性 ρ 自上而下固定，$\rho=5\%$、10%、40% 和 70%。从图 9.4 可以观察到 Θ_0 增加了交易对手的违约风险和资产相关性 ρ，并缓慢增加了因子的波动性 c。表 9.10 显示了用（0F）计算的 Θ_0 值。

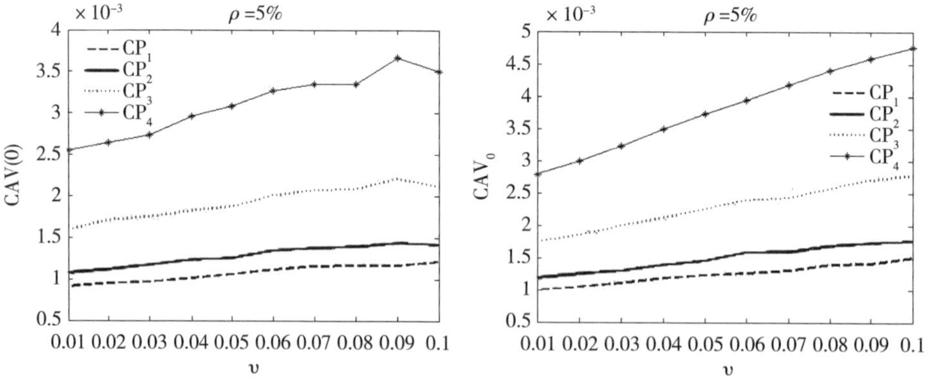

注：1. 左栏的图形对应于案例（2F），右栏的图形对应于案例（3F）。

2. 在每个图中，从上到下 ρ 固定为 $\rho=5\%$，$\rho=10\%$，$\rho=40\%$ 和 $\rho=70\%$。

图 9.4　付款人 CDS 的 Θ_0 与波动率参数 c

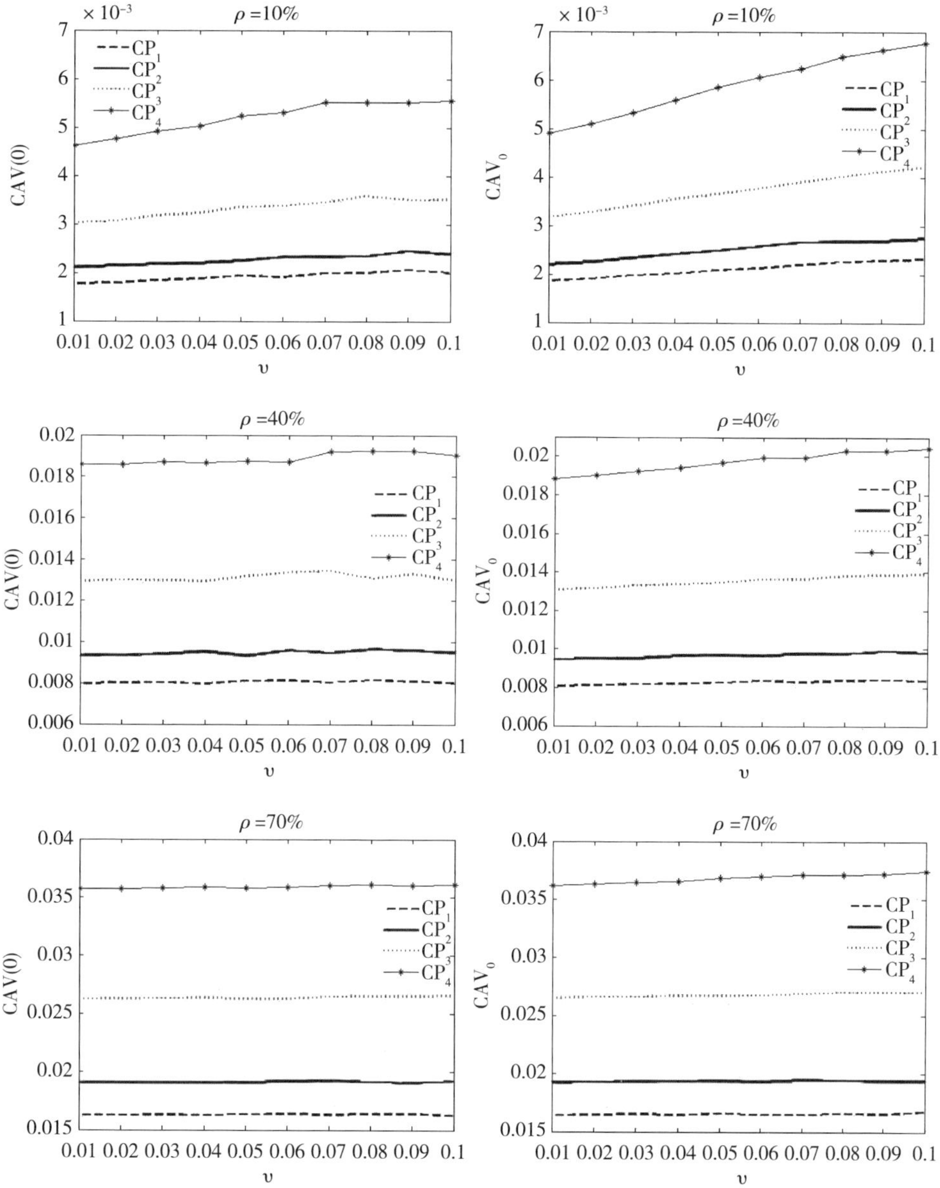

注：1. 左栏的图形对应于情况（2F），右栏的图形对应于情况（3F）。

2. 在每个图表中，从上到下 ρ 固定为 $\rho = 5\%$，$\rho = 10\%$，$\rho = 40\%$ 和 $\rho = 70\%$。

图 9.4　付款人 CDS 的 Θ_0 与波动率参数 c（续）

表 9.10　　(0F) 情况下 CDS 合同的 Θ_0 (CP1 ~ CP4)

参考公司 (Ref)	$\rho = 5\%$	$\rho = 10\%$	$\rho = 40\%$	$\rho = 70\%$
CP1	0.0009	0.0018	0.0080	0.0163
CP2	0.0011	0.0021	0.0093	0.0190
CP3	0.0016	0.0030	0.0129	0.0262
CP4	0.0025	0.0047	0.0186	0.0358

在收款人的情况下，图 9.5 中显示了作为两个参数化 (2F) 和 (3F) 的波动率参数 c 的函数$\overline{\Theta}_0$。值得注意的是，与 Θ_0 相比，$\overline{\Theta}_0$ 更小，更依赖于 c。这是由于$\overline{\Theta}_0$ 中没有公共跳跃项（见备注 9.2.4）。此外，资产相关性 ρ 中的$\overline{\Theta}_0$ 也在下降。

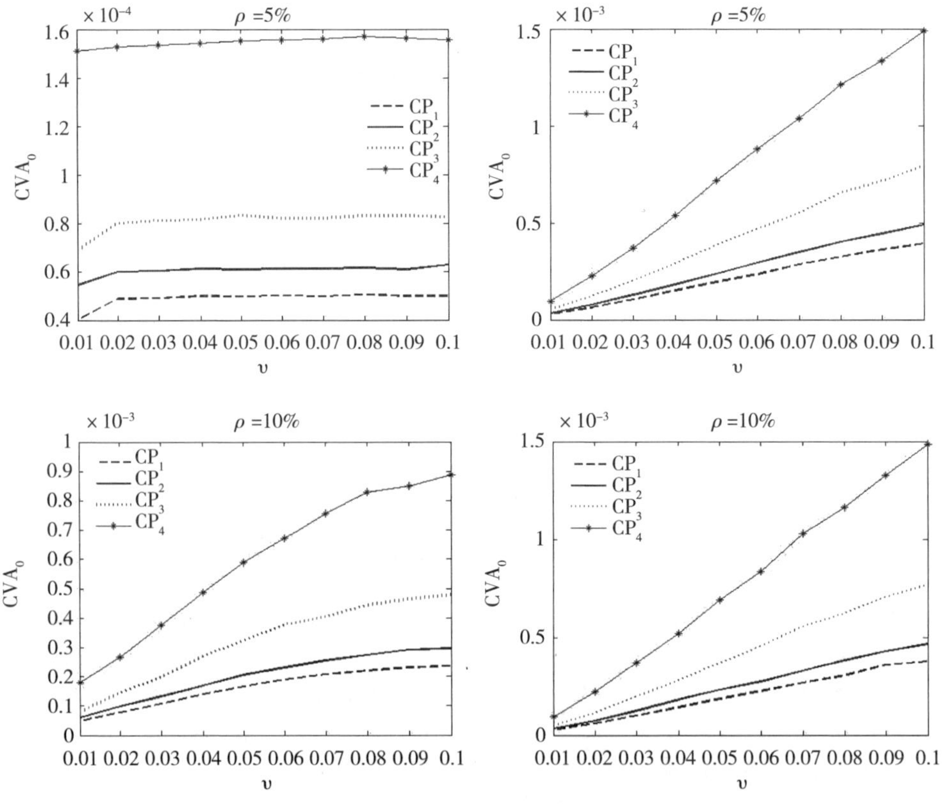

注：1. 左栏的图形对应于情况 (2F)，右栏的图形对应于情况 (3F)。

2. 在每个图中，自上而下，ρ 固定为 $\rho = 5\%$，$\rho = 10\%$，$\rho = 40\%$，$\rho = 70\%$。

图 9.5　Ref 中收款人 CDS 的 $\overline{\Theta}_0$ 与波动率参数 c

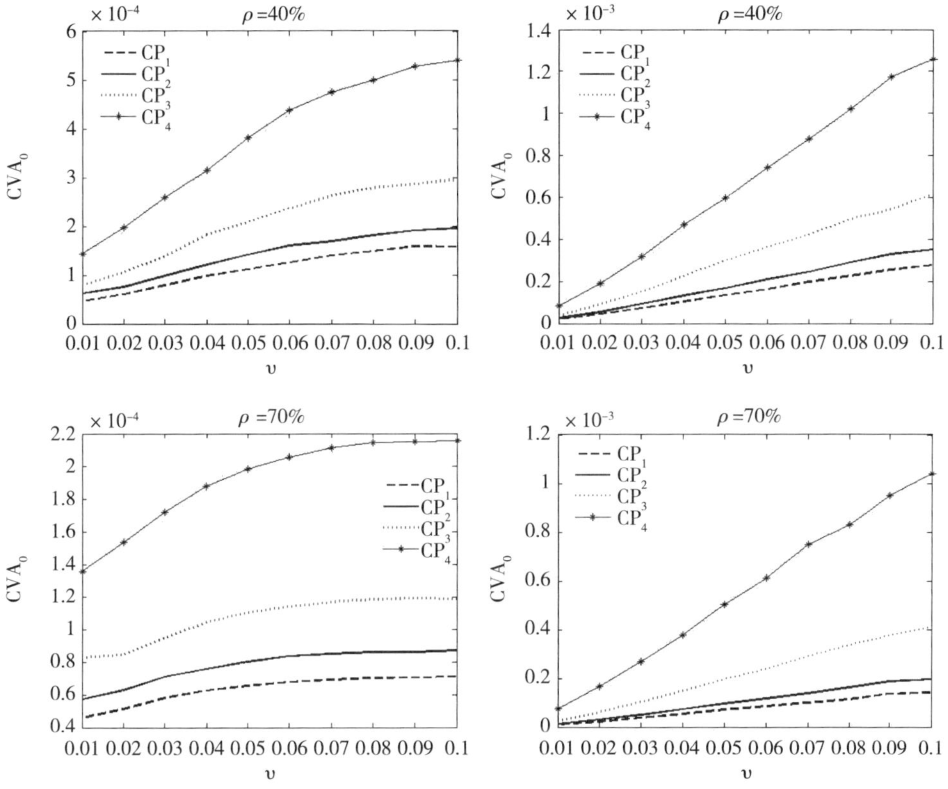

注：1. 左栏的图形对应于情况（2F），右栏的图形对应于情况（3F）。

2. 在每个图中，自上而下，ρ 固定为 $\rho=5\%$，$\rho=10\%$，$\rho=40\%$，$\rho=70\%$。

图 9.5 Ref 中收款人 CDS 的 $\overline{\Theta}_0$ 与波动率参数 c（续）

关于三个模型参数化的执行时间：（0F）、（2F）和（3F）的校准分别需要约 0.01 秒、0.30 秒和 0.35 秒。

蒙特卡洛 CVA 计算（0F）、（2F）和（3F）分别需要约 0.015 秒、5 秒和 12 秒。

9.6.3 低风险参考实体案例

从前面的例子中可以看出，除了 ρ 的最小值外，Θ_0 对 c 的依赖性非常有限

（见图9.4）。然而，对于一个低风险的参考实体，c 预计会对 Θ_0 产生更大的影响（包括当 ρ 较大时）。为了从数值上说明这一点，我们假设一个低风险债务人，称为 Ref′，其分段常数 c. d. f.（累积分布函数）如表9.11所示。违约给付金额的净值（DL'_0）等于0.0240。在图9.6的每个图上，资产相关性 ρ 固定为5%、10%、40%和70%。表9.12显示了在参数化（0F）内计算的 Θ_0 值。

表9.11　　参考公司（Ref′）的累积违约概率　　单位：基点

期限	1年	2年	3年	5年	7年	10年
累积违约概率	100	150	200	300	400	500

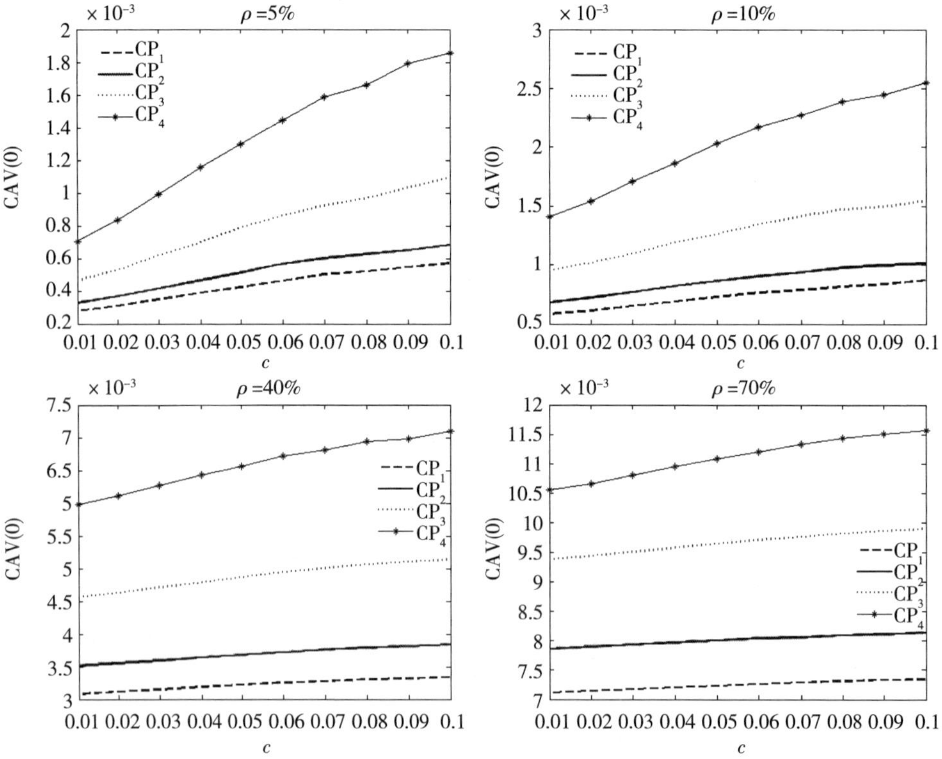

注：ρ 在每个图中均为固定不变的。

图9.6　（2F）的情况下Ref′中的CDS的 Θ_0 与 c

表 9.12 Ref′中 CDS 合同的 Θ_0（0F）

参考公司（Ref）	$\rho=5\%$	$\rho=10\%$	$\rho=40\%$	$\rho=70\%$
CP1	0.0002	0.0006	0.0031	0.0073
CP2	0.0003	0.0007	0.0035	0.0080
CP3	0.0004	0.0009	0.0046	0.0096
CP4	0.0007	0.0014	0.0061	0.0108

9.6.4 CDS 期权的隐含波动率

本小节的目的是通过不同的强度设置，使用布莱克—斯科尔斯（Black - Scholes）模型评估 CDS 利差隐含波动率水平。付款人（收款人）CDS 期权赋予了在 T_a 时间买入付款人（收款人）CDS 的权利，该 CDS 的到期日为 T_b，合同利差为 K。期权在时间 0 的价格由下式给出：

$$E[J_{T_a}^1\beta(T_a)v(T_a,\lambda_{T_a}^1)^+] \text{ 或 } E[J_{T_a}^1\beta(T_a)v(T_a,\lambda_{T_a}^1)^-] \tag{9.29}$$

式（9.29）中，$v(t,\lambda_1)$ 是式（9.6）的 CDS 定价函数（取决于强度设置）。CDS 期权价格的 Black - Scholes 公式可以在 Brigo（2005）的式（28）中找到。

对于数值试验，我们考虑 CP1、Ref 和 CP4 上的 CDS 选项（见表 9.5）以及当 $T_a=3$、$T_b=10$，$K=65$、150 和 250 个基点时的各自走向。图 9.7 显示了作为模型波动率参数 c 的函数，付款人 CDS 期权在 CP1、Ref 和 CP4 上的 CDS 以及参数化（2F）（左面板）和（3F）（右面板）上的隐含波动率。（0F）的情况基本上与（2F）中的较低 c 对应。图 9.8 显示了收款人 CDS 选项情况下的类似图。

观察到，对于给定的 c 水平，使用（3F）的隐含波动率通常比使用（2F）的隐含波动率高得多。这是意料之中的，因为（2F）中的联合违约强度 $\lambda_{\{0,1\}}$ 是确定的，而（3F）中的联合违约强度是完全随机的。此外，对于固定水平的 c，隐含波动率可以降低潜在交易对手的风险。在付款人和收款人的情况下，对于（3F）而言，隐含波动率曲线在 c 中都没有下降，但是（2F）没有此规律。

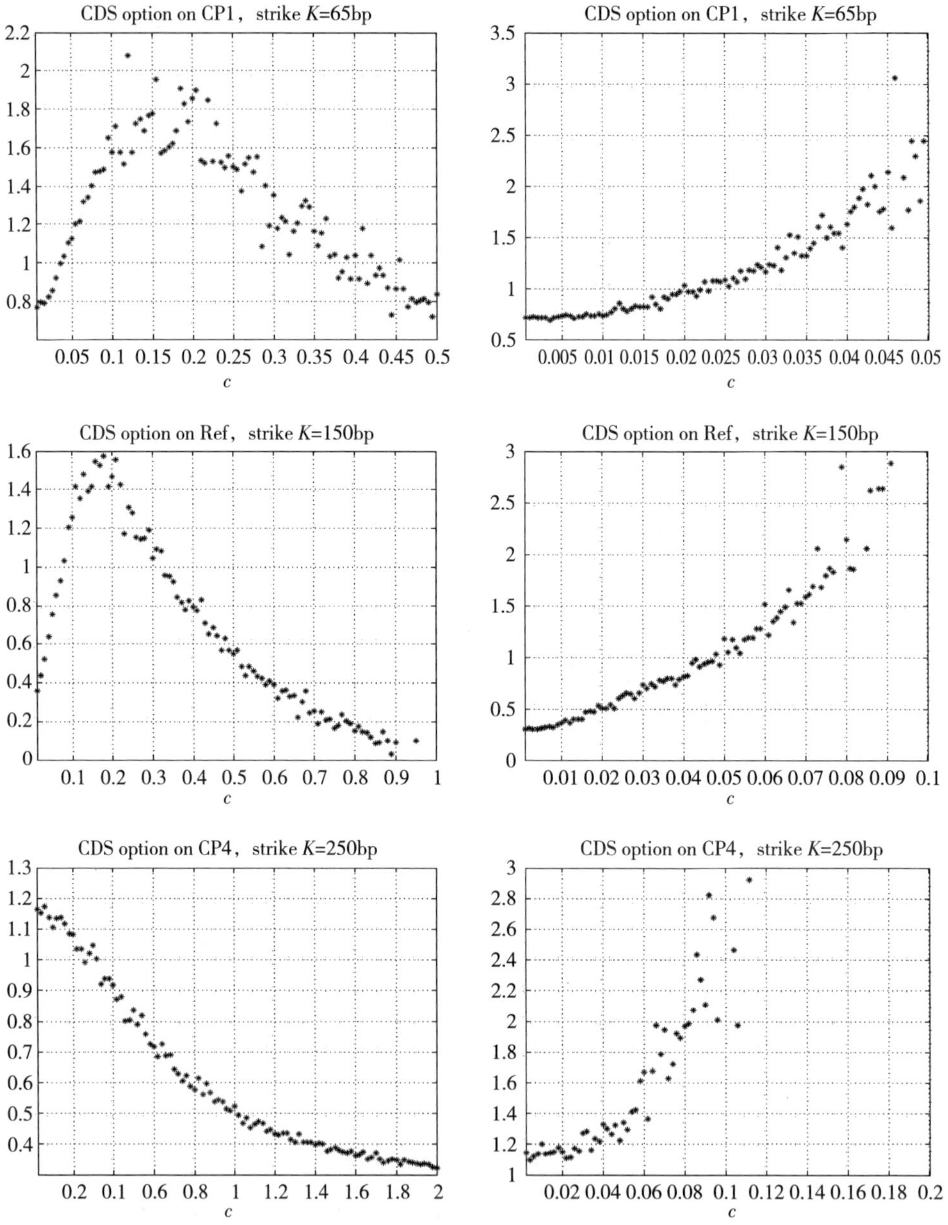

注：1. （2F）为左侧图形，（3F）为右侧图形。

2. 上、中、下图分别对应 CP1、Ref 和 CP4。

图 9.7　付款人 CDS 期权的隐含波动率作为 c 的函数

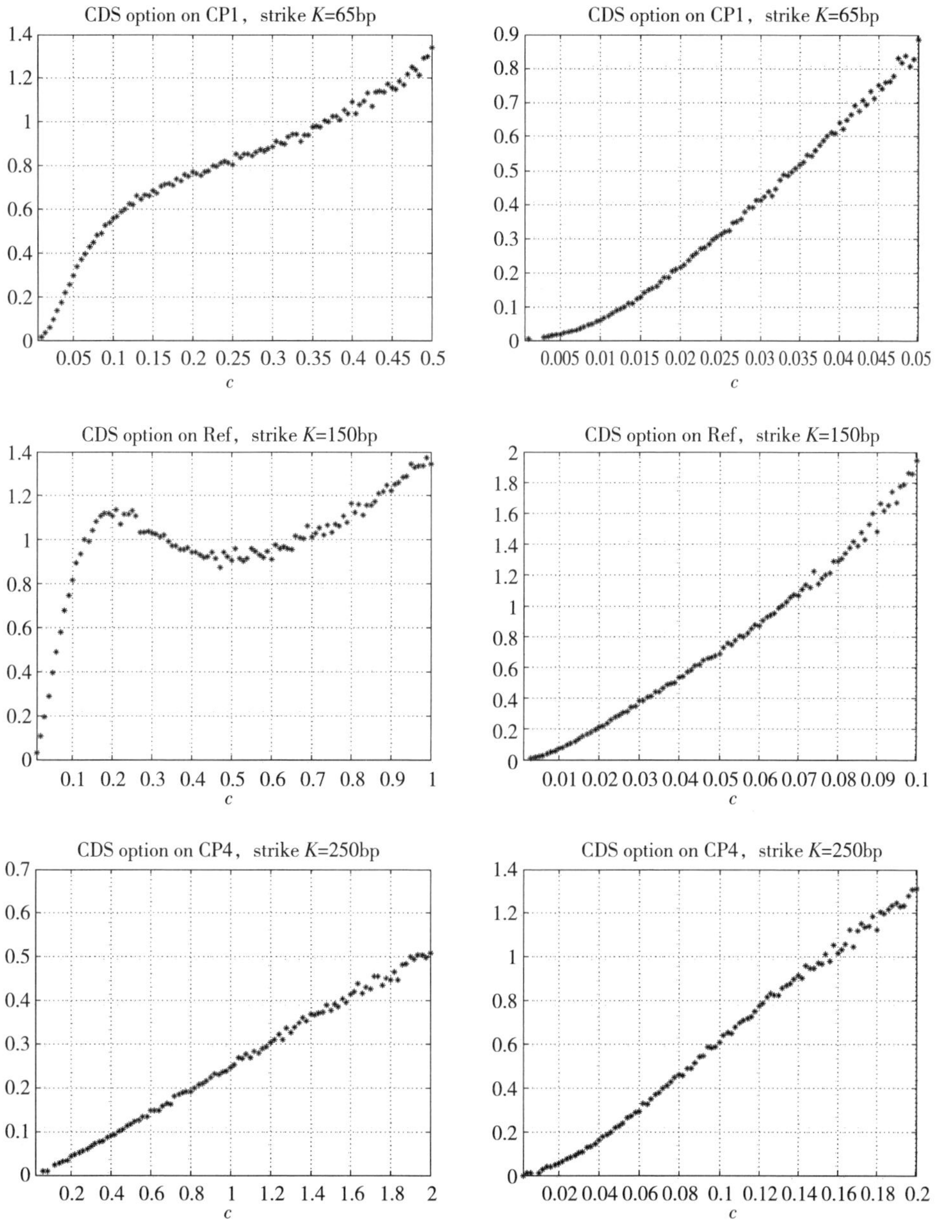

注：1. （2F）为左侧图形，（3F）为右侧图形。

2. 上、中、下图分别对应 CP1、Ref 和 CP4。

图 9.8 收款人 CDS 期权的隐含波动率作为 c 的函数

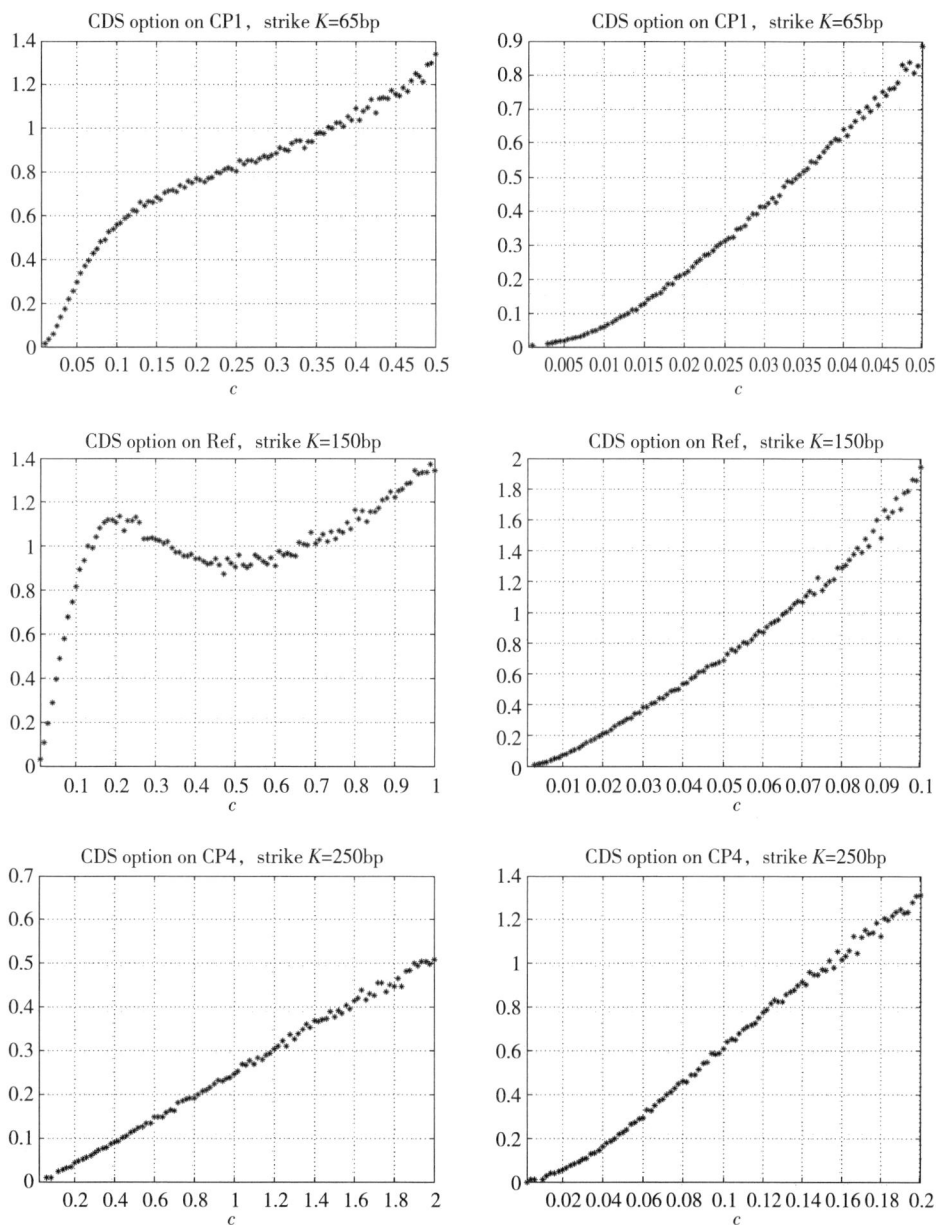

9.6.5 共同违约的影响

在本小节中，我们评估了共同违约对 CVA（以下用参数 $\mu^{\#}$表示）和交易对手违约情景（以下用参数 μ^{b} 表示）的影响。

回想一下，共振模型 Θ_0 有两个组成部分：共同违约和按市值计价。我们引入参数 μ^{b}，用于衡量联合违约对 Θ_0 的贡献：

$$\mu^{b} = \frac{\Theta_0^{b}}{\Theta_0}$$

式中，

$$\Theta_0^{b} = E[L_{\{\tau_0<T\}}\beta(t)\ \tau_0\xi^{b}],\xi^{b} = (1-R_0)(1-R_1)L_{\tau 0=\tau 1}$$

关于备注 9.2.4，在 Q（τ_0 较小）和 $Q(\tau_0 < \tau_1)$ 较大的情况下，研究参数 μ^{b} 相对于资产相关性 ρ 的行为是有趣的。图 9.9 表示作为 ρ 函数的 μ^{b}，对于风险最大的交易对手 CP4 以及参考实体 Ref（左图）和 Ref′（右图）。每个图形上的 3 条曲线对应于强度设置（0F）、（2F）和（3F），观察到 μ^{b} 总是随 ρ 增加。此外，对于（0F）和（2F）以及（3F）（尽管程度较低），我们将 μ^{b} 趋向于 1 等同于 ρ 趋向于 1。这意味着，在我们的模型中，共同违约在确定 Θ_0 的价值方面起着至关重要的作用。

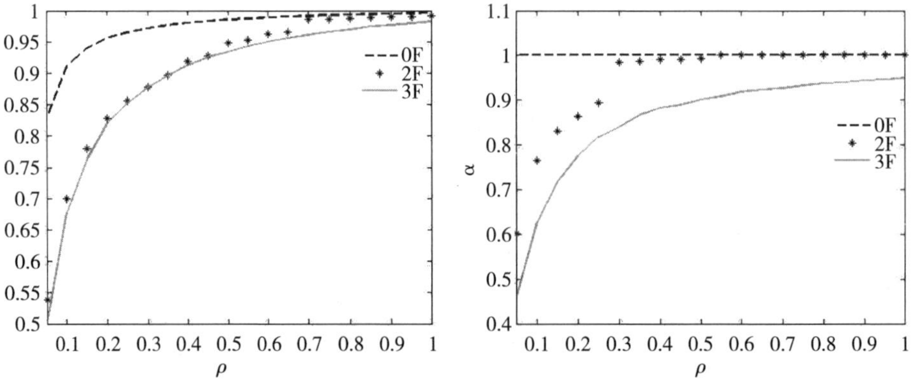

注：1. 图为在恒定强度（0F）和随机强度（2F）和（3F）的情况。

2. 左边为参考实体 Ref，右边为Ref′。

图 9.9 μ^{b} 与 ρ 的函数关系（交易对手 CP4）

我们定义了另一个参数 $\mu^{\#}$，表示交易对手因与参考实体的共同违约而出现违约情形的比例。

$$\mu^{\#} = \frac{\#\{\tau_0 = \tau_1 < T\}}{\#\{\tau_0 = \tau_1 < T\} + \#\{\tau_0 < \tau_1 \wedge T\}} \approx \frac{Q(\tau_0 = \tau_1 < T)}{Q(\tau_0 = \tau_1 < T) + Q(\tau_0 < \tau_1 \wedge T)}$$

如前文图 9.4 和图 9.6 所示，对于付款人 CDS，在参考实体更安全且交易对手和参考实体之间的相关性较低的情况下，波动率参数对 Φ_0 的影响更大。表 9.13 显示了在恒定强度（0F）的情况下，对于参考实体 Ref′ 在不同水平的相关性 ρ 的条件下，不同交易对手对于因与参考实体的共同违约而出现违约情形的比例 $\mu^{\#}$。值得注意的是，$\mu^{\#}$ 总是随着 ρ 的增加而增加。

表 9.13 $\mu^{\#}$ 作为参考实体Ref′和参数化（0F）的 ρ 函数

编号	$\rho = 5\%$	$\rho = 10\%$	$\rho = 40\%$	$\rho = 70\%$
CP1	0.0105	0.0220	0.1160	0.2636
CP2	0.0099	0.0208	0.1062	0.2333
CP3	0.0087	0.0180	0.0857	0.1725
CP4	0.0070	0.0141	0.0596	0.1023

图 9.10 中的曲线表示 $\mu^{\#}$ 作为风险较小的参考实体 Ref′ 和 4 个交易对手的资产相关性 ρ 的函数。左边的图对应于（2F），右边的图对应于（3F），在这两种情况下，模型波动率参数 c 都设置为 0.1。观察到 $\mu^{\#}$ 随 ρ 增大而增加，这与我们之前的观察结果一致：对于更安全的参考实体和较低水平的相关性 ρ，存在更多交易对手在参考实体之前违约的情况（因此波动率参数 c 对 CVA 的影响更大）。

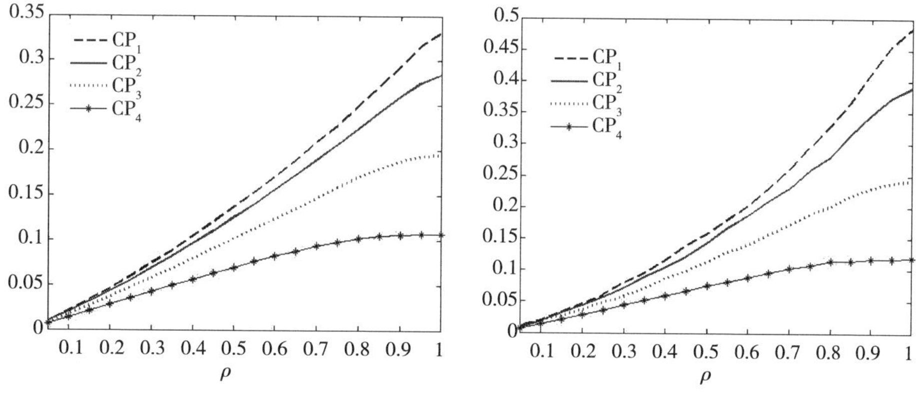

图 9.10 $\mu^{\#}$作为参考Ref′的 ρ 的函数

结论

在本章中，我们应用共振模型来评估嵌入一份 CDS 合同中的交易对手风险。“错向风险”问题对于付款人 CDS 而言尤为重要，表现为交易对手和 CDS 参考实体同时违约的可能性。本章还考虑了 3 种冲击强度指标。数值结果表明，对于付款人 CDS 在“足够危险”的参考实体和交易对手与参考实体之间有足够的相关性，强度的时间确定性设置说明可以快速而良好地工作。对于具有安全参考实体或交易对手与参考实体之间低相关性的收款人 CDS 或付款人 CDS，强度的时间确定性设置由于 CDS 存在价差波动性，遗漏了 CVA 的一个不可忽略的组成部分。在这种情况下，强度的随机设置是优选的：CIR + +强度作为仿射过程和时间的确定函数的和得到，或者选择更好的完全随机的扩展 CIR 强度。

10

共振模型下信贷组合的 CVA 计算

在本章中，我们提供了在共振模型中与信贷组合衍生品（CDS 或 CDO 的组合）相关的 CVA 计算的数值说明。符号 $N = \{0, \cdots, n\}$ 的使用将贯穿本章。

10.1 CDS 投资组合

在本节中，我们考虑的情况是，对于每个参考名称 $i = 1$，…，n，以下产品由银行与交易对手签订合同：付款人 CDS（银行从交易对手处购买的违约保证）或收款人 CDS（银行向交易对手出售的违约保证），其中到期时间 $T_i \geqslant T$、合同利差为 S_i，回收用 R_i 表示。我们将第 i 个公司的付款人 CDS 的净价格写作 P^i，因此投资组合的净价值是：

$$P = \left(\sum_{i\,pay} - \sum_{i\,rec}\right)P^i$$

命题 10.1.1 对于具有单边交易对手风险的 CDS 合约（净额）组合，我们有：

$$\beta_t \Theta_t = E_t[\beta_\tau L_{\tau < T}\xi], t \in [0, \bar{\tau}] \tag{10.1}$$

式中，

$$\xi = (1 - R_0)\left(P_\tau + \left(\sum_{i\,pay} - \sum_{i\,rec}\right)L_{\tau i = \tau < T_i}(1 - R_i) - \Gamma_\tau\right)^+ \tag{10.2}$$

在无抵押情况下，$\Gamma = 0$，在单侧连续抵押情况下，$\Gamma_\tau = P^+_{\tau-}$。在非净额结算和非抵押情况下，我们有：

$$\xi = (1 - R_0)(\sum_{i\ pay}(P^i_\tau + L_{\tau=\tau_i<T_i}(1 - R_i))^+ + \sum_{i\ rec}P^{i,-}_\tau) \qquad (10.3)$$

证明 应用命题 3. 2. 8 得到收益率式（10. 1），而在非净额和非抵押情况下，式（10. 3）是通过对构成投资组合的不同 CDS 合同的单独风险头寸的总和获得的。

10. 1. 1 共振模型设置

由于我们在本节中对 CDO 合约不感兴趣（这些将在下一节中讨论），我们可以使用 8. 2. 3 节中强度结构的以下拓展形式。单个违约强度 λ^i_t 被假定为以下仿射形式：

$$\lambda^i_t = \eta_i + X^{\{i\}}_t \qquad (10.4)$$

其中，η_i 是常数，$X^{\{i\}}$ 是独立的齐次 CIR 过程，设定为：

$$\mathrm{d}X^{\{i\}}_t = a_{\{i\}}(b_{\{i\}} - X^{\{i\}}_t)\mathrm{d}t + c_{\{i\}}\sqrt{X^{\{i\}}_t}\mathrm{d}W^{\{i\}} \qquad (10.5)$$

将 X_t 写为 $(X^{\{i\}}_t)_{i\in N}$，对于 $I = \mathrm{I}$，定义系统冲击强度为：

$$\lambda_I(t, X_t) = \alpha_I \inf_{i\in I}\lambda^i_t \qquad (10.6)$$

对于非负常数乘子 α_I 如下：

$$\sum_{I\in \mathrm{I}}\alpha_I \leqslant 1 \qquad (10.7)$$

因此，特质强度由下式给出：

$$\lambda_{\{i\}}(t, X_t) = \lambda^i_t - \sum_{i\in \mathrm{I}}\lambda_I(t, X_t) \geqslant 0$$

其中，非负性由条件（10. 7）保证。

因此，对于 CDS 可追踪性而言，单个名称具有仿射强度 λ^i_t，但是在本节中，我们没有假设 8. 2. 10（1）意义上的全局仿射结构（global affine structure，因为这里不需要它，与涉及 CDO 的情况相反）。

10. 1. 2 数值化结果

我们对命题 10. 1. 1 中考虑的三种情况进行了数值实验。所有计算均采用

$m = 2 \times 10^6$ 次蒙特卡洛模拟，回收率固定在40%。我们考虑了100 份5 年期 CDS 合约的基础投资组合，其市场利差（单位：基点）为：

$$(S_1^*, \cdots, S_{100}^*) = (405.936, 225.937, 620.786, 195.083, 37.97, 32.17, 1743.673, 348.411, 399.788, 297.902, 3013.286, 359.909, 327.962, 2085.618, 145.519, 234.948, 212.135, 120.000, 124.000, 304.845, 225.904, 39.78, 28.320, 229.577, 291.100, 349.071, 132.982, 889.620, 28.110, 25.110, 311.131, 210.919, 368.858, 480.993, 359.483, 200.581, 164.500, 127.000, 456.170, 130.027, 229.912, 343.500, 361.515, 300.346, 583.736, 342.688, 133.451, 141.984, 2440.458, 579.000, 306.745, 324.709, 647.019, 433.597, 201.960, 192.860, 243.031, 296.210, 333.747, 295.873, 374.750, 270.432, 436.182, 430.537, 127.000, 145.043, 52.270, 29.070, 123.000, 45.880, 29.930, 31.560, 190.000, 361.990, 36.980, 31.440, 33.880, 16.570, 39.000, 73.560, 70.470, 24.840, 21.270, 47.880, 53.450, 31.190, 499.517, 1092.000, 26.770, 49.810, 60.400, 180.000, 27.960, 130.876, 123.000, 47.110, 190.000, 38.170, 42.730, 200.000) \quad (10.8)$$

我们将投资组合分为两类，分别由 70 个付款人 CDS 合约和 30 个收款人 CDS 合约组成。（10.8）中前 70 个数值代表付款人合同，其余 30 个数值则代表收款人合同。接下来设置 $n = 100$，并将交易对手指数化为 0，我们将 I_1、I_2 和 I_3 分别定义为 20、70 和 101 个最具风险性的债务人集合，通过相应的 5 年期市场 CDS 报价的价差来衡量［基于按降序排序的列表（10.8）］。在此，我们考虑参考名称和对手名称的嵌套分组。I_1，$I_2 \setminus I_1$ 和 $I_3 \setminus I_2$ 的名称分别称为高、中和低信用风险名称。此外，在违约强度式（10.4）和式（10.5）中，我们假设公共因子过程 $X^{\{i\}} = X^j$，$I_j \setminus I_{j-1}$ 中的所有名称的参数为 a_j、b_j 和 c_j，$j = 1, 2, 3$（其中 $I_0 = \phi$）。这种设置相当于为每一组债务人采取一个共同的因子过程。我们假设所有具有高信用风险的债务人都具有相同的信用风险参数，即 I_1 是一个同质组，CIR 参数见表 10.1 的上一行。同样，所有中等信用风险的债务人，即属于 $I_2 \setminus I_1$ 的债务人，具有表 10.1 中间行所示的相同 CIR 参数；所有信用风险较低的债务人，即属于 $I_3 \setminus I_2$ 的债务人，具有表 10.1 底部一行所示的相同 CIR 参数。

表 10.1　　　　CDS 合同组合的 CIR 过程参数

信用风险等级	a_j	b_j	c_j	X_0^j
高 ($j=1$)	0.50	0.05	0.2	0.05
中 ($j=2$)	0.80	0.02	0.1	0.02
低 ($j=3$)	0.9	0.001	0.01	0.001

给定表 10.1 中指定的因子过程 X^j，式（10.4）中常数 η_i 与式（10.8）中列出的价差进行拟合，得出：

$$(\eta_1^*,\cdots,\eta_{100}^*)=(0.0194,0.0178,0.0552,0.0126,0.0053,0.0044,0.2424,0.0382,0.0184,0.0297,0.4540,0.0401,0.0348,0.2993,0.0044,0.0193,0.0155,0.0001,0.0008,0.0309,0.0177,0.0056,0.0037,0.0184,0.0286,0.0383,0.0023,0.1000,0.0037,0.0032,0.0320,0.0153,0.0132,0.0319,0.0400,0.0135,0.0075,0.0013,0.0278,0.0018,0.0184,0.0373,0.0404,0.0302,0.0490,0.0372,0.0023,0.0038,0.3585,0.0482,0.0312,0.0342,0.0596,0.0240,0.0138,0.0122,0.0206,0.0295,0.0357,0.0294,0.0142,0.0252,0.0244,0.0235,0.0013,0.0043,0.0077,0.0038,0.0006,0.0066,0.0040,0.0043,0.0118,0.0404,0.0052,0.0042,0.0046,0.0018,0.0055,0.0113,0.0107,0.0031,0.0025,0.0070,0.0079,0.0042,0.0350,0.1337,0.0035,0.0073,0.0091,0.0101,0.0037,0.0019,0.0006,0.0069,0.0118,0.0054,0.0061,0.0134) \tag{10.9}$$

我们考虑一个具有随机违约强度和 CDS 利差 S_0^* 的交易对手，其中 $S_0^*=10$ 个、20 个、60 个、100 个、120 个、300 个、400 个或 500 个基点。表 10.2 给出了在无净额结算和无保证金结算、净额结算和无保证金结算以及净额结算和保证金结算三种情况下，交易对手违约强度的 CVA 行为（括号内为每个蒙特卡洛 CVA 估计值的标准偏差）。第一栏的标题“交易对手风险类型”是指将交易对手分为同质组 I_1、$I_2 \setminus I_1$ 或 $I_3 \setminus I_2$ 中的一个，其各自的违约强度分别使用对应于高、中、低信用风险制度的 CIR 参数进行建模。正如预期的那样，CVA 基本随着交易对手风险的增加而增加。更准确地说，因为只要交易对手处于“低”风险组，增加交易对手的风险不会增加 $\lambda_{I_3}(t,x)$，在这种情况下，交易对手的联合违约强度对于所有行都是恒定的，CVA 只会缓慢增加。但是，交易对手属于“中等”风险组，其使用 120 个或 300 个基点的 S_0^*，联合违约强度较高，即使在连续抵押的情况下，净效应也会大幅增加 CVA。

表 10.2　CDS 合约组合的 CVA$[(\alpha_{I_1},\alpha_{I_2},\alpha_{I_3})=(0.3,0.3,0.3)]$

交易对手 / 风险类型	S_0^*	CVA 无净额结算和无保证金结算	CVA 净额结算和无保证金结算	CVA 净额结算和保证金结算
低	10	488.4 (7.0)	262.1 (3.8)	256.7 (3.8)
低	20	808.4 (8.9)	433.9 (4.9)	423.0 (4.8)
低	60	834.2 (8.9)	448.5 (4.8)	415.9 (4.8)
低	100	860.4 (8.8)	463.2 (4.8)	409.8 (4.8)
中	120	5440.2 (21.4)	4338.1 (17.2)	4256.6 (17.1)
中	300	5364.1 (21.0)	4243.1 (16.9)	4076.8 (16.8)
高	400	8749.9 (22.1)	7211.3 (18.1)	6943.0 (18.0)
高	500	8543.5 (21.8)	7017.9 (17.8)	6713.8 (17.7)

在图 10.1 中，对于无保证金净额结算、无保证金净额结算和有保证金净额结算的情况，我们通过拟合二次多项式得到 $\tau<T$ 情况下的 ξ 值，据此给出了 EPE 曲线［时间函数（3.26）］。在每种情况下，都给出了 $S_0^*=20$ 个、60 个和 100 个基点的 EPE 曲线。为了解释 EPE 曲线的形状，我们需要考虑比率 $E[\lambda_{I_j}(t,X_t)/\lambda_t^0]$（见表 10.3），其给出了以违约为条件的交易对手共同违约的概率。当交易对手的 CDS 利差 S_0^* 增加时，只要缔约方风险状况（低、中或高）不变，那么此公式中的分子将保持不变，而分母增加。因此，比率降低，意味着共同违约的条件概率降低。由于共同违约是造成大部分风险头寸的原因，如图 10.1 所示，随着 S_0^* 的增加，*EPE* 曲线变得更低。然而，如果交易对手的风险增加，使其成为 I_2 和/或 I_3 组的一部分，则联合违约概率将增加，因此，EPE 曲线变得更高。表 10.2 还显示，如果净额结算确实对 CVA 有重大的缓解作用，那么保证金的情况似乎并非如此。事实上，由于共同违约，CDS 合约的交易对手风险根本无法通过我们在这里使用的保证金得到减轻。

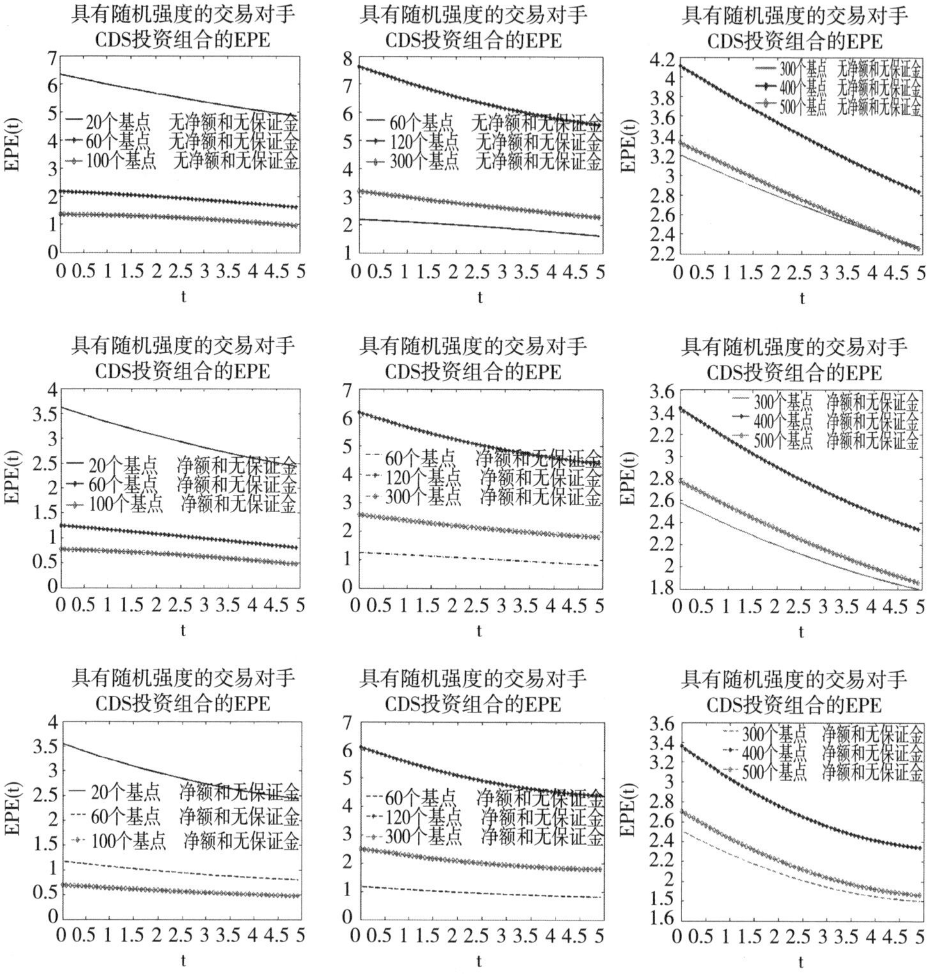

图 10.1 具有随机强度的交易对手 CDS 投资组合的 EPE

表 10.3 CDS 合约组合中 EPE 对 $E[\lambda_{I_j}(t,X_t)/\lambda_t^0]$ 和 $t=\frac{1}{12}$ 的依赖性

交易对手 / 风险类型	S_0^*	$L_{0\in I_1}\times E[\lambda_{I_1}(t,X_t)/\lambda_t^0]$	$L_{0\in I_2}\times E[\lambda_{I_2}(t,X_t)/\lambda_t^0]$	$L_{0\in I_3}\times E[\lambda_{I_3}(t,X_t)/\lambda_t^0]$
低	20	0	0	0. 2485
低	60	0	0	0. 0828
低	100	0	0	0. 0497

续表

交易对手 / 风险类型	S_0^*	$L_{0\in I_1}\times$ $E[\lambda_{I_1}(t,X_t)/\lambda_t^0]$	$L_{0\in I_2}\times$ $E[\lambda_{I_2}(t,X_t)/\lambda_t^0]$	$L_{0\in I_3}\times$ $E[\lambda_{I_3}(t,X_t)/\lambda_t^0]$
中	120	0	0. 3000	0. 0429
中	300	0	0. 1222	0. 0166
高	400	0. 2809	0. 0937	0. 0126
高	500	0. 2247	0. 0744	0. 0100

10. 2 CDO 合约

假设 N_t 表示累积违约过程，即在 n 个信用名称的参考池中，到时间 t 时违约公司的数量。为简单起见，我们考虑了 CDO 合约的保证期，并给出了 $t\in[0,T]$ 的累积支付过程：

$$\phi(N_t)=\left((1-R)\frac{N_t}{n}-a\right)^+\wedge(b-a) \tag{10.10}$$

对于参考名称的同质回收 R，其中附着点和分离点 a 和 b 满足 $0\leqslant a\leqslant b\leqslant 1$。假设 $r=0$，对于 $t\in[0,T]$，相关的净价格过程 P_t 被写为：

$$P_t=E_t(\phi(N_T)-\phi(N_t)) \tag{10.11}$$

通过命题 3. 2. 8 的应用，对于 $t\in[0,\bar{\tau}]$，银行的 CVA 可以用过程 Θ_t 来表示：

$$\Theta_t=E_t(L_{\tau<T}\xi) \tag{10.12}$$

风险头寸 ξ 由下式给出：

$$\xi=(1-R_0)(P_\tau+\Delta_\tau-\Gamma_\tau)^+ \tag{10.13}$$

式中，$\Delta_t=\phi(N_t)-\phi(N_{t-})$ 是支付过程的跳跃过程，Γ_t 是抵押品。

所以在所谓的纯粹（无抵押）计划 $\Gamma=0$ 和（完全抵押）计划 $\Gamma=P_-$ 下，分别有：

$$\begin{aligned}\Theta_t&=\Theta_t^0=E_t(L_{\tau<T}\xi^0),\xi^0=(1-R_0)(P_\tau+\Delta_\tau)^+\\ \Theta_t&=\Theta_t^1=E_t(L_{\tau<T}\xi^1),\xi^1=(1-R_0)(P_\tau-P_{\tau-}+\Delta_\tau)^+\end{aligned} \tag{10.14}$$

在第 8 章的共振模型（没有因子过程 X）中，交易对手违约时间 $\tau=\tau_0$ 的模

拟和 P_τ、Δ_τ和 $P_{\tau-}$ 的计算是快速准确的。

根据 m_0 和 m_1 模拟轨迹，得出以下 Θ_0^0 和 Θ_0^1 的蒙特卡洛估计值 $\hat{\Theta}_0^0$ 和 $\hat{\Theta}_0^1$：

$$\begin{aligned}\hat{\Theta}_0^0 &= (1-R_0)\frac{1}{m_0}\sum_{j=1}^{m_0} L_{\tau j<T}(P_{\tau j}+\Delta_{\tau j})^+ \\ \hat{\Theta}_0^1 &= (1-R_0)\frac{1}{m_1}\sum_{j=1}^{m_1} L_{\tau j<T}(P_{\tau j}-P_{\tau j-}+\Delta_{\tau j})^+\end{aligned} \tag{10.15}$$

10.2.1 数值化结果

我们考虑 100 个债务人的个性化信贷组合，对于到期日 $T=2$ 年、名义价值 $Nom=100$ 的 CDO 合约，回收率 $R_0=R=40\%$。单个违约强度取为 $\lambda_{\{i\}}=10^{-4}\times(200-i)$（随着 i 从 0 增加到 99，单个违约强度从 200 个基点减少到 100 个基点）。我们使用 4 组嵌套的联合违约值，即 $v=3$，分别由风险最高的 3 个、9 个、21 个和 100 个（即所有）名称组成，对应的联合违约强度 $\lambda_I=10^{-3}\times\frac{2}{1+l}$（随着 v 从 0 增加到 3，从约 20 个基点降至 5 个基点）。交易对手被视为投资组合中第 50 个风险最高的名称（风险中值名称）。结果见表 10.4，其中：

CVA 数字相当于每个债务人 100 英镑的名义金额。例如，第 0 ~ 5 期股权的最大损失为 $Nom\times n\times 5\%=500$。$\sigma$ 是与每个蒙特卡洛 CVA 估计相关的标准误差。%σ 是$10^2\times\frac{\sigma}{CVA}$意义上的百分比误差。

值得注意的是，抵押的影响仅对股权分层显著。因此，对于 0 ~ 5 期股权，无担保 CVA 是 $\hat{\Theta}_0^0=4.78$，而抵押 CVA 是 $\hat{\Theta}_0^1=3.41$。对于 35 + 合约，这些数值分别为 2.44 和 2.26。这是因为高分层 CVA 的到期日少于式（10.13）中的净价格条款 P_τ 和更多的共同违约条款 Δ_τ，后者几乎不可抵押（在这方面另见 10.1.2）。

一个具有挑战性的问题是如何将本章的 CVA 计算运用到双边交易对手风险中存在的融资成本计算，此部分必须处理非线性和高维 TVA 方程。详细内容见本书第 12 章以及 Crépey 和 Song（2014）。

表 10.4　　CDO 的无担保与抵押 CVA（$m_0 = 1.5 \times 10^5$, $m_1 = 3 \times 10^5$）

分类	无抵押			有抵押		
分层	0 ~ 5	5 ~ 35	35 +	0 ~ 5	5 ~ 35	35 +
CVA	4.78	2.96	2.44	3.41	2.73	2.26
σ	0.08	0.24	0.20	0.05	0.16	0.14
%σ	1.6	8.1	8.2	1.4	6.0	6.0

第五部分

进一步发展

11

评级触发因素和信用迁移

11.1 介绍

建立交易对手风险模型，并且管理和降低其风险是所有金融机构的关键任务。市场参与者使用的最流行的缓解技术之一是在 OTC 交易中增加额外终止事件（Additional Termination Events，ATE）。根据国际掉期和衍生品协会为国际场外衍生品交易提供的标准协议框架（2002）第 5（b）（vi）节的定义，如果发生终止事件，ATE 允许机构终止和结束与交易对手的衍生品交易。在这里，我们将考虑一个特殊的事实上最常见的终止事件：评级触发器。

评级触发点是指在合同中约定的一个临界信用评级水平。如果交易对手或银行的信用评级降至触发水平以下，则合同终止并清算，而不会造成以市值计价的证券价格（Mark to Market，MtM）的损失。因此，从银行角度看，评级触发器允许银行在违约事件之前终止合同。从交易对手角度看，其为信用评级恶化的交易对手的潜在违约提供了额外保证。

尽管通过评级触发器降低交易对手风险已被公认为一种非常重要的风险控制工具，但关于使用评级触发器进行交易对手风险建模的文献却很少。Yi（2011）研究了选择性和强制性终止事件下具有评级触发的 CVA 估值，并引入复合泊松（Poisson）模型对评级转换和违约概率进行建模。Zhou（2013）在一个简单模型下，从从业者角度考虑了附加终止事件下 CVA 估值的实际问题。Mercurio、Caccia 和 Cutuli（2012）研究了一个类似问题，并引入了一个估值模型，通过提出几个假设来简化 CVA 计算（在单边交易对手风险的情况下）。然而，文献中尚未研究涉及风险中性环境下评级转换的联合建模和动态评级相关担保的综合方法。

在这一章中，我们考虑了带有评级触发和信用迁移的双边 TVA 抵押估值问题。我们首先找到了在存在评级触发器时的 TVA 表达式。我们表明，合同的价值也需要根据评级触发因素进行调整。这个新的调整术语被称为评级估值调整（Rating Valuation Adjustment，RVA）。我们证明了 RVA 表示在有触发事件的情况下违约事件所导致的预期损失。在双边案例中，我们看到 RVA 分解为两个部分：CRVA 和 DRVA，代表交易对手和银行评级触发器的评级估值调整。此外，我们考虑使用评级转换的动态抵押。在这个框架中，抵押品门槛被定义为交易对手和银行当前信用评级的函数。在实践中，这种依赖评级的保证金协议是标准的，它们在信贷支持附件（CSA）中有描述。

在存在评级触发因素的情况下，TVA 估值的关键问题之一是双方评级迁移的建模问题，尤其是双方评级迁移之间依赖性的建模问题。我们采用马尔科夫 Copula 方法（参见第 14 章）对交易对手和银行的联合评级迁移和违约概率进行建模。

我们用数值例子说明了我们的结果，分析了在 IRS 合同和 CDS 合同的情况下，提前终止条款和动态抵押对 TVA 的影响。

本章的结构为：在 11.2 节，我们提出了在存在评级触发因素的情况下信用价值调整与估值的一般框架；在 11.3 节，我们采用马尔科夫 Copula 方法对交易对手和银行的联合评级转换进行建模；在 11.4 节，我们给出了 CDS 合同和 IRS 合同的数值结果。

11.2 评级触发下的信用价值调整与担保

在本章提出的模型中，与银行和交易对手间合同相关的交易对手风险将对双方当前的信用状况敏感。我们假设每一方的信誉度由相同的 $K=\{1, 2, \cdots, K\}$ 评级类别表示。我们将使用这样一种惯例，即评级最好的为 1，评级最差的

为 K，其中级别 K 对应于违约事件的发生。

为了模拟银行和交易对手信用价值的演变，我们在 (Ω,G,Q) 中引入了两个价值过程 X^c 和 X^b。X^c 和 X^b 分别表示交易对手和银行信用评级的演变。双方都有违约倾向，各自违约时间如下所示：

$$\tau_i = \inf\{t > 0 : X_t^i = K\}, i = c, b$$

在 $K=2$ 的情况下，只允许存在违约状态和违约前状态，这对应于本书其余部分介绍和讨论的模型。我们考虑 $Q=P$ 的 CSA 合同。在目前的设置中，抵押 Γ 过程的机制和建模将在第 11.2.2 节中讨论。

11.2.1 基于评级触发因素的双边交易对手风险定价

我们现在开始在 TVA 估值中引入评级触发时间和清算现金流。我们还将展示如何根据交易对手风险和评级触发因素调整场外交易合同的净价格。

我们考虑以下评级触发条款。假设，如果银行或交易对手的信用评级恶化至或低于触发水平（违约水平除外），则合同终止并清算。特别是，没有与触发事件相关的 MtM 损失。将交易对手的触发级别设置为 K_c，银行设置为 K_b，其中 $1<K_c$，$K_b \leqslant K$。让 τ'_i 代表第 i 方的信用评级首次越过其评级触发点，即

$$\tau'_i = \inf\{t > 0 : X_t^i \geqslant K_i\}, i = c, b$$

对于 $i=c$，b，假设 $X_0^i < K_i$。我们令

$$\tau' = \tau'_c \wedge \tau'_b, \bar{\tau}' = \tau' \wedge T, H'_t = L_{\{\tau' \leqslant t\}}$$

一方面，交易对手风险合约累积股息过程的清算需考虑 MtM 交易，即不会在违约外的触发时间产生任何损失。另一方面，如果触发事件与违约事件同时发生，则交易将根据违约事件进行结算。因此，定义 $\partial_{\tau'}$ 的可测随机变量 χ' 为［与式（3.1）比较］：

$$\chi' = P_{\tau'} + \Delta_{\tau'} - \Gamma_{\tau'}$$

我们假设在存在评级触发因素的情况下［与式（3.2）相比］，交易对手风险合约的累积股息过程的定义如定义 11.2.1 所示。

定义 11.2.1 受评级触发因素影响的场外交易合同的 CSA 清算现金流定义为：

$$R' = \Gamma_{\tau'} + L_{\tau'=\tau_b}(R_b\chi'^{,+} - \chi'^{,-}) - L_{\tau'=\tau_c}(R_c\chi'^{,-} - \chi'^{,+}) - L_{\tau'=\tau_b=\tau_c}\chi' + L_{\tau'<\tau}\chi' \tag{11.1}$$

因此，与具有评级触发因素的交易对手风险合同相关的价格过程定义如定义 11.2.2 所示。

定义 11.2.2 对于 $t\in[0,\bar{\tau}']$ 价格过程 Π'_t 与具有评级触发因素的交易对手风险合同的累积值过程 $\hat{\Pi}'_t$ 定义为：

$$\beta_t\Pi'_t = E_t\left[\int_t^{\bar{\tau}'}\beta_s dC_s + \beta_{\bar{\tau}'}L_{\tau'<T}R'\right], \beta_t\hat{\Pi}'_t = \beta_t\Pi'_t + \left[\int_0^t\beta_u dC_u\right]$$

当标的合约受到评级触发时，我们现在引入总估值调整期限。

定义 11.2.3 对于 $t\in[0,\bar{\tau}']$，带有评级触发器的双边总估值调整定义为：

$$\Theta'_t = \hat{P}_t - \hat{\Pi}'_t \tag{11.2}$$

值得注意的是，对于 $t\in[0,\bar{\tau}']$，有：

$$\Theta'_t = P_t - \Pi'_t$$

设违约情况下修改后的风险头寸 ξ' 定义［与式（3.13）比较看，回顾我们在式（3.13）中使用 $Q=P$］：

$$\begin{aligned}\xi' &= P_{\tau'} + \Delta_{\tau'} - R' = \chi' - L_{\tau'=\tau_c}(R_c\chi'^{,+} - \chi'^{,-}) + L_{\tau'=\tau_b}(R_b\chi'^{,-} - \chi'^{,+}) \\ &\quad + L_{\tau'=\tau_b=\tau_c}\chi' - L_{\tau'<\tau}\chi' \\ &= L_{\tau'=\tau_c}(1-R_c)\chi^+ - L_{\tau'=\tau_b}(1-R_b)\chi^-\end{aligned} \tag{11.3}$$

以下表述概括了命题 3.2.8 的相关内容（此处 $Q=P$）。

命题 11.2.4 对于 $t\in[0,\bar{\tau}']$，式（11.2）中定义的双边总估值调整可以表示为：

$$\beta_t\Theta'_t = E_t[\beta_\tau L_{\tau'<T}\xi'] \tag{11.4}$$

证明 证明与命题 3.2.8 相同，将 τ 替换为 τ'。

值得注意的是，由于除故障外没有与触发事件相关的损失，并且由于 TVA 仅反映预期损失，因此这些情况不会出现在式（11.4）。

现在，类似于式（3.15），我们可以把 Θ' 分解为：

$$\Theta' = CVA' + DVA'$$

其中，对于 $t\in[0,\bar{\tau}']$，有：

$$CVA'_t = \beta_t^{-1} E_t[L_{\{\tau' = \tau_c \leqslant T\}} \beta_{\tau'}(1 - R_c)(P_{\tau'} + \Delta_{\tau'} - \Gamma_{\tau'})^+]$$

$$DVA'_t = -\beta_t^{-1} E_t[L_{\{\tau' = \tau_b \leqslant T\}} \beta_{\tau'}(1 - R_b)(P_{\tau'} + \Delta_{\tau'} - \Gamma_{\tau'})^-]$$

观察 TVA 和 TVAJ 进程之间的差异是很重要的，这表明由于评级触发因素导致的 TVA 变化。这导致我们引入以下概念。

定义 11.2.5 对于 $t \in [0, \bar{\tau}']$，评级估值调整（RVA）过程定义为：

$$RVA_t = \Theta_t - \Theta'_t \tag{11.5}$$

上述评级估值调整术语有以下表述。

命题 11.2.6 对于 $t \in [0, \bar{\tau}']$，RVA 过程可以表示为：

$$RVA_t = \beta_t^{-1} E_t[L_{\{\tau' < \tau_c < T_c\}} \beta_\tau (1 - R_c)(P_\tau + \Delta_\tau - \Gamma_\tau)^+]$$
$$- \beta_t^{-1} E_t[L_{\{\tau' < \tau = \tau_b\}} \beta_\tau (1 - R_b)(P_\tau + \Delta_\tau - \Gamma_\tau)^-]$$

证明 由式（3.15）和式（11.4）可得

$$\begin{aligned}\beta_t(\Theta_t - \Theta'_t) = & E_t[L_{\{\tau = \tau c < T\}} \beta_{\tau c}(1 - R_c)(P_{\tau c} + \Delta_{\tau c} - \Gamma_{\tau c})^+] \\ & - E_t[L_{\{\tau = \tau b < T\}} \beta_{\tau b}(1 - R_b)(P_{\tau b} + \Delta_{\tau b} - \Gamma_{\tau b})^-] \\ & - E_t[L_{\{\tau' = \tau c < T\}} \beta_{\tau c}(1 - R_c)(P_{\tau c} + \Delta_{\tau c} - \Gamma_{\tau c})^+] \\ & + E_t[L_{\{\tau' = \tau b < T\}} \beta_{\tau b}(1 - R_b)(P_{\tau b} + \Delta_{\tau b} - \Gamma_{\tau b})^-]\end{aligned}$$

简化为：

$$\begin{aligned}\beta_t(\Theta_t - \Theta'_t) = & E_t[(L_{\{\tau = \tau c < T\}} - L_{\{\tau' = \tau c < T\}}) \beta_{\tau c}(1 - R_c)(P_{\tau c} + \Delta_{\tau c} - \Gamma_{\tau c})^+] \\ & - E_t[(L_{\{\tau = \tau b < T\}} - L_{\{\tau' = \tau b < T\}}) \beta_{\tau b}(1 - R_b)(P_{\tau b} + \Delta_{\tau b} - \Gamma_{\tau b})^-]\end{aligned}$$

备注 11.2.7 值得注意的是，RVA 可以是正的也可以是负的。如果 RVA 为正值（特别是在单边交易对手风险 τ_b 趋于无穷大），则调整总额减少，即银行受益。如果 RVA 为负，则表明由于增加评级触发因素导致总调整增加，即银行成本增加。

值得注意的是，对于 $t \in [0, \bar{\tau}']$，我们可以定义：

$$CRVA_t = \beta_t^{-1} E_t[L_{\{\tau' < \tau = \tau_b < T\}} \beta_{\tau'}(1 - R_b)(P_\tau + \Delta_\tau - \Gamma_\tau)^-]$$

$$DRVA_t = -\beta_t^{-1} E_t[L_{\{\tau' < \tau = \tau c < T\}} \beta_{\tau'}(1 - R_c)(P_\tau + \Delta_\tau - \Gamma_\tau)^+]$$

然后 RVA 进行以下分解：

$$RVA_t = -(CRVA_t + DRVA_t), t \in [0, \bar{\tau}']$$

这里的 CRVA 是指在评级触发后，银行首先违约所产生的预期损失。类似地，（$-\mathrm{DRVA}$）表示如果交易对手先违约，在评级触发后，表现为预期收益。因此，在 CSA 中包含了评级触发条款可保证银行（交易对手）免受信用评级下调后因交易对手（银行）违约事件造成的损失。相应地，合同价值也因这种保证措施而调整，结果如下所示。

推论 11.2.8 对于 $t \in [0, \bar{\tau}']$，我们对交易对手风险的价格过程进行了以下分解：

$$
\begin{aligned}
\Pi'_t &= P_t - \Theta'_t \\
&= P_t - \Theta_t + RVA_t \\
&= P_t - CVA_t - DVA_t - CRVA_t - DRVA_t
\end{aligned}
$$

11.2.2 动态抵押

在双边保证金协议中，一旦合同的净价超过阈值 η_t^c 和 η_t^b，交易对手就必须提供抵押品，其来源于 CSA（见 3.3.2）。特别是，这些阈值是根据交易对手的信用评级来定义的。具体而言，交易对手的抵押品阈值因信用评级下调而降低，因信用评级上调而提高。因此，信用评级较高的交易对手的阈值将高于信用评级较低的交易对手。

需要注意的是，保证金要求与信用评级之间存在负相关关系。信用评级下调及更高的借款利率和风险头寸迫使企业向交易对手提供越来越多的抵押品，这可能是致命的。例如，与评级挂钩的抵押品阈值和本书下一小节要讨论的再抵押，被认为是美国国际集团（AIG）2008 年倒闭的关键驱动因素之一。在 2007 年前，作为 AAA 评级的公司，AIG 没有被要求为其大部分衍生品交易提供任何抵押品。然而，在雷曼危机和公司几次评级下调后，截至 2008 年 11 月，AIG 的抵押品已超过 400 亿美元，详见国际掉期和衍生品协会（International Swaps and Derivatives Association，ISDA）2009 年发布的文件。

因此，抵押品过程建模的关键问题之一是阈值建模问题。在下文中，我们将对交易对手在时间 t 的抵押品阈值建模为 $\eta_t^c = \eta_c(t, X_t^c, P_t)$，其中 η_c：$[0, T] \times K \times R \to R_+$ 是一个可测函数。类似地，我们将在时间 t 对银行的抵押品阈值建模为 $\eta_t^b = \eta_b(t, X_t^b, P_t)$，其中 η_b：$[0, T] \times K \times R \to R_-$ 是一个可测函数。在续集中，我们结合以下两种可能的抵押品利率设置，使用了 3.3.2 的 ISDA 抵押方案的第一个变体：

线性情况（对于 $i=c$，b，特别是 $\rho^i(t,1)=1$ 和 $\rho^i(t,K)=0$）：

$$\rho_l^i(t,x)=\frac{K-x}{K-1}$$

指数情况（对于 $i=c$，b）：

$$\rho_e^i(t,x)=\begin{cases}e^{1-x}, x<K\\0, x=K\end{cases}$$

需要注意的是，在实践中，CSA 文件中针对不同的评级级别设置了阈值级别。在这里，我们提出了两种确定抵押阈值水平的方法。在线性情况下，抵押品阈值的增加或减少与交易对手的信用质量成线性关系。类似地，在指数情况下，抵押品阈值随信用评级呈指数增加或减少。因此，指数情况下的抵押品利率总是低于线性情况下的抵押品利率，这导致抵押品阈值较低，保证金账户中的抵押品更多。

11.3 基于马尔科夫 Copula 的评级定价方法

在本节中，我们采用马尔科夫 Copula 模型，在我们的框架内对交易对手和银行这两方的信用评级的联合演化进行建模。对于无穷小的生成器 $A_c=[a_{ij}^c]$ 和 $A_b=[a_{hk}^b]$，考虑 (Ω,G,Q) 上的 Y^c 和 Y^b。下一步，在未知量 $a_{ih,jk}$ 中，考虑方程组：

$$\sum_{k\in\kappa}a_{ih,jk}=a_{ij}^c,\forall i,j,h\in\kappa,i\neq j \tag{11.6}$$

$$\sum_{j\in\kappa}a_{ih,jk}=a_{hk}^b,\forall i,h,k\in\kappa,h\neq k \tag{11.7}$$

我们从 14.4.2.1 中了解到上述系统允许至少一个解，使得矩阵 $A=[a_{ih,jk}]_{i,h,j,k\in\kappa}$ 在对角线元素被适当定义的情况下［参见式（14.12）］，满足二元时间齐次马尔科夫链的生成矩阵的条件，例如 $X=(X^c,X^b)$，其分量是马尔科夫链，具有与 Y^c 和 Y^b 相同的规律。系统方程组（11.6）和（11.7）充当马尔科夫边际 Y^c、Y^b 和二元马尔科夫链 X 之间的马尔科夫 Copula。注意，系统方程组（11.6）和（11.7）包含的未知数比方程的个数多，这是欠定方程组。因此，正如 Bielecki、Vidozzi 和 Vidozzi（2008a）提出的，我们对系统方程组（11.6）

和（11.7）中的变量施加了额外约束。我们假设：

$$a_{ih,jk} = \begin{cases} 0, i \neq j, h \neq k, j \neq k \\ \alpha \min(a_{ij}^{c}, a_{hk}^{b}), i \neq j, h \neq k, j = k \end{cases} \tag{11.8}$$

其中，$\alpha \in [0, 1]$，我们将约束（11.8）解释如下。X^c 和 X^b 根据它们的边际定律进行，然而，它们可以有相同的值。迁移到同一等级类别的强度由参数 α 度量。如果 $\alpha=0$，则 X 的组件 X^c 和 X^b 独立迁移。但是，如果 $\alpha=1$，X^c 和 X^b 向同一类别迁移的趋势最大。利用约束（11.8），系统方程组（11.6）和（11.7）完全解耦，我们可以得到联合过程的生成器。

备注 11.3.1 值得注意的是，在实践中评级转移矩阵通常表示历史违约的概率，因此，在实践中我们需要切换到风险中性概率。衡量标准的改变需要以这样一种方式进行：由此产生的风险中性概率与从报价的 CDS 利差推断出的违约概率一致。为了达到这一目的，我们需要应用测度的变化，同时保持模型 X 的二元时间齐次马尔科夫链结构。因此，统计测度下的马尔科夫也将保持风险中性。只有在统计测度下才需要马尔科夫一致性和马尔科夫 Copula。根据市场数据对测度的马尔科夫变化进行了校正，得到了二元过程 X 的风险中性发生器。关于此部分的讨论，我们参考了 Bielecki、Vidozzi 和 Vidozzi（2008a）。在下一节中，为了避免讨论度量、校准等的马尔科夫变化，我们将假设我们在风险中性度量下为双方提供边际生成器，并且双变量评级过程的生成器通过条件（11.6）和（11.8）获得。

11.4 应用

在本节中，我们将在信用违约掉期（CDS）和利率互换（IRS）合约的背景下解释我们的结果。假设我们的 CDS 和 IRS 合同受到评级触发的影响，因此在触发事件发生时终止。对于不同的评级触发水平，我们计算在时间 0 的 RVA、RVA_0、含触发器的 TVA、Θ'_0，我们报告了 RVA_0/Θ_0 意义上的相关 TVA 缓解技术。

为了简单起见，我们使用 4 个评级类别（$k=4$）进行分析：A、B、C 和 D。等级 A 代表最高等级，而 D 对应违约状态。我们假设交易对手最初的评级为 A。在下文中，我们假设表 11.1 给出了 1 年评级转移矩阵 e^{A_c}。同样，我们假设银行目前的评级是 A，该行 1 年评级转移矩阵 e^{A_b} 如表 11.2 所示。为了简化表示，我们假设上面给出的评级转移矩阵已经是风险中性的，因此不需要马尔科夫度量变化。我们还假设恒定回收率 $R_c = R_b = 0.4$。

表 11.1 交易对手评级转移矩阵

评级类别	A	B	C	D
A	0.9	0.08	0.017	0.003
B	0.05	0.85	0.09	0.01
C	0.01	0.09	0.8	0.1
D	0	0	0	1

表 11.2 银行评级转移矩阵

评级类别	A	B	C	D
A	0.8	0.1	0.05	0.05
B	0.04	0.9	0.03	0.03
C	0.015	0.1	0.7	0.185
D	0	0	0	1

11.4.1 带评级触发机制的利率互换

在本节中，我们考虑一个固定的浮动付款人 10 年合同，其名义价值为 1 美元，存在评级触发因素作为违约条款。我们假设合同每季度支付一次，固定分期支付互换利率，而浮动分期支付 Libor 利率。我们还假设互换在 $T_0 = 0$ 时启动，我们用 $T_1 < T_2 < \cdots < T_n$ 表示付款日期的集合，用 S 表示固定利率。时间 T_i 时 IRS 合同的累积股息过程如下所示：

$$D_{T_i} = \sum_{k=1}^{i} (L(T_k) - S)\delta_k$$

其中，$L(T_i)$ 是时间 T_i 的 Libor 利率，$\delta_k = T_k - T_{k-1}$，$k=1, 2, \cdots, n$。我们还假设瞬时利率 r 遵循 Vasicek 动态模型：

$$dr_t = (\theta - vr_t)dt + \sigma dW_t$$

设 $r_0=0.05$，$\theta=0.1$，$v=0.05$，$\sigma=0.01$。我们发现相应的互换率 $S=0.0496$。我们依据式（11.8）对无抵押、线性抵押和指数抵押的案例进行了分析，式中的 α 等于0或1。TVA 缓解结果如图 11.1 至图 11.6 和表 11.3 至表 11.8 所示。值得注意的是，对于交易对手的触发水平，TVA 缓解率是相当可观的。

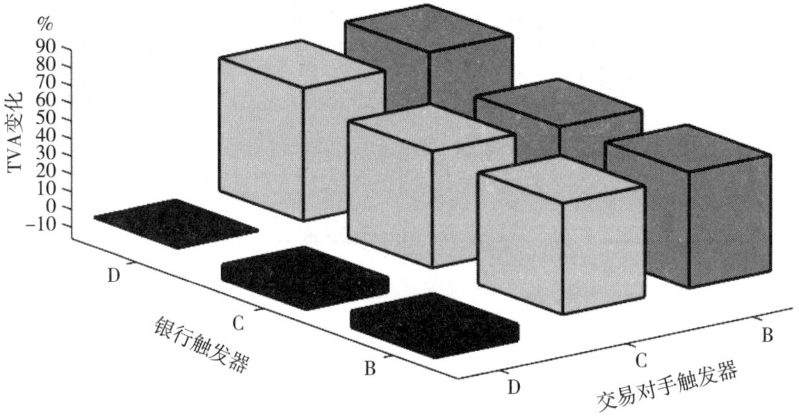

图 11.1　IRS 的 TVA 缓解率（$\alpha=0$，无抵押）

表 11.3　对应于图 11.1 的数值说明　单位：%

坐标点	(B，B)	(B，C)	(C，B)	(C，C)	(B，D)	(D，B)	(C，D)	(D，C)
TVA 缓解率	65.42	62.98	64.80	65.79	−9.40	80.25	−8.61	75.12

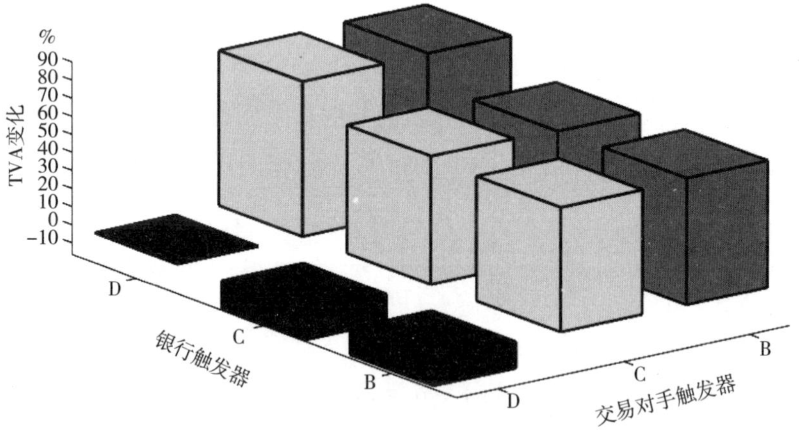

图 11.2　IRS 的 TVA 缓解率（$\alpha=1$，无抵押）

表 11.4 对应于图 11.2 的数值说明 单位：%

坐标点	(B, B)	(B, C)	(C, B)	(C, C)	(B, D)	(D, B)	(C, D)	(D, C)
TVA 缓解率	70.12	68.98	69.83	70.90	-14.67	86.38	-15.81	85.76

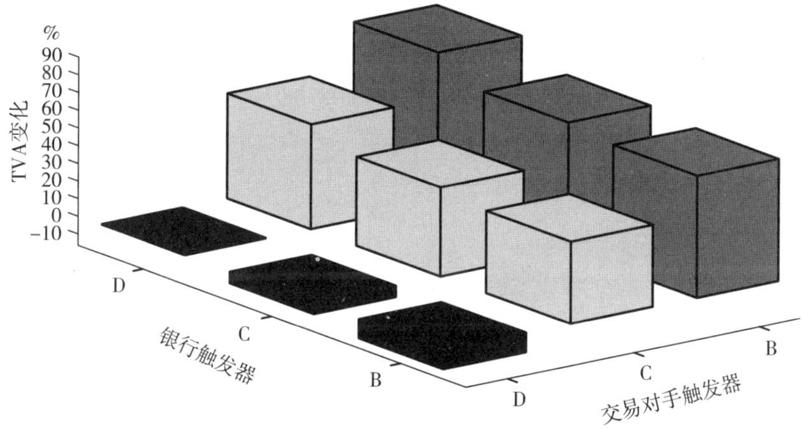

图 11.3 IRS 的 TVA 缓解率（$\alpha=0$，线性抵押利率 ρ_l^i）

表 11.5 对应于图 11.3 的数值说明 单位：%

坐标点	(B, B)	(B, C)	(C, B)	(C, C)	(B, D)	(D, B)	(C, D)	(D, C)
TVA 缓解率	69.05	46.36	72.34	50.37	-10.97	85.25	-6.43	59.33

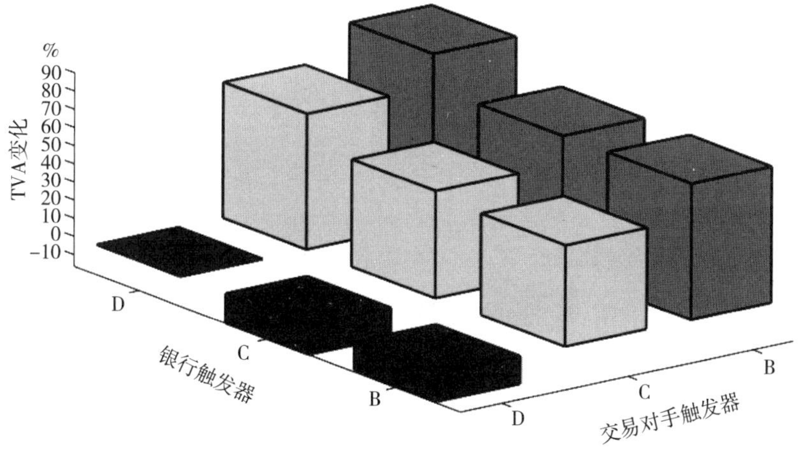

图 11.4 IRS 的 TVA 缓解率（$\alpha=1$，线性抵押利率 ρ_l^i）

表 11.6 对应于图 11.4 的数值说明 单位：%

坐标点	(B, B)	(B, C)	(C, B)	(C, C)	(B, D)	(D, B)	(C, D)	(D, C)
TVA 缓解率	75.03	55.84	74.68	59.01	-15.38	92.95	-16.39	74.75

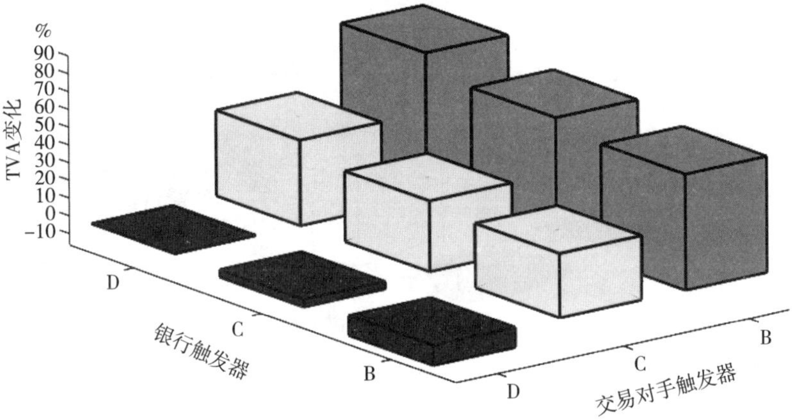

图 11.5 IRS 的 TVA 缓解率（$\alpha=0$，指数抵押利率 ρ_e^i）

表 11.7 对应于图 11.5 的数值说明 单位：%

坐标点	(B, B)	(B, C)	(C, B)	(C, C)	(B, D)	(D, B)	(C, D)	(D, C)
TVA 缓解率	65.47	36.25	71.38	39.88	-11.40	81.88	-4.27	48.33

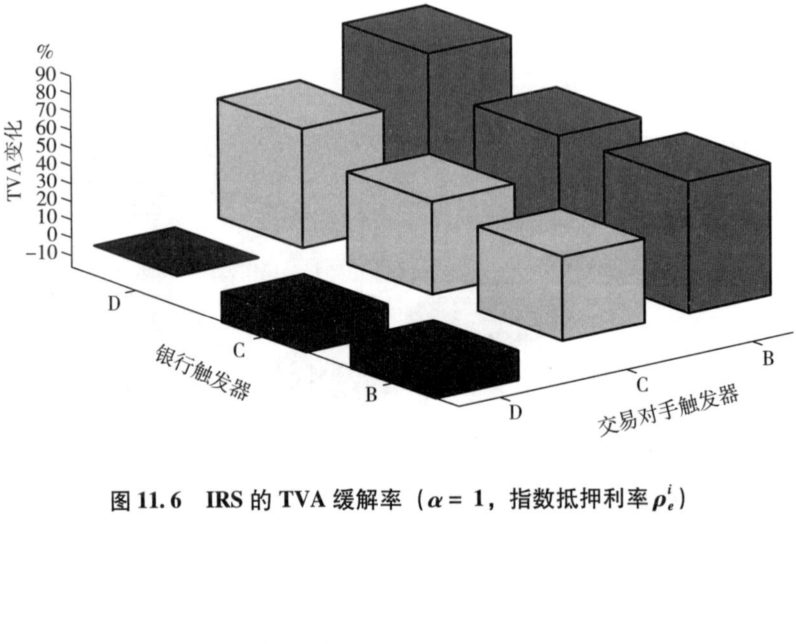

图 11.6 IRS 的 TVA 缓解率（$\alpha=1$，指数抵押利率 ρ_e^i）

表 11.8 对应于图 11.6 的数值说明 单位：%

坐标点	(B, B)	(B, C)	(C, B)	(C, C)	(B, D)	(D, B)	(C, D)	(D, C)
TVA 缓解率	73.44	46.90	72.96	51.48	-16.50	92.78	-16.81	66.35

11.4.2 带评级触发机制的 CDS

在本节中，我们将存在评级触发因素的 CDS 合同视为违约条款。我们假设参考实体没有任何触发事件，用 τ_1 表示参考实体的违约时间，用 R_1 表示参考实体的回收率。并且假设 CDS 合约的价差为 S，到期时间为 T。因此，对于所有 $t \in [0, T]$，CDS 合同的无风险累积股息过程由以下公式给出：

$$D_t = (1 - R_1) L_{\{\tau_1 \leq t\}} - S_1(t \wedge \bar{\tau})$$

我们还假设参考实体的 1 年评级转移矩阵如表 11.9 所示。

表 11.9 参考实体评级转移矩阵

评级类别	A	B	C	D
A	0.95	0.03	0.019	0.001
B	0.04	0.85	0.107	0.003
C	0.01	0.19	0.791	0.009
D	0	0	0	1

与 IRS 的例子类似，我们对无抵押、线性抵押和指数抵押 CDS 合同进行了分析，其中 $\alpha = 0$ 或 1，我们将结果显示在图 11.7 至图 11.12 和表 11.10 至表

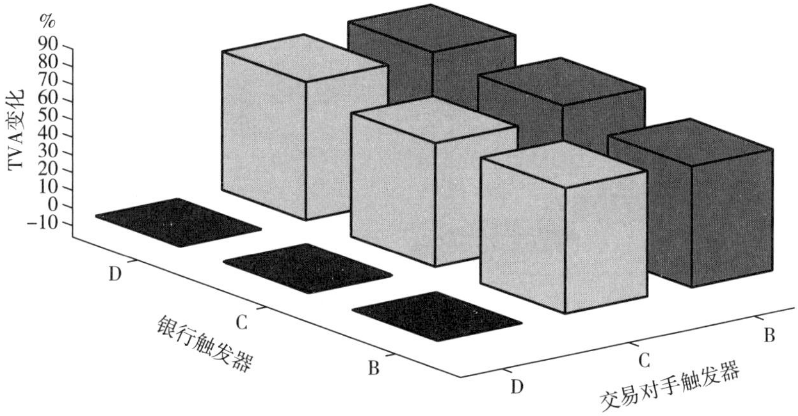

图 11.7 CDS 的 TVA 缓解率（$\alpha = 0$，无抵押）

11.15 中。同样，对于交易对手的触发水平，TVA 缓解率可能相当可观。

表 11.10　　对应于图 11.7 的数值说明　　单位：%

坐标点	(B, B)	(B, C)	(C, B)	(C, C)	(B, D)	(D, B)	(C, D)	(D, C)
TVA 缓解率	68.58	71.15	76.52	70.01	-0.41	80.21	0.87	78.22

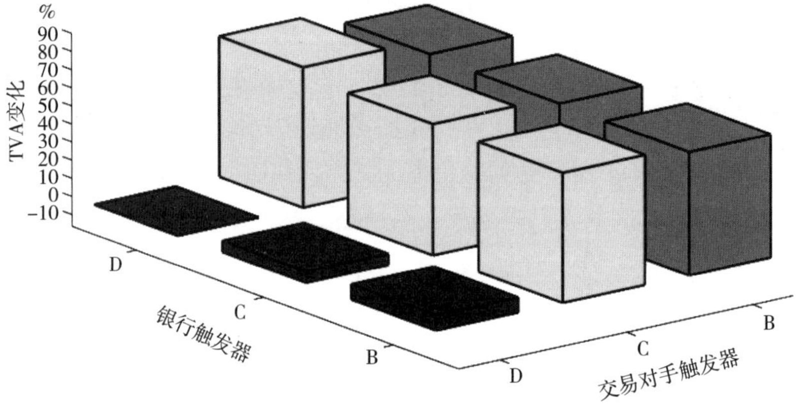

图 11.8　CDS 的 TVA 缓解率（$\alpha=1$，无抵押）

表 11.11　　对应于图 11.8 的数值说明　　单位：%

坐标点	(B, B)	(B, C)	(C, B)	(C, C)	(B, D)	(D, B)	(C, D)	(D, C)
TVA 缓解率	68.02	71.73	68.65	72.50	8.39	69.65	6.25	77.56

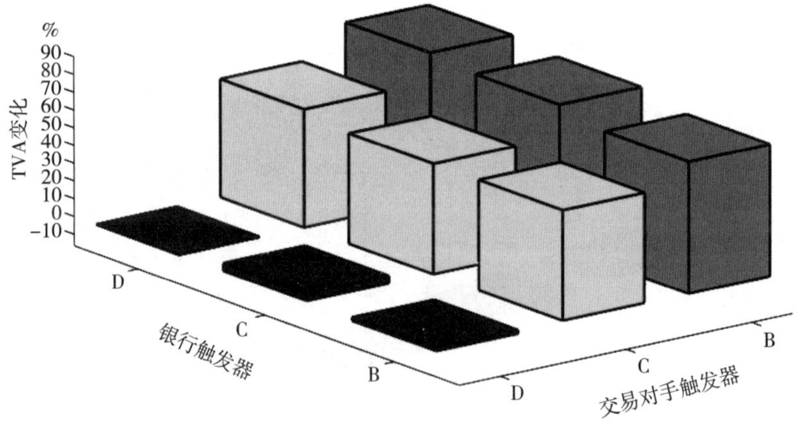

图 11.9　CDS 的 TVA 缓解率（$\alpha=0$，线性抵押利率 ρ_t^i）

表 11.12　　对应于图 11.9 的数值说明　　单位：%

坐标点	(B, B)	(B, C)	(C, B)	(C, C)	(B, D)	(D, B)	(C, D)	(D, C)
TVA 缓解率	74.35	62.23	80.32	62.16	-1.93	83.25	4.42	66.64

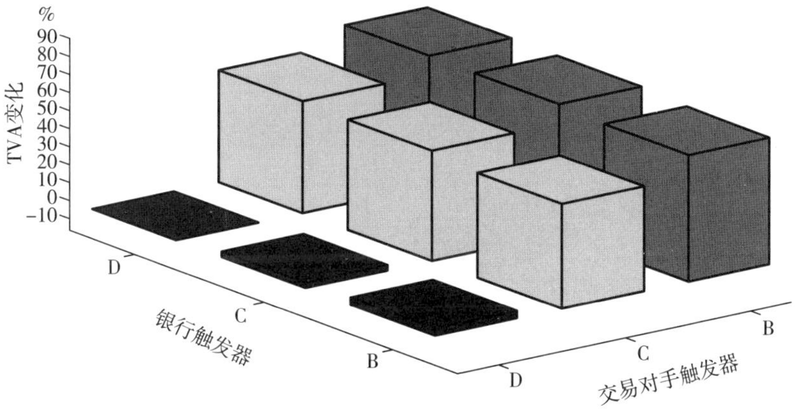

图 11.10　CDS 的 TVA 缓解率（$\alpha = 1$，线性抵押利率 ρ_l^i）

表 11.13　　对应于图 11.10 的数值说明　　单位：%

坐标点	(B, B)	(B, C)	(C, B)	(C, C)	(B, D)	(D, B)	(C, D)	(D, C)
TVA 缓解率	70.31	58.06	72	61.27	4.03	72.37	3	62.08

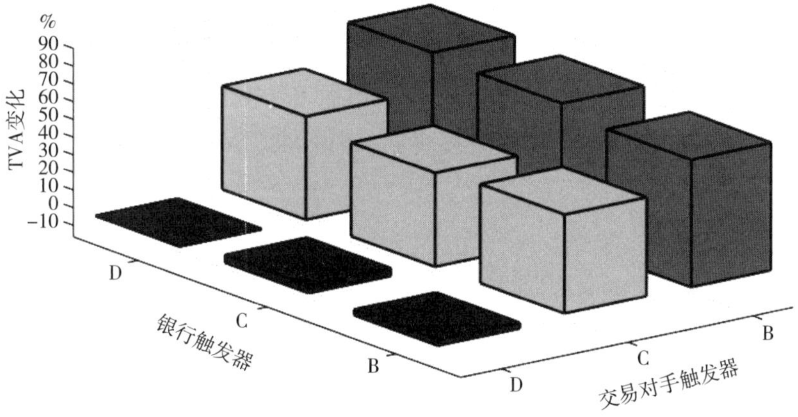

图 11.11　CDS 的 TVA 缓解率（$\alpha = 0$，指数抵押利率 ρ_e^i）

表 11.14　　对应于图 11.11 的数值说明　　单位：%

坐标点	(B, B)	(B, C)	(C, B)	(C, C)	(B, D)	(D, B)	(C, D)	(D, C)
TVA 缓解率	72.09	55.92	77.42	52.98	-3.25	79.58	4.53	58.53

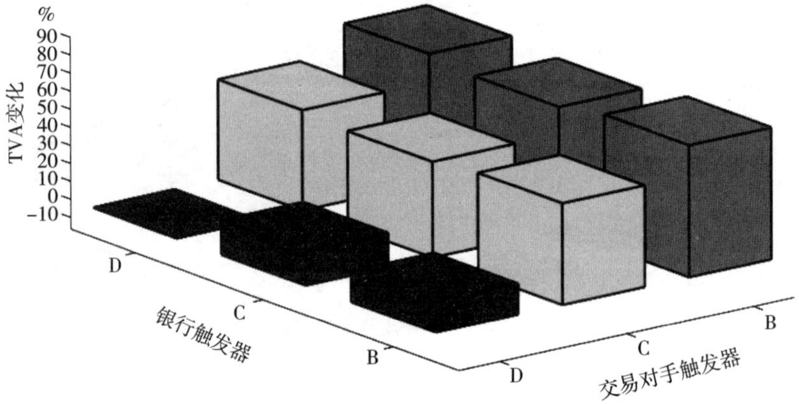

图 11.12　CDS 的 TVA 缓解率（$\alpha = 1$，指数抵押利率 ρ_e^i）

表 11.15　　对应于图 11.12 的数值说明　　单位：%

坐标点	(B, B)	(B, C)	(C, B)	(C, C)	(B, D)	(D, B)	(C, D)	(D, C)
TVA 缓解率	73.18	56.25	68.31	53.29	17.13	71.55	19.11	55.68

12

统一的观点

在第三部分中，提出了一种简化的交易对手风险建模方法，该方法在参考过滤和随着双方违约时间逐渐扩大的过滤之间的相当标准的沉浸式假设下进行。我们将此方法称为“基本”（简化的交易对手风险建模）方法。

本章展示了如何将这一基本方法进行适当扩展，以便将其应用于第四部分的动态 Copula 模型中。即我们将看到这些模型中的全模型过滤 G 如何分解为 $G=F\vee K$；其中，F 是一个参考过滤，K 是一个过滤，包含了关于交易对手违约时间的信息，允许人们在这些模型中开发一个简化的方法，如第三部分所述。然而，这（通常）将适用于违约过滤 K 大于τ生成的过滤 H；这在第三部分中使用，并对于一个适当选择的新测度 $\widetilde{Q}$，使（$F,\widetilde{Q}$）－鞅在时间 τ 停止，即为（G，Q）－鞅。这里我们只介绍扩展的基本原则及其使用，对于完整的模型开发可以参考 Crépey 和 Song（2014）。

需要注意的是，在目前的理论状态下，这一扩展仅适用于如第四部分所介绍的模型，该模型只允许每个债务人有两种可能的状态：违约和非违约。在更一般的信贷迁移设置中，如第 11 章，似乎不可能有类似的扩展。

12.1　介绍

如第四部分所示，为了处理信用衍生工具中的交易对手风险，需要一个具有以下特征的信用组合模型。首先，由于 CVA 是标的物未来净价格的期权，因此它应该是一个动态马尔科夫模型。在该模型中，信用衍生产品的未来净价格可以进行统一评估和数值计算。其次，该模型应校准到相关数据集。如果目标应用程序包括计算 CDS 合同的交易对手风险，则应校准到 CDS 数据，此外，对数据进行分级，用于 CDO 合约的 CVA 计算。因此，该模型应该是一个自下向上的组合信用风险模型，以便在模型中表示单个名称，见 Bielecki、Crépey 和 Jeanblanc（2010）。但是，为了校准的可操作性，该模型还应该在个体和依赖模型参数之间具有一种类似于联结的分离特性，以及对普通资产（CDS 合约或 CDO 合约）的有效定价方案。一种可能性是使用信息动态 Copula 模型，这是在静态 Copula 模型基础上引入适当的过滤，用于测度双方和参考实体的违约时间。最简单的例子是第 7 章的动态高斯 Copula（DGC）模型，它足以处理 CDS 合约的 CVA。如果 CDO 合约也存在于参考投资组合中，那么高斯 Copula 依赖结构就不够丰富。相反，我们可以使用第 8 章到第 10 章的动态马歇尔—奥尔金（Dynamic Marshall - Olkin，DMO）共振模型来评估。

然而，如第四部分所述，动态 Copula 方法在双边交易对手风险与相关融资问题相结合的情况下不起作用。事实上，就非线性融资成本而言，TVA 方程是非线性的（见第 4 章至第 6 章）；就信用衍生产品而言，上述问题也是高度复杂的。从实际角度来看，对于非线性和高维问题，任何基于动态规划的数值格式，甚至在某种程度上，例如“纯向后”确定性 PDE 格式，以及“混合向前/向后”模拟或回归 BSDE 格式，都被维数诅咒排除在外，参见 Crépey（2013）。在这种情况下，唯一可行的 TVA 方案是“纯前向”模拟方案，例如 Fujii 和 Takahashi（2012）在普通情况下的扩展，其带有明确的净定价公式，或者 Henry - Labordère（2012）中的 CVA 分支部分等更奇异的方案。但单纯的逆向方案不能处理隐式终端条件 $\xi_\tau(P_{\tau-} - \Theta_{\tau-})$ 完整的 TVA 方程（4.38）。为了解决这个问题，本章展示了如何在 Crépey 和 Song（2014）中开发一个合适的简化方法以应用于第四部分的动态 Copula 模型中，超出了第三部分的基本浸入设置。

概述

12.2 节简要回顾了 Crépey 和 Song（2014）的扩展简化的交易对手风险建

模方法。12.3 节和 12.4 节分别说明了如何在 DGC 和 DMO 模型中应用这种方法。

12.2 典型的违约时间简化模型

我们考虑常规合同，包括第 4 章的所有相关设置和符号，包括其净价格过程 P（在 OIS 无风险利率 r_t 下使用风险中性贴现因子 β），违约风险头寸 $\xi_\tau(\pi)$ 和融资系数 g_t，都是根据定价的随机基础来定义的 $(\Omega,\partial_{\bar{\tau}},G,Q)$。为了简单起见，如第 6 章所述，我们只考虑最常见的情况，即对冲资金完全由互换或回购市场交易头寸组成。因此，有一种情况是 $\xi_t(\pi,\zeta)=\xi_t(\pi)$ 和 $g_t(\pi,\zeta)=g_t(\pi)$ 不依赖于对冲 ζ（实数 π 代表银行对冲、抵押和融资组合的财富）。对冲相关的数据 ξ 和 g 的扩展可以在第 5 章找到，其与马尔科夫情况下具有相同的复杂性，并且不再有“内在”马尔科夫预设 TVA PIDE［如式（12.7）或式（5.42）］，其中预设 TVA PIDE 取决于一个人的对冲标准（见备注 5.3.8）。

根据数据 $\xi_t(\pi)$ 和 $g_t(\pi)$，第 4 章展示了 TVA 过程 Θ 作为一种解决方案，如何可以一直在［0，$\bar{\tau}$］上建模，如果其存在，以积分形式在随机时间间隔［0，$\bar{\tau}$］上有：

$$\beta_t\Theta_t = E_t\left[\beta_{\bar{\tau}}L_{\tau<T}\xi_\tau(P_{\tau-}-Q_{\tau-})+\int_t^{\bar{\tau}}\beta_s g_s(P_s-\Theta_s)\mathrm{d}s\right],t\in[0,\bar{\tau}] \quad (12.1)$$

本章的目的是展示如何在第 7 章到第 11 章的动态 Copula 模型的上下文中应用第三部分基本简化方法的适当扩展来求解方程（12.1）。

12.2.1 违约前设置

我们假设 $\tau=\min_{e\in E}\tau_e$，其中对于有限集合 E 中每个标记 e，τ_e 是具有强度 λ_t^e 和 $Q(\tau_e\neq\tau_{e'})$（对于 $e'\neq e$）的停止时间。对于任意标记 e，存在一类实数参数化的左连续半鞅 π，称为 $\tilde{\xi}_t^e(\pi)$，以至于对于事件 $\{\tau=\tau_e\}$，有：

$$\xi_\tau(\pi) = \tilde{\xi}_t^e(\pi) \quad (12.2)$$

对于任何参数化过程 χ_t^e，我们写出 $\lambda_t\cdot\chi_t=\sum_E\lambda_t^e\chi_t^e$。

引理 12.2.1 对于每一个 (G,Q) - 实值半鞅 Y，下面定义在 $t\in$［0，$\bar{\tau}$］的

过程是（局部）(G,Q)－鞅：

$$d\mu_t^Y = \xi_t(Y_{t-})dJ_t + \lambda_{t.}\ \tilde{\xi}_t(Y_t)dt \tag{12.3}$$

证明 用 J^e 来表示 τ_e 的生存过程，我们有 $dJ = \sum_{e\in E} dJ^e$，因此，依据式（12.2），式（12.3）也可表示为：

$$d\mu_t^Y = \xi_t(Y_{t-})\sum_{e\in E} dJ_t^e + \lambda_{t.}\ \tilde{\xi}_t(Y_t)dt = \sum_{e\in E}\tilde{\xi}_t(Y_{t-})(dJ_t^e + \lambda_t^e dt)$$

其中，每个和是一个（局部）鞅，作为半鞅（是一个可预测的和局部有界的被积函数）是对（局部）鞅的左连续形式的随机积分。

特别地，$\tilde{\gamma}_t = \sum_{e\in E}\lambda_t^e = \lambda_t L_E$ 是τ的违约强度。对于所有实数 $t\in[0,\bar{\tau}]$ 以及 π，我们写作：

$$\hat{f}_t(\pi) = g_t(\pi) + \lambda_{t.}\ \tilde{\xi}_t(\pi) - \tilde{r}_t(P_t - \pi) \tag{12.4}$$

式中，$\tilde{r}_t = r_t + \tilde{\gamma}_t$。

本章提出的扩展简化方法基于以下假设。

条件（A） 存在：

（**A.1**）$[0,T]$ 上的过滤 F，使得在 $[0,\bar{\tau}]$ 上有 $F_t\subseteq\partial_t$，约束在 $[0,\bar{\tau}]$ 上的 F－半鞅是 G－半鞅；

（**A.2**）概率测度 $\tilde{Q}$ 等价于 $F_{\bar{\tau}}$上的 Q，使得停止在τ－的任意 $(F,\tilde{Q})$－鞅是 (G,Q)－鞅[①]；

（**A.3**）F－渐进过程的一个簇$f_t(\vartheta)$（实数 ϑ 参数化），使得 $[0,\bar{\tau}]$ 上有 $\int_0^{\cdot}\hat{f}_t(P_t-\vartheta)dt = \int_0^{\cdot}f_t(\vartheta)dt$。

条件（A.3）是一个温和的技术假设，特别是，如果存在违约前过程 $\hat{f}_t(\pi)$，则满足该假设（参看引理 13.7.2 中经典的浸没设置）。条件（A.1）与 F 和 G 之间的（H'）－假设有关，这意味着 F－半鞅是 G－半鞅，参见 Bielecki、Jeanblanc 和 Rutkowski（2009）。（主）条件（A.2）显然成立，特别是当有 $(F,\tilde{Q})$－鞅在τ时不跳跃，然后“停止在τ－”简化为（A.2）中的“停止在τ”，任

① 我们指的是一个过程，即借助停止在τ－的过程，其在时间τ和之后的值等于该过程在时间τ的左极限。

何停止在τ的 $(F,\widetilde{Q})$ - 鞅是 (G,Q) - 鞅。在 $\widetilde{Q}=Q$ 的情况，这些性质与 F 浸入 G 的概念和 F - 伪停止时间τ的概念有关，这在 13.7.4 中提到（另见 5.2.1）。然而，即使在这种 $\widetilde{Q}=Q$ 的“浸没”情况下，考虑到 τ_e，本书建立的模型比 13.7 部分标准的信用风险简化模型更为丰富（另见 5.2.1），其中全模型过滤 G 作为参考过滤 F，逐步放大τ（或者第三部分中的 τ_b 和 τ_c）。事实上，相比随着τ甚至是 τ_b 和 τ_c 逐渐扩大的参考过滤而言，这里的过滤 G 更丰富（因为，特别是，它产生了所有的 τ_e 停止时间）。

特别地，在第三部分的基本设置中，与式（12.4）相比而言，条件（A）适用于（A.1）中的 $G=F\vee H$，（A.2）中的 $\widetilde{Q}=Q$ 和式（5.7）中定义的f，以及（A.3）中假设的 F - 适应。但条件（A）并不排除在时间τ的 F - 适应 càdlàg 过程的跳跃，见 Crépey 和 Song（2014）在 12.4 部分的共振模型中所提供的更详细的说明。然而，如引理 5.2.1（2）所示，参见引理 13.7.3（2），这样的跳跃在第三部分的基本设置中是不可能发生的。我们将在第 12.3 节和 12.4 节中展示，在第四部分的 DGC 和 DMO 模型中保持条件（A），第一个使用等值测度 $\widetilde{Q}\neq Q$，第二个使用等值测度 $\widetilde{Q}=Q$（但是一个精心挑选的亚过滤 F）。

让$\widetilde{E}_t$ 代表在 $\widetilde{Q}$ 下给出的条件期望 F_t，下述结果见 Crépey 和 Song（2014）。

命题 12.2.2 在条件（A）下，如果 $(F,\widetilde{Q})$ - 半鞅 $\widetilde{Q}$ 在 $[0,\ T]$ 上满足下列方程：

$$\widetilde{\Theta}_t = \widetilde{E}_t \int_t^T f_s(\widetilde{\Theta}_s)\,\mathrm{d}s, t \in [0,T] \tag{12.5}$$

那么 (G,Q) - 半鞅 Θ 定义为在 $[0,\ \bar{\tau}]$ 上有 $\Theta=\widetilde{\Theta}$，$\Theta_{\bar{\tau}} = L_{\tau<T}\xi_\tau(P_{\tau-} - \widetilde{\Theta}_{\tau-})$ 在 $[0,\ \bar{\tau}]$ 上满足全 TVA 方程（12.1）。

值得注意的是，式（12.5）是过程 $\widetilde{Q}_t$ 的 BSDE 数值格式（积分形式），以下称为违约前 TVA BSDE。命题 12.2.2 将推论 5.2.11 扩展到本章更一般的设置。此外，如 5.3 节所示，根据经典结果［参见例如 Crépey（2013）］，在违约前马尔科夫情形下，存在 R^q - 值 $(F,\widetilde{Q})$ - 马尔科夫因子过程 X，使得在 $[0,\ T]$ 上，有：

$$f_t(\vartheta) = f(t, X_t, \vartheta) \tag{12.6}$$

对于某些函数 $f(t,x,\vartheta)$，式（12.5）的解决方案 $\widetilde{\Theta}_t$ 可以表示为 $\widetilde{\Theta}(t,X_t)$，对于某些函数 $\widetilde{\Theta}(t,x)$ 满足以下半线性 PIDE：

$$\begin{cases} \widetilde{\Theta}(T,x) = 0, x \in R^q \\ (\partial_t + \chi)\widetilde{\Theta}(t,x) + f(t,x,\widetilde{\Theta}(t,x)) = 0, [0,T) \times R^q \end{cases} \tag{12.7}$$

其中，χ 是马尔科夫过程 X_t 的 $(F,\widetilde{Q})$ - 生成器。式（12.7）的任何 BSDE 或 PIDE 数值格式可用于计算 TVA $\widetilde{\Theta}$。

以上的实际结论是，在条件（A）的马尔科夫设置成立的情况下，我们可以用解决方案 $\widetilde{\Theta}_t = \widetilde{\Theta}(t,X_t)$ 来模拟上述 TVA 过程 Θ；只要它存在于相应的违约前 TVA BSDE（12.5）或 PIDE（12.7）［详见 Crépey（2012b），Crépey（2013）及里面的参考文献］。在接下来的两节中，我们证明了条件（A）的马尔科夫设置确实适用于第三部分的信用组合 TVA 模型（第 7 章的动态高斯 Copula - DGC 模型和第 8 章到第 10 章的动态 Marshall - Olkin - DMO 共振模型）。

设 $N = \{-1, 0, 1, \cdots, n\}$，$N^* = \{1, \cdots, n\}$，并回顾第三部分的方法论，通过引入适当的过滤，将 $(\tau_i)_{i \in N}$ 的 Copula 模型"信息动态化"，其中 $\tau_{-1} = \tau_b$ 和 $\tau_0 = \tau_c$ 用于模拟银行及其交易对手的违约时间，而 $(\tau_i)_{i \in N^*}$ 代表了作为双方信贷组合基础的参考实体池的违约时间。

12.3 动态高斯 Copula - TVA 模型

12.3.1 违约时间模型

首先，让我们简要回顾一下第 7 章的 DGC 模型。我们考虑多元布朗运动 $B = (B^i)_{i \in N}$ 具有两两相关 ρ，在其自身的过滤 F^B 下，具有一个定价概率测度 Q。对于任何 $i \in N$，设 h_i 是从 R_+ 到 R 的可微增函数，具有 $\lim_0 h_i(s) = -\infty$ 和 $\lim_{+\infty} h_i(s) = +\infty$。对于每个 $i \in N$，我们定义一个随机时间：

$$\tau_i = h_i^{-1}\left(\int_0^{+\infty}\zeta(u)\,\mathrm{d}B_u^i\right) \tag{12.8}$$

其中，$\zeta(\cdot)$ 是单位为 L^2 标准的平方可积函数。所以 τ_i 共同遵循 Li（2000）的标准（静态）高斯 Copula 模型，具有相关参数 ρ，τ_i 的边际分布函数为 $\Phi^\circ h_i$，Φ 是标准正态分布函数。为了使模型根据交易对手风险应用程序的要求动态化，对于任意 t，我们引入了一个模型过滤 G，给出了 F^B 被 τ_i 逐步放大的过程。

$$\partial_t = F_t^B \vee \bigvee_{i\in N} H_t^i$$

令：

$$m_t = (m_t^i)_{i\in N}, m_t^i = \int_0^t \zeta(u)\,\mathrm{d}B_u^i$$

$$\theta_t = (\theta_t^i)_{i\in N}, \theta_t^i = \tau_i L_{\{\tau i\leqslant t\}}$$

我们在第 7 章看到，对于过程 γ_t^i 和 λ_t^i 的形式如下：

$$\gamma_t^i, \lambda_t^i = \gamma_i, \lambda_i(t, m_t, \theta_t) \tag{12.9}$$

G – 布朗运动 $\mathrm{d}W_t^i = \mathrm{d}B_t^i - \gamma_t^i \mathrm{d}t$ 和 G – 补偿违约指示过程 $\mathrm{d}M_t^i = \mathrm{d}L_{\tau i\leqslant t} - \lambda_t^i \mathrm{d}t$ 具有 G – 鞅表现性质。此外，过程（m_t, θ_t）是 G – Markov，具有作用于每个函数 $u = u(t, m, \theta)$ 的生成器。

$$Au = \partial_t u + A_m u + \sum_{i\in N}\lambda_i \delta_i u \tag{12.10}$$

式中，

$$A_m u = \zeta\sum_{i\in N}\gamma_i \partial_{m_i} u + \frac{\zeta^2}{2}\left(\sum_{i\in N}\partial_{m_i^2}^2 u + \rho\sum_{i\neq j\in N}\partial_{m_i,m_j}^2 u\right) \tag{12.11}$$

和

$$\delta_i u(t, m, \theta) = u(t, m, \theta^{i,t}) - u(t, m, \theta)$$

式中，$\theta^{i,t}$ 表示用 t 代替 i 后的 θ。

12.3.2 违约前 TVA 模型

一个简化的 DGC 设置现在将被用作一个适用于信用衍生品的违约前 TVA 模型，标记空间为 τ 由下式给出：

$$E = \{-1, 0\}$$

在相关假设（12.2）下，对于 $i = -1$，0 和事件 $\{\tau = \tau_i\}$，存在一个连续函

数$\tilde{\xi}_i$满足：

$$\xi_\tau(\pi) = \tilde{\xi}_i(\tau, m_\tau, \theta_{\tau-}; \pi) \tag{12.12}$$

Crépey 和 Song（2014）讨论了这一假设，它适用于持有 CDS 合同和 CDO 合约的任何投资组合［还取决于 CSA 价值和位于$\xi_t(\pi)$的抵押品过程 Q 和 Γ 的性质］。

通过简化 DGC 模型，我们得到$X_t = (m_t, \tilde{\theta}_t)$，式中$\tilde{\theta}_t = (\theta_t^i)_{i \in N^*}$，由布朗运动 B 产生的参考过滤 $F = (F_t)$ 和参考名称 $i \in N^*$ 的违约时间，有：

$$F_t = F_t^B \vee \bigvee_{i \in N^*} H_t^i$$

简化模型具有类似完整 DGC 模型的马尔科夫和鞅性质，但有明显的修改。特别地，现在给出了相关的基本(F, Q)－鞅如下：

$$d\overline{W}_t^i = dB_t^i - \overline{\gamma}_t^i dt, i \in N; d\overline{M}_t^i = dL_{\tau i \leqslant t} - \overline{\lambda}_t^i dt, i \in N^* \tag{12.13}$$

式中，

$$\overline{\gamma}_t^i = \overline{\gamma}_i(t, m_t, \tilde{\theta}_t), \overline{\lambda}_t^i = \overline{\lambda}_i(t, m_t, \tilde{\theta}_t) \tag{12.14}$$

让我们把量度改为$\tilde{Q}$，令$\theta = (0, 0, \tilde{\theta})$，对于$\tilde{\theta} \in R_+^n$，使得$B_t^i$，$i \in N$ 和$L_{\tau i \leqslant t}$，$i \in N^*$的$(F, \tilde{Q})$－强度分别等于：

$$\begin{aligned} \tilde{\gamma}_t^i &= \tilde{\gamma}_i(t, m_t, \tilde{\theta}_t) := \gamma_i(t, m_t, \theta_t) \\ \tilde{\lambda}_t^i &= \tilde{\lambda}_i(t, m_t, \tilde{\theta}_t) := \lambda_i(t, m_t, \theta_t) \end{aligned} \tag{12.15}$$

因此，基本$(F, \tilde{Q})$－鞅可以写作：

$$d\widetilde{W}_t^i = dB_t^i - \tilde{\gamma}_t^i dt, i \in N; d\widetilde{M}_t^i = dL_{\tau i \leqslant t} - \tilde{\lambda}_t^i dt, i \in N^* \tag{12.16}$$

值得注意的是，在空间 τ 前，我们有：

$$\gamma_t^i = \tilde{\gamma}_t^i, \lambda_t^i = \tilde{\lambda}_t^i$$

因此，直到 τ，我们有：

$$W_t^i = \widetilde{W}_t^i, M_t^i = \widetilde{M}_t^i$$

X_t的$(F, \tilde{Q})$－生成器作用于每个函数$u = u(t, m, \tilde{\theta})$为：

$$\chi_u = \partial_t u + \chi_m u + \sum_{i \in N^*} \tilde{\lambda}_i \delta_i u \tag{12.17}$$

其中［相比（12.11）］：

$$\chi_m u = \zeta \sum_{i \in N} \tilde{\gamma}_i \partial_{m_i} u + \frac{\zeta^2}{2}\left(\sum_{i \in N} \partial^2_{m_i^2} u + \rho \sum_{i \neq j \in N} \partial^2_{m_i, m_j} u \right) \tag{12.18}$$

在τ前，每一种依赖结构简化为依赖$\tilde{\theta}_t$。在附加假设下，过程 r_t、$g_t(\pi)$（对于任何实数 π）和 P_t 在τ之前由（t, X_t）的连续函数给出（以下用与相关过程相同的字母表示的函数），那么根据式（12.4），我们有：

$$\hat{f}_t(P_t, \vartheta)\,\mathrm{d}t = f(t, X_t, \vartheta)\,\mathrm{d}t, t \in [0, \bar{\tau}]$$

对于函数f，其中对于任何 $\tilde{\theta} \in R^n_+$，有 $\theta = (0, 0, \tilde{\theta})$，于是有：

$$\begin{aligned} f(t, m, \tilde{\theta}, \vartheta) + r(t, m, \theta)\vartheta &= g(t, m, \theta; P(t, m, \theta) - \vartheta) \\ &+ \lambda_{-1}(t, m, \theta)\tilde{\xi}_{-1}(t, m, \theta; P(t, m, \theta) - \vartheta) \\ &+ \lambda_0(t, m, \theta)\tilde{\xi}_0(t, m, \theta; P(t, m, \theta) - \vartheta) \\ &- \gamma(t, m, \theta)\vartheta \end{aligned} \tag{12.19}$$

总之，条件（A）适用于（A.2）中式（12.15）定义的度量 $\tilde{Q}$ 和（A.3）中系数 $f_t(\vartheta)$：$= f(t, X_t, \vartheta)$ 的马尔科夫设置，函数 $f = f(t, m, \tilde{\theta}, \vartheta)$ 由式（12.19）给出。

12.4 动态 Marshall – Olkin – Copula – TVA 模型

上述动态高斯 Copula（DGC）模型足以处理 CDS 合约组合的 CVA 问题。如果 CDO 合约也存在于参考投资组合中，那么高斯 Copula 依赖结构就不够丰富。相反，我们可以使用第 8 章到第 10 章的动态 Marshall – Olkin（DMO）共振模型。

12.4.1 违约时间模型

让我们简要回顾一下这个模型。我们定义了一定数量 m（数量 m 很小，通常只有几个单位）的债务人集 $I_j \subseteq N$，这些债务人可能同时违约，$l = 1$，…，m。其思想是，在每一时刻 t，债务人 I_j 组（债务人 I_j 组在时刻 t 仍然存在）尚未破产的幸存者同时违约的概率为正。设 $I=\{I_1,\cdots,I_m\}$，$y=\{\{-1\},\{0\},\{1\},\cdots,\{n\},I_1,\cdots,I_m\}$。对于 $Y\in y$，在定价测度 Q 下，具有非负常数 a 和 c，非负函数 $b_Y(t)$ 和独立布朗运动 W^Y（在它们自己的过滤 F^W 中），假设冲击强度过程 X^Y 以扩展 CIR 过程的形式给出。

$$dX_t^Y = a(b_Y(t) - X_t^Y)dt + c\sqrt{X_t^Y}dW_t^Y \tag{12.20}$$

备注 12.4.1 恒定强度 $X_t^Y=b_Y(t)$ 的情况可嵌入该框架作为"无限均值回归速度" a 的极限情况，见 Bielecki、Cousin、Crépey 和 Herbertsson（2013b）。

对于任何 $Y\in y$，我们定义：

$$\eta_Y = \inf\{t>0;\int_0^t X_s^Y ds > \varepsilon_Y\}$$

其中，ε_Y 是独立同分布（i. i. d.）标准指数随机变量。那么，对于任何债务人 $i\in N$，我们设置：

$$\tau_i = \min_{\{Y\in y;i\in Y\}}\eta_Y, H_t^i = L_{\tau i\leqslant t} \tag{12.21}$$

我们考虑动态模型 $(X_t,H_t)=((X_t^Y)_{Y\in y},(H_t^i)_{i\in N})$，对于 $t\geqslant 0$，相对过滤 G，使得：

$$\partial_t = F_t^w \vee \bigvee_{i\in N} H_t^i$$

如 Bielecki、Cousin、Crépey 和 Herbertsson（2013a）所著的第一部分，(X,H) 是一个马尔科夫过程，其中无穷小生成器 A 作用于每个函数 $u=u(t,x,k)$，其中 $t\in R_+,x=(x_Y)_{Y\in y}$，$k=(k_i)_{i\in N}$。

$$Au(t,x,k) = A_x u(t,x,k) + \sum_{Y\in y} x_Y \delta_Y u(t,x,k) \tag{12.22}$$

其中，$A_x u = \sum_{Y\in y}\left(a(b_Y(t)-x_Y)\partial_{x_Y}u + \frac{1}{2}c^2 x_Y \partial_{x_Y}^2\right)u$

在这里，对于 $Y\in y$，我们表示：

$$\delta_Y u(t,x,k) = u(t,x,k^Y) - u(t,x,k)$$

其中，k^Y 表示由 $k=(k_i)_{i\in N}$ 通过将分量 $k_i(i\in Y)$ 替换得到的向量。在且仅在每个集合 $Z\subseteq N$ 中出现的联合违约事件的指示过程 H^Z 的可预测强度 λ_t^Z，我们有如下表达式：

$$\lambda_t^Z = \lambda_Z(t,X_t,H_{t-}) = \sum_{Y\in y;Y_t=Z} X_t^Y \tag{12.23}$$

其中，对于任何 $Y\in y$，Y_t 代表 Y 组尚未破产的幸存者"在时间 t 之前"。因此，

$Y_t = Y \cap \text{supp}^c(H_{t-})$。所以，对于 $t \in [0, T]$，用 M^Z 表示相应的补偿集事件鞅。

$$dM_t^Z = dH_t^Z - \lambda_t^Z dt \tag{12.24}$$

W^Y 和 M^Z 具有 (G,Q) – 鞅表现性质。

12.4.2 TVA 模型

对于标记空间 τ，DMO 设置也可用作信贷组合 TVA 模型，由下式给出：

$$E = \{Z \subseteq N; -1/0 \in Z\}$$

对于每个事件 $\{\tau = \tau_Z\}$，假设式（12.2）在当前设置中存在函数 $\tilde{\xi}$ 满足：

$$\xi_\tau(\pi) = \tilde{\xi}(\tau, X_\tau, H_{\tau-}, H_{\tau-}^Z; \pi) =: \tilde{\xi}_\tau^Z(\pi) \tag{12.25}$$

值得注意的是，为了满足下面的式（12.27），我们确实需要式（12.25）中的

$$\text{“}\tilde{\xi}(\tau, X_\tau, H_{\tau-}, H_{\tau-}^Z; \pi)\text{”}$$

“$\tilde{\xi}(\tau, X_\tau, H_{\tau-}, H_{\tau-}^Z; \pi)$”与式（12.12）比较而言，与不同具体的“$\tilde{\xi}_Z(\tau, X_\tau, H_{\tau-}; \pi)$”相反。但这很好，因为正如 Crépey 和 Song（2014）中讨论的，其在应用程序中保持不变。

同时，对于至少一个 $Y \in y$，令 $\mathbb{Z}_t = \{Z \subseteq N; Z = Y_t\} \setminus \phi$

表示在时间 t 前 y 中 Y 组的所有非空幸存者集。令：

$$\mathbb{Z}_t^{\cdot} = \{Z \in \mathbb{Z}_t; -1/0 \in Z\} = \mathbb{Z}_t \cap E$$

值得注意的是，对于 $Z \notin \mathbb{Z}_t$，式（12.23）中的 λ_t^Z 不复存在。因此，对于 $t \in [0, \bar{\tau}]$，式（12.4）中的系数 $\hat{f}_t(P_t - \vartheta)$ 由下式给出：

$$\hat{f}_t(P_t - \vartheta) + r_t\vartheta = g_t(P_t - \vartheta) + \sum_{Z \in \mathbb{Z}_t^{\cdot}} \lambda_t^Z \tilde{\xi}_t^Z(P_t - \vartheta) - \gamma_t\vartheta \tag{12.26}$$

此外，令：

$$y_t^{\cdot} = \{Y \in y; -1/0 \in Y_t\}$$

对于以下形式的过程：

$$V(\tau, X_\tau, H_{\tau-}, H_{\tau-}^Z) \tag{12.27}$$

通过式（12.23），我们得到：

$$\sum_{Z\in \mathcal{Z}_t}\lambda_t^Z V(t,X_\tau,H_{t-},H_{t-}^Z) = \sum_{Z\in \mathcal{Z}_t}(\sum_{Y\in y_t^*;Y_t=Z}X_t^Y)V(t,X_\tau,H_{t-},H_{t-}^Z)$$

$$= \sum_{Z\in \mathcal{Z}_t}(\sum_{Y\in y_t^*;Y_t=Z}X_t^Y V(t,X_\tau,H_{t-},H_{t-}^Z)) = \sum_{Y\in y_t^*}X_t^Y V(t,X_\tau,H_{t-},H_{t-}^Y)$$

其中，对于 $Y\in y$，中间等式来自 $H_{t-}^Z = H_{t-}^Y$，使得 $Y_t = Z$。特别是鉴于式（12.25）的第二个等式符合式（12.27），我们得到：

$$\gamma_t = \sum_{Z\in \mathcal{Z}_t}\lambda_t^Z = \sum_{Y\in y_t^*}X_t^Y,\sum_{\mathcal{Z}_t}\lambda_t^Z\tilde{\xi}_t^Z(\pi) = \sum_{Y\in y_t^*}X_t^Y\tilde{\xi}_t^Y(\pi) \tag{12.28}$$

因此，通过式（12.26）得到：

$$\hat{f}_t(P_t-\vartheta)+r_t\vartheta = g_t(P_t-\vartheta)+\sum_{Y\in y_t^*}X_t^Z(\tilde{\xi}_t^Y(P_t-\vartheta)-\vartheta) \tag{12.29}$$

12.4.3 简化 TVA 方法

下一步，我们想在违约前 Markov - TVA 方法中使用一个简化的 DMO 模型。设 $\tilde{y} = \{\{1\},\cdots,\{n\}\}\cup \check{I}$，其中 $\check{I}$ 由 I 中不包含或 0 的 I_j 组成。对于任何债务人 $i\in N^*$，定义下式：

$$\tilde{\tau}_i = \min_{\{Y\in\tilde{y};i\in Y\}}\eta_Y,\widetilde{H}_t^i = L_{\tilde{\tau}_i\leqslant t}$$

我们将使用简化模型 $X_t = (X_t,\widetilde{H}_t)$，式中 $\widetilde{H} = (\widetilde{H}^i)_{i\in N^*}$，其$\widetilde{H}^i$ 的过滤为 $(\widetilde{H}_t^i)$，对于任何 t，相对于过滤 F，有：

$$F_t = F_t^W \vee \bigvee_{i\in N^*}\widetilde{H}_t^i$$

对于不变的概率测度 $\widetilde{Q} = Q$。借助马尔科夫 Copula DMO 特征［见 Bielecki、Cousin、Crépey 和 Herbertsson（2013a）第一部分］，简化模型是（F,Q）-［事实上，也可以是（G,Q）-］马尔科夫模型，以下生成器的符号说明类似于式（12.22）：

$$\chi_u(t,x,\tilde{k}) = A_x u(t,x,\tilde{k}) + \sum_{Y\in\tilde{y}}x_Y\delta_Y u(t,x,\tilde{k}) \tag{12.30}$$

此外，对于 $Z\subseteq N^*$，令：

$$d\widetilde{M}_t^Z = dH_t^Z - \widetilde{\lambda}_t^Z dt, \widetilde{\lambda}_t^Z = \sum_{Y \in \check{y}; Y_t = Z} X_t^Y \quad (12.31)$$

$W^Y(Y \in y)$ 和 $\widetilde{M}^Z(Z \subseteq N^*)$ 具有 (F,Q) - 鞅表现性质。还要注意，对于 $Z \subseteq N^*$，在 $\{t \leqslant \bar{\tau}\}$ 上有 $\widetilde{M}_t^Z = M_t^Z$，因为通过式（12.23）和式（12.31）有：

$$L_{\{t \leqslant \bar{\tau}\}} \lambda_t^Z dt = L_{\{t \leqslant \bar{\tau}\}} \widetilde{\lambda}_t^Z dt$$

当然，在τ之前，H_t 中的每一种依赖性都简化为$\widetilde{H}_t$ 中的一种依赖性。令：

$$y^{\cdot} = \{Y \in y; -1/0 \in Y\}$$

在附加假设下，作为 (t, X_t) 的连续函数（以下用与相关过程相同的字母表示的函数），过程 $r_t, g_t(\pi)$（π 为任何实数）和 P_t 在空间τ前面给出。那么，鉴于式（12.29）我们有：

$$\hat{f}_t(P_t - \vartheta)dt = f(t, X_t, \vartheta), t \in [0, \bar{\tau}]$$

对于任何 $\tilde{k} \in \{0,1\}^n$，设 $k = (0,0,\tilde{k})$，则给定的函数f由下式给出：

$$\begin{aligned} f(t,x,\tilde{k},\vartheta) + r(t,x,k)\vartheta &= g(t,x,k,P(s,m,k) - \vartheta) \\ &+ \sum_{Y \in y^{\cdot}} x_Y(\tilde{\xi}(t,x,k,k^Y;P(t,x,k) - \vartheta) - \vartheta) \end{aligned} \quad (12.32)$$

值得注意的是，在τ时不跳跃的 F - 鞅和另一个停止在τ的 F - 鞅都是 G - 鞅，通过鞅表示性质证明了它在完全和简化 DMO 模型（均在 Q 下）中的有效性。因此，条件（A）与（A.2）中的 $\widetilde{Q} = Q$ 和（A.3）中系数$f_t(\vartheta) := f(t, X_t, \vartheta)$ 的马尔科夫设置保持一致，其中函数 $f = f(t,x,\tilde{k},\vartheta)$ 由式（12.32）给出。

结论

正如在动态 Marshall - Olkin（DMO）共振模型中一样，动态高斯 Copula（DGC）模型在［0，T］上有一个违约前 TVA 方程，可用于纯正向（非线性）模拟方案。使用我们通常的 $\xi_t(\pi)$ 违约风险头寸设置［参见式（4.36）］和融资系数 g_t，然后可以按照式（6.15）的方式，以 CVA、DVA、LVA 和 RC 分解公式（12.4）和随后的表达式（12.19）（在 DGC 模型中）或式（12.32）（在

DMO 模型中）。在这一方向上的进一步发展见 Crépey 和 Song（2014），使用带有标记的违约时间作为统一的建模工具，不仅可以处理如上所示的交易对手风险和信贷衍生品融资风险，而且可以更广泛地考虑各种可能的错向风险和缺口风险场景及其特征。

第六部分
数学附录

13

随机分析前提条件

这一章是关于随机分析的前提条件说明，对这本书很有用。主要参考了 Cont 和 Tankov（2004）、Ikeda 和 Watanabe（1989）、Protter（2004）、Kunita（2010）和 Crépey（2013）的相关文献。

设置

设有限时间范围 $T>0$，概率空间 (Ω,∂,Q) 和过滤 $G=(\partial_t)_{t\in[0,T]}$ 满足完全性和右连续性的一般条件。设一个可测的标记空间 (E,B_E,c) ①，其中 c 是 (E,B_E) 上非负的 σ - 有限测度。

违约情况下，任何随机变量都必须是 ∂ - 可测量的，任何过程都是在时间间隔 $[0,T]$ 上定义且是 G - 自适应的，任何（非负）随机测量 λ 定义于 $[0,T]\times E$，这样对于任何 $O\in B_E$，$\lambda_t(O)=\lambda([0,t]\times O)$ 是 G - 适应的。随机量之间的所有不等式视情况几乎可以肯定地理解为 dQ -，几乎 $dt\otimes dQ$ - 或者 $dt\otimes dQ\otimes c(de)$ 无处不在。为简单起见，我们在符号中省略了 w（见 13.1.2 节）的任何依赖性。

① 典型的 Euclidean 集合具有它的 Borel σ - 域或有限的标记空间，赋予其幂集为 σ - 域。

13.1 随机积分

在这一节中，我们给出了半鞅和随机测度积分理论的一个非常简短的介绍。

13.1.1 半鞅

正如 Protter（2004）所强调的，半鞅构成了一类积分过程，从而产生了最灵活的随机积分理论。在数理金融中，将交易资产的价格建模为半鞅的另一个动机是，除非对交易策略施加相当强的条件，否则这一类积分过程以外的价格过程会产生套利。在满足一般条件的过滤中，每一个半鞅都可以看作 càdlàg（“左限右连续”的法语缩写）。因此，本书中考虑的所有半鞅都被理解为 càdlàg。在几个等价刻画之一中，半鞅 X 可以表示为局部鞅 M 和有限变分过程 D 的和，其中，局部鞅 M 允许停止时间 T_n 为递增和发散序列，使得每个停止的过程 $M_{\cdot \wedge T_n}$是（真）鞅，并且有限变分过程是从 0 开始的两个非递减过程之间的差。

回想一下，鞅是局部鞅，局部有界鞅是鞅。然而，一般而言，局部鞅不是鞅：例如，无漂移扩散过程是局部鞅，但不一定是鞅。

上述任何表达式 $X = D + M$ 称为 X 的 Doob - Meyer 分解。Doob - Meyer 分解通常不是唯一的。然而，如果存在 D 可预测的 X 的 Doob - Meyer 分解，则这种分解是唯一的，称为特殊半鞅 X 的规范 Doob - Meyer 分解。关于可预测性，在本书中只要知道任何（适应的）左连续过程或任何确定性过程（时间的 Borel 函数）都是可预测的就足够了。一类特殊半鞅的规范 Doob - Meyer 分解的唯一性可以等价地表示如下。

命题 13.1.1 唯一可预测的有限变分局部鞅（特别是唯一的时间可微局部鞅）是空过程（null process）。

此外，一个特殊半鞅的局部鞅分量可以分解为连续局部鞅和纯不连续局部鞅之和（或从 0 开始的跳跃补偿之和）。

可预测局部有界过程 Z 关于半鞅 X 的随机积分定义为①：

$$Y_t = \int_0^t Z_s \mathrm{d}X_s = \int_0^t Z_s \mathrm{d}D_s + \int_0^t Z_s \mathrm{d}M_s \tag{13.1}$$

其中，$X = D + M$ 是 X 的 Doob - Meyer 分解，而 $\int_0^t Z_s \mathrm{d}M_s$ 是由 M 的局部化定义的。一个值得注意的事实是，相应的随机积分概念独立于式（13.1）中使用的 X 的 Doob - Meyer 分解。可预测的和局部有界的过程尤其包括所有左极限过程 Z，其形式为 $Z = \tilde{Z}_-$，其中 $\tilde{Z}$ 是 càdlàg 过程（如半鞅）。

命题 13.1.2 如果 X 是局部鞅，积分过程 Y 也是局部鞅。

在连续积分器 X 的情况下，可以为一类大于可预测和局部有界过程的被积函数定义随机积分 Y，即在适当的可积条件下，为渐进可测的被积函数 Z 定义随机积分 Y。如果 Z 存在左极限过程 Z_-，那么有：

$$\int_0^t Z_s \mathrm{d}X_s = \int_0^t Z_{s_-} \mathrm{d}X_s \tag{13.2}$$

13.1.2 随机测度积分理论

随机测度对于描述无限活动跳跃过程是有用的。我们可以运用相应的积分理论处理涉及这类过程的随机微分方程。此方面的更多内容请读者参考 Kunita（2010）、Ikeda 和 Watanabe（1989）、Cont 和 Tankov（2004）的相关文献。

给定（$[0,T] \times E, B([0,T]) \otimes B_E$）上的非负 σ - 有限（确定性）测度 ρ，强度测度 ρ 在（$[0,T] \times E, B([0,T]) \otimes B_E$）上补偿 n 的泊松随机测度 $n = (n(\mathrm{d}t, \mathrm{d}e))_{t \in [0,T], e \in E}$ 表示为 $B^* = \{B \in B([0,T]) \otimes B_E; 0 < \rho(B) < \infty\}$。

特别说明

（1）对于所有 w，$n(\cdot, w)$ 是 $[0, T] \times E$ 上的计数测度（counting measure），即 $[0, T] \times E$ 上的一个 $N \cup \{\infty\}$ - 值测度，使得对于 $t \in [0, T]$，$n(\{t\} \times E, w) \leqslant 1$。

（2）对于 B^* 中每个不相交的 B_1，…，B_n，随机变量 $n(B_1), \cdots, n(B_n)$ 是独立的。

---

① 尤其是几乎所有的路径都有界，应该注意的是，局部有界实际上意味着“局部一致有界”。

（3）对于所有 $B \in B^*$，$n(B)$ 是平均值为 $\rho(B)$ 的泊松分布。

泊松随机测度 n 的典型例子是对于任何 $s<t$ 和 $O \in B_E$ 定义的测度，形式为：

$$n((s,t] \times O) = \#\{r \in (s,t];\Delta X_r \in O\} \tag{13.3}$$

对于某些加性过程 X，其定义如下：

定义 13.1.3 如果满足以下条件，从零开始，G－适应的实值随机过程 $(X_t)_{t\in[0,T]}$ 称为加性（或时间不均匀 Lévy）过程。

（1）X 是随机连续的，即对于任何 $0 \leqslant t \leqslant T$ 和 $\in >0$，有：

$$\lim_{s \to t} P(|X_t - X_s| > \in) = 0$$

（2）X 相对于 F 有独立的增量，即对于任何 $0 \leqslant s \leqslant t \leqslant T$，随机变量（$X_t - X_s$）独立于 F_s（即任何 F_s－可测随机变量）。

我们可以证明一个加性过程 X 是一个半鞅，这里考虑了 càdlàg 过程。值得注意的是，上述定义中的第一个条件并不意味着 X 的路径具有连续性，例如泊松过程（与布朗运动一样，是 Lévy 过程）。这种情况只是为了避免不必要的“日历效应”，例如 X 在固定时间上跳跃。实际上，我们可以证明加性过程 X 是准左连续的，这对于 càdlàg 过程等价于在可预测的停止时刻具有连续性。这意味着存在一系列完全不可接近的停止时间 T_n（可数但可能不可序）耗尽 X 的跳跃，因此式（13.3）可以等价地用微分形式表示为：

$$n(\mathrm{d}t,\mathrm{d}e) = \sum_n \delta_{T_n,\Delta X_{T_n}}(\mathrm{d}t,\mathrm{d}e)$$

式中，ΔX_{T_n} 是 X 在 T_n 的跳跃，$\delta_{T_n,\Delta X_{T_n}}$ 是在（随机）点（$T_n,\Delta X_{T_n}$）的狄拉克测度。

备注 13.1.4 由于加性过程对过滤 G 有独立的增量，因此它是一个 G－马尔科夫过程。

因此，假设 n 的补偿器 ρ 的分解形式 $\rho(\mathrm{d}t,\mathrm{d}e) = c(\mathrm{d}e)\mathrm{d}t$，对于 (E,B_E) 上的有限（确定性）跳跃测度 c；就是 Lévy 过程 X 的计数测度的情况，其中 Lévy 过程 X 的相关内容见定义 13.1.5：

定义 13.1.5 Lévy 过程 X 是一个时间均匀的加性过程，这意味着它除了满足定义 13.1.4 中的条件外，还要求 X 具有固定增量，即对于任何 $0 \leqslant s \leqslant t \leqslant T$，随机变量 $X_{t+s} - X_t$ 的分布不依赖于 t。

因此，度量 c 与 Lévy 过程有关，称为 Lévy 测量，它满足以下可积条件：

$$\int_E \frac{|e|^2}{1+|e|^2} c(\mathrm{d}e) < \infty$$

通常写为：

$$\int_E (1 \wedge |e|^2) c(\mathrm{d}e) < \infty$$

可预测被积函数 $V = V_t(e)$ 是指一个实值随机函数 $V_t(w,e)$，通过 $[0,T] \times \Omega$ 上可预测的 σ – 代数与 B_E 的乘积进行测度。

因为 $n(\mathrm{d}t, \mathrm{d}e)$ 和 $\rho(\mathrm{d}t, \mathrm{d}e)$ 是非负的 σ – 有限测度，我们可以在 Lebesgue – Stieltjes 的路径意义上定义 V 关于 n 和 ρ 的积分 $V_t \cdot \mathrm{d}n_t$ 和 $V_t \cdot c\mathrm{d}t$，表达式如下：

$$\begin{aligned} \int_0^{\cdot} V_t \cdot \mathrm{d}n_t &= \int_0^{\cdot}\int_E V_t^+(e) n(\mathrm{d}t, \mathrm{d}e) - \int_0^{\cdot}\int_E V_t^-(e) n(\mathrm{d}t, \mathrm{d}e) \\ \int_0^{\cdot} V_t \cdot c\mathrm{d}t &= \int_0^{\cdot}\int_E V_t^+(e) c(\mathrm{d}e)\mathrm{d}t - \int_0^{\cdot}\int_E V_t^-(e) c(\mathrm{d}e)\mathrm{d}t \end{aligned} \tag{13.4}$$

式中，等式右边的术语在任何时候都有：

$$\int_0^{\cdot}\int_E |V_t(e)| n(\mathrm{d}t, \mathrm{d}e) < \infty, \int_0^{\cdot}\int_E |V_t(e)| c(\mathrm{d}e)\mathrm{d}t < \infty$$

此外，可以证明，如果第二个条件几乎肯定成立（“$V \in P_{loc}^1$” 在下面的表示法中介绍），那么第一个条件也是成立的。

如果不能很好地定义 $V_t \cdot c\mathrm{d}t$ 和 $V_t \cdot \mathrm{d}n_t$，就补偿泊松测度 $m(\mathrm{d}t, \mathrm{d}e) = n(\mathrm{d}t, \mathrm{d}e) - \rho(\mathrm{d}t, \mathrm{d}e)$ 而言，仍然可以定义 V 的随机积分 $V_t \cdot \mathrm{d}m_t$。我们请读者参考 Kunita（2010）［另见 Ikeda 和 Watanabe（1989）］，使用定义 13.1.3 中泊松随机测度的性质来构造此随机积分。例如，对于任何 $V \in P_{loc}^1$，都有：

$$V_t \cdot \mathrm{d}m_t = V_t \cdot \mathrm{d}n_t - V_t \cdot c\mathrm{d}t \tag{13.5}$$

我们引入可预测被积函数空间，对于 P 和 P_{loc}，可预测被积函数 V 的空间分别为：

$$E\int_0^T \frac{|V_t|^2}{1+|V_t|} \cdot c\mathrm{d}t < \infty, \int_0^T \frac{|V_t|^2}{1+|V_t|} \cdot c\mathrm{d}t < \infty \tag{13.6}$$

对于 P^1 和 P_{loc}^1，可预测被积函数 V 的空间分别为：

$$E\int_0^T |V_t| \cdot c\mathrm{d}t < \infty, \int_0^T |V_t| \cdot c\mathrm{d}t < \infty \tag{13.7}$$

对于 P^2 和 P_{loc}^2，可预测被积函数 V 的空间分别为：

$$|V|^2 \in P^1, P_{loc}^1$$

对于这些空间中的任何一个，用 Q 表示，如果对于某些 $U \in Q$，存在 $|V| \leqslant |U|$，则我们有 $V \in Q$。特别是在 Lévy 测度 $c(\mathrm{d}e)$ 积分 $1 \wedge |e|^2$ 的情况下（$1 \wedge |e| \in P_{loc}$），只要 $|V_t(e)| \leqslant C(1 \wedge |e|)$ 成立，我们就有 $V \in P_{loc}$。还要注意的是，对于 $i=1$，2，有 $P^i \subseteq P^i_{loc} \subseteq P_{loc}$。对于 $c(E) < \infty$ 的有限跳跃测度 c，我们得到：

$$P^2 \subseteq P^1 = P, P^2_{loc} \subseteq P^1_{loc} = P_{loc}$$

所有上述（概念、空间和符号）都被扩展到向量值被积函数的情形。

如果 V 分别位于 P_{loc}、P、P^2_{loc}、P^2 中，则随机积分 $V_t \cdot \mathrm{d}m_t$ 产生了一个定义良好的局部鞅，分别为鞅、局部平方可积局部鞅、平方可积鞅。对于实值 $V \in P^2$，我们有如下“泊松测度等距性质”，它在随机积分 $\int_0^{\cdot} V_t \cdot \mathrm{d}m_t$ 的构造中起着核心作用：

$$Var\left(\int_0^T V_t \cdot \mathrm{d}m_t\right) = E\left(\int_0^T V_t^2 \cdot c\mathrm{d}t\right)$$

与参数 λ 的泊松过程 N_T 的已知恒等式 $VarN_T = \lambda T = EN_T$ 一致。更多细节和属性见 Kunita（2010）或 Ikeda 和 Watanabe（1989）。

13.2 伊藤过程

除了上述泊松随机测度 n 和分解强度测度 $c\mathrm{d}t$ 和补偿测度 $m(\mathrm{d}t, \mathrm{d}e) = n(\mathrm{d}t, \mathrm{d}e) - c(\mathrm{d}e)\mathrm{d}t$ 以外，我们假设存在于相同的随机基上 $W = (W_t)_{t \in [0,T]}$ 是一个标准的 q - 维布朗运动。我们以下将介绍逐步可测量过程的空间。

对于 M^1 和 M^1_{loc}，逐步可测实被积函数 Z 的空间为：

$$E\int_0^T |Z_t| \mathrm{d}t < \infty, \int_0^T |Z_t| \mathrm{d}t < \infty \tag{13.8}$$

对于 M^2 和 M^2_{loc}，逐步可测实被积函数 Z 的空间为：

$$|Z|^2 \in M^1, M^1_{loc}$$

对于任何实数 $P \geqslant 2$ 的 S^p，逐步可测实被积函数 Y 的空间为：

$$\| Y \|_{S_p} = \left(E\left\{\sup_{t \in [0,T]} |Y_t|^p\right\}\right)^{\frac{1}{p}} < \infty$$

我们也用同样的字母表示这些空间到向量或矩阵情形的分量扩展。给定一个 q - 维随机向量 b_t，矩阵 σ_t 和函数 $j_t(e)$，我们考虑一个 q - 变量伊藤（Itô）过程 X，所以有：

$$\mathrm{d}X_t = b_t\mathrm{d}t + \sigma_t\mathrm{d}W_t + j_t \cdot \mathrm{d}m_t \tag{13.9}$$

假设右边连续项具有明确性：

$$b \in M_{loc}^1, \sigma \in M_{loc}^2, j \in P_{loc} \tag{13.10}$$

特别是一个 Itô 过程是一个特殊的半鞅，其规范 Doob – Meyer 分解由式（13.9）给出。该分解的第二项和第三项是 X 的连续局部鞅和纯间断局部鞅分量。如果 $\sigma \in M^2$ 和 $j \in P$，式（13.9）中相应的局部鞅项是真鞅（对于第二项，在 S^2 中是平方可积鞅）。或者，将式（13.10）中条件 $j \in P_{loc}$ 强化到 $j \in P_{loc}^2$（将 $\sigma \in M_{loc}^2$ 强化到 $\sigma \in M^2$，或将 $j \in P_{loc}$ 强化到 $j \in P^2$），我们将谈论一个 Itô 局部可积二次变分过程（可积二次变分过程）。在这种情况下，式（13.9）中的局部鞅项都是局部平方可积鞅（平方可积鞅）。“二次变化”术语是指过程 X 的二次变化（或方括号，有括号的定义见备注 13.2.10）的概念，将在 13.2.2 中介绍。

13.2.1 有限变差跳跃

我们首先假设 $j \in P_{loc}^1$。这种情况与“有限变分情形”相对应，其中 X 的纯间断鞅分量 $j_t \cdot \mathrm{d}m_t$ 具有有限变分［参见 Cont 和 Tankov（2004）］。换言之，这对应于所有的三个随机积分（用微分符号表示分别 $\mathrm{d}m_t$、$\mathrm{d}n_t$ 和 $\mathrm{d}t$）都有良好的定义，并且在数值上有有限变化。

$$j_t \cdot \mathrm{d}m_t = j_t \cdot \mathrm{d}n_t - j_t \cdot c\mathrm{d}t$$

在这种情况下，右边的积分在式（13.4）的第一个等式的 Lebesgue – Stieltjes 路径意义中得到了很好的定义，因此随机积分 $j_t \cdot \mathrm{d}m_t$ 也可以被路径理解。

然后，式（13.9）中的 X 的动态原理可以重写为以下等价形式：

$$\mathrm{d}X_t = b_t^o\mathrm{d}t + \sigma_t\mathrm{d}W_t + j_t \cdot \mathrm{d}n_t \tag{13.11}$$

式中，

$$b_t^o = b_t - j_t \cdot c \tag{13.12}$$

设［0，T］$\times R^d$ 上的 $C^{1,2}$ 类实值函数 $u = u(t,x)$ 构成 Itô 过程与 X 配对，意思是：

$$\delta u_t \in P_{loc}^1 \tag{13.13}$$

式中，

$$\delta u_t(e) = u(t, X_{t-} + j_t(e)) - u(t, X_{t-}) \tag{13.14}$$

值得注意的是，给定 $j \in P_{loc}^1$，我们有以下说明。

备注 13.2.1 $C^{1,2}$ – 函数 u 构成 Itô 与 X 配对（X 中没有跳跃或存在以下三种情形）：

（1）$|j_t(e)| \leqslant \hat{j}_t$ 是对于非负的可预测的局部有界过程 $\hat{j}_t$（注意这个条件只针对 X，与 u 无关）；

（2）u 呈线性增长，即 $|u(t,x)| \leqslant C(1+|x|)$；

（3）u 呈多项式增长，即对于非负整数 n 和 c 与 $|j_t(e)|^n L_{|j_t(e)| \geqslant 1}$（相对 $dt \otimes dQ \otimes c(de)$）的积分，则有 $|u(t,x)| \leqslant C(1+|x|^n)$。

了解连续 Itô 过程的 Itô 公式，从式（13.11）中可以看出以下结果。

命题 13.2.2 （带有限变差跳跃的 Itô 过程的 Itô 公式）如果 $j \in P_{loc}^1$，对于与 X 形成 Itô 配对的任何函数，我们有：

$$\begin{aligned} du(t,X_t) &= \partial_t u(t,X_t)dt + \partial u(t,X_t) b_t^o dt + \partial u(t,X_t)\sigma_t dW_t \\ &\quad + \frac{1}{2}\partial^2 u(t,X_t):a_t dt + \delta u_t \cdot dn_t \end{aligned} \tag{13.15}$$

其中，$\partial u(t,x)$ 和 $\partial^2 u(t,x)$ 表示 u 相对于 x 的行梯度和海森（Hessian）；$\partial^2 u(t,x):a_t$ 表示海森矩阵 $\partial^2 u(t,x)$ 与协方差矩阵 $a_t = \sigma_t \sigma_t^T$ 的乘积的迹（对角线元素之和）；$\delta u_t(e)$ 的定义见式（13.14）。

式（13.15）可写为：

$$\begin{aligned} du(t,X_t) &= (\partial_t u(t,X_t) ++ \partial u(t,X_t) b_t^o + \frac{1}{2}\partial^2 u(t,X_t):a_t + \partial u_t \cdot c)dt \\ &\quad + \partial u(t,X_t)\sigma_t dW_t + \delta u_t \cdot dm_t \end{aligned} \tag{13.16}$$

给定式（13.13），过程 $\int_0^{\cdot} \delta u_t \cdot dm_t$ 是一个局部鞅，特殊半鞅 $u(t,X_t)$ 的纯间断局部鞅分量［连续局部鞅分量称为 $\partial u(t,X_t)\sigma_t dW_t$］。

13.2.2 一般情况

现在，一个重要的事实是，在 X 的一个可能无限变化补偿跳跃之和（纯间断鞅分量）的一般情况 $j \in P_{loc}$ 下，我们刚刚得到的特殊半鞅形式（13.16）的公式仍然有效，重写为下文式（13.18）的形式，在 Itô 配对可积条件下改为：

$$\delta u_t - \partial u(t, X_{t-}) j_t \in P^1_{loc}, \delta u_t \in P_{loc} \tag{13.17}$$

备注 13.2.3 此外，备注 13.2.1 在此设置中保持原样。注意 X_{t-} 是局部有界的，即在［0，T］的轨迹上有界，所以 $\partial u(t,X_{t-})$（∂u 是连续函数）也有界。因此，在特殊情况 $j \in P^1_{loc}$ 下（有限变差跳跃的情况），我们有 $\partial u(t,X_{t-}) j_t \in P^1_{loc}$，使式（13.17）中的条件减少到式（13.13）。

因此我们得到命题 13.2.4。

命题 13.2.4 （特殊半鞅形式的 Itô 公式）对于 $t \in$［0，T］，给定由 Itô 过程 X 和 $C^{1,2}$ – 函数 u 组成的 Itô 配对（X,u）满足式（13.17）。

$$\mathrm{d}u(t,X_t) = (\partial_t u(t,X_t) + Au_t)\mathrm{d}t + \partial u(t,X_t)\sigma_t \mathrm{d}W_t + \delta u_t \cdot \mathrm{d}m_t \tag{13.18}$$

对于（随机）生成器：

$$Au_t = \frac{1}{2}\partial^2 u(t,X_t):a_t + \partial u(t,X_t)b_t + (\delta u_t - \partial u(t,X_t)j_t) \cdot c \tag{13.19}$$

因此，

$$(\mathrm{d}t)^{-1}E(\mathrm{d}u(t,X_t) \mid \partial_t) := \lim_{h\to 0} h^{-1}E(u(t+h,X_{t+h}) - u(t,X_t) \mid \partial_t)$$

$$= \partial_t u(t,X_t) + Au_t$$

其中，在上式等式第一行的左侧，在续篇的类似表达式中，我们指的是当 h 在右侧变为 0 时的相应极限。

备注 13.2.5 （截断函数）Itô 过程 X 满足式（13.9）和式（13.10）可等效地表示为以下形式：

$$\mathrm{d}X_t = b_t^{\cdot}\mathrm{d}t + \sigma_t \mathrm{d}W_t + j_t^o \cdot \mathrm{d}n_t + j_t^{\cdot} \cdot \mathrm{d}m_t \tag{13.20}$$

其中，j^o 和 $j^{\cdot}$ 分别对应于 X 的“大”跳跃和“小”跳跃，由（任意）截止水平决定，即

$$j_t^o(e) = j_t(e) L_{|j_t(e)|\geq 1}, j_t^{\cdot}(e) = j_t(e) L_{|j_t(e)|<1} = j_t(e) - j_t^o(e) \tag{13.21}$$

其中，在式（13.20）中，通过识别式（13.9），可以得到：

$$b_t = b_t^{\cdot} + j_t^o \cdot c \tag{13.22}$$

值得注意的是，既然 $j \in P_{loc}$，必然可以得出 $c(\mathrm{d}e)\mathrm{d}t$ 与 $j_t^o(e)$ 的积分，所以式（13.20）中的跳跃项 $j_t^o \cdot \mathrm{d}n_t$ 定义良好，具有有限变异性。

备注 13.2.6 由于我们在 càdlàg 过程中考虑半鞅 X，因此大小≥1 的 X 的跳跃时间几乎必然在［0，T］上，因此 $j_t^o \cdot \mathrm{d}n_t$ 实际上在大小≥1 的 X 的跳跃时间

上简化为（随机）有限和（finite sum）。

现在，每个 Lévy（在我们看来不一定是 Itô 过程）进程 X 允许用常数 $b^{\cdot}$ 和 σ 以及 $j_t(e)=e$ 和 $c(\mathrm{d}e)$ 积分 $1\wedge|e|^2$ 的积分来表示式（13.20）。在 Lévy 过程的背景下，半鞅分解式（13.20）比“完全补偿”的特殊半鞅分解式（13.9）更具一般性。也即，每个 Lévy 过程 X 允许式（13.20）的半鞅分解。但它只适用于 $c(\mathrm{d}e)$ 积分 $eL_{|e|\geqslant 1}$ 的特殊半鞅分解式（13.9）。换句话说，不是所有的 Lévy 过程都是特殊的半鞅（或者同样是我们所说的 Itô 过程）。

备注 13.2.7 根据一般半鞅的存在性，将在备注 13.2.10 中提及 Itô 公式，建立 Itô 配对 (X,u) 的特殊半鞅形式的 Itô 公式（13.18）并不困难，其可以方便地导出 Itô 过程的一般 Itô 公式，该公式适用于 $C^{1,2}$ 类的任意函数 $u=u(t,x)$ 和任意 Itô 过程 X［不一定满足 Itô 配对可积条件（13.17）］。如式（13.21）和式（13.22）所示，其中，对于 $j\in P_{loc}$，$c(\mathrm{d}e)\mathrm{d}t$ 几乎肯定整合了 $j_t^o(e)$。因此，可以将式（13.9）改写为式（13.20），或

$$\mathrm{d}X_t=\mathrm{d}X_t^{\cdot}+j_t^o\cdot\mathrm{d}n_t \tag{13.23}$$

和

$$\mathrm{d}X_t^{\cdot}=b_t^{\cdot}\mathrm{d}t+\sigma_t\mathrm{d}W_t+j_t^{\cdot}\cdot\mathrm{d}m_t$$

由于 $|j^{\cdot}|\leqslant 1$，对于任何 $C^{1,2}$ 类函数 u，我们有 Itô 配对 $(X^{\cdot},u)$，最终导致返回到进程 X，一般 Itô 进程 Itô 公式如下所示：

$$\begin{aligned}\mathrm{d}u(t,X_t)=&(\partial_t u(t,X_t)+A\cdot u_t)\mathrm{d}t+\delta_t^o u(X_{t-})\cdot\mathrm{d}n_t\\&+\partial u(t,X_t)\sigma_t\mathrm{d}W_t+\delta^{\cdot}u_t\cdot\mathrm{d}m_t\end{aligned} \tag{13.24}$$

其中，

$$A^{\cdot}u_t=\frac{1}{2}\partial^2 u(t,X_t):a_t+\partial u(t,X_t)b_t^{\cdot}+(\delta^{\cdot}u_t-\partial u(t,X_t)j_t^{\cdot})\cdot c \tag{13.25}$$

式中，

$\delta^o u_t\cdot\mathrm{d}n_t$ 在大小 $\geqslant 1$ 的 X 的跳转时间上几乎肯定地简化为有限和（finite sum）形式。然而，式（13.25）不提供 $u(t,X_t)$ 的特殊半鞅分解，过程 $u(t,X_t)$ 可能不是我们认为的 Itô 过程。尤其是，式（13.24）不能用来推断 $\partial_t u(t,X_t)+A\cdot u_t$ 为零及 $u(t,X_t)$ 为局部鞅（参见 13.4 节）。

13.2.2.1 等级

我们现在考虑局部可积二次变差的 Itô 过程 X 的情况。此外，我们对 Itô 配

对要求更为严格，增加了式（13.17）中的第二个可积条件 $\delta u_t \in P^2_{loc}$。随后我们谈论 Itô 配对局部可积二次变分。值得注意的是，在本小节的一般设置中，如果 X 是局部可积的二次变差且 X 中没有跳跃，那么 $u_t \in P^2_{loc}$ 在备注 13.2.1 所述的任何附加条件下保持不变。

局部鞅项是 Itô 公式（13.18）中的局部平方可积鞅。再给一个 Itô 配对局部可积二次变差 (X,v)，对于同一个过程 X 和其他一些实值函数 v，这意味着：

$$\begin{aligned}&(\mathrm{d}t)^{-1}Cov(\mathrm{d}u(t,X_t),\mathrm{d}v(t,X_t)\mid\partial_t)\\&\quad=\partial u(t,X_t)a_t(\partial v(t,X_t))^T+\gamma(u,v)t\cdot c=C(u,v)_t\end{aligned}\tag{13.26}$$

其中，$(u,v)\rightarrow\gamma(u,v)_t$ 和 $(u,v)\rightarrow C(u,v)_t$ 与线性（随机）算子 $u\rightarrow\delta u_t$ 和 $u\rightarrow Au_t$ 是双线性 *carré du champ*（随机）算子，所以：

$$\gamma(u,v)_t=\delta(uv)_t-u(t,X_{t-})\delta v_t-v(t,X_{t-})\delta u_t=\delta u_t\delta v_t$$

和

$$C(u,v)_t=A(uv)_t-uAv_t-vAu_t$$

令 $Y_t=u(t,X_t)$ 和 $Z_t=v(t,X_t)$，通过下式，过程 $Cov(\mathrm{d}Y_t,\mathrm{d}Z_t\mid\partial_t)$ 对应于所谓的尖括号过程。

$$C(u,v)_t=\frac{\mathrm{d}\langle Y,Z\rangle_t}{\mathrm{d}t}\tag{13.27}$$

以上内容可以总结为命题 13.2.8。

命题 13.2.8 X 的（随机）生成器 $u\rightarrow Au_t$ 及其 *carré du champ* $(u,v)\rightarrow C(u,v)_t$ 可以如下计算，令 $Y_t=u(t,X_t)$ 和 $Z_t=v(t,X_t)$ 表示任何局部可积二次变差 (X,u) 和 (X,v) 的 Itô 配对：

$$\begin{aligned}&(\mathrm{d}t)^{-1}E(\mathrm{d}u(t,X_t)\mid\partial_t)=\partial_t u(t,X_t)+Au_t\\&(\mathrm{d}t)^{-1}Cov(\mathrm{d}u(t,X_t),\mathrm{d}v(t,X_t)\mid\partial_t)=C(u,v)_t\\&\quad=\frac{\mathrm{d}\langle Y,Z\rangle_t}{\mathrm{d}t}=\partial u(t,X_t)a_t(\partial v(t,X_t))^T+(\delta u_t\delta v_t)\cdot c\end{aligned}\tag{13.28}$$

特别地，

$$\begin{aligned}&(\mathrm{d}t)^{-1}Var(\mathrm{d}u(t,X_t)\mid\partial_t)=C(u,u)_t\\&\quad=\frac{\mathrm{d}\langle Y\rangle_t}{\mathrm{d}t}=\partial u(t,X_t)a_t(\partial u(t,X_t))^T+(\delta u_t)^2\cdot c\end{aligned}\tag{13.29}$$

通过让 u 和 v 在 X 的各种坐标映射上变化，我们得到推论 13.2.9。

推论 13.2.9 用矩阵形式 $\langle X\rangle = (\langle X^i, X^j\rangle)_i^j$ 来表示，我们有：

$$(\mathrm{d}t)^{-1}Cov(\mathrm{d}X_t \mid \partial_t) = \frac{\mathrm{d}\langle X\rangle_t}{\mathrm{d}t} = a_t + (j_t j_t^T)\cdot c \tag{13.30}$$

返回到 $Y_t = u(t,X_t)$ 和 $Z_t = v(t,X_t)$，观察尖括号补偿 $[Y,Z]_0 = 0$ 和下式定义的相应方括号（二次共变和变异）：

$$\mathrm{d}[Y,Z]_t = \partial u(t,X_t)a_t(\partial v(t,X_t))^T\mathrm{d}t + (\delta u_t\delta v_t)\cdot \mathrm{d}n_t$$

因此 $[Y, Y]_0 = 0$，并且：

$$\mathrm{d}[Y,Y]_t = \partial u(t,X_t)a_t(\partial u(t,X_t))^T\mathrm{d}t + (\delta u_t)^2\cdot \mathrm{d}n_t$$

值得注意的是，如果 X 是连续 Itô 过程，上述尖括号和方括号存在重合。

备注 13.2.10 方括号可等效地定义为消失网格尺寸上实现的协方差和方差过程的概率极限①。它们是任意半鞅 Y 和 Z 的有限变分过程并且是以下半鞅分部积分公式（微分形式）的关键：

$$\mathrm{d}(Y_tZ_t) = Y_{t-}\mathrm{d}Z_t + Z_{t-}\mathrm{d}Y_t + \mathrm{d}[Y,Z]_t \tag{13.31}$$

方括号也可以用来表示一般的半鞅 Itô 公式，对 $C^{1,2}$类的任意函数 $u = u(t, x)$ 和任意半鞅 X_t 有效。

13.3 跳跃扩散

在下文中，我们所说的跳跃扩散指的是 Itô 进程 X，有关含义见第 13.2 节。但对于 Markov－SDE（13.9），意味着式（13.9）的随机系数 b_t、σ_t、$j_t(e)$ 现在确定地由 X_{t-}项给出②：

$$b_t = b(t, X_t), \sigma_t = \sigma(t,X_t), j_t(e) = j(t,X_{t-},e) \tag{13.32}$$

式（13.9）被赋予一个初始条件 $X_0 = x$（为简单起见 X 为一个常数），因此现在是 x 中的一个 SDE。我们假设系数具有以下线性增长和利普希茨连续条件（Lipschitz continuity）：

$$\begin{aligned}&|b(t,x)|, |\sigma(t,x)| \leqslant C(1 + |x|)\\&|b(t,x) - b(t,y)|, |\sigma(t,x) - \sigma(t,y)| \leqslant C|x - y|\end{aligned} \tag{13.33}$$

---

① 或者在嵌套网格的情况下几乎确定限制。

② 或在 b，σ 的情况下，考虑到式（13.2），通过 t 和 W_t 的连续性，X_t 在式（13.9）中没有区别。

和

$$
\begin{aligned}
&|j(t,x,e)| \leqslant \Gamma(e)(1+|x|) \\
&|j(t,x,e)-j(t,y,e)| \leqslant \Gamma(e)|x-y|
\end{aligned} \tag{13.34}
$$

其中，几乎可以肯定 $\Gamma^2 \cdot c < \infty$。对于 $p \geqslant 2$，需要对式（13.32）的任何解 X 进行以下先验估计：

$$
\| X \|_{S_p}^{p} \leqslant C_p(1+|x|^p) \tag{13.35}
$$

误差估计意味着解决方案的唯一性（如果有的话）。值得注意的是，作为式（13.35）的结果，式（13.9）、式（13.32）的任何解 X 满足：

$$
b(t,X_t) \in M^2, \sigma(t,X_t) \in M^2, j(t,X_{t-},e) \in P^2 \tag{13.36}
$$

因此 X 是具有平方可积鞅项的平方可积 Itô 过程。给出这个观察，解 X 的存在性和唯一性可以通过皮卡（Picard）迭代来建立。X 的一个显著特征是所谓的马尔科夫性质，这意味着：

$$
E(\phi(X_s, s \in [t,T]) \mid \partial_t) = E(\phi(X_s, s \in [t,T]) \mid X_t)
$$

对于任何（可能依赖于路径的）函数 ϕ 对等式两边都有意义。所以 X 的过去不影响它的未来，X 的现在收集了所有相关的信息。

给定一个实值函数 $u = u(t,x)$，得到一个 Itô 配对 (X,u)，我们有下面的 Itô 跳跃扩散公式：

$$
\mathrm{d}u(t,X_t) = (\partial_t + A)u(t,X_t)\mathrm{d}t + \partial u(t,X_t)\sigma_t \mathrm{d}W_t + \delta u(t,X_{t-}) \cdot \mathrm{d}m_t \tag{13.37}
$$

其中，对于 $(t,x,y) \in [0,T] \times R^d \times E$，有：

$$
\delta u(t,x,e) = u(t,x+j(t,x,e)) - u(t,x)
$$

其中，X 的无穷小生成器 A 在时间 t 作用于 u 如下：

$$
\begin{aligned}
(Au)(t,x) &= \frac{1}{2}\partial^2 u(t,x) : a(t,x) + \partial u(t,x) b(t,x) \\
&\quad + (\delta u(t,x) - \partial u(t,x) j(t,x)) \cdot c
\end{aligned} \tag{13.38}
$$

备注 13.3.1 式（13.37）中的鞅部分也可以缩写为 $B_u(t,X_{t-}) \cdot \mathrm{d}M_t$，其中 $B_u(t,x) = (\partial u(t,x)b(t,x), \delta u(t,x))$，$M_t$ 指驱动 X 的一组基本鞅 W 和 m。

对于局部可积二次变差的 Itô 配对（X,u）和（X,v）［参见（13.28）］，我们有：

$$E(\mathrm{d}u(t,X_t)\mid \partial_t) = (\partial_t + A)u(t,X_t)\mathrm{d}t$$
$$Cov(\mathrm{d}u(t,X_t),\mathrm{d}v(t,X_t)\mid \partial_t) = C(u,v)(t,X_t)\mathrm{d}t \tag{13.39}$$

式中，

$$C(u,v)(t,x) = (A(uv) - uAv - vAu)(t,x) \tag{13.40}$$

因此，写出 $Y_t = u(t,X_t), Z_t = v(t,X_t)$：

$$\begin{aligned} C(u,v)(t,X_t) &= \frac{\mathrm{d}\langle Y,Z\rangle_t}{\mathrm{d}t} \\ &= \partial u(t,X_t)a_t(\partial v(t,X_t))^T + (\delta u\delta v)(t,X_t)\cdot c(t,X_t) \end{aligned} \tag{13.41}$$

此外，式（13.39）中有关 ∂_t 的条件，根据 X 的马尔科夫性质，可以用关于 X_t 的条件代替。

13.4 费曼卡（Feynman – Kac）公式

设 X 是跳跃扩散，$u = u(t,x)$ 是类 $C^{1,2}$ 与 X 形成 Itô 配对的函数。若 $u(t,X_t)$ 是一个局部鞅，则根据 Itô 公式（13.37），我们从命题 13.1.1 得到时间可微局部鞅，如下所示：

$$(\partial_t + A)u(t,X_t)\mathrm{d}t = \mathrm{d}u(t,X_t) - \partial u(t,X_t)\sigma_t\mathrm{d}W_t - \delta u(t,X_{t-})\cdot\mathrm{d}m_t$$

时间可微局部鞅是恒定的。例如，使用 13.5 节中提到的 BSDE 技术［另见 Crépey（2013）］，这又转化为以下偏积分微分方程（确定性 PIDE 由函数 u 满足）：

$$(\partial_t + A)u(t,x) = 0, x \in R^d \tag{13.42}$$

这类基本情形对应于 Doob 鞅：

$$u(t,X_t) = E(\phi(X_T)\mid X_t) = E(\phi(X_T)\mid \partial_t)$$

对于可积终端条件 $\phi(X_T)$，第二个等式（即 $E(\phi(X_T)\mid X_t) = E(\phi(X_T)\mid \partial_t)$）是基于 X 的马尔科夫性而成立的，它建立了 $u(t,X_t)$ 的鞅性质。在这种情况下，函数 u 通常可以描述为 PIDE（13.42）的唯一解以及在时间 T 终止条件 $u=\phi$。

更一般地，给定合适的运行和终止成本函数 f 和 ϕ 以及贴现率函数 r，令由 X 的马尔科夫性质得到的第二个等式为：

$$\begin{aligned} u(t,X_t) &= E\left(\int_t^T e^{\int_t^s r(\zeta,X_\zeta)\mathrm{d}\zeta} f(s,X_s)\mathrm{d}s + e^{-\int_t^T r(s,X_s)\mathrm{d}s}\phi(X_T) \mid X_t\right) \\ &= E\left(\int_t^T e^{-\int_t^s r(\zeta,X_\zeta)\mathrm{d}\zeta} f(s,X_s)\mathrm{d}s + e^{-\int_t^T r(s,X_s)\mathrm{d}s}\phi(X_T) \mid \partial_t\right) \end{aligned} \tag{13.43}$$

由先前计算的即时扩展得到如下结论：

一方面，由应用于 $u(t,X_t)$ 的 Itô 公式产生的下列局部鞅［假设 Itô 配对（X，u）］：

$$\mathrm{d}u(t,X_t) - (\partial_t u + Au)(t,X_t)\mathrm{d}t = \partial u(t,X_t)\sigma_t \mathrm{d}W_t + \delta u(t,X_{t-}) \cdot \mathrm{d}m_t \tag{13.44}$$

另一方面，由式（13.43）产生的下列 Doob－鞅（可积终止条件的条件期望）为：

$$\mathrm{d}u(t,X_t) + (f(t,X_t) - ru(t,X_t))\mathrm{d}t \tag{13.45}$$

从式（13.45）中减去式（13.44）得到局部鞅：

$$(\partial_t u + Au + f - ru)(t,X_t)\mathrm{d}t$$

因此它作为一个时间可微局部鞅是常数（命题 13.1.1）且考虑到时间 T 的终止条件 $u=\phi$，这将函数 u 转换为以下 *PIDE*：

$$\begin{cases} u(t,x) = \phi(x), x \in R^d \\ (\partial_t u + Au + f - ru)(t,x) = 0, t < T, x \in R^d \end{cases} \tag{13.46}$$

在某种意义上，函数 u 可以作为式（13.46）的唯一解进行表征和计算（如果需要或可能也包括数值计算）。

13.4.1 仿射公式

设 X 是一个具有动力学性质的扩展 CIR 过程：

$$\mathrm{d}X_t = a(b(t) - X_t)\mathrm{d}t + c\sqrt{X_t}\mathrm{d}W_t \tag{13.47}$$

其中，a 和 c 是正常数，$b(\cdot)$ 是非负确定性函数。令 Φ_y 和 Ψ_y 满足以下常微分方差的里卡提系统（ODEs Riccati System），由实数 y 参数化：

$$\begin{cases} \dot{\Phi}_y(t) = -a\Phi_y(t) - \dfrac{c^2}{2}\Phi_y^2(t) + 1, \Phi_y(0) = y \\ \dot{\Psi}_y(t) = a\Phi_y(t), \Psi_y(0) = 0 \end{cases} \tag{13.48}$$

通过一个经典结果，这些常微分方程被显式地求解为：

$$
\begin{aligned}
\Phi_y(t) &= \frac{1 + C_y e^{-D_y t}}{A + B_y e^{-D_y t}} \\
\Psi_y(t) &= \frac{a}{A}\left\{\frac{B_y - AC_y}{D_y B_y}\ln\frac{A + B_y e^{-D_y t}}{A + B_y} + t\right\}
\end{aligned}
\tag{13.49}
$$

其中，A，B_y，C_y，D_y 由下式给出：

$$
A = \frac{1}{2}(a + \sqrt{a^2 + 2c^2}), B_y = (1 - A_y)\frac{a + c^2 y - \sqrt{a^2 + 2c^2}}{2ay + c^2 y - 2}
$$

$$
C_y = (A + B_y)y - 1, D_y = \frac{-B_y(2A - a) + C_y(c^2 + aA)}{AC_y - B_y}
$$

命题 13.4.1 对于任何 $s \geqslant t$ 和 $y \geqslant 0$，我们有：

$$
E(e^{-\int_t^s X_u \mathrm{d}u - yX_s} \mid X_t = x) = e^{-I_{s,y}(t,x)} \tag{13.50}
$$

其中，

$$
I_{s,y}(t,x) = x\Phi_y(s - t) + a\int_t^s \Phi_y(s - u)b(u)\mathrm{d}u \tag{13.51}
$$

我们也可以得到：

$$
E(X_s e^{-\int_t^s X_u \mathrm{d}u} \mid X_t = x) = \partial_s I_{s,0}(t,x)e^{-I_{s,0}(t,x)} \tag{13.52}
$$

其中，式（13.52）中隐含在 $\partial_s I$ 中的函数 $\dot{\Phi}$ 可以通过式（13.49）中的第一行显式计算得到。

如果 $b(\cdot)$ 是分段常数，使得 $b(t) = b_k$ 在时间网格 (T_k) 的每个间隔 $[T_{k-1}, T_k]$ 上，如果 $i \leqslant j$，使得 $t \in [T_{i-1}, T_i]$ 和 $s \in [T_{j-1}, T_j]$，则式（13.51）中的第二项简化为：

$$
\begin{aligned}
a\int_t^s \Phi_y(s - u)b(u)\mathrm{d}u &= (\psi_y(s - t) - \psi_y(s - T_i))b_i \\
&+ \sum_{k=i+1}^{j-1}(\psi_y(s - T_{k-1}) - \psi_y(s - T_k))b_k + \psi_y(s - T_{j-1})b_j
\end{aligned}
\tag{13.53}
$$

如果 $i < j$，否则 $a\int_t^s \Phi_y(s - u)b(u)\mathrm{d}u = \psi_y(s - t)b_i$。

证明 式（13.52）遵循式（13.50）在 y 中进行微分并在 $y = 0$ 时求值，其本身是（时间不均匀）仿射过程理论中的经典结果。公式（13.50）也可以通过检查$v(t,x):=e^{-I_{s,y}(t,x)}$来验证满足以下偏微分方程（PDE），对于任何固定的s，y，其表征了式（13.50）中的左侧（视为t，x的函数）。

$$\partial_t v(t,x)+Av(t,x)-xv(t,x)=0, v(s,x)=e^{-xy}$$

式中，

$$Av(t,x)=a(b(t)-x)\partial_x v(t,x)+\frac{1}{2}c^2 x\partial_{x^2}^2 v(t,x)$$

是式（13.47）中仿射过程X的无穷小生成器。最后，对于分段常数$b(\cdot)$，根据式（13.49）中的第二行，式（13.53）直接从式（13.51）推导出来。

13.5 逆向随机微分方程（BSDE）

根据式（13.44）和式（13.46），我们可以解释以下三元组形式的过程（该过程在V的过程下，由$e\in E$参数化）：

$$(Y_t,Z_t,V_t(e))=(u(t,X_t),\partial u(t,X_t)\sigma(t,X_t),\delta u(t,X_{t-},e)) \quad (13.54)$$

以下作为逆向SDE的解决方案［参见例如Crépey（2013）］：

$$\begin{cases}Y_T=\phi(X_T),t<T\\ -\mathrm{d}Y_t=(f(t,X_t)-r(t,X_t)Y_t)\mathrm{d}t-Z_t\mathrm{d}W_t-V_t\cdot\mathrm{d}m_t\end{cases} \quad (13.55)$$

在扩散X情况下（无跳跃，即$c=m=n=0$），解决方案不涉及组分量V（或等效地，$V=0$）。

式（13.46）解决方案u的费曼—卡克公式（Feynman - Kac formula）（13.43），以等效形式写为［如式（13.55）所示］：

$$Y_t=E(\int_t^T(f(s,X_s)-r(s,X_s)Y_s)\mathrm{d}s+\phi(X_T)\mid\partial_t) \quad (13.56)$$

因此也可以看作BSDE（13.55）的解(Y,Z,V)的费曼—卡克表达式。事实上，对于满足式（13.43）的函数u严格求解式（13.46）的最简单方法是，即首先求解式（13.55）一个三元过程$Y_t,Z_t,V_t(e)$，然后以相反的顺序重新进行上述计算，随后通过式（13.46）求解$u(t,X_t)=Y_t$来定义确定函数u，并满足式（13.43）。

值得注意的是，费曼—卡克表达式（13.43）的“内在”（非贴现）形式（13.56）是隐含的，这意味着式（13.56）中的右侧取决于Y。然而，在这种情况下，正如等价的显式贴现表达式（13.43）所揭示的那样，这不是一个真正问题。现在，BSDE 的作用恰恰在于证明这样一个事实，即这个理论允许我们解决比线性方程组（13.46）和（13.55）更一般的问题，即在式（13.46）和式（13.55）的情况下，BSDE 系数 $g(t,X_t,Y_t)=f(t,X_t)-rY_t$ 非线性地依赖于 Y 或 Z 和 V。因此，让我们考虑下面的 BSDE 来求解 $S^2\times M^2\times P^2$ 中的三元过程 $[(Y_t,Z_t,V_t(e)]$。

$$\begin{cases}Y_T=\phi(X_T),t<T\\-\mathrm{d}Y_t=g(t,X_t,Y_t,Z_t,\hat{V}_t)\mathrm{d}_t-Z_t\mathrm{d}W_t-V_t\cdot\mathrm{d}m_t\end{cases}\tag{13.57}$$

其中，$\hat{V}_t=(V_t\eta(t,X_T))\cdot c(t,X_T)=\int_E V_t(e)\eta(t,X_t,e)c(t,X_t,\mathrm{d}e)$

对于（可能是向量值的）积分核 $\eta\in P^2$（使 $V_\eta\in P^1$），现在让函数 $u=u(t,x)$ 解出以下半线性 PIDE：

$$\begin{cases}u(T,x)=\phi(x),x\in R^d\\\partial_t u(t,x)+Au(t,x)+g(t,x,u(t,x),\partial u(t,x)\sigma(t,x),\hat{\delta}u(t,x))=0,t<T,x\in R^d\end{cases}\tag{13.58}$$

式中，

$$\hat{\delta}u(t,x)=(\delta u(t,x)\eta(t,x))\cdot c(t,x)=\int_E\delta u(t,x,e)\eta(t,x,e)c(t,x,\mathrm{d}e)$$

从式（13.46）到式（13.55）的直接扩展计算表明，可以由式（13.54）给出的以 u 表示的三元组（$Y,Z,V(e)$）解非线性 BSDE（13.55）。因此，式（13.54）有时被称为非线性费曼—卡克公式。

13.6 测量跳跃的变化和随机强度

通过基于 Girsanov 变换的测度变化，我们可以将以前的发展扩展到具有随机跳跃强度测度的模型 $c_t(w,\mathrm{d}e)\mathrm{d}t=k_t(w,e)c(\mathrm{d}e)\mathrm{d}t$［对于一个合适的非负有界核 k，该模型更具体的马尔科夫形式 $c(t,X_t,\mathrm{d}e)\mathrm{d}t=k(t,X_t,e)c(\mathrm{d}e)\mathrm{d}t$：在上述所有等式中，用 $c_t(\mathrm{d}e)$、$c(t,X_t,\mathrm{d}e)$ 或 $c(t,x,\mathrm{d}e)$ 正式替换 $c(\mathrm{d}e)$］。这使得我们可以设计具有随机跳跃强度测度 $c_t(\mathrm{d}e)$［马尔科夫情形下的 $c(t,X_t,\mathrm{d}e)$］的模型，这在许多应用中都是相关的。

更准确地说，将测度函数 ψ 定义为在［0，T］$\times R^d$ 上具有紧支柱（compact support）集的 $C^{1,2}$ 类函数的指数［特别是度 ψ、$1/\psi$、$\partial\psi$（有界）］，我们写作 $\psi(t,X_{t-}) = \psi_t$。设可积二次变分的 Itô 配对，即式（13.9）形式的 X 的 Itô 配对，并且：

$$\sigma_t \in M^2, j_t \in P^2,\ \delta\psi_t \in P^2$$

因此 ψ 正向有界，$\delta\psi_t/\psi_t \in P^2$。设一个 Q－局部鞅 ψ 定义为以下随机指数过程，即对于 $t \in$［0，T］和 $\Psi_0 = 1$，有：

$$\delta\Psi_t/\Psi_{t-} = (\delta\psi_t/\psi_t) \cdot \mathrm{d}m_t \tag{13.59}$$

标准先验 SDE 估计得出 Ψ 是平方可积鞅。特别地，Ψ 是正 Q－鞅且 $\Psi_0 = 1$，因此在 (Ω,∂) 上可以通过拉东—尼科迪姆（Radon－Nikodym）强度用来定义一个等价的概率测度 Q^{ψ}：

$$\frac{\mathrm{d}Q^{\psi}}{\mathrm{d}Q} = \psi_T$$

由于 $\delta\psi_t/\psi_t \in P^2$，$c$ 集成 $j_t\delta\psi_t/\psi_t$，允许将 X 的方程（13.9）重写为：

$$\mathrm{d}X_t = b_t^* \mathrm{d}t + \sigma_t \mathrm{d}W_t + (j_t \cdot (\mathrm{d}n_t - c\mathrm{d}t) - (j_t\delta\psi_t/\psi_t \cdot c\mathrm{d}t)) \tag{13.60}$$

式中，我们令：

$$b_t^* = b_t + (j_t\delta\psi_t)/\psi_t \cdot c\mathrm{d}t$$

此外，标准计算表明：

$$\eta_t \cdot (\mathrm{d}n_t - c\mathrm{d}t) - (\eta_t\delta\psi_t/\psi_t) \cdot c\mathrm{d}t \tag{13.61}$$

对于 P_{loc}^2 中的 η，上式是一个 Q^{ψ}－局部鞅。设 $c_t(\mathrm{d}e) = k_t(e)c(\mathrm{d}e)$，并且，

$$k_t(e) = 1 + \delta\psi_t/\psi_t = \psi(t,X_{t-} + j_t(e))/\psi(t,X_{t-})$$

在针对随机测度 $(\mathrm{d}n_t - c_t\mathrm{d}t)$ 的 P_{loc}^2 中，用式（13.61）的 Q^{ψ}－随机积分定义路径 η，我们以标准方式扩展了随机积分的概念［例如 Kunita（2010）］，使得 $\eta_t \cdot (\mathrm{d}n_t - c_t\mathrm{d}t)$ 对于任何 $\eta = P_{loc}$ 产生一个定义良好的 Q^{ψ}－局部鞅。值得注意的是，P_{loc}^2 和 P_{loc} 的定义独立于参考概率测度的，例如 Q^{ψ} 等价于 Q。根据 Q^{ψ} 随机积分 $\mathrm{d}n_t - c_t\mathrm{d}t$ 重写式（13.60），最后得到以下 X 的 Q^{ψ}－特殊半鞅分解：

$$\mathrm{d}X_t = b_t^* \mathrm{d}t + \sigma_t \mathrm{d}W_t + j_t \cdot (\mathrm{d}n_t - c_t\mathrm{d}t)$$

并且，

$$b^* \in M_{loc}^1, \sigma \in M_{loc}^2, j \in P_{loc}^2$$

因此，我们构建了一个模型 X，其中随机分解的跳跃强度 $c_t(\mathrm{d}e)\mathrm{d}t$ 相对于概

率测度 Q^{ψ}（从这个角度看，最初的测度 Q 纯粹是一种工具性测度）。

13.7 减少过滤和风险强度的违约前信用风险建模

本节给出了基于过滤减少的信贷风险建模中所谓的简化强度方法的数学工具［见 Crépey（2013）］。给定［0，T］∪｛+∞｝-价值的停止时间τ，其在［0，T］上没有原子，设 $J_t = L_{\{\tau > t\}}$ 表示相关的生存指标过程，并令$\bar{\tau} = \tau \wedge T$。我们进一步假设 $G = G^{\tau}$：$= F \vee H$，其中过滤 H 由过程 J 产生且 F 是一些参考过滤。与τ有关的 Azéma 超鞅是定义在 $t \in$［0，T］的过程 A：

$$A_t = Q(\tau > t \mid F_t) = E(J_t \mid F_t) \tag{13.62}$$

假设 $A_t =: e^{-\Gamma_t}$ 为正，其中 Γ 被称为风险过程，我们有以下单一名称信用风险的“关键引理”［见 Bielecki 和 Rutkowski（2001）第 143 页］。

引理 13.7.1 如果ξ是一个（可积）随机变量，那么，

$$J_t E[\xi \mid \partial_t] = J_t \frac{E(\xi J_t \mid F_t)}{Q(\tau > t \mid F_t)} = J_t e^{\Gamma_t} E(\xi J_t \mid F_t) \tag{13.63}$$

对于一些 F_s-测度，且 $s \geqslant t$，有形式为 $J_s\chi$ 的 ξ，进而我们有：

$$E[J_s\chi \mid \partial_t] = J_t e^{\Gamma_t} E(\chi J_s \mid F_t) = J_t E(\chi e^{-(\Gamma_s - \Gamma_t)} \mid F_t) \tag{13.64}$$

证明式（13.63）中的左边（右边等式仅是符号）是来自这样一个事实（左边是指 $J_t E[\xi \mid \partial_t] = J_t \dfrac{E[\xi J_t \mid F_t]}{Q(\tau > t \mid F_t)}$，右边是指 $J_t \dfrac{E[\xi J_t \mid F_t]}{Q(\tau > t \mid \Gamma_t)} = J_t e^{\Gamma_t} E(\xi J_t \mid F_{t-1})$：在｛$\tau > t$｝上，$\sigma$-域 ∂_t 是由 F_t 和随机变量｛$\tau > t$｝生成的。在式（13.64）中，左边遵循式（13.63）对 $\xi = J_s\chi$ 的应用；右边则通过对 F_s 取一个内部条件期望得到塔楼定律。

特别是，(13.64) 与$\chi = e^{\Gamma_s}$证明了过程 $E_t = J_t e^{\Gamma_t}$ 是 G-鞅，因为对于$s \geqslant t$，有：

$$E[J_s e^{\Gamma_s} \mid \partial_t] = J_t E(e^{\Gamma_s} e^{-(\Gamma_s - \Gamma_t)} \mid F_t) = J_t e^{\Gamma_t}$$

引理 13.7.2 对于任何 G-适应的或 G-可预测的过程 Y，存在一个唯一的 F-适应的或 F-可预测的过程 $\tilde{Y}$，称为 Y 的预设值过程，使得 $JY = J\tilde{Y}$ 或 $J_{-} Y = J_{-} \tilde{Y}$。

另外，假设一个连续的、非递增的过程 A_t，令 $R_t = -(J_t + \Gamma_{t \wedge \tau})$，我们有

$dE_t = -E_{t-}dM_t$，因此 $dM_t = -e^{-\Gamma_t}dE_t$，所以 M_t 也是 G－鞅。此外还有以下结论，见引理 13.7.3：

引理 13.7.3

（1）停在τ的 F－鞅是 G－鞅。

（2）F－适应进程无法在τ跳转，因此几乎可以肯定，对于任何 F－适应 càdlàg 过程 X，我们有 $\Delta X_\tau = 0$。

证明（1）由于 τ 有一个正的连续的和非递增的 Azéma 超鞅，从 Elliot、Jeanblanc 和 Yor（2000）可知，F－鞅在τ是 G－鞅。

（2）由于 A 是连续的，τ避免了 F－停止时间，即 $Q(\tau = \sigma) = 0$ 表示任何 F－停止时间 σ［例如，见 Coculescu 和 Nikeghbali（2012）］根据 He、Wang 和 Yan（1992）所著文献的第 120 页的定理 4.1 所知，存在 F－停止时间序列，它耗尽了 F－适应 càdlàg 过程的跳跃时间。

备注 13.7.4 我们对 A 的假设排除了τ可能是 F－停止时间（否则 $A = J$，在τ上跳跃）。然而，他们暗示τ是 F－伪停止时间，表示 F－局部鞅在 τ 是G－局部鞅。这是对浸没假说（Immersion Hypothesis）或（H）－假设的稍许放松，意味着 F－局部鞅是 G－局部鞅（见备注 5.2.2）。值得注意的是，无论浸没是否成立，"关键引理" 13.7.1 都是正确的，因此从这个角度看，浸没与否并不重要。

令 $\beta_t = e^{-\int_0^t r_s ds}$表示某个 F－逐步可测无风险利率 r_t 下的贴现因子，我们用以下 G－可测量随机变量的形式对可违约索赔的累积贴现未来现金流进行建模，假设对任何 $t \in [0, \bar{\tau}]$，都可以很好地定义为：

$$\beta_t \pi^t = \int_t^{\bar{\tau}} \beta_s f_s ds + \beta_{\bar{\tau}} (L_{\{t < \tau < T\}} R_\tau + L_{\tau > T} \xi) \tag{13.65}$$

值得注意的是，从引理 13.7.2 的角度看，假设在 F 中的数据 r_t、一些 F－渐进可测股息率过程 f、一些 F－可预测回收过程 R 和一些 F_{T-} 可测到期支付（随机变量）ξ 不是限制性的。

现在，假设 A_t 是时间可微的，我们将危险强度 γ 及信用风险调整贴现因子 α 定义为：

$$\gamma_t = -\frac{d\ln A_t}{dt} = \frac{d\,\Gamma_t}{dt}, \alpha_t = \beta_t \exp\left(-\int_0^t \gamma_s ds\right) = \exp\left(-\int_0^t (r_s + \gamma_s) ds\right)$$

下一个结果表明，现金流 π^t 关于 ∂_t 的条件期望的计算可以简化为"F－等价”现金流$\widetilde{\pi}^t$ 相对于 F_t 的条件期望的计算。

引理 13.7.5 我们有：

$$E(\pi^t \mid \partial_t) = J_t E(\widetilde{\pi}^t \mid F_t)$$

并且 $g = f + \gamma R$，$\widetilde{\pi}^t$ 由下式给出：

$$\alpha_t \widetilde{\pi}^t = \int_t^T \alpha_s g_s \mathrm{d}s + \alpha_T \xi \qquad (13.66)$$

证明 由于 $M_t = -(J_t + \Gamma_{t\wedge\tau})$ 是 G－鞅，所以通过重复应用式（13.64）得到：

$$E[L_{\{t<\tau<T\}} \beta_\tau R_\tau \mid \partial_t] = E[\int_t^T \beta_s R_s \mathrm{d}J_s \mid \partial_t] = \int_t^T E[J_s \gamma_s \beta_s R_s \mid \partial_t] \mathrm{d}s$$

为了计算式（13.66）中的左侧，相对于 F－跳跃扩散（违约前因子过程）X，我们可以遵循 13.4 节和 13.5 节的路线，将违约前的 BSDEs/PDEs 建模方法应用于右侧 $E(\widetilde{\pi}^t \mid F_t)$－项。在这种方法中，可违约债权的估价基本上与无违约债权的处理方式相同，前提是无违约贴现因子 β 替换为信用风险调整贴现因子 α 以及一笔虚构的股息，按利率持续支付 γ 用于说明违约时索赔的回收［请注意，“无违约”贴现系数 β 可以用违约风险的“强度”来解释。该方法还可以应用于对冲问题，将特定对冲方案的对冲值误差的 G－鞅分解为一个停在 τ 的F－鞅（是一个 G－鞅）和一个跳跃到违约的 G－补偿鞅（见本书第 5 章和 Crépey（2013））］。

13.7.1 组合信用风险

我们用 $i \in N = \{1, \cdots, n\}$ 标记出信用池的 n 个名称，用 τ_i 表示名称 i 的违约时间。给定参考过滤 $F = (F_t)_{t\in[0,T]}$ 满足通常条件，全模型过滤 $G = (\partial_t)_{t\in[0,T]}$ 被定义为 τ_i 使 F 逐渐增大，即

$$\partial_t = F_t \vee \bigvee_{i\in N} H_t^i$$

其中，(H_t^i) 是 τ_i 的指示过程 H^i 的自然过滤，所以 $H_t^i = (\tau_i \wedge t) \vee (\tau_i > t)$。结合 Amendinger（1999）和 Bélanger、Shreve 和 Wong（2001）中附录 B① 的论点，

① 附录 B 的论点可在线获取，不在发表于《数理金融》的论文版本中。

可以证明过滤 G 是右连续的。

而且，对于 $I\subseteq N$，我们定义过滤 $G^I=(\partial_t^I,t\geqslant 0)$ 作为 $i\in I$ 情形下 F 被 τ_i 初始放大，即

$$\partial_t^I = F_t \vee \bigvee_{i\in I} \tau_i$$

通过对 Amendinger（1999）的分析进行直接多重违约的扩展，可以证明这种过滤是右连续的。下面引理中的结果可以看作单一名称信用风险的“关键引理”13.7.1 的多维对应。令

$$\Im_t = \{i\in N \mid \tau_i\leqslant t\},J_t = N\setminus \Im_t$$

$\Im_t$ 表示债务人违约指数在时间 t 时都存在的情况下的随机集合，即对于任何 $I\subseteq N$，有：

$$\{\Im_t = I\} = \{\tau_i\leqslant t,i\in I;\tau_j > t,j\in J\} \tag{13.67}$$

对于 I 的任意随机函数 f_t，我们也写为如下所示：

$$E(f_t(\Im_t)\mid \partial_t^{\Im_t}) = \sum_{I\subseteq N} L_{\{\Im_t=I\}}E(f_t(I)\mid \partial_t^I) \tag{13.68}$$

引理 13.7.6 对于每个可积随机变量 X，有：

$$E[X\mid \partial_t] = \frac{E(XL_{\{\tau j>t,j\in J_t\}}\mid \partial_t^{\Im_t})}{P(\tau j > t,j\in J_t\mid \partial_t^{\Im_t})} \tag{13.69}$$

证明 在集合 $\{\Im_t=I\}$ 上，任意 ∂_t - 可测随机变量等于 ∂_t^I - 可测随机变量 X_t^I，因此：

$$E[L_{\{\Im_t=I\}}X\mid \partial_t] = L_{\{\Im_t=I\}}E(X\mid \partial_t) = L_{\{\Im_t=I\}}X_t^I \tag{13.70}$$

取两边给定 ∂_t^I 的条件期望值乘以 $\{\Im_t=I\}$ 得到：

$$L_{\{\Im_t=I\}}E[L_{\{\Im_t=I\}}X\mid \partial_t^I] = L_{\{\Im_t=I\}}X_t^I E[L_{\{\Im_t=I\}}\mid \partial_t^I] \tag{13.71}$$

鉴于式（13.67），其中 $\{\tau_i\leqslant t,\ i\in I\}$ 是 ∂_t^I - 可测的，式（13.71）简化为：

$$L_{\{\Im_t=I\}}E[L_{\{\Im_t>t,j\in J\}}X\mid \partial_t^I] = L_{\{\Im_t=I\}}X_t^I Q(\tau_j > t,j\in J\mid \partial_t^I)$$

我们在式（7.5）中看到 $Q(\tau_j > t,j\in J\mid \partial_t^I) > 0$。因此，我们可以用：

$$L_{\{\Im_t=I\}} = \frac{E(L_{\{\tau j>t,j\in J\}}X\mid \partial_t^I)}{Q(\tau_j > t,j\in J\mid \partial_t^I)}$$

代替式（13.70）中的 $L_{\{\Im_t=I\}}X_t^I$，从而得出式（13.69）。

14

马尔科夫一致性与马尔科夫 Copulas

14.1 介绍

在这一章中，我们简要介绍了马尔科夫一致性理论和马尔科夫 Copulars 理论，并且在介绍中尽量减少技术细节的描述。我们参考了现有文献进行了更全面的阐述，例如 Bielecki、Jakubowski 和 Nieweglowski（2012、2013）及其他参考文献。马尔科夫 Copulars 理论的主要目标可以概括如下：

考虑 $Y^i(i = 1,\cdots,n)$ 一个单变量马尔科夫过程族，定义在一个潜在的概率空间 (Ω,∂,Q) 上，在 R^1 中取值（更一般地说，在一类局部紧可分拓扑空间中取值）。

目标：为马尔科夫过程 $Y^i(i = 1,\cdots,n)$ 构造一个 Copula。也就是说，构造一个多元马尔科夫过程，比如 $X = (X^i,i = 1,\cdots,n)$，其定义在（可能不同的）概率空间 $(\widetilde{\Omega},\tilde{\partial},\widetilde{Q})$ 上，取 R^n 中的值（更一般地说，在适当的乘积空间中），使得每个分量 X^i 对于某些过滤是马尔科夫的，并且对于 $i = 1,\cdots,n$ 具有与 Y^i 相同的规律。

研究马尔科夫 Copulas 的出发点是研究多元马尔科夫过程的马尔科夫一致性。马尔科夫一致性具有两个概念：强马尔科夫一致性和弱马尔科夫一致性。在这里，我们将只讨论前一个概念（历史上第一个被引入），即强马尔科夫 Copula 的概念。此后，术语马尔科夫一致性和马尔科夫 Copula 将分别指强马尔科夫一致性和强马尔科夫 Copula。

下面我们将介绍一类一致马尔科夫过程。我们使用所谓的生成器方法定义和构造马尔科夫 Copula。另一种方法（所谓的符号方法）见 Bielecki、Jakubowski 和 Niewe，glowski（2012）。

14.2　一致的马尔科夫过程

设 $E = \chi_{i=1}^{n} E_i$，其中 E_i 是局部紧可分拓扑空间。对于任何索引集 $I \subset \{1, \cdots, n\}$，我们用 J 表示它的互补集，我们写 $E_I = \chi_{i \in I} E_i$。对于 $x \in E$ 和一个带 E 值的进程 X，我们分别使用符号 $x_I = (x_i, i \in I)$ 和 $X^I = (X^i, i \in I)$ 表示。设 $X = (X^1, \cdots, X^n)$ 为 (Ω, G, Q) - 马尔科夫过程，取 E 中的值。一般来说，向量 G - Markov 过程的分量本身不是 G - Markov 过程。实际上，要求 G - Markov 过程 X 具有 G - Markov 分量 X^I 是一个严格要求。然而，如果一个多元马尔科夫过程 X 的分量本身是马尔科夫的，那么我们就可以应用马尔科夫过程中丰富的分析工具来分析 X 及其分量。这一观察激发了以下定义。

定义 14.2.1　我们说，对于所有适当可测且有界的函数 ϕ，马尔科夫过程 X 对于 X^I 具有马尔科夫一致性性质（或者如果 X^I 是预先确定的，则简单地说是一致性性质），如果：

$$E(\phi(X_{t+s}^I) \mid \partial_t) = E(\phi(X_{t+s}^I) \mid X_t^I) \tag{14.1}$$

此外，如果 X^I 定律与给定的马尔科夫过程 Y 的定律一致，则 Y 取 E_I 中的值并定义在某个概率空间 $(\widetilde{\Omega}, \widetilde{G}, \widetilde{Q})$ 上，即对于任何正整数 d，任何 t_1，t_2，…，$t_d \geqslant 0$ 和 E_I，A_1，A_2，…，A_d 的任何可测子集，有：

$$Q(X_{t_l}^I \in A_l, l = 1,2,\cdots,d) = \widetilde{Q}(Y_{t_l} \in A_l, l = 1,2,\cdots,d) \tag{14.2}$$

因此，我们说 X 具有 (X^I, Y) 的马尔科夫一致性。

备注 14.2.2　设X^I 是过程 X^I 的自然过滤，设 $\overline{G}$ 是满足 $X^I \subseteq \overline{G} \subseteq G$ 的任何过滤。X^I 对于 G 仍然是一个马尔科夫过程，这是式（14.1）和条件期望链式规则的直接结果。换言之，马尔科夫一致性还意味着分量在其自身过滤以及 X^I 和 $\overline{G}$ 之间的任何中间过滤中的马尔科夫性。

令 A 表示 X 的无穷小生成器。如第 13 章所示，$f(X_t)$ 确定了给定初始状态 $X_t=x$ 时，过程 $Af(x)$ 的期望无穷小演化。直观地说，要使 X^I 在过滤 G 中具有马尔科夫性质，它的无穷小概率行为不应依赖于分量 X^J 的状态。这意味着，对于无穷小生成器而言，存在一个函数 f 是 x_J 的常数函数，$Af(x)$ 应该只依赖于变量 x_I。这一观察为生成器 A 形式的马尔科夫一致性性质提供了充分条件，详情请参阅 Vidozzi（2009）。

14.3 马尔科夫 Copulas

马尔科夫一致性问题是一个向量值的 G - Markov 过程，其给定的 X 分量组是否也是马尔科夫过程还不能确定。现在我们从相反角度来考虑这个问题。简单起见，我们只研究单变量分量。设 $Y=\{Y^i,\ i=1,\ \cdots,\ n\}$，其中 Y^i 是 E_i 值，$i=1,\ \cdots,\ n$ 是一个给定的马尔科夫过程集合。

定义 14.3.1 任何在 $E=E_1\times E_2\times\cdots\times E_n$ 中具有相对于其自然过滤的马尔科夫值的过程 $X=(X^1,X^2,\cdots,X^n)$，如 G，并且对 $(X^i,Y^i),i=1,\cdots,n$ 具有马尔科夫一致性的性质，称为 Y 的马尔科夫 Copula 函数。

上述定义可以用相应的无穷小生成器来重新表述。粗略地说，如果我们用 $\{A^i,\ i=1,\ \cdots,\ n\}$ 表示 $\{Y^i,\ i=1,\ \cdots,\ n\}$ 族中过程的无穷小生成器集合，那么如果 X 是 $\{Y^i,\ i=1,\ \cdots,\ n\}$ 的马尔科夫 Copula，我们说 X 的生成器 A 是 $\{A^i,\ i=1,\ \cdots,\ n\}$ 的马尔科夫 Copula。

显然，一个人总是可以采取独立的过程 X^1，X^2，…，X^n，使它们的定律与 $Y^i(i=1,\cdots,n)$ 的定律一致，这样的集合构成了我们所说的独立马尔科夫 Copula。为了找到其他的马尔科夫 Copula，需要寻找算子方程的适当解。有时这样一个方程的解是可以猜测的，实际上也是可以构造的。这种处理方法属于我们称为马尔科夫 Copula 算子方法的技术。

备注 14.3.2 Bielecki、Jakubowski 和 Nieweglowski（2012）讨论了符号马尔科夫 Copula 函数。这种 Copula 的计算问题对应于计算某些泛函方程的解的计算问题。

值得注意的是，这里讨论的是关于时间齐次马尔科夫过程。但是，时间变量始终可以作为进程的状态之一。

14.4 实例

在本节中，我们将提供一些马尔科夫 Copula 的例子。

14.4.1 扩散

我们考虑 n 个算子的集合，如下所示：

$$A_i f(x_i) = b_i(x_i)\partial_{x_i} f(x_i) + \frac{1}{2}\sigma_i(x_i)^2 \partial_{x_i^2}^2 f(x_i) \tag{14.3}$$

其中，系数 $b_i(x_i)$ 和 $\sigma_i(x_i)$ 是给定的函数。在下面的内容中，我们使用简写符号$\overline{A}_i$ 表示 $I^1 \otimes \cdots \otimes A_i \otimes \cdots \otimes I^n$，其中 I^m 是恒等式算子。

命题 14.4.1 设 A_i 如式（14.3）所示，并定义线性算子 A 为：

$$A\phi(x) := \sum_{i=1}^{n} \overline{A}_i \phi(x) + \frac{1}{2} \sum_{i,j=1, i \neq j}^{n} a_{i,j}(x_i, x_j) \partial_{x_i^2}^2 \phi(x) \tag{14.4}$$

其中 $a_{i,i}(x_i, x_i) = \sigma_i^2(x_i)$ 和（扩散）矩阵 $\sum(x) = [a_{i,j}(x_i, x_j)]$ 是对称非负定的，并且允许一个平方根 $[\sigma_{i,j}] = \sum^{\frac{1}{2}}$，那么算子 A 是 $\{A^i, i = 1, \cdots, n\}$ 的马尔科夫 Copula。

备注 14.4.2 值得注意的是，分量 X^i 之间的依赖性完全由函数 $a_{i,j}(\cdot, .)$，$i \neq j$ 表示。因此，任何扩散 Copula 都可以与函数 $a_{i,j}(\cdot, .)$ 的特定选择相关联。

14.4.2 跳跃扩散

在这个例子中，我们假设 $E_i \subset R$ 是所有 i 的紧集。对于 $i = 1, \cdots, n$，我们考虑一组预算符由下式给出：

$$A_i \phi(x_i) = \lambda_i(x_i) \int_{E_i} (\phi(z_i) - \phi(x_i)) w_i(x_i, \mathrm{d}z_i) \tag{14.5}$$

其中，$\lambda_i(x_i)$ 是连续函数，$w_i(x_i, \mathrm{d}z_i)$ 是 E 上的概率测度。对于所有 i 和 $B \subset E_i$，映射 $x_i \to w_i(x_i, B)$ 是连续的，我们写出：

$$S = 2^{\{1, \cdots, d\}} \setminus \phi, S_n = \{S \in \mathrm{S}; |S| \geq n\}$$

命题 14.4.3 设 A_i 如式（14.5）所示，并将算子 A 定义为：

$$A\phi(x) = \sum_{i=1}^{n} \bar{A}_i\phi(x) + \sum_{S \in S_1} \lambda_S(x)\int_E (\phi(z) - \phi(x))w_S(x,dz) \tag{14.6}$$

式中，

（1）$w_S(x,dz)$ 是 E 中定义为 $S \in S$ 的概率测度：

$$w_S(x,dz) = \otimes_{i\in S}w_i(x_i,dz_i) \otimes_{j\notin S}\delta_{x_j}(dz_j)$$

（2）对于任何 $S \in S_2$，函数 λ_S 非负且连续，以及对于 $x \in E$，$i=1$，…，n，有：

$$\sum_{S\in S_2;i\in S} \lambda_S(x) \leqslant \lambda_i(x_i) \tag{14.7}$$

（3）对于所有 i，$\lambda_{\{i\}}(x) = \lambda_i(x_i) - \sum_{S\in S_2;i\in S}\lambda_S(x)$［特别地，$\sum_{S\in S_1;i\in S}\lambda_S(x) \leqslant \lambda_i(x_i)$］。

因此算子 A 是 $\{A^i,\ i=1,\ \cdots,\ n\}$ 的马尔科夫 Copula。

14.4.2.1 有限马尔科夫链

作为马尔科夫 Copulas 的一个特例，本书给出了马尔科夫 Copulas 关于有限马尔科夫链的一些核心结果。同样，为了简化符号，我们只考虑时间齐次马尔科夫链。因此，我们在这里考虑有限集合 $E_i(i = 1,\cdots,n)$ 表示坐标过程的状态空间。对于 $i=1$，…，n，我们考虑了 R^{E_i}（E_i 上实值函数空间）上的一类算子，其由下式给出：

$$A_i\phi(x_i) = \sum_{y_i\in E_i,y_i\neq x_i} \lambda_i(x_i,y_i)(\phi(y_i) - \phi(x_i)) \tag{14.8}$$

其中，$\lambda_i(x_i,y_i) \geqslant 0$，并且可以写成如下形式［（参见式（14.5）］：

$$A_i\phi(x_i) = \lambda_i(x_i)\int_{E_i}(\phi(z_i) - \phi(x_i))w_i(x_i,dz_i) \tag{14.9}$$

其中，$\lambda_i(x_i) = \sum_{y_i\in E_i,y_i\neq x_i}\lambda_i(x_i,y_i)$，$w_i(x_i,dz_i) = \sum_{y_i\in E_i,y_i\neq x_i}\frac{\lambda_i(x_i,y_i)}{\lambda_i(x_i)}\delta_{y_i}(dz_i)$。

按照马尔科夫链理论的惯例，我们用矩阵来识别算子 A_i：

$$A_i = [\lambda_i(x_i,y_i)]_{x_i,y_i\in E_i}$$

式中，

$$\lambda_i(x_i,x_i) = -\lambda_i(x_i)$$

现在让我们考虑一个未知量 λ_y^x 中的 n 个代数方程组，其中 $x = (x^1,x^2,\cdots,x^n)$，$y = (y^1,y^2,\cdots,y^n) \in E = E_1 \times \cdots \times E_n$，$x \neq y$：

$$\lambda_i(x_i,y_i) = \sum_{y_j \in E_j, j \neq i} \lambda_{x^1,x^2,\cdots,x^n}^{y^1,y^2,\cdots,y^n}, \forall x_j \in E_j, j \neq i, \ \forall x_i,y_i \in E_i, y_i \neq x_i, i = 1,2,\cdots,d \tag{14.10}$$

值得注意的是，式（14.10）的任何解决方案 λ_x^y 满足以下性质［称为条件（M）］，参见 Bielecki、Jakubowski、A. Vidozzi 和 L. Vidozzi（2008）以及 Bielecki、Jakubowski 和 Niewe，glowski（2012）：

$$\sum_{y_j \in E_j, j \neq i} \lambda_{x'_1,\cdots,x'_{i-1},x_i,x'_{i+1},\cdots,x'_n}^{y_1,\cdots,y_i,\cdots y^n} = \sum_{y_j \in E_j, j \neq i} \lambda_{x_1,\cdots,x_i,\cdots x_n}^{y_1,\cdots,y_i,\cdots y^n}$$

$$\forall x'_j, x_j \in E_j, j \neq i, \ \forall x_i, y_i \in E_i, x_i \neq y_i \tag{14.11}$$

$$i = 1,2,\cdots,n$$

因此如果 λ_x^y 是式（14.10）的一个解，它将产生（在适当地定义对角线元素之后）一个有效的生成器矩阵 $A = |\lambda_x^y|_{x,y\in E}$，则 A 是 $\{A^i,\ i=1,\ \cdots,\ n\}$ 的马尔科夫 Copula。

备注 14.4.4 众所周知上述系统允许至少一种解决方案 λ_y^x［参见 Bielecki、Jakubowski、A. Vidozzi 和 L. Vidozzi（2008）］。因此，定义：

$$\lambda_x^x = -\sum_{y\in E, y\neq x} \lambda_x^y \tag{14.12}$$

则矩阵 $A = |\lambda_x^y|_{x,y\in E}$ 是状态空间 E 的马尔科夫链生成器，如 $X = (X^1,\cdots,X^n)$。实际上，矩阵 A 的元素定义为（下面的 I 表示 n 维单位矩阵）：

$$A = A^1 \otimes I \otimes I \cdots \otimes I + I \otimes A^2 \otimes I \cdots \otimes I + I \otimes I \cdots \otimes I \otimes A^n \tag{14.13}$$

如果满足式（14.10）和式（14.12），则矩阵 A 是生成器矩阵。这就是有限马尔科夫链的独立马尔科夫 Copula。

14.4.3 扩散调制马尔科夫跳跃过程

设 Y 是 R^n 中的扩散过程，无穷小生成器 A_y 由下式给出（参见命题 13.2.2 关于跟踪运算符“:”的含义）：

$$A_y\phi(y) = \partial\phi(y)b(y) + \frac{1}{2}\partial^2\phi(y):a(y)$$

其中，$b(\cdot)$ 和 $a(\cdot)$ 是足够正则的。使用 y，我们定义了 n 个算子的集合：

$$A_i\phi(y,x_i) = (A_y \otimes I^i)\phi(y,x_i) + \widetilde{A}_i\phi(y,x_i) \tag{14.14}$$

其中，I^i 是 E_i（R 的紧子集）上的恒等算子，且有：

$$\widetilde{A}_i\phi(y,x_i) = \lambda_i(y,x_i)\int_{E_i}(\phi(y,z_i) - \phi(y,x_i))w_i(y,x_i,dz_i) \tag{14.15}$$

其中，$\lambda_i(\cdot,\cdot)$ 是两个参数的函数，并且是连续的和有界的，$w_i(y,x_i,dz_i)$ 是任何 y，x_i 的概率测度，所以对于 E_i 中的任何可测集合 B，映射 $y,x_i \to w_i(y,x_i,B)$ 也是连续的和有界的，其中 $i=1$，2，…，n。同时，令 $\hat{A}_i = I^1 \otimes \cdots \otimes \widetilde{A}_i \otimes \cdots I^n$。

命题 14.4.5 将算子 A 定义如下：

$$\begin{aligned} Af(x,y) = {} & (A_y \otimes I)f(y,x) + \sum_{i=1}^{n}\hat{A}_i f(y,x) \\ & + \sum_{S\in S_1}\lambda_S(y,x)\int_E(f(y,z) - f(y,x))w_S(y,x,dz) \end{aligned} \tag{14.16}$$

其中，

（1）$w_S(y,x,dz)$ 是 E 上的概率测度：

$$w_S(y,x,dz) = \otimes_{j\in S}w_i(y,x_i,dz_i)\otimes_{j\notin S}\delta_{x_j}(dz_j)$$

（2）非负连续函数 $\lambda^S(y,x)$ 如下：

$$\sum_{S\in S_2;i\in S}\lambda_S(y,x) \leqslant \lambda_i(y,x_i),\ \forall(x,y)\in E\times R^n, \forall i\in\{1,\cdots,n\}$$

（3）对于所有的 i，$\lambda_{\{i\}}(y,x) = \lambda_i(x_i) - \sum_{S\in S_2;i\in S}\lambda_S(y,x)$（特别地，$\sum_{S\in S_1;i\in S}\lambda_S(y,x) = \lambda_i(y,x_i)$）。

那么，对于 $i=1$，…，n，A 是马尔科夫 Copula。

这个命题可以按照 14.4.2.1 的方法具体化为扩散调制马尔科夫链。

参考文献

Albanese, C., T. Bellaj, G. Gimonet, and G. Pietronero (2011). Coherent global market simulations and securitization measures for counterparty credit risk. *Quantitative Finance 11*(1), 1–20.

Albanese, C., D. Brigo, and F. Oertel (2013). Restructuring counterparty credit risk. *International Journal of Theoretical and Applied Finance 16*(2), 1350010 (29 pages).

Albanese, C. and S. Iabichino (2013). The FVA-DVA puzzle: completing markets with collateral trading strategies.

Amendinger, J. (1999). *Initial enlargement of filtrations and additional information in financial markets*. Ph. D. thesis, Technische Universität Berlin.

Andersen, L. and J. Sidenius (2004). Extensions to the Gaussian copula: random recovery and random factor loadings. *Journal of Credit Risk 1*(1), 29–70.

Assefa, S., T. R. Bielecki, S. Crépey, and M. Jeanblanc (2011). CVA computation for counterparty risk assessment in credit portfolios. In T. Bielecki, D. Brigo, and F. Patras (Eds.), *Credit Risk Frontiers*, Chapter 12, pp. 397–436. Wiley.

Basel Committee on Banking Supervision (2004). International convergence of capital measurement and capital standards. http://www.oenb.at/en/img/bcbs107a_tcm16-13376.pdf.

Basel Committee on Banking Supervision (2006). International convergence of capital measurement and capital standards – A revised framework comprehensive version. http://www.bis.org/publ/bcbs128.pdf.

Basel Committee on Banking Supervision (2011a). Basel III: A global regulatory framework for more resilient banks and banking systems. http://www.bis.org/publ/bcbs189.pdf.

Basel Committee on Banking Supervision (2011b). Revisions to the Basel II market risk framework. http://www.bis.org/publ/bcbs193.pdf.

Basel Committee on Banking Supervision (2012). Application of own credit risk adjustments to derivatives. http://www.bis.org/publ/bcbs214.pdf.

Basel Committee on Banking Supervision and Board of the International Organization of Securities Commissions (2012, July). Margin requirements for non-centrally-cleared derivatives. Consultative Document, http://www.bis.org/publ/bcbs226.pdf.

Basel Committee on Banking Supervision and Board of the International Organization of Securities Commissions (2013, February). Margin requirements for non-centrally-cleared derivatives. Second Consultative Document, http://www.bis.org/publ/bcbs242.pdf.

Bean, C. (2007). An indicative decomposition of Libor spreads. *Quaterly Bulletin of the The Bank of England 47*(4), 498–99.

Bélanger, A., S. Shreve, and D. Wong (2001). A unified model for credit derivatives. Long preprint version of the *Mathematical Finance* 2004 paper "A general framework for pricing credit risk".

Beumee, J., D. Brigo, D. Schiemert, and G. Stoyle (2010). Charting a course through the CDS big bang. In: Wigan, D. (ed.), Credit Derivatives: The March to Maturity, Thomson Reuters.

Beylkin, G. and L. Monzon (2005). On approximation of functions by exponential sums. *Journal of Applied and Computational Harmonic Analysis 19*(1), 17–48.

Bianchetti, M. (2010). Two curves, one price. *Risk Magazine* (August), 74–80.

Bielecki, T., I. Cialenco, and I. Iyigunler (2013). Collateralized CVA valuation with rating triggers and credit migrations. *International Journal of Theoretical and Applied Finance 16*, 1350009 (32 pages).

Bielecki, T., S. Crépey, M. Jeanblanc, and B. Zargari (2012). Valuation and hedging of CDS counterparty exposure in a Markov copula model. *International Journal of Theoretical and Applied Finance 15*(1), 1250004 (39 pages).

Bielecki, T., A. Vidozzi, and L. Vidozzi (2008a). A Markov copula approach to pricing and hedging of credit index derivatives and ratings triggered step-up bonds. *Journal of Credit Risk 4*(1), 47–76.

Bielecki, T. R., A. Cousin, S. Crépey, and A. Herbertsson (2013a). A bottom-up dynamic model of portfolio credit risk – Part I: Markov copula perspective & Part II: Common-shock interpretation, calibration and hedging issues. In A. Takahashi, Y. Muromachi, and T. Shibata (Eds.), *Recent Advances in Financial Engineering 2012*. pp. 25–74, World Scientific.

Bielecki, T. R., A. Cousin, S. Crépey, and A. Herbertsson (2013b). A bottom-up dynamic model of portfolio credit risk with stochastic intensities and random recoveries. *Communications in Statistics–Theory and Methods*. *43*(7), 1362–1389.

Bielecki, T. R., A. Cousin, S. Crépey, and A. Herbertsson (2013c). Dynamic hedging of portfolio credit risk in a Markov copula model. *Journal of Optimization Theory and Applications*. Forthcoming, DOI 10.1007/s10957-013-0318-4.

Bielecki, T. R. and S. Crépey (2013). Dynamic hedging of counterparty exposure. In Y. Kabanov, M. Rutkowski, and T. Zariphopoulou (Eds.), *Inspired by Finance*. Springer Berlin.

Bielecki, T. R., S. Crépey, and M. Jeanblanc (2010). Up and down credit risk. *Quantitative Finance 10*(10), 1469–7696.

Bielecki, T. R., S. Crépey, M. Jeanblanc, and M. Rutkowski (2011). Convertible bonds in a defaultable diffusion model. In A. Kohatsu-Higa, N. Privault, and S. Sheu (Eds.), *Stochastic Analysis with Financial Applications*, pp. 255–298. Birkhäuser.

Bielecki, T. R., J. Jakubowski, and M. Niewe,glowski (2012). Study of dependence for some stochastic processes: symbolic Markov copula. *Stochastic Processes and their Applications 122 (3)*, 930–951.

Bielecki, T. R., J. Jakubowski, and M. Niewe,glowski (2013). Intricacies of dependence between components of multivariate Markov chains: weak Markov consistency and weak Markov copula. *Electronic Journal of Probability 18*(45), 1–21.

Bielecki, T. R., J. Jakubowski, A. Vidozzi, and L. Vidozzi (2008). Study of dependence for some stochastic processes. *Stochastic Analysis and Applications 26*, 903–924.

Bielecki, T. R., M. Jeanblanc, and M. Rutkowski (2008). Pricing and trading credit default swaps. *Annals of Applied Probability 18*, 2495–2529.

Bielecki, T. R., M. Jeanblanc, and M. Rutkowski (2009). *Credit Risk Modeling*. Osaka University CSFI Lecture Notes Series 2. Osaka University Press.

Bielecki, T. R. and M. Rutkowski (2001). *Credit Risk: Modeling, Valuation and Hedging*. Springer.

Bielecki, T. R. and M. Rutkowski (2013). Valuation and hedging of OTC contracts with funding costs, collateralization and counterparty credit risk: Part 1. *Working paper*. http://math.iit.edu/ bielecki/publication/BR_1_July_5.pdf.

Bielecki, T. R., A. Vidozzi, and L. Vidozzi (2008b). A Markov copula approach to pricing and hedging of credit index derivatives and ratings triggered step–up bonds. *Journal of Credit Risk 4*(1), 47–76.

Blanchet-Scalliet, C. and F. Patras (2008). Counterparty risk valuation for CDS. http://arxiv.org/abs/0807.0309.

Blanchet-Scalliet, C. and F. Patras (2011). Structural counterparty risk valuation for

CDS. In T. Bielecki, D. Brigo, and F. Patras (Eds.), *Credit Risk Frontiers: Subprime crisis, Pricing and Hedging, CVA, MBS, Ratings and Liquidity*. Wiley.

Blundell-Wignall, A. and P. Atkinson (2010). Thinking beyond Basel III: Necessary solutions for capital and liquidity. *OECD Journal: Financial Market Trends 2*(1), 9–33. http://www.oecd.org/dataoecd/42/58/45314422.pdf.

Brigo, D. (2005). Market models for CDS options and callable floaters. *Risk Magazine* (January), 89–94.

Brigo, D., C. Buescu, and M. Morini (2012). Counterparty risk pricing: impact of closeout and first-to-default times. *International Journal of Theoretical and Applied Finance 15*(6), 1250039.

Brigo, D. and A. Capponi (2008a). Bilateral counterparty risk valuation with stochastic dynamical models and application to credit default swaps. Working paper available at http://arxiv.org/abs/0812.3705 . Short updated version in *Risk*, March 2010 issue.

Brigo, D. and A. Capponi (2008b). Bilateral counterparty risk valuation with stochastic dynamical models and application to credit default swaps. Working paper.

Brigo, D., A. Capponi, and A. Pallavicini (2014). Arbitrage-free bilateral counterparty risk valuation under collateralization and application to credit default swaps. *Mathematical Finance 24*(1), 125–146.

Brigo, D., A. Capponi, A. Pallavicini, and V. Papatheodorou (2011). Collateral margining in arbitrage-free counterparty valuation adjustment including re-hypotecation and netting. Working paper, available at http://arxiv.org/abs/1101.3926.

Brigo, D. and K. Chourdakis (2008). Counterparty risk for credit default swaps: impact of spread volatility and default correlation. *International Journal of Theoretical and Applied Finance 12*(7), 1007–1026.

Brigo, D., K. Chourdakis, and I. Bakkar (2008). Counterparty risk valuation for energy-commodities swaps. *Energy Risk* (March).

Brigo, D. and M. Masetti (2005). Risk neutral pricing of counterparty risk. In M. Pykhtin (Ed.), *Counterparty Credit Risk Modelling: Risk Management, Pricing and Regulation*. Risk Books.

Brigo, D. and F. Mercurio (2006). *Interest Rate Models – Theory and Practice* (2nd ed.). Springer.

Brigo, D. and M. Morini (2010a). Dangers of bilateral counterparty risk: the fundamental impact of closeout conventions. Preprint available at ssrn.com or at arxiv.org.

Brigo, D. and M. Morini (2010b). Rethinking counterparty default. *Creditflux Newsletter Analysis 114*, 18–19.

Brigo, D. and M. Morini (2011). Close-out convention tensions. *Risk Magazine* (December), 86–90.

Brigo, D., M. Morini, and A. Pallavicini (2013). *Counterparty Credit Risk, Collateral and Funding with pricing cases for all asset classes*. Wiley.

Brigo, D., M. Morini, and M. Tarenghi (2011). Equity return swap valuation under counterparty risk. In T. Bielecki, D. Brigo, and F. Patras (Eds.), *Credit Risk Frontiers*, pp. 457–484. Wiley.

Brigo, D. and A. Pallavicini (2007). Counterparty risk under correlation between default and interest rates. In J. Miller, D. Edelman, and J. Appleby (Eds.), *Numerical Methods for Finance*. Chapman Hall.

Brigo, D. and A. Pallavicini (2008). Counterparty Risk and contingent CDS under correlation between interest-rates and default. *Risk Magazine* (February), 84–88.

Brigo, D., A. Pallavicini, and V. Papatheodorou (2011). Arbitrage-free valuation of bilateral counterparty risk for interest-rate products: Impact of volatilities and correlations. *International Journal of Theoretical and Applied Finance 14*(6), 773–802.

Brigo, D., A. Pallavicini, and R. Torresetti (2007). Cluster-based extension of the generalized Poisson loss dynamics and consistency with single names. *International Journal of Theoretical and Applied Finance 10*(4), 607–632.

Brigo, D., A. Pallavicini, and R. Torresetti (2010). *Credit Models and the Crisis: a Journey into CDOs, Copulas, Correlations and Dynamic Models*. Wiley.

Brigo, D. and M. Tarenghi (2004). Credit default swap calibration and equity swap valuation under counterparty risk with a tractable structural model. Working Paper, available at www.damianobrigo.it/cdsstructural.pdf. Reduced version in *Proceedings of the FEA Conference at MIT, Cambridge, Massachusetts, November* and in *Proceedings of the Counterparty Credit Risk 2005 C.R.E.D.I.T. conference*, Venice, Vol 1.

Brigo, D. and M. Tarenghi (2005). Credit default swap calibration and counterparty risk valuation with a scenario based first passage model. Working Paper, available at www.damianobrigo.it/cdsscenario1p.pdf Also in: *Proceedings of the Counterparty Credit Risk C.R.E.D.I.T. conference*, Venice, Vol 1.

Brunnermeier, M. and L. Pedersen (2009). Market liquidity and funding liquidity. *Review of Financial Studies 22*(6), 2201–2238.

Burgard, C. and M. Kjaer (2011a). In the balance. *Risk Magazine* (October), 72–75.

Burgard, C. and M. Kjaer (2011b). PDE representations of options with bilateral counterparty risk and funding costs. *Journal of Credit Risk 7*(3), 1–19.

Burgard, C. and M. Kjaer (2012). The FVA debate: in theory and practice.

http://ssrn.com/abstract=2157634.

Canabarro, E. and D. Duffie (2004). Measuring and marking counterparty risk. Proceedings of the Counterparty Credit Risk 2005 C.R.E.D.I.T. conference, Venice, Vol 1.

Capponi, A. (2013). Pricing and mitigation of counterparty credit exposures. In J.-P. Fouque and J.Langsam (Eds.), *Handbook of Systemic Risk*, pp. 41–55. Cambridge University Press.

Carver, L. (2013). Introducing the XVA desk – a treasurer's nightmare. *Risk Magazine* (August). http://www.risk.net/risk-magazine/feature/2291080/introducing-the-xva-desk-a-treasurers-nightmare.

Castagna, A. (2011). Funding, liquidity, credit and counterparty risk: Links and implications. http://ssrn.com/abstract=1855028.

Cesari, G., J. Aquilina, N. Charpillon, Z. Filipovic, G. Lee, and I. Manda (2010). *Modelling, Pricing and Hedging Counterparty Credit Exposure: A Technical Guide*. Springer.

Coculescu, D. and A. Nikeghbali (2012). Hazard processes and martingale hazard processes. *Mathematical Finance 22*, 519–537.

Cont, R. and Y. H. Kan (2011). Dynamic hedging of portfolio credit derivatives. *SIAM Journal on Financial Mathematics 2*(1), 112–140.

Cont, R. and T. Kokholm (2012). Central clearing of OTC derivatives: bilateral vs multilateral netting. Working paper.

Cont, R. and A. Minca (2013). Recovering portfolio default intensities implied by CDO quotes. *Mathematical Finance 23*(1), 94–121.

Cont, R., R. Mondescu, and Y. Yu (2011). Central clearing of interest rate swaps: a comparison of offerings. SSRN eLibrary.

Cont, R., E. Santos, and A. Moussa (2013). Network structure and systemic risk in banking systems. In J.-P. Fouque and J. Langsam (Eds.), *Handbook of Systemic Risk*. Cambridge University Press.

Cont, R. and P. Tankov (2004). *Financial Modelling with Jump Processes*. Chapman & Hall.

Cousin, A., S. Crépey, and Y. H. Kan (2012). Delta-hedging correlation risk? *Review of Derivatives Research 15*(1), 25–56.

Cousin, A., M. Jeanblanc, and J.-P. Laurent (2011). Hedging CDO tranches in a Markovian environment. In *Paris-Princeton Lectures in Mathematical Finance 2010*, Lecture Notes in Mathematics, pp. 1–61. Springer.

Crépey, S. (2011). A BSDE approach to counterparty risk under funding constraints. LAP Preprint no. 326, June 2011, available at http://www.maths.univ-evry.fr/prepubli/index.html.

Crépey, S. (2012a). Bilateral Counterparty risk under funding constraints – Part I: Pricing. *Mathematical Finance*. Forthcoming, DOI 10.1111/mafi.12004.

Crépey, S. (2012b). Bilateral Counterparty risk under funding constraints – Part II: CVA. *Mathematical Finance*. Forthcoming, DOI 10.1111/mafi.12005.

Crépey, S. (2013). *Financial Modeling: A Backward Stochastic Differential Equations Perspective*. Springer.

Crépey, S. (2014). Reduced-form modeling of counterparty risk on credit derivatives. In C. Hillairet, M. Jeanblanc, and Y. Jiao (Eds.), *Arbitrage, Credit and Informational Risks*. World Scientific. Proceedings of the Sino-French Research Program in Financial Mathematics Conference, Beijing June 2013, forthcoming.

Crépey, S., T. R. Bielecki, and D. Brigo (2014). *Counterparty Risk and Funding – A Tale of Two Puzzles*. Taylor & Francis.

Crépey, S. and R. Douady (2013a). LOIS: credit and liquidity. *Risk Magazine* (June), 82–86.

Crépey, S. and R. Douady (2013b). The whys of the LOIS: Credit skew and funding spreads volatility. *Bloomberg Brief / Risk* (May), 6–7.

Crépey, S., R. Gerboud, Z. Grbac, and N. Ngor (2013). Counterparty risk and funding: The four wings of the TVA. *International Journal of Theoretical and Applied Finance 16*(2), 1350006 (31 pages).

Crépey, S., Z. Grbac, N. Ngor, and D. Skovmand (2013). A Lévy HJM multiple-curve model with application to CVA computation. Working paper, available at http://ssrn.com/abstract=2334865.

Crépey, S., Z. Grbac, and H. N. Nguyen (2012). A multiple-curve HJM model of interbank risk. *Mathematics and Financial Economics 6 (3)*, 155–190.

Crépey, S., M. Jeanblanc, and D. L. Wu (2013). Informationally dynamized Gaussian copula. *International Journal of Theoretical and Applied Finance 16*(2), 1350008 (29 pages).

Crépey, S., M. Jeanblanc, and B. Zargari (2010). Counterparty risk on a CDS in a Markov chain copula model with joint defaults. In M. Kijima, C. Hara, Y. Muromachi, and K. Tanaka (Eds.), *Recent Advances in Financial Engineering 2009*, pp. 91–126. World Scientific.

Crépey, S. and A. Rahal (2013). Simulation/regression pricing schemes for CVA computations on CDO tranches. *Communications in Statistics – Theory and Methods*.

43(7), 1390–1408.

Crépey, S. and S. Song (2014). Counterparty risk modeling: Beyond immersion. Working paper.

Cvitanic, J. and J. Ma (1996). Hedging Options for a Large Investor and Forward-Backward SDE's. *Annals of Applied Probability 6*(2), 370–398.

De Franco, C., P. Tankov, and X. Warin (2013). Numerical methods for the quadratic hedging problem in Markov models with jumps. http://arxiv.org/abs/1206.5393.

Delbaen, F. and W. Schachermayer (2006). *The Mathematics of Arbitrage*. Springer.

Dellacherie, C., B. Maisonneuve, and P.-A. Meyer (1992). *Probabilités et Potentiel, Chapitres XVII-XXIV.* Hermann.

Dellacherie, C. and P.-A. Meyer (1975). *Probabilité et Potentiel, Vol. I*. Hermann.

Delong, L. and P. Imkeller (2010). Backward stochastic differential equations with time delayed generators – results and counterexamples. *Annals of Applied Probability 20*(4), 1512–1536.

Dong Li, W. (2013). *Density models and applications to counterparty credit risk*. Ph. D. thesis, Université d'Evry Val d'Essonne.

Duffie, D. (2010). *How Big Banks Fail: and What To Do About It*. Princeton University Press.

Duffie, D. and M. Huang (1996). Swap rates and credit quality. *Journal of Finance 51*, 921–950.

Eberlein, E., D. Madan, M. Pistorius, and M. Yor (2013). Bid and ask prices as non-linear continuous time G-expectations based on distortions. Preprint University of Freiburg, available at http://www.stochastik.uni-freiburg.de/eberlein/papers/NLEMD2.pdf.

Ehlers, P. and P. Schönbucher (2006). The influence of FX risk on credit spreads. Working Paper, ETH Zurich.

Eisenschmidt, J. and J. Tapking (2009). Liquidity risk premia in unsecured interbank money markets. Technical Report 1025, ECB Working Paper Series.

El Karoui, N., M. Jeanblanc, and Y. Jiao (2009). What happens after a default: the conditional density approach. *Stochastic Processes and their Applications 120*, 1011–1032.

El Karoui, N., S. Peng, and M.-C. Quenez (1997). Backward stochastic differential equations in finance. *Mathematical Finance 7*, 1–71.

El Karoui, N. and M.-C. Quenez (1995). Dynamic programming and pricing of contingent claims in an incomplete market. *SIAM Journal of Control and Optimiza-*

43(7), 1390–1408.

Crépey, S. and S. Song (2014). Counterparty risk modeling: Beyond immersion. Working paper.

Cvitanic, J. and J. Ma (1996). Hedging Options for a Large Investor and Forward-Backward SDE's. *Annals of Applied Probability 6*(2), 370–398.

De Franco, C., P. Tankov, and X. Warin (2013). Numerical methods for the quadratic hedging problem in Markov models with jumps. http://arxiv.org/abs/1206.5393.

Delbaen, F. and W. Schachermayer (2006). *The Mathematics of Arbitrage*. Springer.

Dellacherie, C., B. Maisonneuve, and P.-A. Meyer (1992). *Probabilités et Potentiel, Chapitres XVII-XXIV.* Hermann.

Dellacherie, C. and P.-A. Meyer (1975). *Probabilité et Potentiel, Vol. I.* Hermann.

Delong, L. and P. Imkeller (2010). Backward stochastic differential equations with time delayed generators – results and counterexamples. *Annals of Applied Probability 20*(4), 1512–1536.

Dong Li, W. (2013). *Density models and applications to counterparty credit risk*. Ph. D. thesis, Université d'Evry Val d'Essonne.

Duffie, D. (2010). *How Big Banks Fail: and What To Do About It*. Princeton University Press.

Duffie, D. and M. Huang (1996). Swap rates and credit quality. *Journal of Finance 51*, 921–950.

Eberlein, E., D. Madan, M. Pistorius, and M. Yor (2013). Bid and ask prices as non-linear continuous time G-expectations based on distortions. Preprint University of Freiburg, available at http://www.stochastik.uni-freiburg.de/eberlein/papers/NLEMD2.pdf.

Ehlers, P. and P. Schönbucher (2006). The influence of FX risk on credit spreads. Working Paper, ETH Zurich.

Eisenschmidt, J. and J. Tapking (2009). Liquidity risk premia in unsecured interbank money markets. Technical Report 1025, ECB Working Paper Series.

El Karoui, N., M. Jeanblanc, and Y. Jiao (2009). What happens after a default: the conditional density approach. *Stochastic Processes and their Applications 120*, 1011–1032.

El Karoui, N., S. Peng, and M.-C. Quenez (1997). Backward stochastic differential equations in finance. *Mathematical Finance 7*, 1–71.

El Karoui, N. and M.-C. Quenez (1995). Dynamic programming and pricing of contingent claims in an incomplete market. *SIAM Journal of Control and Optimiza-*

Gupton, G. M., C. C. Finger, and M. Bathia (1997). Credit Metrics. Technical document, available at default risk.com.

Guyon, J. and P. Henry-Labordère (2012). *Nonlinear Pricing Methods in Quantitative Finance*. Chapman & Hall/CRC. Financial Mathematics Series.

Hastie, T., R. Tibshirani, and J. Friedman (2009). *The Elements of Statistical Learning: Data Mining, Inference and Prediction*. Springer.

He, S.-W., J.-G. Wang, and J.-A. Yan (1992). *Semimartingale Theory and Stochastic Calculus*. CRC Press.

Henrard, M. (2007, July). The irony in the derivatives discounting. *Wilmott Magazine 30*, 92–98. http://www.wilmott.com/pdfs/130912_henrard.pdf.

Henrard, M. (2010). The irony in the derivatives discounting part II: the crisis. *Wilmott Magazine* 2(6), 301–316.

Henry-Labordère, P. (2012). Cutting CVA's complexity. *Risk Magazine* (July), 67–73.

Herbertsson, A. (2011). Modelling default contagion using multivariate phase-type distributions. *Review of Derivatives Research 14*(1), 1–36.

Horst, U., Y. Hu, P. Imkeller, A. Reveillac, and J. Zhang (2011). Forward-backward systems for expected utility maximization. Working paper.

Huge, B. and D. Lando (1999). Swap pricing with two-sided default risk in a rating-based model. *European Finance Review 3*, 239–268.

Hull, J. and A. White (2001). Valuing credit default swaps II: Modeling default correlation. *The Journal of Derivatives* 8(3), 12–22.

Hull, J. and A. White (2013a). Collateral and credit issues in derivatives pricing. Working paper available at www.defaultrisk.com.

Hull, J. and A. White (2013b). The FVA debate. *Risk Magazine* (August). http://www.risk.net/risk-magazine/analysis/2188684/risk-25-the-fva-debate.

Hull, J. and A. White (2013c). Libor vs OIS: The derivatives discounting dilemma. Working paper available at www.defaultrisk.com.

Hull, J. and A. White (2013d). Valuing derivatives: Funding value adjustments and fair value. Working paper available at www.defaultrisk.com.

Ikeda, N. and S. Watanabe (1989). *Stochastic Differential Equations and Diffusion Processes* (2nd ed.). North-Holland.

International Swaps and Derivatives Association (2002). ISDA 2002 Master Agreement. Available at http://www.isda.org.

International Swaps and Derivatives Association (2009). AIG and credit default swaps. ISDA regulatory discussion papers. http://www.isda.org/c_and_a/pdf.

International Swaps and Derivatives Association (2010). Market Review of OTC Derivative Bilateral Collateralization Practices. http://www.isda.org/c_and_a/pdf/Collateral-Market-Review.pdf.

Iscoe, I., K. Jackson, A. Kreinin, and X. Ma (2010). On exponential approximation to the hockey stick function. Working Paper, Department of Computer Science, University of Toronto.

Iscoe, I., K. Jackson, A. Kreinin, and X. Ma (2013). Pricing correlation dependent derivatives based on exponential approximations to the hockey stick. *Journal of Computational Finance 16*(3), 127–150.

Jamshidian, F. (2002). Valuation of credit default swap and swaptions. *Finance and Stochastics 8*, 343–371.

Jarrow, R. and F. Yu (2001). Counterparty risk and the pricing of defaultable securities. *Journal of Finance 56*, 1765–1799.

Jeanblanc, M. and Y. Le Cam (2007). Reduced form modelling for credit risk. http://www.defaultrisk.com/pp_model135.htm.

Jeanblanc, M. and Y. Le Cam (2009). Progressive enlargement of filtrations with initial times. *Stochastic Processes and their Applications 119*, 2523–2543.

Jeanblanc, M., M. Yor, and M. Chesney (2010). *Mathematical Methods for Financial Markets*. Springer Finance Textbooks. Springer.

Jorion, P. (2006). *Value at Risk*. McGraw Hill. 3rd edition.

Kenyon, C. (2010). Short-rate pricing after the liquidity and credit shocks: including the basis. *Risk Magazine* (November), 83–87.

Kenyon, C. and R. Stamm (2012). *Discounting, Libor, CVA and Funding*. Palgrave Macmillan.

Kijima, M., K. Tanaka, and T. Wong (2009). A multi-quality model of interest rates. *Quantitative Finance 9*(2), 133–145.

Kunita, H. (2010). Itô's stochastic calculus: Its surprising power for applications. *Stochastic Processes and Applications 120*, 622–652.

Laurent, J.-P., A. Cousin, and Fermanian (2011). Hedging default risks of CDOs in Markovian contagion models. *Quantitative Finance 11*(12), 1773–1791.

Leung, S. and Y. Kwok (2005). CDS valuation with counterparty risk. *The Kyoto Economic Review 74*(1), 24–45.

Levels, A. and J. Capel (2012). Is collateral becoming scarce? Evidence for the euro area. *Journal of Financial Market Infrastructures 1*(1), 29–53.

Li, D. (2000). On default correlation: a copula function approach. *Journal of Fixed*

Income 9, 43–54.

Lipton, A. and A. Sepp (2009a). Credit value adjustment for credit default swaps via the structural default model. *The Journal of Credit Risk 5*(2), 123–146.

Lipton, A. and A. Sepp (2009b). Credit value adjustment for credit default swaps via the structural default model. *The Journal of Credit Risk 5*, 123–146.

Lipton, S. and D. Shelton (2012). Credit default swaps with an without counterparty and collateral adjustments. *Stochastics: An International Journal of Probability and Stochastic Processes 84*, 603–624.

Ma, J. and J. Yong (2007). *Forward-Backward Stochastic Differential Equations and their Applications* (3rd ed.), Volume 1702 of *Lecture Notes in Mathematics*. Springer.

Marshall, A. W. and I. Olkin (1967). A multivariate exponential distribution. *Journal of the American Statistical Association 2*, 84–98.

McNeil, A., R. Frey, and P. Embrechts (2005). *Quantitative Risk Management: Concepts, Techniques and Tools*. Princeton University Press.

Mercurio, F. (2010a). Interest rates and the credit crunch: new formulas and market models. Technical report, Bloomberg Portfolio Research Paper No. 2010-01-FRONTIERS.

Mercurio, F. (2010b). A Libor market model with stochastic basis. *Risk Magazine* (December), 84–89.

Mercurio, F., R. Caccia, and M. Cutuli (2012). Downgrade termination costs. *Risk Magazine* (March), 66–71.

Moreni, N. and A. Pallavicini (2013a). Parsimonious HJM modelling for multiple yield-curve dynamics. *Quantitative Finance*. Forthcoming, preprint version available at http://dx.doi.org/10.2139/ssrn.1699300.

Moreni, N. and A. Pallavicini (2013b). Parsimonious multi-curve HJM modelling with stochastic volatility. *Interest Rate Modelling After The Financial Crisis (Risk Books)*. Forthcoming.

Morini, M. (2009). Solving the puzzle in the interest rate market. SSRN eLibrary.

Morini, M. and A. Prampolini (2011). Risky funding with counterparty and liquidity charges. *Risk Magazine* (March), 70–75.

Musiela, M. and M. Rutkowski (2005). *Martingale Methods in Financial Modelling* (2nd ed.). Springer.

Nikeghbali, A. (2006). An essay on the general theory of stochastic processes. *Probability Surveys 3*, 345–412.

Nikeghbali, A. and M. Yor (2005). A definition and some characteristic properties of pseudo-stopping times. *Annals of Probability 33*, 1804–1824.

Pallavicini, A. and D. Brigo (2013). CCP clearing pricing of interest-rate derivatives: funding costs and wrong-way risk. arXiv.org.

Pallavicini, A., D. Perini, and D. Brigo (2011). Funding valuation adjustment consistent with CVA and DVA, wrong way risk, collateral, netting and re-hypotecation. SSRN.com and arXiv.org.

Pallavicini, A., D. Perini, and D. Brigo (2012). Funding, collateral and hedging: Uncovering the mechanics and the subtleties of funding valuation adjustments. http://dx.doi.org/10.2139/ssrn.2161528.

Picoult, E. (2005). Calculating and hedging exposure, credit value adjustment and economic capital for counterparty credit risk. In M. Pykhtin (Ed.), *Counterparty Credit Risk Modelling*. Risk Books.

Piterbarg, V. (2010). Funding beyond discounting: collateral agreements and derivatives pricing. *Risk Magazine* (August), 57–63.

Piterbarg, V. (2012). Cooking with collateral. *Risk Magazine* (July), 58–63.

Pollack, L. (2012a). Barclays visits the securitisation bistro. Financial Times Alphaville Blog, Posted by Lisa Pollack on Jan 17, 11:20.

Pollack, L. (2012b). Big banks seek regulatory capital trades. Financial Times Alphaville Blog, Posted by Lisa Pollack on April 29, 19:27.

Pollack, L. (2012c). The latest in regulation-induced innovation. – Part 2. Financial Times Alphaville Blog, Posted by Lisa Pollack on Apr 11 16:50.

Protter, P. (2004). *Stochastic Integration and Differential Equations* (3rd ed.). Springer.

Pykhtin, M. (2005). In M. Pykhtin (Ed.), *Counterparty Credit Risk Modelling: Risk Management, Pricing and Regulation*. Risk Books.

Redon, C. (2006). Wrong way risk modelling. *Risk Magazine*, April 90–95.

Royer, M. (2006). BSDEs with jumps and related non linear expectations. *Stochastics Processes and their Applications 116*, 1357–1376.

Schweizer, M. (2001). A Guided Tour through Quadratic Hedging Approaches. In J. C. E. Jouini and M. Musiela (Eds.), *Option Pricing, Interest Rates and Risk Management*, Volume 12, pp. 538–574. Cambridge University Press.

Singh, M. (2010). Collateral, netting and systemic risk in the OTC derivatives market. Technical report, IMF working paper WP/10/99.

Singh, M. and J. Aitken (2009). Counterparty risk, impact on collateral flows, and role for central counterparties. Technical report, IMF working paper WP/09/173.

Smith, J. (2010). The term structure of money market spreads during the financial crisis. Preprint.

Torresetti, R., D. Brigo, and A. Pallavicini (2009). Risk-neutral versus objective loss distribution and CDO tranche valuation. *Journal of Risk Management in Financial Institutions* 2(2), 175–192.

Vidozzi, A. (2009). *Two Essays In Mathematical Finance*. Ph. D. thesis, Illinois Institute of Technology.

Watt, M. (2011). Corporates fear CVA charge will make hedging too expensive. *Risk Magazine*, October. http://www.risk.net/risk-magazine/feature/2111823/corporates-fear-cva-charge-hedging-expensive.

Wheatley, M. (2012). The Wheatley review of Libor: final report. Technical report.

Wong, G. (2013). A comprehensive FVA modelling approach and collateral trading strategies. Slides of The 9th WBS Fixed Income Conference, Munich, 18/10/2013.

Yi, C. (2011). Dangerous knowledge: Credit value adjustment with credit triggers. *International Journal of Theoretical and Applied Finance 14 (6)*, 839–865.

Zhou, R. (2013). Counterparty risk subject to additional termination event clauses. *Journal of Credit Risk* 9(1), 39–73.

Ziegel, J. (2013). Coherence and elicitability. Working paper available at http://arxiv.org/abs/1303.1690.

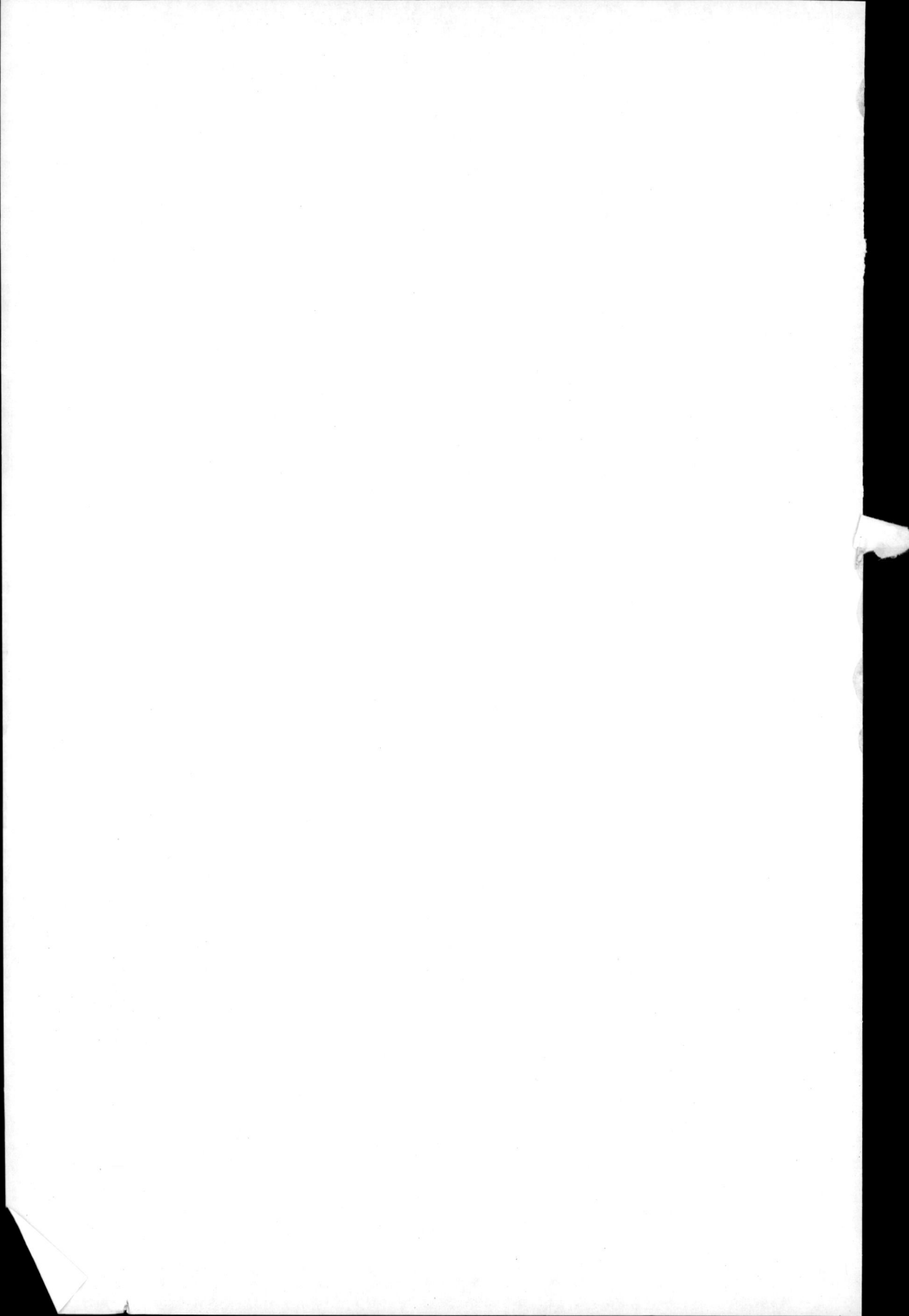